李伯森 ◎ 主编

中国殡葬史

第三卷
魏晋南北朝

陈华文　陈淑君　著

社会科学文献出版社
SOCIAL SCIENCES ACADEMIC PRESS (CHINA)

本书出版受中央财政重大专项资助

《中国殡葬史》编撰委员会

总顾问 刘庆柱

主　任 李伯森

副主任 袁　德　张齐安　肖成龙（常务）

委　员 刘魁立　陈高华　史金波　宋德金　徐兆仁　刘一皋　刘　军
　　　　　宋大川　杨　群　徐思彦　王贵领　于海广　余新忠　徐吉军
　　　　　陈华文　张国庆　闵祥鹏　路则权　宋亚芬　徐福全　钮则诚
　　　　　尉迟淦　刘易斋　杨国柱　丁新豹　邓开颂　闫志壮　左永仁
　　　　　王　琦　孟　浩　王　玮　李　欣　光焕竹　姜海龙　冯志阳
　　　　　王瑞芳　裴春悦　马金生（常务）

《中国殡葬史》审定委员会

主　任 刘庆柱

委　员 刘魁立　徐兆仁　杨　群　徐思彦　刘　军　刘一皋　宋大川
　　　　　王贵领

《中国殡葬史》编审办公室

主　任 李伯森

副主任 肖成龙（常务）　马金生（常务）

成　员 刘　娟　胡道庆　景力生　周传航　王颖超　刘　杨　张　楠
　　　　　曾寒柳

主编简介

李伯森 1965年生，山东诸城人，中国民主建国会会员，1988年毕业于上海财经大学财政专业，现任民政部一零一研究所所长、民政部生态安葬重点实验室主任。主要科研成果：2003年以来，组织完成91个国家科研项目（课题）；组织制修订32项国家和行业殡葬标准；组织完成"十一五"国家科技支撑计划项目"殡葬领域污染物减排和遗体处理无害化公益技术研究与应用"，其中作为课题第一责任人，主持完成"殡葬园区生态规划与生态建设关键技术研究"课题；主持完成科技部下达的"建立善后保证金制度、完善社会保障体系"国家软科学课题；组织完成国家环保公益"殡葬行业污染控制与环境技术体系研究"重大专项；组织开展"十二五"国家科技支撑计划"殡葬行业节能减排技术与规范"项目、"中国殡葬文化与科技公共服务网络平台建设"（2014~2017）、"殡葬文化建设"等国家财政重大专项等科研工作。在着力加强殡葬自然科学和软科学的并重研究，着力开展殡葬标准化体系建设，着力进一步推动科技成果转化和推广应用，着力搭建多功能、宽领域的科技创新平台建设，着力抓殡仪场所环境监测和产品质检工作，着力开展殡葬文化建设、拓宽殡葬研究新领域等方面，为提升我国殡葬科研的整体水平做出了突出贡献。

本卷作者简介

陈华文 1959年生,浙江武义人,浙江师范大学学术期刊社社长,浙江省非物质文化遗产研究基地主任,中国民俗学会常务理事,浙江省二级教授。长期从事民俗学等领域的教学和研究,出版《丧葬史》、《浙江民间丧俗信仰研究》、《浙江民俗史》等著作20多部,发表论文百余篇,成果获省部级奖项多项。

陈淑君 1965年生,浙江温岭人,浙江师范大学图书馆副研究馆员,出版《民间丧葬习俗》、《浙江民间丧俗信仰研究》等著作多部,发表论文20多篇,成果多次获奖。

目 录

导 论 ……………………………………………………………… 001

第一章　殡葬理念 ……………………………………………… 056
第一节　薄葬观 …………………………………………………… 056
第二节　灵魂不灭思想 …………………………………………… 067
第三节　殡葬中的宗教影响 ……………………………………… 079
第四节　殡葬中的孝道影响 ……………………………………… 090

第二章　殡葬制度 ……………………………………………… 093
第一节　魏蜀吴殡葬制度 ………………………………………… 093
第二节　两晋殡葬制度 …………………………………………… 099
第三节　南朝殡葬制度 …………………………………………… 107
第四节　十六国和北朝殡葬制度 ………………………………… 116
第五节　殡葬制度的相互影响 …………………………………… 124

第三章　殡葬习俗 ……………………………………………… 126
第一节　魏蜀吴殡葬习俗 ………………………………………… 126
第二节　两晋殡葬习俗 …………………………………………… 132
第三节　南朝殡葬习俗 …………………………………………… 140
第四节　北朝殡葬习俗 …………………………………………… 147

第五节　汉族与其他民族殡葬习俗的相互影响 …………………… 152

第四章　墓葬 ……………………………………………………………… 157
　　第一节　家族墓地流行 …………………………………………… 157
　　第二节　墓室形制多样 …………………………………………… 167
　　第三节　墓葬建筑独特 …………………………………………… 176
　　第四节　墓葬绘画盛行 …………………………………………… 191

第五章　葬具与随葬品 …………………………………………………… 210
　　第一节　棺椁 ……………………………………………………… 210
　　第二节　随葬品 …………………………………………………… 222
　　第三节　赙物与赠官 ……………………………………………… 238

第六章　殡葬风水 ………………………………………………………… 280
　　第一节　殡葬风水理论的成熟 …………………………………… 281
　　第二节　殡葬风水实践的盛行 …………………………………… 303
　　第三节　宗教与殡葬风水 ………………………………………… 316

第七章　居丧 ……………………………………………………………… 322
　　第一节　居丧与丧服 ……………………………………………… 322
　　第二节　国恤制度与居丧法律化 ………………………………… 333
　　第三节　北朝居丧多样化 ………………………………………… 344
　　第四节　居丧习俗的变革 ………………………………………… 354

结　语 ……………………………………………………………………… 363

参考文献 …………………………………………………………………… 367

索　引 ……………………………………………………………………… 381

后　记 ……………………………………………………………………… 385

导　论

　　汉末的豪强争霸和混战，成就了曹操、刘备和孙权三股势力的割据之势。220年，曹操的儿子曹丕正式废掉汉献帝，建立魏朝，自称皇帝。第二年，刘备在汉室后裔名义之下，登上帝位，自称恢复汉朝，史称蜀汉。222年，孙权在武昌建立政权，后迁至建业。三国鼎立的局面正式形成。从三国归晋再到南北朝，最后是隋的统一，大约经历了370年。这期间，朝代更替频繁，民族融合加快，文化多元互动，对于当时的殡葬制度和习俗等都带来了巨大的影响。

一　魏晋南北朝的历史和时代特征

　　近四百年的魏晋南北朝，严格意义上说应该叫三国两晋南北朝，它是从汉末的魏开始，由三国而到晋（西晋），再到东晋、十六国和南北朝。这一时期，朝代更替频繁是大家所熟知的一个特点；同时，这一时期的少数民族迁入汉族核心区域和民族之间的融合，也是其他时期所不曾有的。因此，魏晋南北朝的历史和文化，与其他时期相比更具有王朝更迭频繁、政治变化多端、民族交错融合的鲜明特色，它与殡葬文化的关联更加直接，影响更加巨大。

（一）朝代更替频繁

　　汉末的地方割据虽然没有产生实际上的国家，但在这种割据势力的影响下，最后形成了三国鼎立的局面，统一的汉王朝结束。所谓"合久必分，分久必合"几乎成了后来中国历史演进过程中的一个"规律"，反复地出现在中华民族这块土地上。

　　从三国的出现到消亡，以及魏的建立和统一，一直到西晋、东晋、北魏以及十六国、南北朝，时间都非常短暂，短的只有两年，如冉魏，长的也只有一百多年，如北魏。

从表0-1中我们可知，魏晋南北朝存续时间比较长的"国家"有36个。三百多年的历史，比汉朝的传国时间还短，但有数十个"国家"在这片土地上前后或同时存在，形成了政权林立、纷争不断、群雄逐鹿的局面。

表0-1 魏晋南北朝存国时间

序号	国名	建国年份	亡国年份	存续年限
1	魏	220	265	45
2	蜀	221	263	42
3	吴	222	280	58
4	晋	265	420	156
5	汉（前赵）	304	329	25
6	成汉	303	347	43
7	前凉	317	376	59
8	后赵	319	351	32
9	冉魏	350	352	2
10	前燕	337	370	33
11	代	338	376	38
12	前秦	350	394	44
13	后秦	384	417	33
14	后燕	384	407	23
15	西燕	384	394	10
16	西秦	385	431	46
17	后凉	386	403	17
18	南凉	397	414	17
19	南燕	398	410	12
20	西凉	400	421	21
21	夏	407	431	24
22	北燕	407	436	29
23	北凉	397	439	42
24	东晋	317	420	103
25	北魏	386	534	148
26	宋	420	479	59
27	柔然	466	520	54
28	南齐	479	502	23
29	高昌	489	640	151

续表

序号	国名	建国年份	亡国年份	存续年限
30	梁	502	557	55
31	西魏	535	556	21
32	东魏	534	550	16
33	北周	557	581	24
34	北齐	550	577	27
35	陈	557	589	32
36	后梁	555	587	32

资料来源：参见方诗铭编著《中国历史纪年表》（修订本），上海辞书出版社，1980，第44~78页。同时参照万国鼎编，万斯年、陈梦家补订《中国历史纪年表》（中华书局，1982）第111~112页内容进行存续时间的修订。

三国是在汉末的纷乱中形成的，从时间上来看各相距一年，除了吴外，都自称继承了汉的衣钵。魏灭蜀后被西晋替代，尔后统一了东吴。但在西晋期间，成汉、前赵等地方性的小政权相继建立。西晋存国时间不长，原因是统治阶层内部的矛盾最后导致"八王之乱"。当时，魏据西周的五等爵制传说而于元帝（曹奂，后废封陈留王）咸熙元年（264）复建"五等爵"，加上王及"公、侯、伯、子、男"共有六等爵，同时还细分"有开国郡公①、县公②、郡侯、县侯、伯、子、男及乡、亭、关内、关外等侯之爵"，③西晋因袭之。西晋初年同姓王有27位之多。而所封的王侯都只享封土，不实际管理境内的百姓。"封邑民户的户调田租，也不都归王侯所有，他们享有的只是户调的三分之一（绢一匹）和田租的二分之一（二斛）。"④这些王侯的权势主要来自他们被派往地方担任大都督、都督和大将军、将军等实际职务。"地方都督，都是由皇帝任命的。建立都督制的目的也是为了巩固皇权捍卫统一。但都督坐镇一方，手握一方军政大权，可以成为维护皇权的力量，也可以成为地方割据的势力。"⑤实际上正是这样的制度设计，加上贾后的专政，最后导致了"八王之乱"。战乱一方面危害社会稳定和人民生活，另一方面非正常死亡者大量增加，包括上层人士和平民百

---

① 郡公为异姓功臣（禅代前的权臣除外）的最高封爵，皆为实封，有封国、食邑，开国置国官，具有世袭性。食邑从数千户到万户不等。郡公以郡立国，封国置相。
② 县公为公爵的第二等（禅代前的权臣除外），次于郡公。县公皆为实封，有封国、食邑，开国置国官，具有世袭性。食邑有数千户。县公以县立国，封国置相，相的职责相当于县令、县长。
③ 杜佑：《通典·职官典·历代王侯封爵》，王文锦、王永兴等点校，中华书局，1988，第487页。
④ 何兹全主编《中国通史》第5卷（上），上海人民出版社，2004，第187页。
⑤ 何兹全主编《中国通史》第5卷（上），第187页。

姓。①"八王之乱"后的一段时间里，刘渊、刘聪和石勒等的反晋战争和各地流民及各族人民的反晋起义，造成了西晋与东晋之交及五胡十六国时期的政权频繁更替和社会动荡，这也是中原上层士族和民众第一次大量南迁的最重要原因，它极大地改变了中国文化发展格局和核心文化的结构。当然西晋仅仅是魏晋南北朝整个社会发展期间的一例。

五胡是指主要生活于北方和西北地区的五个少数民族，包括匈奴、鲜卑、羯、氐、羌；十六国是指成汉、前赵、后赵、前凉、前燕、前秦、后秦、后燕、西秦、后凉、北凉、南凉、南燕、西凉、夏、北燕，不包括冉魏、西燕。于西晋期间立国的只有成汉与前赵，其他十四个政权则建立于西晋灭亡之后。事实上，西晋上层统治者退守江南后，主要以北方地区为依托先后建立的众多小国，使内部争斗、区域间的掠夺、战争和屠杀从未间断。因此，社会、经济、文化等受到严重冲击和影响。其间，虽然前秦皇帝苻坚一度统一北方，但在南征东晋时，于淝水之战中惨败。其后各族于关东及空虚的关中不断叛变和混战，加上东晋北伐，前秦全面崩溃，北方再度混乱不堪。北魏立国后，经过拓跋珪、拓跋嗣及拓跋焘的经营，最后于439年统一北方，而东晋也为南朝宋所取代，历史进入了南北朝时期。

魏晋南北朝朝代更替频繁，由于家庭或集团间的争权夺利，皇帝的死亡率非常高。从表0-2中我们可以明确地感受到这一点。

表0-2 魏晋南北朝存国帝王在位数量

序号	国名	存续年限	帝王在位数	姓名
1	魏	45	5	曹丕、曹叡、曹芳、曹髦、曹奂
2	蜀	42	2	刘备、刘禅
3	吴	58	4	孙权、孙亮、孙休、孙皓
4	西晋	52	4	司马炎、司马衷、司马炽、司马邺
5	汉（前赵）	25	4	刘渊、刘聪、刘粲、刘曜
6	成汉	43	4	李雄、李期、李寿、李势
7	前凉	59	7	张寔、张茂、张骏、张重华、张祚、张玄靓、张天锡
8	后赵	32	6	石勒、石弘、石虎、石遵、石鉴、石祗

---

① 贾后专政期间，用司马玮杀了杨骏及其家属党羽八千多人，并以擅杀大臣的名义杀了司马玮，贾后还杀了太子司马遹。赵王伦则以为太子报仇的名义起兵，杀了贾后及张华、裴𬱟等。接着是齐王冏杀了赵王伦和他的心腹孙秀，河间王颙与长沙王司马乂杀了齐王冏，河间王司马颙与成都王司马颖联合杀了长沙王司马乂，后来，河间王司马颙与成都王司马颖也分别为人所杀，晋惠帝也被毒死。

续表

序号	国名	存续年限	帝王在位数	姓名
9	冉魏	2	1	冉闵
10	前燕	33	3	慕容皝、慕容俊、慕容暐
11	代	38	1	拓跋什翼犍
12	前秦	44	7	苻洪、苻健、苻生、苻坚、苻丕、苻登、苻崇
13	后秦	33	3	姚苌、姚兴、姚泓
14	后燕	23	4	慕容垂、慕容宝、慕容盛、慕容熙
15	西燕	10	7	慕容泓、慕容冲、段随、慕容𫖮、慕容瑶、慕容忠、慕容永
16	西秦	46	4	乞伏国仁、乞伏乾归、乞伏炽磐、乞伏暮末
17	后凉	17	3	吕光、吕纂、吕隆
18	南凉	17	3	秃发乌孤、秃发利鹿孤、秃发傉檀
19	南燕	12	2	慕容德、慕容超
20	西凉	21	3	李暠、李歆、李恂
21	夏	24	3	赫连勃勃、赫连昌、赫连定
22	北燕	29	3	高云、冯跋、冯弘
23	北凉	42	5	段业、沮渠蒙逊、沮渠牧犍、沮渠无讳、沮渠安周
24	东晋	103	11	司马睿、司马绍、司马衍、司马岳、司马聃、司马丕、司马奕、司马昱、司马曜、司马德宗、司马德文
25	北魏	148	14	拓跋珪、拓跋嗣、拓跋焘、拓跋余、拓跋濬、拓跋弘、元宏、元恪、元诩、元子攸、元晔、元恭、元朗、元修
26	宋	59	8	刘裕、刘义符、刘义隆、刘骏、刘子业、刘彧、刘昱、刘准
27	柔然	54	5	受罗部真可汗、伏名敦可汗、候其伏代库者可汗、佗汗可汗、豆罗伏跋豆伐可汗
28	南齐	23	7	萧道成、萧赜、萧昭业、萧昭文、萧鸾、萧宝卷、萧宝融
29	高昌	151	12	张孟明、麹嘉、麹坚、麹光、麹玄喜、麹□、麹宝茂、麹乾固、麹伯雅、麹□、麹文泰、麹智盛
30	梁	55	7	萧衍、萧纲、萧栋、萧纪、萧绎、萧渊明、萧方智
31	西魏	21	3	元宝炬、元钦、拓跋廓
32	东魏	16	1	元善见
33	北周	24	5	宇文觉、宇文毓、宇文邕、宇文赟、宇文阐
34	北齐	27	7	高洋、高殷、高演、高湛、高纬、高延宗、高恒
35	陈	32	5	陈霸先、陈蒨、陈伯宗、陈顼、陈叔宝
36	后梁	32	3	萧詧、萧岿、萧琮

资料来源：参见方诗铭编著《中国历史纪年表》(修订本)，第44～78页。同时参照万国鼎编，万斯年、陈梦家补订《中国历史纪年表》第88～89页内容进行存续时间的修订。

由表 0-2 我们可以知道，36 个政权，前后大约 370 年时间，共有 176 位皇帝（或当政者），每位皇帝（或当政者）平均在位时间两年多一点，这与正常王朝如汉代四百多年时间，包括一些特殊的情况如王莽篡权等时期，也只有二十多位皇帝相比，真是天差地别。因此，即使魏晋南北朝时礼制不变，也无法像汉朝一样用三分之一的国力去安葬皇帝。实际上，这也是当时基于社会现实而不得不对帝王的陵墓之制进行改革的重要原因。

这种不断争斗和政权更替，给社会带来了深重的灾难。死亡和人口减少，成为这一时期一个非常突出的问题。据梁方仲的《中国历代户口、田地、田赋统计》，东汉桓帝永寿三年（157）时人口是 56486856 人，①三国时，虽然经过了一些时日的休养生息，但从刘禅炎兴元年（263）时的 940000 人，加上曹奂景元四年（263）时的 4432881 人和东吴的孙皓天纪四年（280）时的 2300000 人，共计 7672881 人，大致人口锐减 48813975 人，只有东汉桓帝永寿三年时的 13.58%。到西晋太康元年，虽然全国有 16163863 人，但与东汉桓帝永寿三年时人口相比，依然差 40322993 人，只有前者的 28.62%。南朝与北朝时的情况也是如此，南朝宋武帝大明八年（464）时，人口 4685501 人，到陈后主祯明八年（589）时只有 2000000 人；北朝的周静帝大象年间（579～580）人口是 9009604 人。②即使到隋炀帝大业五年（609）时，也只有 46019956 人，③只是东汉桓帝永寿三年时人口的 81.47%。可以肯定，这当中锐减的大量人口是由战争和社会动荡造成的非正常死亡者。如永嘉五年（311），石勒率铁骑围追东海王司马越的军队，于苦县宁平城（今安徽鹿南郸城东）大败晋兵，"从骑围而射之，将士十余万人相践如山，无一人得免者"。④可知，当时除了被射死的还有践踏而死者十多万，没有人从这次交战中生还。同年五月，刘聪攻陷洛阳，晋怀帝被掳到平阳，"晋王公百官及百姓死者三万多人"。⑤虽然没有区分王公百官与百姓有多少数字，但伤亡非常惨重。石勒的继承者石虎也嗜杀成性，"降城陷垒，不复断别善恶，坑斩士女，鲜有遗类"。⑥于是，他的部属或后继者也同样非常残暴。一次，石宣代石虎行山川祈福之礼，沿途"峻制严刑，文武战栗，士卒饥冻而死者万有余

---

① 梁方仲：《中国历代户口、田地、田赋统计》，上海人民出版社，1993，第 4 页。
② 梁方仲：《中国历代户口、田地、田赋统计》，第 38 页。
③ 梁方仲：《中国历代户口、田地、田赋统计》，第 6 页。
④ 司马光编纂、胡三省音注《资治通鉴》，中州古籍出版社，1991，第 584 页。
⑤ 何兹全主编《中国通史》第 5 卷（上），第 194 页。
⑥ 《晋书》卷 106《石季龙载记上》，见《二十四史》（简体字本），中华书局，2000，第 1845 页。下引《二十四史》皆为同版书，只注页码。

人"。① 石冲讨石遵失败，其时"战于平棘，冲师大败，获冲于元氏，赐死，坑其士卒三万余人"。② 战败了被赐死，甚至连士卒也不放过，一次性活埋了三万多人。

而民族矛盾有时也会导致大量的人员死亡。石闵不信任胡人，于是便对胡人大开杀戒。据史书记载：

> 闵知胡之不为己用也，班令内外赵人，斩一胡首送凤阳门者，文官进位三等，武职悉拜牙门。一日之中，斩首数万。闵躬率赵人诛诸胡羯，无贵贱男女少长皆斩之，死者二十余万，尸诸城外，悉为野犬豺狼所食。屯据四方者，所在承闵书诛之，于时高鼻多须至有滥死者半。③

20多万胡人被杀，许多是无辜者，杀一个胡人文官就可以进位三等，而杀一个武官则被拜为牙门，因此一天之内就有数万人被杀。当时很多高鼻深目甚至多胡子的人都被当作胡人而被冤枉处死。

另外，石闵攻打自称为王的石祗，"司空石璞、尚书令徐机、车骑胡睦、侍中李琳、中书监卢谌、少府王郁、尚书刘钦、刘休等及诸将士死者十余万人"。④ 一次军事行动失败致使大臣、将士十余万人死难。

由此我们可以确认，朝代更替频繁带来了战争和社会的动乱。有学者统计，魏晋南北朝时期"共发生较大规模的战争约500余次。除去农民战争之外，其他战争大体上可以分为三类：第一类是各派政治势力或割据政权之间的混战；第二类是一个政权内部统治阶级之间的战乱；第三类是各民族贵族之间的混战"。⑤ 战争和社会的动乱带来了大量人口非正常死亡，这是魏晋南北朝时期整个社会人口锐减的主要原因，同时也造成了地区人口的迁移和不平衡。而战争和动乱中正常与非正常死亡的人员都须安葬，但这种安葬常常是事出特殊，这就带来了魏晋南北朝殡葬制度和礼俗的改变。死后不按礼制规定停尸于家的速葬或称渴葬、招魂葬、还乡葬、佛事超度等制度和礼俗都在魏晋南北朝时期出现，并形成一种有别于其他朝代的殡葬文化。

---

① 《晋书》卷107《石季龙载记下》，第1860页。
② 《晋书》卷107《石季龙载记下》，第1864页。
③ 《晋书》卷107《石季龙载记下》，第1866页。
④ 《晋书》卷107《石季龙载记下》，第1868页。
⑤ 朱大渭等：《魏晋南北朝社会生活史》，中国社会科学出版社，2005，第7页。

（二）少数民族政权迭出

魏晋南北朝时期不仅政权更替频繁、社会动乱，而且少数民族政权频繁出现，建立自己的政治经济文化中心，也是当时一个非常鲜明的特点。

我们看看十六国时的政权创建者就知道，当时各民族活跃于中原地区（见表0-3）。

表0-3　十六国创建人情况（附冉魏、西燕）

国名	创建者	所属民族
汉（前赵）	刘渊	匈奴
成汉	李特	巴氐
前凉	张寔	汉
后赵	石勒	羯
冉魏	冉闵	汉
前燕	慕容皝	鲜卑
前秦	苻洪	氐
后秦	姚苌	羌
后燕	慕容垂	鲜卑
西燕	慕容泓	鲜卑
西秦	乞伏国仁	鲜卑
后凉	吕光	氐
南凉	秃发乌孤	鲜卑
南燕	慕容德	鲜卑
西凉	李暠	汉
夏	赫连勃勃	匈奴
北燕	冯跋	汉
北凉	沮渠蒙逊	匈奴

资料来源：参见方诗铭编著《中国历史纪年表》（修订本），"十六国兴亡表"，第62页。

所谓18个"国家"，包括冉魏、西燕，其中有14个是少数民族政权，包括匈奴、巴氐、羯、鲜卑、氐、羌等不同少数民族。建立政权最多的是鲜卑族，有6个；其次是匈奴和氐，各有3个；羯与羌各1个。在此前后建立的少数民族政权还有柔然、高昌、北魏、西魏、东魏、北周、北齐等。

1. 匈奴

汉（前赵）为刘渊建立。《晋书·刘元海载记》载，刘渊是匈奴族，名犯高祖庙讳，所以称字。① 关于刘渊及刘渊部族，载记中叙述得还是比较清楚的：

> 初，汉高祖以宗女为公主，以妻冒顿，约为兄弟，故其子孙遂冒姓刘氏。建武初②，乌珠留若鞮单于子右奥鞬日逐王比自立为南单于，入居西河美稷，今离石左国城即单于所徙庭也。中平中，单于羌渠使子于扶罗将兵助汉，讨平黄巾。会羌渠为国人所杀，於扶罗以其众留汉，自立为单于。属董卓之乱，寇掠太原、河东，屯于河内。於扶罗死，弟呼厨泉立，以於扶罗子豹为左贤王，即元海之父也。魏武分其众为五部，以豹为左部帅，其余部帅皆以刘氏为之。太康中，改置都尉，左部居太原兹氏，右部居祁，南部居蒲子，北部居新兴，中部居大陵。刘氏虽分居五部，然皆居于晋阳汾涧之滨。③

刘渊是匈奴单于之后，进入中原地区的北部之后自立为南单于，东汉后期，帮助汉朝剿灭黄巾军，从此留置于汉族地区。因为与汉朝联姻，所以改姓为刘。可以说，刘渊政权虽然是匈奴族所建，但数百年与汉族交往与一百多年居于汉族地区，大致已经汉化。他所建立的政权之所以叫汉，就是因为自称继承汉的衣钵。他还"尊刘禅为孝怀皇帝，立汉高祖以下三祖五宗神主而祭之"。④ 他在建立政权时所下的诏书，也证明他是以汉朝政权的继承者自居的。

> 昔我太祖高皇帝以神武应期，廓开大业。太宗孝文皇帝重以明德，升平汉道。世宗孝武皇帝拓土攘夷，地过唐日。中宗孝宣皇帝搜扬俊乂，多士盈朝。是我祖宗道迈三王，功高五帝，故卜年倍于夏商，卜世过于姬氏。而元成多僻，哀平短祚，贼臣王莽，滔天篡逆。我世祖光武皇帝诞资圣武，恢复鸿基，祀汉配天，不失旧物，俾三光晦而复明，神器幽而复显。显宗孝明皇帝、肃宗孝章

---

① 《晋书》卷101《刘元海载记》，第1766页："刘元海，新兴匈奴人，冒顿之后也。名犯高祖庙讳，故称其字焉。"
② 东汉光武帝刘秀年号，初年为公元25年。
③ 《晋书》卷101《刘元海载记》，第1766页。
④ 《晋书》卷101《刘元海载记》，第1769页。

皇帝累叶重晖，炎光再阐。自和安已后，皇纲渐颓，天步艰难，国统频绝。黄巾海沸于九州，群阉毒流于四海，董卓因之肆其猖勃，曹操父子凶逆相寻。故孝愍委弃万国，昭烈播越岷蜀，冀否终有泰，旋轸旧京。何图天未悔祸，后帝窘辱。自社稷沦丧，宗庙之不血食四十年于兹矣。今天诱其衷，悔祸皇汉，使司马氏父子兄弟迭相残灭。黎庶涂炭，靡所控告。孤今猥为群公所推，绍修三祖之业。顾兹尫暗，战惶靡厝。但以大耻未雪，社稷无主，衔胆栖冰，勉从群议。①

这一番大义凛然的宣言，俨然是以刘氏后代自居。他所说的"自社稷沦丧，宗庙之不血食四十年于兹矣"是指蜀汉灭国于263年到他303年建立汉（前赵），正好四十年。而"司马氏父子兄弟迭相残灭"指的是"八王之乱"和其后的社会动荡。前赵存国时间不长，不久为后赵所灭。②

2. 氐族

前秦是苻洪所建，苻洪是氐人。《晋书·苻洪载记》载："苻洪字广世，略阳临渭（今甘肃秦安）氐人也。其先盖有扈之苗裔，世为西戎酋长。"③西戎是通称，是指居住于中原中心西部的少数民族。氐人很早就出现于古代文献之中，《诗经·商颂·殷武》中说："昔有成汤，自彼氐羌，莫敢不来享，莫敢不来王，曰商是常。"④氐与羌应该同源，后来分化为两族。⑤"氐与羌在早期来源不同，可能分属于不同的根系，在随后漫长的历史岁月中，由于分布地区相同，生活习俗、文化面貌以及语言，经长期的相互交流融合渐渐趋同，后人于是将之视为同根同源的古代民族系统。事实上，氐与羌在早期是有区别的。羌是外来民族，而氐是分布于青藏高原东部及云贵高原山间平地的那些土著居民。"⑥氐人在后来的历史发展过程中，由于迁徙等原因形成青氐、白氐、蚺氐、巴氐、白马氐、阴平氐等。

---

① 《晋书》卷101《刘元海载记》，第1769页。
② 319年赵国分裂为两个独立政权，即关中的刘氏"赵帝"和关东的石氏"赵王"。史家为方便区分，将关中的刘氏赵国称为前赵，而将石姓赵国称为后赵。
③ 《晋书》卷120《苻洪载记》，第1919页。
④ 任自斌、和近健主编《诗经鉴赏辞典》，河海大学出版社，1989，第599页。
⑤ 段渝：《先秦川西高原的氐与羌》一文说"氐、羌同源异流，原居西北甘青高原，后分化为两族"。参见《阿坝师范高等专科学校学报》2007年第1期，第1页。
⑥ 杨帆：《氐与羌的差别》，载《大理民族文化研究论丛》第5辑，民族出版社，2012，第261页。

3. 巴氐

成汉是李特所建,其始祖禀君的由来和发展非常神奇。①原称"賨人",到曹操时,其祖李虎由"魏武帝拜为将军,迁于略阳,北土复号之为巴氐"。②李特其族长期生活于巴蜀,与汉朝政权的紧密交往使他们的文化与汉人的文化极其相近。《晋书》记载,"(李)雄母罗氏死,雄信巫觋者之言,多有忌讳,至欲不葬。其司空赵肃谏,雄乃从之。雄欲申三年之礼,群臣固谏,雄弗许。李骧谓司空上官惇曰:'今方难未弭,吾欲固谏,不听。主上终谅闇,君以为何如?'惇曰:'三年之丧,自天子达于庶人,故孔子曰:'何必高宗,古之人皆然。'但汉魏以来,天下多难,宗庙至重,不可久旷,故释缞绖,至哀而已。'骧曰:'任回方至,此人决于行事,且上常难违其言,待其至,当与俱请。'及回至,骧与回俱见雄。骧免冠流涕,固请公除。雄号泣不许。回跪而进曰:'今王业初建,凡百草创,一日无主,天下惶惶。昔武王素甲观兵,晋襄墨绖从戎,岂所愿哉?为天下屈己故也。愿陛下割情从权,永隆天保。'遂强扶雄起,释服亲政"。③说的是李雄母亲去世,李雄相信巫觋之言,禁忌很多,而且长期停灵,待时而葬,且不除服视事。于是,李骧进行了劝谏,但是李雄不听。李骧与上官惇商量后,决定由任回再去劝谏,这才成功。我们不说这当中的母子情深等人伦大义,从他要行三年之丧的礼制来看,汉人文化对他的影响是很大的。

4. 羯族

后赵为石勒所建,石勒是羯族。《晋书·石勒载记上》载,石勒"上党武乡羯人也"。石勒的祖先是匈奴别部羌渠部落的后裔,祖父名叫耶奕于,父亲周曷朱(又名乞翼加),都曾为部落小头目(小率)。石勒的早期经历非常曲折,生时"赤光满室,白气自天属于中庭,见者咸异之。年十四,随邑人行贩洛阳,倚啸上东门,王衍见而

---

① 《晋书》卷120《李特载记》:李特"其先廪君之苗裔也。昔武落钟离山崩,有石穴二所,其一赤如丹,一黑如漆。有人出于赤穴者,名曰务相,姓巴氏。有出于黑穴者,凡四姓:曰瞫氏、樊氏、柏氏、郑氏。五姓俱出,皆争为神,于是相与以剑刺穴屋,能著者以为廪君。四姓莫著,而务相之剑悬焉。又以土为船,雕画之而浮水中,曰:'若其船浮存者,以为廪君。'务相船又独浮。于是遂称廪君,乘其土船,将其徒卒,当夷水而下,至于盐阳。盐阳水神女子止廪君曰:'此鱼盐所有,地又广大,与君俱生,可止无行。'廪君曰:'我当为君求廪地,不能止也。'盐神夜从廪君宿,旦辄去为飞虫,诸神皆从其飞,蔽日昼昏。廪君欲杀之不可,别又不知天地东西。如此者十日,廪君乃以青缕遗盐神曰:'婴此,即宜之,与汝俱生。弗宜,将去汝。'盐神受而婴之。廪君立砀石之上,望膺有青缕者,跪而射之,中盐神。盐神死,群神与俱飞者皆去,天乃开朗。廪君复乘土船,下及夷城,夷城石岸曲,泉水亦曲。廪君望如穴状,叹曰:'我新从穴中出,今又入此,奈何!'岸即为崩,广三丈余,而阶陛相乘,廪君登之。岸上有平方石方一丈,长五尺,廪君休其上,投策计算,皆著石焉,因立城其旁而居之。其后种类遂繁"。第2029页。
② 《晋书》卷120《李特载记》,第2030页。
③ 《晋书》卷121《李雄载记》,第2040页。

异之，顾谓左右曰：'向者胡雏，吾观其声视有奇志，恐将为天下之患。'驰遣收之，会勒已去。长而壮健有胆力，雄武好骑射"。①后被掳为奴，但每到危难时刻总有奇人或仙人相助。石勒因有相马之能，投靠魏郡牧马首领汲桑，石勒的名字也是汲桑所取。石勒起于乱世，身经百战，于319年建立赵，因汉主刘曜此前已经改国号为赵，史称前赵，故称石勒所建为后赵。从渊源上看，石勒虽为羯人，但与匈奴等有关联，当时的民族融合是常见之事。

5. 鲜卑族

前燕是慕容皝所建，属鲜卑族。慕容皝，字元真，鲜卑慕容部首领慕容廆第三子。《晋书·慕容廆载记》在记叙其族之由来时说："昌黎棘城鲜卑人也。其先有熊氏之苗裔，世居北夷，邑于紫蒙之野，号曰东胡。其后与匈奴并盛，控弦之士二十余万，风俗官号与匈奴略同。秦汉之际为匈奴所败，分保鲜卑山，因以为号。曾祖莫护跋，魏初率其诸部入居辽西，从宣帝伐公孙氏有功，拜率义王，始建国于棘城之北。时燕代多冠步摇冠，莫护跋见而好之，乃敛发袭冠，诸部因呼之为步摇，其后音讹，遂为慕容焉。或云慕二仪之德，继三光之容，遂以慕容为氏。祖木延，左贤王。父涉归，以全柳城之功，进拜鲜卑单于，迁邑于辽东北，于是渐慕诸夏之风矣。"②当然，北魏的建立者对于其所由来则加上了一些美好的修饰："魏之先出自黄帝轩辕氏。黄帝子曰昌意，昌意之少子受封北国，有大鲜卑山，因以为号。其后世为君长，统幽都之北，广漠之野，畜牧迁徙，射猎为业，淳朴为俗，简易为化，不为文字，刻木结绳而已。时事远近，人相传授，如史官之纪录焉。黄帝以土德王，北俗谓土为托，谓后为跋，故以为氏。其裔始均，仕尧时，逐女魃于弱水，北人赖其勋，舜命为田祖。历三代至秦、汉，獯鬻、猃狁、山戎、匈奴之属，累代作害中州，而始均之裔不交南夏，是以载籍无闻。"③虽然与前文所述内容大致相当，但美化自己民族的传说或解释则已经非常明显。后燕、西燕、南凉、南燕、北魏、西魏、东魏的建国者都是鲜卑族人，说明在那个时代鲜卑族影响巨大。

6. 羌族

后秦为姚苌所建，姚苌是羌人。羌人的历史悠久，早在商代之前就已经进入史籍记载。到魏晋南北朝时，虽然部分羌人还过着游牧的生活，但大部分羌人已经汉化，

---

① 《晋书》卷104《石勒载记上》，第1809页。
② 《晋书》卷108《慕容廆载记》，第1873页。
③ 《北史》卷1《魏本纪第一》，第1页。

逐渐融入汉民族之中。姚苌是南安（今甘肃陇西）人，其父姚弋仲，据史籍载，弋仲"南安赤亭羌人也。其先有虞氏之苗裔。禹封舜少子于西戎，世为羌酋"。①后来，姚弋仲做过"护西羌校尉、雍州刺史、扶风公"。②姚弋仲有42子，看来一定是实行的多妻制或妻妾制，姚苌是他最小的儿子。姚苌之所以能建立后秦，还是有一些特别的地方。听说其父去世后主要是由他的五哥姚襄主政，一次五哥做梦，梦见"苌服衮衣，升御坐，诸酋长皆侍立"；③另一次是姚苌随杨安伐蜀，"尝昼寝水旁，上有神光焕然，左右咸异之"。④从这些记载来看，时人以为姚苌的非凡成就是一种天意，而这种为自己造神服务的方式方法是历代汉族统治者所惯用的。说明当时羌人与汉人的文化已经高度地融合在一起。

由不同民族出身的人建立政权，一方面是魏晋南北朝时期的一个特点，说明此时民族之间势力此消彼长，汉族与其他少数民族之间存在互动共生的关系；另一方面，说明民族之间存在千丝万缕的联系，文化关联度高，相互影响大。正是这种出身于不同民族的人所建立的政权，在更大、更深程度上加速了民族间的融合。

（三）民族融合加快

汉代时，胡文化对汉族统治中心区域的影响就已经非常巨大，胡服、胡床等已经非常盛行。据《后汉书·五行志》记载，"（汉）灵帝好胡服、胡帐、胡床、胡坐、胡饭、胡空侯、胡笛、胡舞，京都贵戚皆竞为之"。⑤不过此类记载，主要是表达"此服妖也。其后董卓多拥胡兵，填塞街衢，掳掠宫掖，发掘园陵"⑥，潜台词其实就是对文化冲突和融合的不适应或不满，甚至是把社会变革时期的文化现象当作变革不良后果的替罪羊。有着与汉民族文化直接交往和交织的胡文化，主要是指生活于中国北方或西北方的一些少数民族所持有的一种文化形态，虽然在汉代时已经进入中原汉族地区，但借着西晋动荡时期少数民族政权的建立乘势进入中原地区并开始扎下根，在一定范围内改变了主导政权的上层结构，也改变了主导文化的内容。正是这种交流加快了民族文化的融合，具体表现在以下一些方面。

---

① 《晋书》卷116《姚弋仲载记》，第1983页。
② 《晋书》卷116《姚弋仲载记》，第1983页。
③ 《晋书》卷116《姚苌载记》，第1986页。
④ 《晋书》卷116《姚苌载记》，第1987页。
⑤ 《后汉书》卷23《五行志一》，第2226页。
⑥ 《后汉书》卷23《五行志一》，第2226页。

1. 服饰文化的融合

中国的服饰在汉代时形成了自己的民族个性，同时吸收了其他民族，尤其是胡人的服饰文化。魏晋南北朝时，由于民族融合的加速，服饰文化的融合也更为巨大。甚至还在与其他文化形态融合之后改变了汉族文化的一些本质结构，如胡服将汉族人的上衣下裳改变为上衣下裤；胡床将汉族人的席地而坐改变为垂脚而坐；胡服的盛行从本质上影响了汉族人的服饰形态和审美观念，这主要发生在魏晋南北朝时期，最后完成则在唐代。

服饰文化的融合表现在两个方面，一个方面是胡服对于汉族服饰的影响，另一个方面是汉族服饰与胡服的融合，或换句话说，是汉族服饰吸收了胡服的特色并为我所用。《晋书》载，"泰始之后，中国相尚用胡床貊盘，及为羌煮貊炙，贵人富室，必畜其器，吉享嘉会，皆以为先。太康中，又以毡为绲头及络带袴口。百姓相戏曰，中国必为胡所破。夫毡毳产于胡，而天下以为绲头、带身、袴口，胡既三制之矣，能无败乎！至元康中，氐羌互反，永嘉后，刘、石遂篡中都，自后四夷迭据华土，是服妖之应也"。[①]说明胡服流行，"绲头"、"带身"、"袴口"等服饰成为上、下层民众的常用之物。南朝梁时的陈庆之曾到北魏的洛阳，见到一派独特的文化，回去后，"羽仪服式悉如魏法。江表士庶，竞相模楷，褒衣博带，被及秣陵"。[②]把"魏朝虽盛，犹曰五胡"[③]的"胡服"或"胡汉化"的服饰文化带到"秣陵"（今南京），而且影响还非常大。事实上，到南朝时，裤子之类的胡服变化之服饰已经非常盛行。《宋书》曾记载这么一件事，沈庆之有一晚被皇上召见，他急急进宫，穿的就是戎服即裤褶。[④]而当时的许多上层人士还以送冬天穿的襦裤作为慈善，《梁书》记载安成康王秀"每冬月，常作襦裤以赐冻者"，[⑤]昭明太子"年常多作襦裤，各三千领，冬月以施寒者"。[⑥]"据不完全统计，在《南史》中提到'裤褶'的有卷五，卷二十六两处，卷三十二和卷五十五，提到'裤'的有卷二十四、卷三十、卷三十四、卷三十七、卷五十三、卷五十四、卷五十五、卷七十一、卷七十二、卷七十三和卷七十九等，其中卷七十九有九处，总计 19 处。而使用'袴'则有卷五两处、卷十三、卷十九、

---

① 《晋书》卷 27《五行志上》，第 535 页。
② 尚荣译注《洛阳伽蓝记》，中华书局，2012，第 182 页。
③ 尚荣译注《洛阳伽蓝记》，第 174 页。
④ 《宋书》卷 77 载："上开门召庆之，庆之戎服履袜缚绔入。上见而惊曰：'卿何意乃尔急装？'庆之曰：'夜半唤队主，不容缓服。'"绔即裤，见第 1319 页。
⑤ 《梁书》卷 23，第 234 页。
⑥ 《南史》卷 53，第 875 页。

卷三十四两处、卷四十一、卷五十五两处、卷七十六和卷七十九等共计11处。"①说明胡服对汉族服饰的影响是非常巨大的，今天我们的满裆裤便是拜胡服所赐。

而在胡服盛行的民族或地区，却主动放弃胡服改穿汉族服饰。孝文帝的改革之一是禁止鲜卑族人穿胡服，但效果并不明显。改革四年后，孝文帝从邺城回到洛阳，见到许多妇女还是穿着鲜卑族的胡服，便责问留守洛阳的任城王元澄："朕昨入城，见车上妇人冠帽而著小襦袄（胡服）者，若为如此，尚书何为不察？"元澄巧妙地回说："著犹少于不著者。"②就是说，虽然还是有许多人穿胡服，但穿得已经远远少于不穿的，说明改革还是有成效的。南北朝时，北齐高欢的部将侯景与人讨论衣服该左衽还是右衽，这基本上是一个谁为文化正宗的问题。尚书敬显俊说："孔子云：'微管仲，吾其被发左衽矣。'以此言之，右衽为是。"而这时，跟随在其父身边、只有十五岁的王纮说了这么一段话："国家龙飞朔野，雄步中原，五帝异仪，三王殊制，掩衣左右，何足是非。"③意思是国家强大，拥有中原，而且，历史上五帝并不只有一种礼仪，三王的制度也不一样，左衽还是右衽，有什么好讨论的。侯景觉得说得太好了，就赏了他好马作为礼物。"这次争论以掩衣左右皆可而结束，实际上反映了当时人认为胡服和汉服杂用均可的一种文化观念。"④

有学者因此指出："南北朝时期，由于北方少数民族入居中原，北朝的服饰呈现出两大特征：一是汉族服饰吸收了胡服的很多形式，胡服逐渐被全社会所接受，并且大范围地流行；一是各少数民族政权的统治者也或多或少地采用了汉族的服制礼仪。这一时期，各民族服饰都在自身传统的基础上融合改进，对中国古代服饰的发展产生了积极深远的影响。在魏晋南北朝时期，典型的胡服，其基本形制特征就是上穿窄袖短衣，下着长裤，足蹬长靴，腰束革带，随着胡人入主中原，它对汉族服饰的影响非常大，如胡服里的足靴在中原地区十分流行，不同质料和款式的靴子逐渐成为非正式场合穿着的足装，为汉族人群所接受。"⑤

2. 饮食文化的融合

与服饰一样，饮食也是生活中非常重要的文化内容，是生命中不可或缺的。随着民族交往和民众由于战争、动荡而迁徙，饮食文化相互影响，不同民族间饮食的融合

---

① 陈华文等：《浙江民俗史》，杭州出版社，2008，第145~146页。
② 《魏书》卷19《任城王传》，第317页。
③ 《北齐书》卷25，中华书局，1972，第251页。
④ 朱大渭等：《魏晋南北朝社会生活史》，第15页。
⑤ 董晔：《论魏晋南北朝时代的"胡服"风尚》，《兰台世界》2013年第7期。

也成为一种不可避免的趋势。

张华在其《博物志》中指出：

> 东南之人食水产，西北之人食陆畜。食水产者，龟蛤螺蚌以为珍味，不觉其腥臊也；食陆畜者，狸兔鼠雀以为珍味，不觉其膻也。①

这段话主要指出的是区域之间的差异，其实还包括了民族之间的差异。我们知道，茶是南方地区许多民族的日常饮料，而乳酪之类则是北方民族的重要饮料和食物。当时的茶主要还是在南方被认同，而乳酪则盛行于北方。

王肃是琅琊临沂人，司马衍时丞相王导之后。其父叫王奂，是南齐萧赜时的尚书左仆射。王肃少而聪辩，涉猎经史，颇有大志，仕萧赜，历著作郎、太子舍人、司徒主簿、秘书丞。王肃自谓《礼》、《易》为其长，亦未能通大义。其父及兄弟并为萧赜所杀，他本人于太和十七年（493）从建业（今南京）投奔到北魏。王肃投奔到北魏之后，深得孝文帝的喜爱。史载："闻肃至，虚襟待之，引见问故。肃辞义敏切，辩而有礼，高祖甚哀恻之。遂语及为国之道，肃陈说治乱，音韵雅畅，深会帝旨。高祖嗟纳之，促席移景，不觉坐之疲淹也。因言萧氏危灭之兆，可乘之机，劝高祖大举。于是图南之规转锐，器重礼遇日有加焉，亲贵旧臣莫能间也。或屏左右相对谈说，至夜分不罢。肃亦尽忠输诚，无所隐避，自谓君臣之际犹玄德之遇孔明也。寻除辅国将军、大将军长史，赐爵开阳伯，肃固辞伯爵，许之。"②当然，王肃的到来也带来了南朝的各种文化。王肃来自南方，喜欢喝茶，而当时的北魏大都以乳酪为饮料和食物。于是引出了一段关于王肃到北魏后茗饮与乳酪等饮食问题非常精彩的对话。

> 肃初入国，不食羊肉及酪浆等物，常饭鲫鱼羹，渴饮茗汁。京师士子见肃一饮一斗，号为"漏卮"。经数年已后，肃与高祖殿会，食羊肉酪粥甚多。高祖怪之，谓肃曰："卿中国之味也，羊肉何如鱼羹？茗饮何如酪浆？"肃对曰："羊者是陆产之最，鱼者乃水族之长。所好不同，并各称珍。以味言之，甚是优劣。羊比齐、鲁大邦，鱼比邾、莒小国。唯茗不中，与酪作奴。"高祖大笑，因举酒曰："三三横，两两纵，谁能辨之赐金钟。"御史中尉李彪曰："沽酒老姬瓮注瓨，屠

---

① 张华《博物志》卷1，郭斌主编《博物志：文白对照全文全译》，伊犁人民出版社，1999，第18页。
② 《魏书》卷63《王肃传》，第949页。

儿割肉与秤同。"尚书右丞甄琛曰："吴人浮水自云工，妓儿掷绳在虚空。"彭城王勰曰："臣始解此字是'习'字。"高祖即以金钟赐彪。朝廷服彪聪明有智，甄琛和之亦速。彭城王谓肃曰："卿不重齐、鲁大邦，而爱邾、莒小国。"肃对曰："乡曲所美，不得不好。"彭城王重谓曰："卿明日顾我，为卿设邾、莒之食，亦有酪奴。"因此复号茗饮为酪奴。时给事中刘缟慕肃之风，专习茗饮。彭城王谓缟曰："卿不慕王侯八珍，好苍头水厄。海上有逐臭之夫，里内有学颦之妇，以卿言之，即是也。"其彭城王家有吴奴，以此言戏之。自是朝贵宴会，虽设茗饮，皆耻不复食，唯江表残民远来降者好之。后萧衍子西丰侯萧正德归降，时元义欲为之设茗，先问："卿于水厄多少？"正德不晓义意，答曰："下官虽生于水乡，而立身以来，未遭阳侯之难。"元义与举坐之客皆笑焉。①

虽然只是一个故事，但北魏上层看不上茶饮等南方饮食非常明显。实际上也不乏如刘缟等慕王肃之风喜好南方饮食之人。加上南方人到北方后习性难改，甚至形成自成体系的居住与蔬菜贩卖场所。《洛阳伽蓝记》载："景仁，会稽山阴人也。景明年初，从萧宝夤归化，拜羽林监，赐宅城南归正里，民间号为吴人坊，南来投化者多居其内。近伊、洛二水，任其习御。里三千余家，自立巷市，所卖口味，多是水族，时人谓为鱼鳖市也。"②三千余家住在一起，生活习性相同，形成了吴人坊、鱼鳖市，相信一定会影响当地居民的饮食文化。事实上，至今还在的胡饼等一类的食物就是经由魏晋南北朝发扬光大的，说明民族间饮食文化融合是此期非常重要的一项文化形态。

3. 语言文化的融合

"语言不仅是文化的符号，而且是人类进入文化世界的主要向导。"③因此，通过一种语言我们可以进入一种文化，语言不仅是文化的载体，同时本身就是文化。不同语言的融合可以让民族文化形态在一定程度上单方面或相互融入，因此，改变语言可以改变文化的存在。

语言不通便无法交流。据说石勒治国"法令甚严，讳胡尤峻"，有一次，宫殿建好不久便出了胡人随便闯入的事。

---

① 尚荣译注《洛阳伽蓝记》，第222～224页。
② 尚荣译注《洛阳伽蓝记》，第173页。
③ 陈华文：《文化学概论》，上海文艺出版社，2001，第77页。

有醉胡乘马突入止车门，勒大怒，谓宫门小执法冯翥曰："夫人君为令，尚望威行天下，况宫阙之间乎！向驰马入门为是何人，而不弹白邪？"翥惶惧忘讳，对曰："向有醉胡乘马驰入，甚呵御之，而不可与语。"勒笑曰："胡人正自难与言。"恕而不罪。①

有时，为了表达一些神秘性也会使用民族语言。一次"（刘）曜自攻洛阳，勒将救之，其群下咸谏以为不可"，弄得石勒不知如何是好，便前去询问随军的天竺人佛图澄。澄说："相轮铃音云：'秀支替戾冈，仆谷劬秃当。'"什么意思？原来这是羯语，"秀支，军也。替戾冈，出也。仆谷，刘曜胡位也。劬秃当，捉也。此言军出捉得曜也"。②意思是出军就能捉得刘曜，结果果然如澄所言。故事很神秘，但背后透露的是当时可以使用多种语言，而这些语言的存在实际上会在一定程度上影响人们的交往。当然，不断地使用这些语言则会加速民族语言之间的融合。

应该说，魏晋南北朝时期的民族交往促进了语言文化的融合，尤其是朝廷的提倡或禁止加快了这种融合。北魏孝文帝改革便规定朝廷与生活中都使用汉语，禁止使用鲜卑语，但年30岁以上的鲜卑人可以例外。当然，要使一种语言彻底退出生活其实是非常非常困难的。魏末的于谨是河南洛阳人，他懂得多种语言，因此还立了大功。③北齐的孙搴是乐安（今山东惠民县）人，他不仅文才出众，"又能通鲜卑语"，④因而被皇帝重用。高昂是汉族，不懂鲜卑语，但他深得高欢的信任，高欢是鲜卑化的汉人，鲜卑语、汉语皆通，而高昂则不通鲜卑语，因此，高欢行军打仗时"每申令三军，常鲜卑语，昂若在列，则为华言"。⑤说明民族语言依然盛行，但由于长期的交往，这种融合也是大势所趋。

不仅民族语言存在巨大差异，南北的汉族在语言上也存在巨大的差异。颜之推在《颜氏家训》中说：

南方水土和柔，其音清举而切诣，失在浮浅，其辞多鄙俗。北方山川深厚，其音沈浊而鈋钝，得其质直，其辞多古语。然冠冕君子，南方为优；闾里小人，

---

① 《晋书》卷105《石勒载记下》，第1828页。
② 《晋书》卷95《佛图澄传》，第1659~1660页。
③ 《周书》卷15《于谨传》载："谨兼解诸国语，乃单骑入贼，示以恩信。于是西部铁勒酋长匄列河等，领三万余户并款附，相率南迁。"第168页。
④ 《北齐书》卷24《孙搴传》，第235页。
⑤ 《北齐书》卷21《高昂传》，第201页。

北方为愈。易服而与之谈，南方士庶，数言可辨；隔垣而听其语，北方朝野，终日难分。而南染吴、越，北杂夷虏，皆有深弊，不可具论。①

在论南北语言差异的同时，颜之推指出南北语言因吸收吴越语言和少数民族语言而改变了本身的文化特点，他认为是"深弊"，但实际上则是几种语言和文化的融合，使语言文化更具有包容性和交往时使用的可塑性。

文化的融合不仅是多方面的，从具体到整体的，而且是一个长期的过程，不可能在短期内完成。正如陈寅恪在《魏晋南北朝史讲演录》中所说："胡汉的融合是一个漫长的历史过程。胡族的汉化先后不同，一个胡族即使汉化程度很深，也很难完全消除与汉人之间的隔阂，消除华夷或夷夏之防。"②西晋灭亡后，东晋在南方建立政权，当时有一些中原士大夫没有逃出来，做了其他民族政权的官，但他们希望死后依然称自己西晋的官衔。③甚至有被看破了心病的，忧心而死。如高瞻，渤海蓨（今河北景县）人，曾随崔毖到辽东，及毖败，"瞻随众降于（慕容）廆。廆署为将军，瞻称疾不起。廆敬其姿器，数临候之，抚其心曰：'君之疾在此，不在余也。今天子播越，四海分崩，苍生纷扰，莫知所系，孤思与诸君匡复帝室，翦鲸豕于二京，迎天子于吴会，廓清八表，侔勋古烈，此孤之心也，孤之愿也。君中州大族，冠冕之余，宜痛心疾首，枕戈待旦，奈何以华夷之异，有怀介然。且大禹出于西羌，文王生于东夷，但问志略何如耳，岂以殊俗不可降心乎！'瞻仍辞疾笃，廆深不平之。瞻又与宋该有隙，该阴劝廆除之。瞻闻其言，弥不自安，遂以忧死"。④这是典型的身降心不降，坚持不为异族政权服务，虽然慕容廆的一番话是那样在情在理，但是没有说服高瞻，最后加上一些风语传闻，竟让高瞻忧心而死。这说明让一个人真正融入其他文化，哪怕是为其他文化统治者服务是非常困难的事。

（四）南北隔离分治

随着汉朝的衰亡和三国的建立，国家之间的分治和局部的隔离就已经开始。西晋

---

① 颜之推：《颜氏家训集解》，王利器集解，上海古籍出版社，1980，第 473～474 页。
② 陈寅恪：《魏晋南北朝史讲演录》，万绳楠整理，贵州人民出版社，2012，第 98 页。
③ 《晋书》卷 44《卢钦传附卢谌传》载，卢谌是武帝的驸马，但未成礼公主就去世了，后来做过晋司空从事郎中，为石季龙所俘，又在后赵做了二十多年的官。时"值中原丧乱，与清河崔悦、颍川荀绰、河东裴宪、北地傅畅并沦陷非所，虽俱显于石氏，恒以为辱。谌每谓诸子曰：'吾身没之后，但称晋司空从事中郎尔。'"做了非正统政权的官以为耻，死后要求儿子在墓碑上只刻自己的前朝官衔。第 830 页。
④ 《晋书》卷 108《慕容廆载记》附《高瞻传》，第 1879 页。

的短暂统一没有带来经济与文化的繁荣，东晋在南方重新建立政权之后，北方的十六国先后出现，因政权壁垒形成的隔离分治成为不争的事实。从南北朝开始，这种南北因分治而隔离的现实更为明确，持续了一百多年。

从东晋到南北朝，北方在人口数量上多于南方，在军事上也一直是北强南弱。① 南方虽然一直以衣冠正宗自居，但由于分治而形成的正朔之争在统治者内部就存在。南朝梁时的陈庆之奉梁武帝之命送北魏来降的北海王元颢归国，陈庆之在洛阳见到故人张景仁，张宴请陈，当时有司农卿萧彪、尚书右丞张嵩等南方人及中大夫杨元慎、给事中大夫王昫等中原士族在座，当中发生了南北文化正朔之辩。

> 庆之因醉谓萧、张等曰："魏朝甚盛，犹曰五胡。正朔相承，当在江左。秦朝玉玺，今在梁朝。"元慎正色曰："江左假息，僻居一隅。地多湿蛰，攒育虫蚁，蛋土瘴疠，蛙黾共穴，人鸟同群。短发之君，无杼首之貌；文身之民，禀蕞陋之质。浮于三江，棹于五湖，礼乐所不沾，宪章弗能革。虽复秦馀汉罪，杂以华音，复闽楚难言，不可改变。虽立君臣，上慢下暴，是以刘劭杀父于前②，休龙淫母于后，③ 见逆人伦，禽兽不异。加以山阴请婿卖夫，朋淫于家，不顾讥笑。卿沐其遗风，未沾礼化，所谓阳翟之民不知瘿之为丑。我魏膺箓受图，定鼎嵩洛，五山为镇，四海为家。移风易俗之典，与五帝而并迹；礼乐宪章之盛，凌百王而独高。岂卿鱼鳖之徒，慕义来朝，饮我池水，啄我稻粱；何为不逊，以至于此？"庆之等见元慎清词雅句，纵横奔发，杜口流汗，合声不言。于后数日，庆之遇病，心上急痛，访人解治。元慎自云能解，庆之遂凭元慎。元慎即口含水噀庆之曰："吴人之鬼，住居建康。小作冠帽，短制衣裳。自呼阿侬，语则阿傍。菰稗为饭，茗饮作浆。呷啜莼羹，唼嗍蟹黄。手把豆蔻，口嚼槟榔。乍至中土，思忆本乡。急手速去，还尔丹阳。若其寒门之鬼头，犹修网鱼漉鳖，在河之洲，咀嚼菱藕，捃拾鸡头，蛙羹蚌臛，以为膳羞。布袍芒屦，倒骑水牛，沅湘江汉，鼓棹遂游。随波溯浪，唵喝沈浮，白纻起舞，扬波发讴。急手速去，还尔扬州。"庆之伏枕曰："杨君见辱深矣。"自此后，吴儿更不敢解语。北海寻伏诛。其庆之还奔萧衍，衍用其为司州刺史。钦重北人，特异于

---

① 参见陈寅恪《魏晋南北朝史讲演录》，第192~195页。
② 指宋太子刘劭杀宋文帝之事。
③ 指的是宋孝武帝刘骏与母后暧昧之事。

常。朱异怪复问之。曰:"自晋、宋以来,号洛阳为荒土,此中谓长江以北尽是夷狄。昨至洛阳,始知衣冠士族并在中原,礼仪富盛,人物殷阜,目所不识,口不能传。所谓帝京翼翼,四方之则,如登泰山者卑培塿,涉江海者小湘、沅。北人安可不重?"①

杨元慎不仅用自己的雄辩说出了北方是文化之正宗,还借陈庆之生病,以驱鬼的方式进行治疗,大大地奚落了陈庆之一番,让陈庆之无地自容。最后竟让陈庆之改变了观念,得出结论说北方是文化的正宗之地,不可小看中原士族。这种文化正朔之争,实际上就是南北分治的结果。当时,杨元慎代表的是北魏胡人的政权,而陈庆之代表的是南朝宋的汉族政权,双方事实上都是汉人。由于背景不同加上长期的分治隔离,自然就有了正朔之争。

二 魏晋南北朝殡葬的特征

魏晋南北朝所处时期特殊,一方面是承前,汉代系统的丧葬制度和文化仍为主流的文化形态,从上层和士大夫到民众都遵从,哪怕是处于动乱时期,也试图从本质上沿着传统的文化足迹前行,因此,汉代的丧葬习俗和文化对于魏晋南北朝,尤其是魏晋时期的直接影响是非常明显的;另一方面,社会的动荡、政权的快速更替和少数民族入主中原所带来的巨大文化冲击和心理影响在不断地改变魏晋南北朝时期的丧葬文化,并形成自己的时代特征。

(一)早期薄葬盛行,中晚期厚葬回潮

汉末的动荡造成皇帝陵墓被大量盗挖与毁墓灭尸的现象,对魏晋南北朝早期的墓葬采用薄葬有着直接的影响。人们在看到现实残酷的同时,为了保证自己死后永恒的安宁,于是选择薄葬的方式,以避免被后人毁损。从曹操到曹丕,再到晋初的帝王和其他官员士大夫的提倡,薄葬得到了社会的响应,成为一种影响巨大的文化潮流。

曹操称雄于汉末北方,奠定了曹魏基础,他死后,其子曹丕称帝,是为魏。曹操死前的《遗令》、《终令》奠定了曹魏和西晋等很长时期帝王等上层人士薄葬或简葬的基础。他提倡选择"瘠薄之地",对自己的坟墓"不封不树",不随葬珍宝玉器等薄葬的

---

① 尚荣译注《洛阳伽蓝记》,第174~182页。

方式①，开了魏晋南北朝薄葬之先河。曹丕继承了这种做法，死后要求薄葬，原因是汉末"丧乱以来，汉氏诸陵无不发掘，至乃烧取玉匣金缕，骸骨并尽，是焚如之刑，岂不重痛哉！祸由乎厚葬封树"。②他还担忧自己死后臣子不依生前薄葬自己的愿望，便发下毒誓，"若违今诏，妄有所变改造施，吾为戮尸地下，戮而重戮，死而重死。臣子为蔑死君父，不忠不孝，使死者有知，将不福汝"，③要求必须按照薄葬理念安葬自己。

帝王的身体力行也带动了皇室成员，并使社会上层及士大夫们积极实践。西晋的司马懿实行薄葬，其子司马师也实行薄葬，在这方面影响巨大的人物还有多位，王观、诸葛亮、王祥、杜预、皇甫谧及南朝的张融等，都是典型代表。④

不过随着社会得到短暂的休整和财富的积累，那些在承平时代生活的人们又开始追求死后另一个世界的享乐。重要的一个原因是灵魂不死的观念一直在主导着丧葬文化，其中，通过葬而建立"地下"（阴间）世界是人们对地位、财富等生前世界在另一个世界摹写的积极追求。人们通过丧葬完成从生前世界到死后世界的转换，并通过高坟大墓及丰厚的随葬物来表达生前的荣耀，为死后的享乐服务。从《宋书》有关记载可知，通过各种形态表达的厚葬非常盛行。"汉以后，天下送死奢靡，多作石室石兽碑铭等物。建安十年，魏武帝以天下凋弊，下令不得厚葬，又禁立碑。魏高贵乡公甘露二年，大将军参军太原王伦卒，伦兄俊作表德论，以述伦遗美，云'祗畏王典，不得为铭，乃撰录行事，就刊于墓之阴云尔'。此则碑禁尚严也，此后复弛替。晋武帝咸宁四年，又诏曰：'此石兽碑表，既私褒美，兴长虚伪，伤财害人，莫大于此。一禁断之。其犯者虽会赦令，皆当毁坏。'至元帝太兴元年，有司奏：'故骠骑府主簿故恩营葬旧君顾荣，求立碑。'诏特听立。自是后，禁又渐颓。大臣长吏，人皆私立。义熙中，尚书祠部郎中裴松之又议禁断，于是至今。"⑤当然，这种禁断或诏令基本上没有起到大的作用，从不同的统治者不断加以严词禁示就可想见。如齐武帝于永明七年（489）就针对婚丧奢靡之风进行过强制禁断："三季浇浮，旧章陵替，吉凶奢靡，动违矩则。或裂锦绣以竞车服之饰，涂金镂石以穷茔域之丽。至斑白不婚，露棺累叶，苟相娇炫，罔顾大典。可明为条制，严勒所在，悉使画一。如复违犯，依事纠

---

① 参见《三国志·魏书·武帝纪》卷1，第36页；《宋书》卷15《礼志二》，第260页。
② 《三国志·魏书·文帝纪》卷2，第60页。
③ 《三国志·魏书·文帝纪》卷2，第60页。
④ 有关内容请参见本卷第一章第一节"薄葬观"。
⑤ 《宋书》卷15《礼志二》，第273页。

奏。"①不过,效果如何就很难说了。

魏晋南北朝中晚期厚葬回潮,主要有以下几个方面的突出特征。

1. 崇尚佛教等对另一个世界的终极追求

魂魄思想所建立起来的灵魂观念一直主导着中国从官方到民间的信仰世界,它与丧葬文化紧密关联,成为人们事死如生、实行厚葬的指导思想。这为追求另一个世界终极幸福和快乐的佛道在动荡的魏晋南北朝盛行提供了温床,人们不能完成在现实世界的享乐,则追求在另一个世界的享乐。这就在根本上为魏晋南北朝中晚期厚葬的回潮提供了坚实的思想基础。佛教在南北朝时期的盛行说明了这一点。"南朝四百八十寺,多少楼台风雨中",杜牧的《江南春》一诗虽然用的是浪漫主义的表现手法,却写出了南朝佛教信仰的盛况。据史书记载:"都下(即今天的南京)佛寺五百余所,穷极宏丽。僧尼十余万,资产丰沃。所在郡县,不可胜言。道人又有白徒,尼则皆畜养女,皆不贯人籍,天下户口几亡其半。"②由于信仰,大部分人成为佛教中人,说明信仰影响巨大。除了佛教,还有道教及孝道等中国传统的文化或信仰,它们给中国人的丧葬在地狱、天堂、来世、报应、轮回等多个方面带来观念的改变。受此影响,人们在厚葬自己的亲人时,不惜巨资,建起高坟大墓,随葬丰厚物品等。③

追求终极世界的观念深深地影响了魏晋南北朝中晚期的丧葬,使得厚葬的回潮有着坚实的理论基础。

2. 赙赠巨大

死后赙赠的制度在汉代就已经存在,到了魏晋南北朝,这一制度由于薄葬的盛行而极为显眼。薄葬主要是指各方面开支的减少,其中就包括减少建大墓的支出、随葬品的支出、仪式活动的支出等。但是,由于帝王带头实行赙赠制度,并且官员按等级赙赠,不仅助长等级制,而且使厚葬的形态得到仪式上和具体实践上的支持。赙赠数量有时是非常惊人的,如晋安平献王司马孚去世,晋武帝赙赠"以东园温明秘器、朝服一具、衣一袭、绯练百匹、绢布各五百匹、钱百万、谷千斛以供丧事。诸所施行,皆依汉东平献王苍故事"。④这种制度到南朝时也一如其旧,据《梁书·长沙嗣王业传》载,萧懿在永元二年(500)遇祸,到"天监元年追崇丞相,封长沙郡王,谥曰宣武,给九旒、鸾辂、辒辌车、黄屋左纛,前后部羽葆鼓吹,挽歌二部,虎贲班剑百人,葬

---

① 《南齐书》卷3《武帝纪》,第38页。
② 《南史》卷70《郭祖深传》,第1150页。
③ 相关内容请参见本卷第一章第三节"殡葬中的宗教影响"。
④ 《晋书》卷37《宗室传》,第711页。

礼一依晋安平王故事"。①

大量的赐赠实际上确认了厚葬的法理存在，并为厚葬开了帝王认同的口子。②

3. 高坟大墓

高坟大墓在魏晋南北朝各个时期都有存在，只不过中晚期最为盛行。刘曜是前赵的皇帝，他曾为其父及妻子建造大墓，据说墓周回二里，花费巨大。史载"二陵之费至以亿计，计六万夫百日作，所用六百万功。二陵皆下锢三泉，上崇百尺，积石为山，增土为阜，发掘古冢以千百数，役夫呼嗟，气塞天地，暴骸原野，哭声盈衢"。③弄得怨声载道。

依山建陵虽减少堆土的劳动，但因为修建时讲究风水而使选址及开挖等费工甚巨，并在最后同样形成一些高坟大墓。据史书记载，到唐代时，南朝的一些帝陵依然高大，如宋文帝刘义隆的长宁陵，墓高1丈8尺，周回35步；④陈武帝陈霸先的万安陵，高2丈，周回60步；⑤陈文帝的永宁陵，高1丈9尺，周回45步。⑥直到20世纪，陈宣帝的显宁陵仍然有10米左右高，141米周长；⑦东昏侯萧宝卷的坟墓则南北长28米，东西宽约30米，高约8米。⑧由此可见，高坟大墓依然是当时身份地位的象征，具有时代的风向标意义，也说明人们追求以大墓来表达自己的身份特殊，实践着厚葬的理念。

4. 随葬丰厚

曹操等虽然开始提倡不随葬珍宝玉器，也确实让许多有识之士减少了随葬物品，但现实中由于信仰等观念的支配和影响，随葬各种生产、生活及墓主人生前喜好的物品现象还是很常见。既有像北齐高润墓那样壁画森然，同时又出土大量随葬物的，如陶俑就多达381件（见图0-1），另外还有鸡首壶、覆莲盖罐等青瓷器17件；⑨也有像南朝灵山M2墓，虽然在历史上屡被盗挖，依然出土大量明器类的随葬品，如盘1件，碟1件，钵1件，果盘1件，托盘3件，唾壶2件，灯2件，奁盒2件，香熏2件，井1件，女俑4件，男俑3件，凭几2件，仓2件，牛车2件，马1件，以及青瓷壶、

---

① 《梁书》卷23，第246页。
② 相关内容请参见本卷第二章的不同章节和第五章第三节"赐物与赠官"。
③ 《晋书》卷103《刘曜载记》，第1799页。
④ 许嵩：《建康实录》卷12《太祖文皇帝》，张忱石点校，中华书局，1986，第450页。
⑤ 许嵩：《建康实录》卷19《高祖武皇帝》，第759页。
⑥ 许嵩：《建康实录》卷19《世祖文皇帝》，第768页。
⑦ 罗宗真：《南京西善桥油坊村南朝大墓的发掘》，《考古》1963年第6期。
⑧ 尤振克：《江苏丹阳县胡桥、建山两座南朝墓葬》，《文物》1980年第2期。
⑨ 磁县文化馆：《河北磁县北齐高润墓》，《考古》1979年第3期。

滑石猪、铜钱等各种随葬品。① 由此可见随葬丰厚的器物，是为了另一个世界的生产或生活。它与信仰，不管是宗教的还是民间的信仰，是完全一致的。

（二）传统影响巨大，制度等级森严

在三国和其后的西晋时期，继承汉代衣钵是一种崇高的荣誉。因此，这一时期在制度上基本延续已有的规矩，习俗在不得已的情况下也不会改变。如等级制差异的传统，不仅没有因为汉末的英雄辈出被打破，反而在士族制度强化的基础上得到了进一步的加强。从皇帝到士大夫，即使提倡薄葬，也不是彻底的薄葬。一些官员因为战乱死于他乡，一定坚持实行归乡葬或归葬，夭折的孩子也实行迁葬，这就是韩国河认为的"行汉俗无改"。他在《秦汉魏晋丧葬制度研究》中列举了招魂葬、挽歌送葬、鼓吹助丧、法赙甚多、沿用"故事"、持节护丧制、祭墓之风、立碑、丧服制度、吊丧、会葬、归葬及合葬与家族墓葬等多种形态②，说明魏晋时期深受汉代传统的影响，同时也受到先秦时期就已经形成的丧葬文化或制度的影响。

图0-1 陶狮面镇墓兽（北齐，河北磁县东槐树村高润墓出土）

资料来源：金维诺总主编《中国美术全集·墓葬及其他雕塑》，黄山书社，2010，第259页。

至于制度等级森严则比较容易理解。从曹魏一直到西晋，实行的都是分封制，这直接导致了西晋后期的"八王之乱"。长期等级制度的延续形成了森严的等级制度，人与人之间极其不平等。三国魏时推出的"九品中正制"强化了这种局面，形成了"上品无寒门，下品无士族"格局。魏晋南北朝时期，等级制尤其是人的出身地位的现象是这一时期的主流。而身份地位的差异最终决定了丧葬规格的差异，成为丧葬仪式隆重与否的标杆。《隋书》礼志曾记载北齐的等级规定非常鲜明。

> 后齐定令，亲王、公主、太妃、妃及从三品已上丧者，借白鼓一面，丧毕进输。王、郡公主、太妃、仪同三司已上及令仆，皆听立凶门柏历。三品已上及五

---

① 邵磊：《南京市灵山南朝墓发掘简报》，《考古》2012年第11期。
② 参见韩国河《秦汉魏晋丧葬制度研究》，陕西人民出版社，1999，第71~78页。

等开国，通用方相。四品已下，达于庶人，以魌头。旌则一品九旒，二品、三品七旒，四品、五品五旒，六品、七品三旒，八品已下，达于庶人，唯旐而已。其建旐，三品已上及开国子、男，其长至轸，四品、五品至轮，六品至于九品至较。勋品达于庶人，不过七尺。①

说明丧葬的等级制度是极其森严的，不得逾制。这一点在后文详细叙述墓葬的规制大小、赙赠的多少、随葬品的多寡以及皇帝的重视与否等方面时，可以明确地感受到。

（三）区域差异突出，四方丧俗不同

区域差异自古即然，魏晋南北朝时由于战乱和政权的分割，文化差异的细节性特点更加明显地在不同区域的民众中得到表达和强化。颜之推在《颜氏家训》中曾记载了几则殡丧期间南北差异的习俗，其中说到"南人冬至岁首，不诣丧家；若不修书，则过节束带以申慰。北人至岁之日，重行吊礼；礼无明文，则吾不取"。②

特别是哭丧，不同地区存在不同的哭丧声音和方式。所谓"江南丧哭，时有哀诉之言耳；山东重丧，则唯呼苍天，期功以下，则唯呼痛深，便是号而不哭"，③这种差异或强化差异的现象在更早的时候就已经出现。葛洪在《抱朴子》中就曾讽刺过吴人学北方哭丧的莫名其妙，认为不是真情的表达方式。④另外，江南人非常重丧吊，重丧三日不前往吊丧则绝交。当然，如果路途遥远则可以修书以代，如果没有写信慰问，同样绝交。至于吊丧时，南方人不认识的不握手等行为，说明地区的差异是明显存在的。⑤

（四）民族特色鲜明，丧葬自有体系

区域特点最鲜明的是少数民族地区的丧葬文化，尤其是埋葬方式。从一般的情况来看，大致有土葬、火化、树葬、水葬、崖葬、岩洞葬或悬棺葬等多种形态。

---

① 《隋书》卷8《志第三》，第108页。
② 《颜氏家训》卷2《风操》，庄明辉、章义和撰《颜氏家训译注》，上海古籍出版社，1999，第60页。
③ 《颜氏家训》卷2《风操》，庄明辉、章义和撰《颜氏家训译注》，第71页。
④ 吴人"乃有遭丧者，而学中国哭者，令忽然无复念之情"。参见葛洪《抱朴子》，上海书店，1986，第151页。
⑤ "江南凡遭重丧，若相知者，同在城邑，三日不吊则绝之；除丧，虽relevant遇则避之，怨其不已悯也。有故及道遥者，致书可也；无书亦如之。北俗则不尔。江南凡吊者，主人之外，不识者不执手；识轻服而不识主人，则不于会所而吊，他日修名诣其家。"参见《颜氏家训》卷2《风操》，庄明辉、章义和撰《颜氏家训译注》，第73页。

土葬不用说，如火葬盛行于一些具有原始崇拜或佛教信仰的民族中，且相关的习俗非常独特。据《北史》记载，突厥人不仅火化后葬，而且习俗、内容等民族特色非常鲜明。"（家有）死者，停尸于帐，子孙及亲属男女各杀羊、马，陈于帐前祭之，绕帐走马七匝，诣帐门以刀剺面且哭，血泪俱流，如此者七度乃止。择日，取亡者所乘马及经服用之物，并尸俱焚之，收其余灰，待时而葬。春夏死者，候草木黄落；秋冬死者，候华茂，然后坎而瘗之。葬日，亲属设祭及走马、剺面如初死之仪。表为茔，立屋，中图画死者形仪，及其生时所战阵状，尝杀一人，则立一石，有致千百者。又以祭之羊、马头，尽悬之于标上。是日也，男女咸盛服饰，会于葬所，男有悦爱于女者，归即遣人聘问，其父母多不违也。父、兄、伯、叔死，子、弟及侄等妻其后母、世叔母、嫂，唯尊者不得下淫。"① 这则材料表明：一是停尸；二是杀牛羊；三是举行绕帐七圈的仪式；四是纹面；五是择日火化；六是待时而葬，如春夏死的是在秋冬葬，秋冬死的则在春后葬；七是葬日要举行祭祀仪式和纹面等；八是做屋形的坟，画生前形象和战功情况；九是坟前立石，生前杀几人则立几块石头；十是将羊、马之头在祭后悬于标杆之上；十一是亲友族人会于葬所，可以谈情说爱，只要两情相悦，长者便为之定下终身；十二是夫死后实行转房婚。同样采用火化而后葬的还有焉耆国、龟兹国等西北信奉佛教的民族，所谓"死亡者皆焚而后葬"即是。② 南方的林邑国人同样实行火葬，把"死者焚之中野，谓之火葬"。③

树葬在当时的许多民族中盛行。《魏书》记载，失韦人就实行树葬，"父母死，男女众哭三年，尸则置于林树之上"。④ 库莫奚人也行树葬，所谓"死者则以苇薄裹尸，悬之树上"。⑤ 契丹人则是在树葬后三年再行火葬，实行的是二次葬，据《北史》记载："其俗与鞑靼同，好为寇盗。父母死而悲哭者，以为不壮。但以其尸置于山树之上，经三年后，乃收其骨而焚之。因酹酒而祝曰：'冬月时，向阳食。若我射猎时，使我多得猪、鹿。'"⑥ 火化后还进行祝祷仪式，目的是在狩猎时获得更大的丰收。

魏晋南北朝时，少数民族丧葬习俗不仅与汉族有着巨大的差异，之间也存在

---

① 《北史》卷99《突厥传》，第2183页。《周书》卷50《异域下》第617页有相似的记载。
② 《周书》卷50《异域下》，第621页。
③ 《南史》卷78《林邑国传》，第1300页。
④ 《魏书》卷100《失韦传》，第1503页。
⑤ 《周书》卷49《异域上》，第609页。
⑥ 《北史》卷94《契丹传》，第2076页。

着巨大的差异，具有各自鲜明的特色，如高句丽，"死者，殡在屋内，经三年，择吉日而葬。居父母及夫丧，服皆三年，兄弟三月。初终哭泣，葬则鼓舞作乐以送之。埋讫，取死者生时服玩车马置墓侧，会葬者争取而去。"①死后殡期是三年，送葬用鼓舞，而葬后则将死者的各种器服车马放在坟墓边上，任由参与会葬者争抢。勿吉国人则根据死者的季节选择葬法，春夏死则建造坟屋以安葬死者，秋冬死则以尸作为捕貂之饵。"其父母春夏死，立埋之，冢上作屋，不令雨湿；若秋冬，以其尸捕貂，貂食其肉，多得之。"②后者可以称为兽腹葬了，主要目的还是生存。

还有二次葬、岩洞葬等相结合的。《隋书》记载当时的荆楚地区被称为"蛮"的少数民族时，是这样描写的：

> 始死，即出尸于中庭，不留室内。敛毕，送到山中，以十三年为限。先择吉日，改入小棺，谓之拾骨。拾骨必须女婿，蛮重女婿，故以委之。拾骨者，除肉取骨，弃小取大。当葬之夕，女婿或三数十人，集会于宗长之宅，著芒心接篱，名曰茅绥。各执竹竿，长一丈许，上三四尺许，犹带枝叶。其行伍前却，皆有节奏，歌吟叫呼，亦有章曲。传云盘瓠初死，置之于树，乃以竹木刺而下之，故相承至今，以为风俗。隐讳其事，谓之刺北斗。既葬设祭，则亲疏咸哭，哭毕，家人既至，但欢饮而归，无复祭哭也。其左人则又不同，无衰服，不复魄。始死，置尸馆舍，邻里少年，各持弓箭，绕尸而歌，以箭扣弓为节。其歌词说平生乐事，以到终卒，大抵亦犹今之挽歌。歌数十阕，乃衣衾棺敛，送往山林，别为庐舍，安置棺柩。亦有于村侧瘗之，待二三十丧，总葬石窟。③

这段文字有几点是需要说明的：一是人一死就送到中庭，敛毕就送到山中埋葬，葬期是十三年；二是十三年后进行拾骨葬，这是属于二次葬的葬法；三是二次葬时由女婿做主角，这是文化决定的；四是根据传统有一个再现盘瓠死时置于树上的仪式，当时叫刺北斗；五是葬后有祭哭无衰服；六是集二三十人一起总葬于石窟，因此最后

---

① 《北史》卷94《高句丽传卷》，第2068页。
② 《魏书》卷100《勿吉传》，第1502页。
③ 《隋书》卷31《地理志下》，第610页。

完成的是岩洞葬。

由上，我们可以非常明晰地感受到民族特色鲜明是此期最大的特征。

（五）风水理论成熟，影响殡葬文化

选择恰当的地方安葬死者是从原始社会一直到今天人类所遵行的规律性文化。如果说秦汉以前丧葬文化中的风水实践处于萌芽发展期，那么魏晋南北朝时已经成为一种成熟理论，具有了完整的知识体系和实践准则。

墓葬风水在秦汉时称望气，到魏晋南北朝时则称相墓术。人们一般认为，相墓术的墓葬风水成熟是与郭璞分不开的，标志性成果就是现存的《葬经》——郭璞在阴宅风水方面的开山之作。虽然存在一些争论，但《葬经》所具有的体系性知识结构是被后人所公认的。依刘晓明的概括，主要包括：

1. 山有来龙与方位。
2. 水要横行回绕。
3. 气有四势以卫。
4. 穴要有相水印木。
5. 土要细润五色。
6. 草木要茂盛。①

人们根据这种理论指导并结合一些特殊的经验和五行相生相克思想，在现实的墓葬中实践着风水文化。南朝宋武帝刘裕父亲葬于丹徒侯山，大约这是他本人或经过占墓者选择的。有一次他与名叫孔恭的占墓者讨论他父亲的墓地，孔恭说，这个墓地非常好，所谓"非常地也"②。之后，刘裕果然成了南朝刘宋的开国皇帝，应验了墓葬风水灵验。

由于可以通过选择墓葬风水改变人生的命运，于是通过破坏风水也可以达到破坏命运的目的。《南齐书》记载，南齐开国皇帝萧道成家的墓地有五色云气，宋明帝听说此事后怕影响他的江山，就派一个相墓者叫高灵文的跑到武进县彭山去看。谁知这个相墓者与萧道成关系很好，回来后先去告诉宋明帝说，只不过出个方伯之类的官而

---

① 参见刘晓明《风水与中国社会》，江西高校出版社，1994，第31~32页。
② "（宋武帝）皇考墓在丹徒之侯山，其地秦史所谓曲阿、丹徒间有天子气者也。时有孔恭者，妙善占墓，帝尝与经墓，欺之曰：'此墓何如？'孔恭曰：非常地也。"参见《南史》卷1《宋本纪上》，第1页。

已,然后对萧说,此墓是"贵不可言"。但宋明帝不放心,派人用大铁钉把墓四周钉上,以厌胜之术进行压制。后来,萧道成改用表柱,柱子却发出龙鸣之音。① 此事在《南史》本纪中也有记载。

> 始帝年十七时,尝梦乘青龙上天,西行逐日。帝旧茔在武进彭山,冈阜相属,数百里不绝,其上常有五色云,又有龙出焉。上时已贵矣,宋明帝甚恶之,遣善占墓者高灵文往墓所占相。灵文先给事太祖,还,诡答曰:"不过出方伯耳。"密白太祖曰:"贵不可言。"明帝意犹不已,遣人践藉,以左道厌之。上后于所树华表柱忽龙鸣,震响山谷。明帝寝疾,为身后之虑,多蔫功臣,上亦见疑,每云:"萧道成有不臣相。"时镇淮阴,每怀忧惧,忽见神人谓上曰:"无所忧,子孙当昌盛。"②

从上述记载来看,时人非常相信这类神奇的现象,而且皇帝应该雇有御用的相墓者,或者至少时常请一些著名的相墓者到全国各地去看看,是否有特别好风水的墓地被平民占用了,以免出来一些特殊的人物,影响江山的传承。同时,从有关记载可以明确地感受到,一些帝王等特殊人物充分利用风水术等来强化自己的天命所归,非人力所能改变。③

魏晋南北朝后,有关墓葬风水的理论和实践在官方与民间的推动下得到进一步的发展,深深地影响着中国关于命运的观念和行为。

(六)变革因时而动,佛道渗入丧事

从严格意义上说,在魏晋南北朝的大部分时间,尤其是民间社会不太遵守礼制的规定或习俗的规范,原因是社会动荡,人们只能从权变革习俗。因此,社会精英多有抱怨。徐勉是南朝齐与梁的朝臣,在梁代时做过宰相。他对于当时变革习俗的现象深恶痛绝,要求给以纠正。他说:

---

① "武进县彭山,(齐高帝萧道成家)旧茔在焉。其山冈阜相属数百里,上有五色云气,有龙出焉。宋明帝恶之,遣相墓工高灵文占视。灵文先与世祖善,还,诡答云:'不过方伯。'退谓世祖曰:'贵不可言。'帝意不已,遣人于墓左右校猎,以大铁钉长五六尺钉墓四维,以为厌胜。太祖后改树表柱,柱忽龙鸣,响震山谷,父老咸志之云。"参见《南齐书》卷18《祥瑞志》,第233页。
② 《南史》卷4《齐本纪上》第76页。
③ 有关风水文化与殡葬,参见本卷第六章内容。

时人间丧事多不遵礼,朝终夕殡,相尚以速。勉上疏曰:"《礼记·问丧》云:'三日而后敛者,以俟其生也。三日而不生,亦不生矣。'顷来不遵斯制,送终之礼,殡以期日。润屋豪家,乃或半暑。衣衾棺椁,以速为荣。亲戚徒隶,各念休反。故属纩才毕,灰钉已具。忘狐鼠之顾步,愧燕雀之徊翔,伤情灭理,莫此为大。且人子承衾之时,志懑心绝,丧事所资,悉关他手。爱憎深浅,事实难原。如觇视或爽,存没违滥,使万有其一,怨酷已多,岂若缓其告敛之辰,申其望生之冀。请自今士庶宜悉依古,三日大敛。如其不奉,加以纠绳。"①

南方存在的情况,北方也同样存在。稍早于徐勉的北魏高允也批评社会上不遵古制的现象,他说,"以文成纂承平之业,而风俗仍旧,婚娶丧葬,不依古式,乃谏曰:'前朝之世,屡发明诏,禁诸婚娶,不得作乐,及葬送之日,歌谣鼓舞,杀牲烧葬,一切禁绝。虽条旨久班,而不革变,将由居上者未能悛改,为下者习以成俗,教化陵迟,一至于此'"。②意思是,世风日下,人心不古。

由于丧葬不遵古制,这一时期出现了前朝所没有的一些习俗,如丧葬不择日、服丧不守时等,最为著名的就是凶门柏历。

凶门柏历也叫凶门柏装,是两晋时从官方到民间非常盛行的一种丧俗装饰。由于它好看,制作也非常费时费力,且不符合礼制规定,因此被认定为时尚。虽然没有详细记载凶门柏历的制作方法或形态的文字,但从上层社会一些人士的反对声音中,我们可以看到这一变革一方面流行非常广,另一方面虽与古制"重"有相似性,但又不同。史载,东晋元帝之子琅琊悼王司马焕两岁时夭折了,"帝悼念无已,将葬,以焕既封列国,加以成人之礼,诏立凶门柏历,备吉凶仪服,营起陵园,功役甚众。琅邪国右常侍会稽孙霄上疏谏曰:'臣闻法度典制,先王所重,吉凶之礼,事贵不过。是以世丰不使奢放,凶荒必务约杀。朝聘嘉会,足以展庠序之仪;殡葬送终,务以称哀荣之情。上无奢泰之谬,下无匮竭之困。故华元厚葬,君子谓之不臣;嬴博至俭,仲尼称其合礼。明伤财害时,古人之所讥;节省简约,圣贤之所嘉也。语曰,上之化下,如风靡草。京邑翼翼,四方所则,明教化法制,不可不慎也。陛下龙飞践阼,兴微济弊,圣怀劳谦,务从简俭,宪章旧制,犹欲节省,礼典所无,

---

① 《南史》卷60《徐勉传》,第987页。
② 《北史》卷31《高允传》,第738页。

而反尚饰，此臣愚情窃所不安也。棺椁舆服旐翣之属，礼典旧制，不可废阙。凶门柏历，礼典所无，天晴可不用，遇雨则无益，此至宜节省者也。若琅邪一国一时所用，不为大费，臣在机近，义所不言。今天台所居，王公百僚聚在都辇，凡有丧事，皆当供给材木百数、竹薄千计，凶门两表，衣以细竹及材，价直既贵，又非表凶哀之宜，如此过饰，宜从粗简'"。① 文中说得非常清楚，之所以反对凶门柏历，是因为"礼典所无，天晴可不用，遇雨则无益"。不过，许多人往往忽视了孙霄在后面说过的一段话：

> 臣至愚至贱，忽求革前之非，可谓狂瞽不知忌讳。然今天下至弊，自古所希，宗庙社稷，远托江表半州之地，凋残以甚。加之荒旱，百姓困瘁，非但不足，死亡是惧。此乃陛下至仁之所矜愍，可忧之至重也。正是匡矫末俗，改张易调之时，而犹当竭已罢之人，营无益之事，殚已困之财，修无用之费，此固臣之所不敢安也。今琅邪之于天下，国之最大，若割损非礼之事，务遵古典，上以彰圣朝简易之至化，下以表万世无穷之规则，此刍荛之言有补万一，尘露之微有增山海。②

意思是我之所以要求变革已经形成的习俗，是因为现在的社会已经不如从前，江山半壁、荒旱、百姓困瘁也正是革新时俗之时，像为琅琊悼王这样做实在是太不应该。当然，孙霄上书的结果是"表寝不报"，不予回答。可以想见，晋元帝应该是按照自己的想法完成了司马焕的丧葬大礼。

孙霄是会稽（今绍兴）人，东晋后期为此事再上表要求禁绝的孔琳之也是会稽人。孔琳之认为这种影响上自天子下及百姓的习俗，"不出礼典"且非常浪费钱财，应该禁断："凶门柏装，不出礼典，起自末代，积习生常，遂成旧俗。爰自天子，达于庶人，诚行之有由，卒革必骇。然苟无关于情，而有愆礼度，存之未有所明，去之未有所失，固当式遵先典，厘革后谬，况复兼以游费，实为民患者乎！凡人士丧仪，多出闾里，每有此须，动十数万，损民财力，而义无所取。至于寒庶，则人思自竭，虽复室如悬磬，莫不倾产殚财，所谓葬之以礼，其若此乎。谓宜谨遵先典，一罢凶门之

---

① 《晋书》卷64《琅邪悼王焕传》，第1145~1146页。
② 《晋书》卷64《琅邪悼王焕传》，第1146页。

式，表以素扇，足以示凶。"①无疑，孙霄、孔琳之的想法是对的，他们所用的"礼典所无"或"不出礼典"的理由也是对的，而且晓之以理、动之以情的方式也是对的，但问题是天下百姓认为这种方式可以表达自己对死去亲人的哀悼和重丧之情，而礼典并不禁止人们以重丧的方式表达对死者的悼念。因此，这种因时而生、因时而动的习俗在南北朝时期一直存在，"直到隋代之后，凶门柏历之制才在屡禁之下渐废"。②

社会变迁所带来的生活变迁也影响到宗教文化的传播和变迁。魏晋南北朝时期逐渐兴盛并成为信仰主流的是佛教和道教，这两种宗教后来成为中国文化核心要素，影响着政治、经济与文化的方方面面。由于佛教的兴盛，佛教信仰开始进入与民间信仰紧密结合的丧葬文化之中。像居住于中原周边的或北方的一些信仰佛教的少数民族在葬法上实行火化或火化后的土葬等二次葬，从胡国珍开始形成了"七七"斋祭、地狱观念和因此而开始出现的对于另一个世界的祭奠与烧化示物等习俗，开始成为民间丧葬习俗中重要的组成部分。③甚至出现以起建佛寺之名为父居丧和超荐的现象。④说明佛教信仰对此期的士庶影响已经非常巨大，影响了丧葬文化的多个方面。

至于说道教对于魏晋南北朝丧葬文化的影响则更为直观，原因是道教是中国本土宗教，其终极信仰中的神仙世界，与丧葬文化中的另一个世界信仰，有着极大的相似性，只不过一个在天上，一个地下。因此，道教对于魏晋南北朝的丧葬，主要体现在终级的鬼神信仰及与五行阴阳相关的风水术和各种斋祭超荐等仪式活动中。⑤

魏晋南北朝是中国历史上承上启下的特殊时期，从汉代的一统到天下纷争的多事之秋和国家的四分五裂，并最终回归一统，这种国家的分合以及民族文化的碰撞、人口的大迁移和地区不同文化的融合带来了空前的文化变革，这是魏晋南北朝在丧葬文化特征方面有别于其他朝代最重要的一点，也是形成魏晋南北朝丧葬文化自身特点的最重要原因。

---

① 《宋书》卷 56《孔琳之传》，第 1030 页。
② 陈华文：《丧葬史》，上海文艺出版社，2007，第 39 页。
③ 参见本卷第一章第三节之"佛教的影响"的内容。
④ 萧惠开："丁父艰，居丧有孝性。家素事佛，凡为父起四寺：南冈下名曰禅冈寺，曲阿旧乡宅名曰禅乡寺，京口墓亭名曰禅亭寺，所封封阳县名曰禅封寺。"参见《南史》卷 18《萧惠开传》，第 327 页。
⑤ 参见本卷第一章第三节之"道教的影响"的内容。

三 魏晋南北朝殡葬史研究

魏晋南北朝纷繁复杂的社会动荡和变革、政权的不断更替以及为了适应这种时代变化形成了纷繁复杂的文化,使研究魏晋南北朝的历史要比研究其他朝代更为困难。加上资料的缺乏和不完整,使这种研究成了艰巨的工作,魏晋南北朝殡葬史的研究尤其如此。虽然不能说是无人涉及,但与其他时期相比,更少人问津,成果更少,存疑的问题更多。

以下叙述的研究情况侧重于殡葬问题,至于背景性、相关性的研究此处不涉及。

(一)整体性研究

整体性研究主要是指关于魏晋南北朝殡葬文化各方面集于一体的叙述或研究。通史类著作、民俗史类著作是其代表性的对象。

1. 通史与生活史类的研究

从一般意义上看,通史类的著作大部分对于殡葬等内容都会有所涉及,尤其是社会生活史类的著作。吕思勉在《两晋南北朝史》第21章第五节中,专门对两晋南北朝时期的殡葬观念和实行情况、北方少数民族政权的厚葬现实、魏文帝改墓祭为庙祭到东晋王导再开百官拜陵之风从互墓祭不断反复,直到隋唐宋之后再成为制度、居丧守墓之风、招魂葬、归葬、合葬、厚葬以及弃葬、殉葬、讲究风水等内容进行介绍。后人许多言及这一时期殡葬文化的内容都与吕思勉的研究有着承启的关系。①

白寿彝总主编、何兹全主编的《中国通史·三国两晋南北朝时期》第二章的第二至五节详细分析了这一时期的殡葬问题。像魏晋十六国墓以方位区别,该书分别介绍了中原地区、西北地区、东北地区的墓葬考古情况;北朝墓葬则介绍永固陵、北魏早期墓葬、洛阳墓葬区、东魏北齐陵墓和北周墓葬的考古情况;六朝墓葬部分则叙述了长江下游地区的墓葬、长江中游地区的墓葬、福建两广地区的墓葬和川滇地区的墓葬的考古情况;高句丽城址和墓葬比较特殊,前面部分是介绍都城址和山城址的,后面部分则介绍墓葬。对于想通过从考古了解魏晋南北朝墓葬现实和具体的研究者来说,这些是极有意义和价值的。②

---

① 参见吕思勉《两晋南北朝史》(下),上海古籍出版社,2005,第1054~1070页。
② 参见何兹全主编《中国通史》第5卷(上),第46~81页。

郑师渠总主编的《中国文化通史》有一卷是《魏晋南北朝》，但只有第十三章的第二部分"丧仪与葬法"对魏晋南北朝的相关内容进行叙述，而对丧仪的介绍则极为简单，薄葬与厚葬的内容占了较大的篇幅。另外，该书对成仙术也有介绍，至于葬法则主要是对火葬、土葬、树葬和二次葬及一些葬式和居丧等进行了介绍，基本上无关研究，也没有新发现的资料，考古方面的材料几乎没有涉及。①

社会生活史的著作对此时期的殡葬文化多有涉及。尚秉和的《历代社会风俗事物考》卷20"丧事"有多条涉及魏晋南北朝，如"晋时吊丧须执孝子手"、"晋时吊丧必主人先哭客乃哭"、"六朝时哭有词"、"六朝时不吊则怨"、"南北朝年节时对丧家之异"、"六朝时年节见孤子则泣"、"六朝时初释服见君必泣否则见薄于人"及"六朝时忌日仍与周同"等；卷21"葬"有"汉魏时以白布缠棺"条；卷22"坟墓"下有"晋人已迷信坟墓风水"条等内容，主要突出此事物的原初或最早形态出于何时，因此对文化起源的了解具有一定的意义和价值。②另外，《中国社会通史·秦汉魏晋南北朝卷》对丧葬文化也有涉及，其第六章第二节的"葬法、葬式及各不同的丧葬风气"对魏晋南北朝时期的二次葬、火葬、土葬、合葬、家族葬及厚葬与薄葬以及墓式、棺椁和殓装与随葬品等进行了简单的介绍。③

近些年来，社会生活史方面的研究更加注重衣食住行等内容，两本著作是不得不提到的。一本是朱大渭等人著的《魏晋南北朝社会生活史》。此书第七章就是"丧葬"，包括"丧礼"、"葬俗"和"影响丧葬的几个因素"三节。"丧礼"一节从三个方面分析，即殡殓死者之礼、治丧之礼和居丧守孝之礼。除了介绍历史上这方面的礼制之外，也从具体的过程角度对魏晋南北朝时期的丧礼有所涉及，并以事例进行说明。最后指出这一时期的丧礼"基本上"、"依古礼而行"。之所以定性为"基本上"，是因为"它不是时时都符合古礼，有时甚至有悖礼现象"；"并非事事皆依古礼"。④"葬俗"一节则主要介绍了"薄葬与厚葬"、"归乡葬"和"合葬"三部分内容。对"薄葬与厚葬"除了介绍内容之外，还提出了自己的观点，即魏晋南北朝的薄葬是随着时代的发展发生变化的，这种变化表现在五个方面："第一，三国时期，曹魏政权力倡薄葬，曹操、曹丕身体力行，对整个社会风气产生积极的影响和有力的约束。但这种影响仅限于曹魏统治下的北方地区。第二，西晋继承了曹魏薄葬的传统，司马懿为曹

---

① 参见曹文柱主编《中国文化通史·魏晋南北朝卷》，北京师范大学出版社，2009，第486～491页。
② 参见尚秉和《历代社会风俗事物考》，上海书店据商务印书馆1941年版影印，1991，第249～279页。
③ 参见龚书铎主编《中国社会通史·秦汉魏晋南北朝卷》，山西教育出版社，1996，第306～319页。
④ 朱大渭等：《魏晋南北朝社会生活史》，第203页。

魏重臣，其薄葬终制显然与曹魏风气的影响相关。而司马懿的终制，一直影响到东晋前期。第三，十六国时期，北方各少数民族政权因其政治、经济、文化背景不同，在丧葬问题上态度各异，实行薄葬者为数不多，石勒为薄葬的典型之例。第四，南朝各政权中，皇族行薄葬者寥寥，而身体力行者多限于个别士族、逸士、儒者。士族重家法，其遗训只能对自己的子孙产生影响，而逸士、儒者的薄葬行为影响更为有限。因此，就整个风气而言，南朝的薄葬之风比魏晋时期呈减弱之势。第五，北朝的皇帝中，实行薄葬者以北周明帝宇文毓、武帝宇文邕最为典型。但其意义已与魏晋时期大不相同。"①应该说，这是比较中肯的。据此再回过头来看厚葬，也就不难理解为什么南方从三国吴开始就一直没有间断。至于说"归乡葬"与"合葬"主要是源于人们对于故乡的眷念和对于夫妻人伦的考虑，也是合理的一种解释。②此书还有一个独特的地方是对当时少数民族的丧葬作了一些介绍，第十二章第五节"婚葬"就包括匈奴（附羯）、氐羌和鲜卑等三部分内容，只是介绍得非常简略。③

另一本是庄华峰的《魏晋南北朝社会》，第十五章"丧葬礼俗"是专门对此期的丧葬文化进行介绍。它包括四节内容："丧葬礼仪"、"薄葬与厚葬"、"形式多样的葬法"和"陵墓"。"丧葬礼仪"一节对吊祭、殡葬之礼、守孝等进行了介绍；"薄葬与厚葬"一节则以事例的形式，列举了薄葬与厚葬的事实；"形式多样的葬法"一节介绍了水葬、归乡葬、天葬、火葬和合葬等五种形式；"陵墓"一节则简单地介绍了洛阳、蜀汉、孙吴、南朝和永固陵等的情况。此章的特点是以材料见长，引用了大量的史料，但没有做出自己的判断或进行归类研究。不过该书第十八章"重祀好鬼与宗教习俗"值得注意，原因是丧葬习俗与鬼神信仰或另一个世界的信仰是紧密结合在一起的，如果与丧葬一起思考，则会加深对于其文化的认识。④

2. 民俗史类的研究

民俗史类的著作，1949年前学术界并不很重视，所以这类著作不多；1949年后民俗学作为资产阶级的学问无人敢问津。直到改革开放之后，民俗学研究才恢复正常。这使得作为生活文化史组成部分的民俗学和民俗史学的研究成果寥寥。

最早对民俗史关注的是张亮采。他成书于宣统二年（1910）并于次年出版的《中国风俗史》是中国历史上第一部此类著作。清末社会变革思想纷乱，此书也是为了变

---

① 朱大渭等：《魏晋南北朝社会生活史》，第209～210页。
② 参见朱大渭等《魏晋南北朝社会生活史》，第198～218页。
③ 朱大渭等：《魏晋南北朝社会生活史》，第380～385页。
④ 庄华峰：《魏晋南北朝社会》，安徽人民出版社，2009，第423～441、465～472页。

革风俗，从而为社会改革服务。张亮采把自有人类开始的风俗存续历史划分为浑朴时代、驳杂时代、浮靡时代（浊乱时代）和由浮靡而趋淳朴时代等四个时代，内容介绍到明朝。魏晋南北朝属于第三编浮靡时代，包括一章十三节，其中第十二节"丧葬"①专门叙述魏晋南北朝的丧葬礼仪、服丧和葬式和相墓术等，全部内容只有短短的1000多字，而谈相墓术的风水则占了1/4。可知民俗史初创时期是何等粗陋，具体内容涉及方面材料收集也非常不全。但不可否认，它为后来学术研究提供的思路是非常有益的，所以我们需要给予它历史地位方面的特殊评价。

邓子琴是应该提到的第二位对民俗史给予足够重视的历史学家。他的《中国风俗史》写成后一直压于箱底，其第一编还遗失了，直到1988年才出版。此书对魏晋南北朝分写于两章，即"魏晋风俗"和"南北朝风俗"，并分别在"礼俗之变革"与"南北朝之礼俗"中著有"丧礼"内容。"魏晋风俗"之"丧礼"涉及讨论天子三年之丧的魏省减晋重之、挽歌至晋仍沿用、汉代明器魏时均从省、晋不行绝期之制、丧礼中有凶门柏历、有关动荡时如何承认再娶二房而大房尤在的服丧礼仪及当时存在的遗令遗训等习俗。②"南北朝之礼俗"之"丧礼"则有两条重要的内容，第一是"礼仪"，第二是"遗制"。礼仪方面涉及凶门柏历仍然在使用，同时对于七七斋荐之事加以关注，并对烧葬之俗提出批评。"遗制"一节列举了张融、刘杳、刘歆、赵僧岩、沈麟士、姚察、王微及颜之推等案例。③另外，在"南北朝之民俗"中还有一节叫"回煞"，但仅引了《颜氏家训》中的有关内容，没有进行评论。④非常明显，邓著中魏晋南北朝的丧葬部分主要还是属于摆史实的方式，仅对个别现象进行评论，对于进一步的研究有史料指引的作用，且内容关注点也较集中于传统意义上的礼制方面，真正属于民间的习俗方面没有更多地涉及。

梁满仓的《中国魏晋南北朝习俗史》⑤是一部专门研究这一时期习俗的著作，其中的丧葬习俗有"丧葬礼仪"、"薄葬与厚葬"、"归乡葬"与"合葬"等四节内容。"丧葬礼仪"介绍了殡殓死者、举办丧事、居丧守孝等三个方面的内容，像"复"、"饭含"、报丧、大小殓、下葬、服丧、赗赠等都有所涉及，其中对居丧和丧服作了较详细的介绍，得出当时社会不是时时都符合古礼和事事皆依古礼的观点；"薄葬与厚

---

① 张亮采编《中国风俗史》，台湾商务印书馆，1984，第108~112页。
② 邓子琴：《中国风俗史》，巴蜀书社，1988，第70~73页。
③ 邓子琴：《中国风俗史》，第99~102页。
④ 邓子琴：《中国风俗史》，第102页。
⑤ 梁满仓：《中国魏晋南北朝习俗史》，人民出版社，1994。

葬"一节以大量的事例来做说明，没有细分类别，得出的结论是薄葬与厚葬都是社会习俗，但此期的特点是薄葬由强至弱，厚葬由弱趋强。对于"归乡葬"，梁满仓看重的是它热爱家乡的情感，认为是当时的人口流动造成了这一独特丧葬的事实；而合葬虽非古礼，但在此期则获得社会从上至下的认同和施行，虽有人不提倡合葬，但社会上则盛行合葬，并用事例进行诠释。至于鬼神崇拜与宗教信仰，该书从一个侧面帮助我们理解魏晋南北朝时期丧葬的独特性，即使处于动荡时期人们依然坚守着大部分传统的意义。此书仅仅是百卷本《中国全书》中的一卷，也不能算非常详实和充分的民俗学研究，但确实是开了专门研究一个朝代民俗文化的先河。

《中国风俗通史》其中有一卷是《魏晋南北朝卷》，由张承宗、魏向东合著。[①]除导言和结语外，共有十四章，第八章为"丧葬风俗"，由"丧葬观念"、"丧葬礼仪与葬式葬法"、"墓室与明器"和"丧居生活"等四节组成。第一节"丧葬观念"，包括"灵魂不灭观与孝道观"、"厚葬现象"和"薄葬风俗"三部分内容。第二节"丧葬礼仪与葬式葬法"包括"丧葬礼仪"和"葬式与葬法"。第三节"墓室与明器"则对墓地制度包括家庭墓地、相墓术等内容进行了介绍；墓室形制包括凸字形券顶墓、刀字形券顶墓、长方形券顶墓、穹窿顶墓、凸字形主室附长方形侧室墓、多室砖墓、多室土洞墓、彩画砖墓、圆形、半圆形单室墓、土坑墓和石室墓等；陵寝制度则对陵寝制度的衰落、因山为体的帝王陵墓、陵墓石刻制度的形成等有所涉及；明器制度对于明器减少、南方多侍俑与北方多武士俑及纸钱、墓志等进行了介绍。第四节"丧居生活"仅对三年之礼及一些居丧案例进行了简单的介绍。丧葬实际内容是非常丰富的，但该书没有展开叙述和讨论，一些章节没有太严格的逻辑意义或民俗学学科意义。如从"丧葬礼仪"下的5个子目录中就可以明显看出，它们有的不是礼仪问题而是殡葬的具体实际意义，像合葬、归葬、渴葬等，因为礼仪是严格的制度性程序化规定和需要严格遵守的程式，包括等级差异的规定等，人们是不可逾越或破坏的。至于招魂葬中的内容，该书更重视仪式而不是实际内容。至于"薄葬风俗"主要突出魏晋时期的薄葬观念，也是值得商榷的提法。总之，该书更多地是以历史学的视角来看待丧葬的生活问题，难免与民俗学视角下的丧葬存在一些不合拍的地方。

周耀明、万建中和陈华文著的《汉族风俗史》第2卷[②]对于魏晋南北朝汉人殡葬

[①]《中国风俗通史·魏晋南北朝卷》，上海文艺出版社，2001。
[②] 周耀明、万建中、陈华文：《汉族风俗史》第2卷《秦汉·魏晋南北朝汉族风俗》，学林出版社，2004。

习俗有所涉及，其第二章第四节之"丧葬风俗"包括九个方面的内容，如丧礼如制、怪诞的吊丧执手，独特的凶门柏历、斋七、回煞和送烧始兴，盛行土葬，葬式多样、葬地讲究风水，薄葬与厚葬并行和居丧的违礼和遵礼等。有些与迁葬结合的冥婚习俗则放在婚姻风俗中；而鬼神等信仰内容则放在信仰风俗中；有的祭祀性节日，像中元节则放在节日习俗中。该书因限于汉族且严格遴选属于民俗的内容，所以局限性也非常明显。

钟敬文主编的六卷本《中国民俗史》第二卷为《汉魏卷》①，由于将汉魏两个差异性很大的朝代放在一起，处理相关民俗事项时只能从粗。因此，该书关于汉魏时期的丧葬习俗只在第五章中有一节进行了介绍。该节下的"丧葬风气"主要讨论了厚葬和薄葬。厚葬内容以汉代为主基调进行叙述，而薄葬内容则以魏晋南北朝为主基调进行叙述。"丧葬仪式"有一些引导性的内容，介绍的是停灵、送葬等以汉代为主形成的仪式，同时对葬礼的内容和居丧丧服等内容进行了简单叙述，但都以汉代为主，魏晋南北朝的相关殡葬内容基本上没有涉及。由于过于简单，对魏晋南北朝丧葬习俗的轮廓没有画清，这是非常遗憾的。

（二）专题性研究

专题性研究主要是指殡葬文化方面的专门著作和论文，包括整体性的丧葬史、丧葬文化或更为专门的陵墓以及与陵墓相关的建筑、绘画、祭祀等方面的研究，也包括以论文一类出现的各种针对具体殡葬内容的专门性、专题性的研究成果。这些成果是魏晋南北朝时期殡葬文化研究的主轴和重点，代表了相关研究的最高成就和最前沿的学术成果，是今后相关研究的基础。主要包括以下几类。

1. 著作类

（1）专门性的丧葬史或丧葬文化方面的研究

严格意义上来看，1980年代之后才开始出现较多的丧葬文化方面的研究著作，尤其是涉及魏晋南北朝时期的有关著作。② 在1980年代后期，杨宽的《中国古代陵寝制度史研究》较早，该书对于魏晋南北朝时期的陵寝制度，以衰退时期作为标题进行论述，并对此期的神道石刻等进行了比较研究。③

1988年《中国丧葬与文化》④一书出版，分上、下篇，上篇七章，为"丧葬与文

---

① 郭必恒等：《中国民俗史》（汉魏卷），人民出版社，2008。
② 陈华文：《关注人类的最终归处——以20年来丧葬文化研究著作为例》，《民俗研究》2004年第1期。
③ 杨宽：《中国古代陵寝制度史研究》，上海古籍出版社，1985。
④ 罗开玉：《中国丧葬与文化》，海南人民出版社，1988。

化"；下篇三章，为"中国丧葬习俗概说"。该书多处内容涉及魏晋南北朝殡葬文化，如认为魏晋南北朝时期的家族墓地发展到了顶峰，三国魏晋南北朝时期进入了薄葬期，等等。此著作虽然简略，但殡葬文化的大致轮廓已经初具，且古今及不同民族都有涉及，应该说是一部不错的著作。

1990年黄展岳的《中国古代的人牲人殉》[①]一书出版，此书不仅讨论了人牲人殉的异同和起源，还对魏晋南北朝时期设专节进行讨论，对汉族和少数民族存在的人殉制列举了大量的事例进行证明，并得出南朝未见相关记载、大约此俗已经衰微的结论。不过我们应当特别注意，人殉制度虽然衰微了，但这种心理依然存在，因此人们通过随葬陶俑等方式来达成具有人殉意义的目的。

1991年徐吉军、贺云翱的《中国丧葬礼俗》[②]一书出版，同年出版的还有夏之乾的《中国少数民族的丧葬》[③]、周苏平的《中国古代丧葬习俗》[④]。《中国丧葬礼俗》是一本比较完整地从历史发展脉络展示不同时期丧葬文化的著作，是一本结合历史、考古和部分现实进行描述和研究的代表性的著作。其中有大量内容涉及魏晋南北朝时期的殡葬，为后来徐吉军撰写《中国丧葬史》奠定了良好的基础。夏之乾的《中国少数民族的丧葬》与他的工作很好地结合在一起，他早年做过非常完备的内部印行的丧葬文化研究索引，调查资料运用得非常充分。该书的一些葬法（书中称为丧葬种类）如树葬、天葬等资料就运用了魏晋南北朝时期的记载，另外如墓上建筑、二次葬等也都有魏晋南北朝的印迹。《中国古代丧葬习俗》在丧葬仪式、居丧与守孝、谥法、墓葬制度和葬法葬式等方面，对魏晋南北朝时期的独特殡葬文化存在以及历史发展过程中的影响做了论述和讨论。

1992年《中国悬棺葬》[⑤]一书出版，这是第一次完整地对存在于中国各地的悬棺葬进行全面的梳理与研究，材料非常丰富，讨论也非常细致，另有12幅文前单独彩色插图，这在当时的学术著作中是少见的。该书对从原始社会到当下依然存在的各种悬棺葬形态进行了考察。除了文献资料外，还运用大量考古资料和田野调查资料，对魏晋南北朝有关多样性的葬法研究是一个很好的参考。

---

① 黄展岳：《中国古代的人牲人殉》，文物出版社，1990。
② 徐吉军、贺云翱：《中国丧葬礼俗》，浙江人民出版社，1991。
③ 夏之乾：《中国少数民族的丧葬》，中国华侨出版公司，1991。
④ 周苏平：《中国古代丧葬习俗》，陕西人民出版社，1991。
⑤ 陈明芳：《中国悬棺葬》，重庆出版社，1992。

1995年李如森的《汉代丧葬制度》[①]、汪受宽的《谥法研究》[②]出版。前者虽然仅仅是对汉代的丧葬文化进行研究，但实际上它对于承前的魏晋南北朝来说是不能视而不见的成果。至于后者，它贯穿了整个封建社会过程，自然地把魏晋南北朝也涵盖其中。

1998年《中国历代葬礼》[③]和《北朝婚丧礼俗研究》[④]出版。《中国历代葬礼》重在丧与葬两部分内容，包括魏晋南北朝时期的招魂葬、挽歌、墓地风水、一些特殊葬式等，说明魏晋南北朝丧葬文化在历史上有着不可替代的地位。《北朝婚丧礼俗研究》共两章，第一章是婚姻，第二章是丧葬。第二章下有三节，即"丧俗丛考"、"葬俗丛考"和"丧葬礼俗的几个特征"。"丧俗丛考"包括"招魂复魄"、"沐浴饭含"、"小敛与大敛"、"凶门柏装及涂垩"、"奔丧吊哭"、"丧主与护丧"、"诏赠赙物及赠官"、"送丧"、"居丧守孝"等九个方面；第二节的"葬俗丛考"包括"葬地安排上的两个问题"、"墓葬的地下形制"、"墓葬的地上情况"、"人殉与牲殉"、"陶质明器的内容制作及时代特色"、"合葬与改葬"等六个方面；第三节"丧葬礼俗的几个特征"则是著者的研究结论，主要包括"厚葬习俗的流行与提倡薄葬的继续存在"、"多民族丧俗的融合与并存"、"门阀势力的兴盛对丧俗产生了重要影响"、"佛教的兴盛对丧俗产生了显著影响"等四个方面。这一研究对魏晋南北朝时期的民族丧葬文化的讨论产生了长久的影响。

此后，徐吉军的《中国丧葬史》[⑤]、陈华文的《丧葬史》[⑥]、陆建松的《魂归何处——中国古代丧葬文化》[⑦]等著作先后出版。《中国丧葬史》后来进行了增订，《丧葬史》则于2007年进行修订后增加了近200幅照片。《中国丧葬史》对中国不同历史时期的丧葬文化进行了全面的梳理，其中对于魏晋南北朝时期的丧葬有一章的篇幅，从丧葬观的进一步发展、墓葬制度、丧葬礼俗、薄葬风气的盛行、陵寝制度的衰落等五个方面展开，较全面地将魏晋南北朝的丧葬文化展示在读者面前。从整体结构和具体案例来看，这是一部较全面述及魏晋南北朝殡葬文化的著作，既有历史文献资料，也有考古资料的印证。《丧葬史》是从丧葬制度，尤其是薄厚葬等方面论及魏晋南北

---

① 李如森：《汉代丧葬制度》，吉林大学出版社，1995。
② 汪受宽：《谥法研究》，上海古籍出版社，1995。
③ 万建中：《中国历代葬礼》，北京图书馆出版社，1998。
④ 谢宝富：《北朝婚丧礼俗研究》，首都师范大学出版社，1998。
⑤ 徐吉军：《中国丧葬史》，江西高校出版社，1998。
⑥ 陈华文：《丧葬史》，上海文艺出版社，1999。
⑦ 陆建松：《魂归何处——中国古代丧葬文化》，四川人民出版社，1999。

朝的殡葬文化的，至于这一时期独有的凶门柏历、特色鲜明的风水文化等进行了专门的介绍。另外，该书对于一些葬法也从魏晋南北朝的相关记载中得到印证。《魂归何处——中国古代丧葬文化》也在厚薄葬及葬法葬式、墓道石刻、买地券、镇墓兽、部分少数民族丧葬等方面进行了叙述，同样具有自己的研究视角和眼光。

2008年的《吴越丧葬文化》①一书则从风水信仰、墓葬起源和葬法葬式等多个方面与魏晋南北朝时期的丧葬文化交集在一起，说明地方丧葬文化与不同历史时期存在传承的关系。2011年的《浙江民间丧俗信仰研究》②一书则从信仰角度把地方的民间丧俗，将风水信仰、祭祀与随葬品等文化内容上溯至魏晋南北朝时代，认为当下是历史的一种延续。

大量丧葬史或丧俗文化方面的研究从不同的角度建构起魏晋南北朝殡葬文化的框架和图景。

（2）其他相关研究

对魏晋南北朝丧葬文化相关内容的研究其实不少，只是研究的深度各有不同。

第一，对明器的研究。1933年哈佛燕京社出版了郑德坤、沈维钧著的《中国明器》③，著者根据当时可以收集到的有关资料，将明器划分为萌芽时期、发展时期、成熟时期和衰落时期等四期，其中发展时期包括秦汉和六朝，而六朝是指东吴、东晋和宋齐梁陈等建都于今天南京的朝代，实际上包括了魏晋南北朝的所有时期，只不过地域有所限制而已。著者从六朝明器制度入手，对于六朝明器出土情况、特征、艺术性等进行了一定的研究。非常可惜的是，对极其重要的明器制度或明器文化的研究后来的学者没有继续下去。

第二，对丧服制度的研究。殡葬文化作为五礼之一，最具代表性的就是丧服制度。它所延伸的一系列相关文化对于中华民族的其他文化产生了巨大的影响，如亲情文化、伦理文化和刑律文化，封建时代对丧服制度进行研究者大都是官员，解释的仅仅是一些特例。丁凌华是第一个系统而全面地对中国丧服制度文化的发展演变及相关服叙、刑罚、居丧等文化进行研究的学者。他在《中国丧服制度史》④一书中对魏晋南北朝时期的丧服制度的流变及居丧之两晋时期制度、南北朝时期制度等进行了具体的讨论，其中又对服叙制度与晋及南朝"准五服制罪"、服叙制度与北朝

---

① 陈华文、陈淑君：《吴越丧葬文化》，华文出版社，2008。
② 陈华文、陈淑君：《浙江民间丧俗信仰研究》，上海文艺出版社，2011。
③ 郑德坤、沈维钧：《中国明器》，上海文艺出版社，1992年影印本。
④ 丁凌华：《中国丧服制度史》，上海人民出版社，2000。

"准五服制罪"相关的亲属株连和亲属相犯等进行了非常有意义的法律层面的讨论和研究,真正架起了习俗、制度与法律之间的桥梁。为今后相关研究的进一步延展提供了巨大的空间。

第三,对凶礼的丧葬制度研究。这方面的研究不乏其人,如陈戍国的《中国礼制史》之魏晋南北朝卷,①他基本上是根据历史上的案例来叙述不同朝代的五礼制度。其中对魏晋南北朝时期,他根据魏蜀吴三国时期、两晋时期、南朝和北朝等分列四章。其中用两节处理"三国丧葬礼仪";用三节处理"两晋丧葬礼仪";而用四节处理南朝时期,至于北朝则只有一节内容。根据章节内容的设定,我们可以明确地感受到魏晋南北朝不同时期有关丧葬的礼仪是存在差异的。陈戍国的研究明显的是通过具体内容的叙述来体现或突出案例和具体内容的差异和时代的特色。另外,著作中的第五章"余论",是对边远民族和其他小国有关礼仪,也包括丧葬礼仪进行叙述和研究的,很有参考和启发价值。与此同时,学者梁满仓的魏晋南北朝五礼研究也非常值得我们关注,他的《魏晋南北朝五礼制度考论》②是一部专门研究此期五礼制度文化的著作。全书共八章,前三章是总论性质的,后五章分析每一种礼,丧葬礼是凶礼,放在最后。这与历史上将五礼按吉、凶、军、宾、嘉依序排列有所不同。对魏晋南北朝的凶礼,著者从制度内容、赈济制度、三年之丧和三年心丧与丧服制度角度进行研究和讨论,他认为三年心丧是此期丧服制度的重大发明。

第四,对谥法的研究。死后加谥是历史悠久的一种死亡文化,只是仅限于帝王、大臣及社会上的知名人士,或者给予褒扬,或者给予贬抑,通俗地说有点像死后的一种评价或盖棺定论。汪受宽的《谥法研究》对谥法起源、不同时代的谥法演变发展和具体的谥法案例等方面都进行了较为全面的研究,其中有关魏晋南北朝时期的谥法使用了"大变革"一词,主要是基于肆意追尊先祖与子弟、大量加谥宗室与诸臣和谥号存在溢美之词。实际上这种变革与魏晋南北朝时期独特的社会动荡现实是相一致的,社会动荡带来的是战乱和人员死亡,而且许多都不是正常死亡,甚至统治者需要一些人为他们的政权而非正常死亡,因此一些特殊人物死后都得给个谥号和赙赠。这是魏晋南北朝时期丧葬习俗发生变化的最重要原因。

第五,对墓志、诔文、碑文的研究。对于墓志研究而言最重要的工作是汇集和疏

---

① 陈戍国:《中国礼制史·魏晋南北朝卷》,湖南教育出版社,2002。
② 梁满仓:《魏晋南北朝五礼制度考论》,社会科学文献出版社,2009。

证，这方面有三本书不得不提到。一是赵万里的《汉魏南北朝墓志集释》①，共收汉魏至隋墓志等新旧拓本609通，按时代分为十卷及补遗一卷共11卷。起自东汉延平元年（106）马姜墓志，止于隋大业十一年（615）宫人刘氏墓志。此书收录的绝大部分为墓志，亦有少数墓记、椁铭、神座、柩铭等。墓志以石志为主，砖志仅收文字精好或志文有关史事者。二是赵超的《汉魏南北朝墓志汇编》②，收录从汉代至北周的墓志材料，以时代先后排列，出土的墓志收录时间止于1986年，但汉代所占比例极低。著者以为魏晋到南北朝是墓志的转化期，而南北朝是定型期。三是罗新、叶炜的《新出魏晋南北朝墓志疏证》。③该书是对前两书的补充和增录，部分原因是此书收录的截止时间为2003年，迟于上述两书。墓志以墓主人下葬日期为序进行排列，从魏晋十六国南朝、北魏、东魏北齐、西魏北周到隋，共五部分，隋的部分所占比例不低。该书最大特征是疏证部分非常翔实，对研究者极具价值。

与墓志同样重要的是诔文和碑文。墓志成熟之前，诔文与碑文在南北朝更为重要。黄金明的《汉魏晋南北朝诔碑文研究》④就是对当时的诔文和碑文进行研究的一本著作。该书认为诔文以伤悼为主题，但不乏通过诔文以夸张的形式宣扬死者的伟大或善良，具有为死者讳的根本前提；碑文更有这种文化限制，大都以歌颂为主。所以，对于东汉时兴起诔碑文，作者以"生命的礼赞"为题，而至魏晋时则以"生命的伤悼"来概括，至南北朝由于诔碑文的衰微而以"生命价值的失落"为主题。本书由其博士学位论文修订而成，全面而又翔实地研究了诔碑文这种与时代发展和时代文化需求紧密结合在一起的独特文体形态，对丧葬文化存续的意义和时代特色的凸显是其他文字不可替代的。

第六，对墓葬壁画的研究。对魏晋南北朝墓葬壁画研究是随着1960年代之后一些地方考古挖掘不断地获得各种墓葬壁画而逐渐开始的，一些学者从历代墓葬壁画入手进行研究，如《幽冥色彩——中国古代墓葬壁饰》⑤《黄泉下的美术——宏观中国古代墓葬》⑥。前者有专门章节对魏晋南北朝时期的墓葬壁饰进行介绍和研究，后者融入所建构的体系中进行解构式分析。因此，前者相对独立，比较平面；后者则更多地服

---

① 赵万里：《汉魏南北朝墓志集释》，科学出版社，1956。
② 赵超：《汉魏南北朝墓志汇编》，天津古籍出版社，1992。
③ 罗新、叶炜：《新出魏晋南北朝墓志疏证》，中华书局，2005。
④ 黄金明：《汉魏晋南北朝诔碑文研究》，人民文学出版社，2005。
⑤ 董新林：《幽冥色彩——中国古代墓葬壁饰》，四川人民出版社，2004。
⑥ 巫鸿：《黄泉下的美术——宏观中国古代墓葬》，施杰译，三联书店，2010。

务于一种理论,比较立体地看待墓葬壁画对中国文化传统中世界观、宇宙的认知,以魏晋南北朝时期的墓葬壁画为切入口,提出了三重宇宙的概念并进行具有论据的建构。与此相近或更进一步的是针对魏晋南北朝时期的墓葬壁画进行专题研究,如限定区域墓葬壁画的《古冢丹青——河西走廊魏晋墓葬画》①。这一研究主要是通过发现分布于河西走廊的魏晋墓葬画揭示当时当地的生活、生产等活动,认为墓葬壁画是对生产、生活和社会活动的全方位记录,同时是当时艺术活动、娱乐活动的一种写照,是对华夏文明与游牧文明在河西走廊一带交融的真实记录。可以说这是一种基于现实主义和历史真实性的研究,是对墓葬壁画试图通过与当下或历史事实对应性的还原式解读。全景式的对魏晋南北朝墓葬壁画进行研究的有郑岩的《魏晋南北朝壁画墓研究》②。该书是著者的博士学位论文,用功颇深,分上下两编。上编是关于分区与分期的研究,在分成东北地区、西北地区、南方地区和中原地区之后,将墓葬壁画寓于区域之中进行了分期,但每个地区仅根据出土发现的材料进行分期,不是严格意义上的分期。下编是对发现于不同地区重要的墓葬壁画进行个案式的解剖研究,如从河西走廊的墓葬壁画讨论凉州与中原地区的关系;从邺城地区的墓葬壁画分析"邺城规制";对于南方的墓葬画像则重点在于其象征性意义和特殊功能的分析;而青州傅家北齐画像石则集中讨论它与进入中国的祆教美术的关系;等等。郑岩认为墓葬壁画不仅是一种装饰,而且是一种寓含着丰富信仰文化和具有象征意义的随葬文化,是在随葬等日益衰微的时代人们通过壁画表达对死者的另一种"孝道"。

第七,对陵墓的研究。陵墓一般属于帝王和重要的大臣,我们把内容限定在帝王等重量级的人物身上。对魏晋南北朝陵墓的研究首先是从外在形态的考古学或文物调查开始的,如张璜的《梁代陵墓考》、中央古物保管委员会编辑委员会编《六朝陵墓调查报告》等书③,但真正具有影响的是杨宽于1985年出版的《中国古代陵寝制度史研究》。该书有一章专门对魏晋南北朝陵寝制度进行研究,当时帝王的陵寝制度由于动荡和帝王提倡薄葬而处于衰退时期。杨宽从曹魏时期的陵寝入手,讨论了晋代陵墓的构造、南北朝时代的陵墓、北魏的陵墓、永固陵的构造和北魏陵寝制度的特色等问题,初步厘清了魏晋南北朝时期的陵寝制度及相关文化特色。比较完备的魏晋南北朝陵墓研究则是潘伟斌的《魏晋南北朝隋陵》。④该书首先叙述两晋南北朝陵墓在全国

---

① 林少雄:《古冢丹青——河西走廊魏晋墓葬画》,甘肃教育出版社,1999。
② 郑岩:《魏晋南北朝壁画墓研究》,文物出版社,2002。
③ 参见《南京稀见文物丛刊》,南京出版社,2010。
④ 潘伟斌:《魏晋南北朝隋陵》,中国青年出版社,2004。

的分布情况，接着介绍两晋南北朝时期的丧葬特点——短丧、不封不树和明器减少，最后落脚于此期陵墓的历史地位。全书分为 31 章，分别介绍或讨论了曹魏帝陵、蜀汉帝陵、孙吴帝陵、两晋帝陵、前凉帝陵、西凉帝陵、北凉帝陵、后凉帝陵、南凉帝陵、前燕帝陵、后燕帝陵、北燕帝陵、前秦帝陵、后秦帝陵、西秦帝陵、前赵帝陵、后赵帝陵、成汉帝陵、夏帝陵、宋陵、齐陵、梁陵、陈陵、北魏帝陵、东魏帝陵、西魏帝陵、北齐帝陵和北周帝陵等，并附有世系表、三国两晋南北朝隋帝陵一览表、后妃一览表等材料，另外还有隋陵的情况。可以说，有关魏晋南北朝时期的帝王陵墓此书全部涉及，为资料保全和今后的进一步研究打下了很好的基础。

除了上述七类外，还有其他许多相关研究，如祭祀类研究、信仰类研究、宗教传播与影响类研究、祖先崇拜类研究、生死文化研究等，这些方面的研究对魏晋南北朝殡葬文化的研究同样具有推动作用。

2. 论文类：个案与专题的研究

论文是魏晋南北朝殡葬研究成果最为庞大的群体，也是研究入门和最高层面上讨论一些具体个案、解决一些学术问题最好的研究手段和方式。一般意义上讲，它适宜于针对个案或专题，可以集中时间或精力深入地讨论一个问题，并将成果迅速地发表于某一个刊物或学术会议之上，因此最受学术问题讨论和研究的重视。根据魏晋南北朝殡葬史研究的特点和需要，相关研究可分为以下几个方面。

（1）总论式研究

对此期丧葬问题进行综合性观察或研究的有赵俊杰的《中原地区汉末至曹魏时期的墓葬等级与葬俗变迁的阶段性》（《中州学刊》2010 年第 4 期），是关于等级制与薄葬内容的研究；梅铮铮的《汉末三国丧葬中若干问题考论》（《四川文物》2002 年第 6 期）对此期的墓葬规格、结构渐变、明器制度变化从而形成薄葬与简葬提出了自己的看法；韩国河的《魏晋时期丧葬礼制的承传与创新》（《文史哲》1999 年第 1 期）对于晋制不封不树、陪葬、合葬及家族墓葬等提出了传承与创新的思辨式思考；张旭华的《两晋时期的丧礼实践与中正清议》（《史学月刊》2011 年第 12 期）则从丧礼实践与社会管理角度来看待习俗与社会提倡的孝道等伦理关系；张承宗的《魏晋南北朝妇女丧葬礼仪考》（《苏州大学学报》2010 年第 2 期）针对此期的妇女丧礼问题进行了分类式研究，强调丈夫或男性对女性葬礼的影响。孙进己、干志耿的《我国古代北方各族葬俗试析》（《东北师大学报》1982 年第 3 期）是对北方古代各族葬俗进行综合分析，侧重的是葬法问题，由于是对历史早期的研究，在资料方面具有积累的意义。由上述可知，总论式的对魏晋南北朝殡葬文化的研究是相对缺乏的。原因在于这类研究，一方面要把握总体的趋势或特征极其不容易，另一方面容易流于泛泛而谈。

（2）殡葬理念研究

魏晋南北朝殡葬理念的研究主要集中在生死观、信仰和薄厚葬等问题上。陈群的《魏晋南北朝的生死观》（《淮阴师范学院学报》2003年第4期）主要是从玄学生死观和道教、佛教的生死观切入来讨论魏晋南北朝这一特殊时期对生命意义的看法，认为早期的矛盾与后期的宁静淡远都与这种生命观结合在一起。储晓军的《魏晋南北朝小说与民众生死观》（《河海大学学报》2007年第3期）则从文学，尤其是神鬼故事角度来探讨当时民众的生死观，认为民众的生死观深受佛道等宗教的影响。韦凤娟的《从"地府"到"地狱"——论魏晋南北朝鬼话中冥界观念的演变》（《文学遗产》2007年第1期）则是从鬼话中研究另一个世界信仰，认为民间的地府到地狱是宗教信仰从民间到佛教的具体表达，从而使另一个世界的信仰体系更加完备和生动。除此之外，魏晋南北朝的薄葬观比较受到关注，如魏鸣的《魏晋薄葬考论》（《南京大学学报》1986年第4期）关注魏晋薄葬现象并对此进行了全方位的解读；刘选、辛向军的《魏晋薄葬成因的考察》（《甘肃社会科学》1994年第1期）重点从社会动荡、制度创新和兼顾社会现实等方面寻找此期盛行薄葬的原因；韩国河的《论秦汉魏晋时期的厚葬与薄葬》（《郑州大学学报》1998年第5期）是在秦汉厚葬基础上讨论魏晋薄葬的文章，由于切入点不同，认为薄葬在于维护政权稳定；王波的《魏晋南北朝时期的薄葬习俗及其原因分析》（《江海学刊》1998年第5期）对此期的薄葬提出了自己的一些看法，认为是对厚葬为德观念的变革；张宏慧的《略论魏晋时期的薄葬之风及其成因》（《许昌师专学报》2000年第3期）则认为之所以实行薄葬是社会、政治、经济等多方面的原因促成的；王建宏的《魏晋薄葬形成的原因考述》（《传承》2009年第1期）则在社会、政治、经济等方面之外，提出佛教等外来宗教对薄葬的影响；李梅田的《曹魏薄葬考》（《中原文物》2010第4期）仅限于曹魏时期，认为曹魏薄葬是对汉代地面标记性设施和祭祀性设施、地下居室性设施和随葬明器的简省，是一种新模式，并对后来的历史产生了影响；董晔的《论魏晋南北朝时期的薄葬风气》（《山西师大学报》2013年第3期）比较客观地看待薄葬问题，认为它仅仅是一种风气，并在过程中日渐微弱，而厚葬则在魏晋南北朝后期成为主流，且薄葬与厚葬体现了对孝道的不同理解，是对父命遵行方式的改变。事实上，不管是生死观还是为了顺应当时历史现实而实行的薄葬都是一个时代性的命题，离开了时代的社会现实，对于民众的影响就失去了意义。因此，该文认为殡葬理念对生命的认知建立在生活或社会现实之上，如果我们离开这一现实，它就会成为无本之木，这就促使我们在出台政策之时必须符合民众的殡葬观念。

（3）殡葬习俗研究

殡葬习俗包括从殡至葬过程中的各种习俗文化。从目前来看，对于魏晋南北朝时期殡葬的仪式过程和具体内容的概括或研究还是比较缺乏的，主要集中在葬俗的招魂葬[1]、浅埋虚葬[2]、挽歌[3]等方面。除此之外，如对夫妇合葬习俗[4]、妇女丧葬礼俗[5]、妇女单身葬习俗的研究[6]都非常有特色。而对少数民族丧葬习俗的关注也是学界对魏晋南北朝这一特殊时期的一种现实需要，如对北方少数民族丧葬的梳理，[7]对鲜卑人丧葬习俗的讨论[8]等都具有代表性。

此类的研究还得到了进一步的拓展，通过文学作品，尤其是关于鬼神怪等的作品来探讨文献所载丧葬习俗的真实性。有从《搜神记》入手的，[9]有从《冥祥记》入手的，[10]也有从整体此类文学现象入手的，[11]但他们的研究目的是突出相关文化存在的真实性并印证文学是对社会现实的一种反映。也有结合宗教对丧葬习俗进行观察和研究的，像韩国河便从祖先崇拜、鬼神思想、原始道教和佛教的渗入等方面来讨论丧葬礼俗所具有的宗教性问题；[12]张焕君则从儒家经典与社会互动中寻找招魂葬废兴的真正原因；[13]山人则从道教兴起论证魏晋南北朝时期丧葬习俗理性变迁，考察它的内在规律；[14]还有人从石窟寺佛教瘗葬形式看到它与民间传统丧葬之间的关系；[15]等等。此类

---

[1] 方亚光：《论东晋初年"招魂葬"俗》，《学海》1992年第2期；朱松林：《试述中古时期的招魂葬俗》，《上海师范大学学报》2002年第2期。
[2] 曹永年：《说"浅埋虚葬"》，《文史》第3辑，中华书局，1988。
[3] 吴承学：《汉魏六朝挽歌考论》，《文学评论》2002年第3期。
[4] 张承宗：《魏晋南北朝夫妇合葬习俗考》，《扬州大学学报》2010年第1期。
[5] 张承宗：《魏晋南北朝妇女丧葬礼仪考》，《苏州大学学报》2010年第2期。
[6] 张承宗：《魏晋南北朝时期的妇女单身葬》，《南京理工大学学报》2010年第3期。
[7] 孙进已、干志耿：《我国古代北方各族葬俗试析》，《东北师范大学学报》1982年第3期。
[8] 范兆飞：《北魏鲜卑丧葬习俗考论》，《学术月刊》2013年第9期。
[9] 张亚南：《〈搜神记〉中的魏晋婚姻丧葬礼俗》，《兰州学刊》2010年第5期。
[10] 郑勇：《从〈冥祥记〉看丧葬习俗》，《内江师范学院学报》2007年第3期。
[11] 张庆民：《魏晋南北朝幽婚故事研究》，《首都师范大学学报》2004年第1期。
[12] 韩国河：《论秦汉魏晋时期丧葬礼俗的宗教性》，《中州学刊》1997年第3期。
[13] 张焕君：《从中古时期招魂葬的废兴看儒家经典与社会的互动》，《清华大学学报》2012年第3期。
[14] 山人：《道教的兴起与葬俗之理性化变迁》，《中山大学学报》1997年第6期。
[15] 李随森、焦建辉：《石窟寺佛教瘗葬形式与传统丧葬礼俗之关系》，《中原文物》2002年第4期。

研究能从更多视角让我们看到丧葬习俗与文学、宗教等各种现象的紧密关系，开阔我们的视野。

（4）殡葬风水研究

殡葬风水从汉代就已经进入民间丧葬的视野并运用于墓葬实践，进入魏晋南北朝之后，这一理论不断成熟，实践更为丰富，成为埋葬的一种标准。宏岐的《两晋时期之风水术及其传播》①就认为风水理论和实践已经在当时的大江南北传播开来，并列举了大量当时涌现的风水大师级人物，以证明风水术在此期的成熟。望气是历史悠久的一种风水形胜断判的理论，到魏晋南北朝时已经与地方政治、君权神授等紧密结合在一起，成为政治斗争的工具。②帝王经常派出一些风水大师到全国各地望气，如发现特殊的形胜，往往占有或破坏这些形胜，以达到改变风水的目的。另外，还有一些专门讨论魏晋南北朝时期风水对殡葬习俗或文化影响的研究，如廖鸿的《风水大著于世的六朝丧葬习俗》③、张齐明的《〈改葬崇宪太后诏〉与六朝皇室风水信仰》④和刘瑞的《历代帝陵风水考》⑤等，都从理论或实践方面探讨风水在此期丧葬习俗中存在的直接或巨大的影响。事实上，此期成熟的风水理论对中国殡葬文化的影响仍然是其他一些文化形态所不可替代的。

（5）墓葬研究

墓葬是殡葬文化研究中非常重要的一块内容，不仅与考古发掘成果结合在，同时与历史记载等相关文献结合，从而达到以实物证古或证真的目的。

墓葬总是与地域存续的文化联系在一起，所以在墓葬文化研究中，划分区域是很重要的方式，通过不同地区考古发现的墓葬情况，研究者加以概括，提出一些个人的看法。如北方地区，不仅作为一个大的区域，大部分情况下更是作为可以细分的更小区域而存在。张小舟认为分为中原、西北与东北是必要的，并且更能概括不同区域之间的类型。⑥周伟则对关中、东北和西北地区的墓葬在形制、随葬特征、墓葬分期和文化分析等多个方面进行研究。⑦更小范围的区域研究主要根据考古发掘的成果进行，

---

① 宏岐：《两晋时期之风水术及其传播》，《中国历史地理论丛》1994年第1期。
② 洪卫中：《汉魏晋南北朝"望气"浅论》，《甘肃社会科学》2011年第2期。
③ 廖鸿：《风水大著于世的六朝丧葬习俗》，《中国社会工作》1998年第6期。
④ 张齐明：《〈改葬崇宪太后诏〉与六朝皇室风水信仰》，《历史研究》2008年第2期。
⑤ 刘瑞：《历代帝陵风水考》，《章回小说》2009年第8期。
⑥ 张小舟：《北方地区魏晋十六国墓葬的分区与分期》，《考古学报》1987年第1期。
⑦ 周伟：《北方地区十六国时期墓葬初步研究》，硕士学位论文，郑州大学，2010。

像北京地区的魏晋北朝墓葬[①]、北魏洛阳的墓葬[②]、北魏平城时代墓葬[③]、北魏邺城—晋阳的墓葬[④]、北魏大同南郊墓葬[⑤]、魏晋北朝关中地区墓葬[⑥]、魏晋河西地区墓葬[⑦]、宁夏固原北朝墓葬[⑧]等,要么进行分期,要么进行分类和文化分析,要么进行文化源头或差异的研究,以此来确认地区或民族的属性或文化的属性。对此期南方地区墓葬的研究也有进行,如南朝墓葬的类型与分期、南阳魏晋墓葬、三峡地区的墓葬、南京市区六朝墓葬、广东地区六朝墓葬及岭南地区的合葬墓等。[⑨]这类研究有的重视类型,而有的则对形制、随葬、分期进行研究的同时,还在文化形态上进行分析。

有的研究非常有特点,如选择一个区域交错的地方来讨论墓葬,而这一区域常常是不同文化交流的通道,文化交流和文化互相影响都具有代表性,如李梅田对陕南、豫南鄂北和山东地区相关墓葬进行研究时就看到了文化共存现象。[⑩]文化渗透,尤其是宗教文化渗透对墓葬文化的影响也受到一些学者的关注。从华府到洞天,这是此期侨寓于南方的北方移民将券顶式长方形墓葬从洞室墓进行改造后加上洞天福地等道教信仰而形成的独特墓葬形态,它寄托了人们美好的愿望和对理想的追求。[⑪]倪润安讨论了北朝圆形石质墓作为乌水房崔氏家族墓葬的形成与渊源关系,[⑫]也有的学者讨论了南朝墓葬与佛教的关系。[⑬]

(6)居丧研究

魏晋在居丧制度上因袭汉制,但由于社会动乱和文化交互影响,也出现了一些

---

① 胡传耸:《北京地区魏晋北朝墓葬述论》,《文物春秋》2010年第3期。
② 倪润安:《北魏洛阳时代墓葬文化分析》,《故宫博物院院刊》2010年第4期;董延寿:《论洛阳古代墓葬的价值和作用》,《洛阳大学学报》2004年第3期。
③ 倪润安:《北魏平城地区墓葬文化来源略论》,《西部考古》第5辑,三秦出版社,2011;李晓蕾:《北魏平城时代墓葬研究》,硕士学位论文,吉林大学,2012;倪润安:《北魏平城时代平城地区墓葬文化的来源》,《首都师范大学学报》2011年第6期。
④ 李梅田:《北齐墓葬文化因素分析——以邺城—晋阳为中心》,《中原文物》2004年第4期。
⑤ 韦正:《大同南郊北魏墓群研究》,《考古》2011年第6期。
⑥ 李梅田:《关中地区魏晋北朝墓葬文化因素分析》,《考古与文物》2004年第2期。
⑦ 周润山:《河西地区魏晋十六国墓葬研究》,硕士学位论文,郑州大学,2013。
⑧ 姚蔚玲:《宁夏固原北朝墓葬初探》,《华夏考古》2002年第4期。
⑨ 冯普仁:《南朝墓葬的类型与分期》,《考古》1985年第3期;张卓远:《南阳魏晋墓葬》,《华夏考古》1998年第1期;孙苗苗:《三峡地区三国两晋南北朝时期墓葬的初步研究》,硕士学位论文,南京大学,2012;黄潇:《南京市区六朝墓葬分布研究》,硕士学位论文,南京大学,2012;黄筱雯:《广东地区六朝墓葬研究》,硕士学位论文,南京大学,2011;杨清平:《三国两晋南北朝时期岭南合葬墓形制及相关问题的探讨》,《广西民族研究》2003年第2期。
⑩ 李梅田:《论南北朝交接地区的墓葬——以陕南、豫南鄂北、山东地区为中心》,《东南文化》2004年第1期。
⑪ 张从军:《从华府到洞天——东晋南朝墓葬形制解读》,《民俗研究》2010年第1期。
⑫ 倪润安:《试论北朝圆形石质墓的渊源与形成》,《北京大学学报》2010年第3期。
⑬ 韦正:《试谈南朝墓葬中的佛教因素》,《东南文化》2010年第3期。

特殊的居丧文化。张焕君的博士学位论文比较全面地论述了此期的丧服制度,从三年之丧到此期独创之心丧以及尊降、出继等都有涉及,①服制形态方面却没有研究。与此同时,有的学者对弃绝表面形式,回归所谓真性情特别赞赏;②有的学者则对官员居丧违礼,如居丧婚嫁、居丧仁宦、服制失当、奔丧与丧服变除等违礼之后朝廷使用清议之例加以处罚进行研究,认为表现出魏晋时期独有特色;③有的学者则从居丧之礼变化,讨论魏晋南北朝时期孝道伦理的调适与异化;④有的学者则通过对《世说新语》有关内容的研究,看到了当时士大夫权贵等不同人群蔑视居丧等制度性规定的现实。⑤

事实上,居丧违礼是魏晋南北朝时常常被人们津津乐道的一种出世行为,就像社会发展被动乱所打破一样,由于违礼,最终形成了当时被认可并影响后来者的心丧制度,使重仪式的文化回到重内容的文化,这是魏晋南北朝在殡葬文化上对后来朝代最大的贡献。

3. 墓葬考古报告与研究

这方面的内容应该属于考古学的范畴,但它与殡葬文化有着千丝万缕的联系。

(1) 著作方面的研究

考古方面对魏晋南北朝的研究应该始于陵墓方面的调查和研究。作为汉学研究之一的《梁代陵墓考》于1912年由上海土山湾印书馆出版,1930年曾重印,现在我们看到的是由南京出版社于2010年出版的与《六朝陵墓调查报告》合编的著作。该书内容主要是关于南京地区梁代的陵墓以及作为各种史料的附录和讨论,共有七章。由于得天独厚的陵墓遗存和翔实的文献记载,元朝古都南京对于研究者来说是很有吸引力的。与《梁代陵墓考》一样,《六朝陵墓调查报告》是(民国)中央古物保管委员会编辑委员会编撰的对六朝时期陵墓的调查,它以六朝陵墓调查报告书为主,同时还附有《六朝冢墓碑志考证》、《天禄辟邪考》、《神道碑碣考》、《驳晋温峤墓在幕府山西说》、《六朝陵墓石迹述略》和《六朝陵墓总说》等六篇考证文章,对于六朝陵墓研究而言具有开拓性的意义。1934年由卫聚贤编著的《中国考古小史》介绍了晋塚和六

---

① 张焕君:《魏晋南北朝丧服制度研究》,博士学位论文,清华大学,2005。
② 张元元:《魏晋时期礼与情的变迁——以丧服为基础的研究》,《沧桑》2009年第5期。
③ 高二旺:《两晋南北朝官吏居丧违礼与清议处罚》,《华北水利水电学院学报》2009年第6期。
④ 张焕君:《从居丧之礼的变化看魏晋时期孝道观的调适》,《史学集刊》2011年第6期。
⑤ 施行功:《〈世说新语〉与蔑视礼教》,《齐齐哈尔师范高等专科学校学报》2007年第6期。

朝墓，虽然比较简单，但有普及意义。①

1936年出版的《建康兰陵六朝陵墓图考》②是一本以图为主的研究著作，它对六朝陵墓的石刻、风格、规模及地理环境等做了详尽的考证。书前有图106幅、序1篇、诗选11首、世系表3张、陵墓分布图3幅。该书2005年由中华书局修订再版，除了对图片进行技术处理外，还增加了朱偰于1950年代写的《丹阳六朝陵墓的石刻》和《修复南京六朝陵墓古迹中重要的发现》两篇文章，从而增加了研究的分量。

1959年出版的《南京六朝墓出土文物选集》③是一本以图录为主的集子，而王志敏等编著的《南京六朝陶俑》④是当时出土的随葬陶俑的汇集。

1980年代，姚迁、古兵编著的《南朝陵墓石刻》一书出版。⑤书中重要的是"南朝陵墓石刻"说明，它对13处帝王陵墓和其余的王公贵族墓都做了介绍，并附有十幅彩色图片和大量的黑白照片，非常宝贵。1984年林树中编著的《南朝陵墓雕刻》⑥图版比较少，但文字研究部分已经增加。全书关于南朝陵墓石刻的名称、分期、风格特点、艺术成就、艺术渊源与中外文化交流、南北朝石刻比较及对后来的影响等部分进行讨论，具有巨大的影响和参考价值。

章孔畅的《六朝陵墓石刻渊源与传流研究》⑦为上述研究在传统意义上的讨论画上一个句点，这是一部全方位讨论南京六朝陵墓石刻渊源和传播影响的著作，共有五章，是作者在博士学位论文基础上修订而成的。该书非常明确地围绕着六朝陵墓石刻的产生的渊源关系，尤其是对埃及、亚述、苏美尔、希腊等文化对南朝陵墓石刻的影响进行了全面的讨论，比前人的研究更全面、更深刻，也更细致，同时视野更开阔。

相关的研究成果在1980年代之后不断涌现，尤其是20世纪末之后。李蔚然的《南京六朝墓葬的发现与研究》⑧是研究这方面内容的代表性著作，共11章，对六朝墓葬的分布与排葬情况、形制与结构、建筑材料、地券与墓志、随葬的青瓷器、随葬的陶器、随葬的铜器与铁器、随葬的金银器、随葬的石器和玉器以及其他随葬品进行了全面的介绍与研究。它为后来韦正的《六朝墓葬的考古学研究》⑨打下了很好的基础。

---

① 卫聚贤编《中国考古小史》，商务印书馆，1934，第73~80页。
② 朱偰：《建康兰陵六朝陵墓图考》，中华书局，2005。
③ 《南京六朝墓出土文物选集》，上海人民美术出版社，1959。
④ 王志敏等编《南京六朝陶俑》，古典艺术出版社，1958。
⑤ 姚迁、古兵编著《南朝陵墓石刻》，文物出版社，1981。
⑥ 林树中编《南朝陵墓雕刻》，人民美术出版社，1984。
⑦ 章孔畅：《六朝陵墓石刻渊源与传流研究》，东南大学出版社，2011。
⑧ 李蔚然：《南京六朝墓葬的发现与研究》，四川大学出版社，1998。
⑨ 韦正：《六朝墓葬的考古学研究》，北京大学出版社，2011。

韦正的研究是更为系统和具有体系性建构的研究，他从六朝墓葬的发现与研究入手，对六朝墓葬的分布和分区、分期、形制、随葬品、制度、北方地区与朝鲜半岛的文化交流等做了全面的研究。书中附有150幅图片、18张表，可以说图文并茂。

与六朝墓葬研究取得丰硕成果一样，北朝和其他区域，尤其是魏晋南北朝考古的整体研究也取得了蔚然可观的成果。如李梅田的《魏晋北朝墓葬的考古学研究》，[①] 时间上包括曹魏、西晋、十六国、北魏、东（西）魏、北齐（周）时期，地域上包括内蒙古、山西、河北、北京、河南、山东、陕西、宁夏等省、市、自治区，内容涉及此期墓葬的发现与研究、墓葬区域的划分、类型学分析与分期、墓葬文化的区域互动与嬗变等，应该说是一本体系结构和内容都非常完备的著作。其他像《敦煌祁家湾——西晋十六国墓葬发掘报告》、《马鞍山六朝墓葬发掘与研究》、《大兴北程庄墓地：北魏、唐、辽、金、清代墓葬发掘报告》、《高句丽王城王陵及贵族墓葬》等，都从地域方面充实了魏晋南北朝墓葬考古发掘和研究的成果。[②]

从整体研究的角度来看，《魏晋南北朝隋陵》[③] 是对此期所有陵墓进行考古学介绍的著作，如三国帝陵、晋帝陵、北方十六国帝陵、南朝帝陵和北朝帝陵等，当中也引用大量历史文献资料。相关的著作还有罗宗真的《魏晋南北朝考古》[④] 和韦正的《魏晋南北朝考古》[⑤] 两书，除城址、手工业遗存、石窟等宗教遗存外，墓葬是最为重要的研究对象，它对我们整体认识此期的墓葬文化具有特别的意义。

（2）论文方面的研究

墓葬考古研究方面的论文非常丰富，此处只能撷其要者进行介绍。

1920年代前后，就有学者关注到这方面的研究，[⑥] 到三四十年代专门性的论文已经出现，如罗香林的《金陵六朝墓巡礼记》、涵唐的《谈六朝墓葬》等。1950年代后，国家建设大规模地展开，各地陆续发现了大量魏晋南北朝时期的墓葬，各种考古报告以及调查在《考古》、《文物参考资料》、《考古通讯》、《考古学报》等刊物上发表，

---

① 李梅田：《魏晋北朝墓葬的考古学研究》，商务印书馆，2009。
② 甘肃省文物考古研究所戴春阳、张珑：《敦煌祁家湾——西晋十六国墓葬发掘报告》，文物出版社，1994；王俊主编《马鞍山六朝墓葬发掘与研究》，科学出版社，2008；北京市文物研究所编《大兴北程庄墓地：北魏、唐、辽、金、清代墓葬发掘报告》，科学出版社，2010；王云刚编《高句丽王城王陵及贵族墓葬》，世界图书出版公司，2008。
③ 潘伟斌：《魏晋南北朝隋陵》，中国青年出版社，2004。
④ 罗宗真：《魏晋南北朝考古》，文物出版社，2001。
⑤ 韦正：《魏晋南北朝考古》，北京大学出版社，2013。
⑥ 赵殿诰：《三国时代的几种社会风俗之研究》，《新文化》第7、8期合刊，1934年8月，第22~30页；余维炯：《三国时期的丧葬礼》，《正风》第3卷第4期，1936年10月，第374~380页。

为此期的墓葬研究提供了丰富的资料。李蔚然的《南京六朝墓葬》①《南京地区汉与六朝墓葬的主要特点及其历史价值》②、程应麟的《江西的汉墓与六朝墓葬》③、罗宗真等的《南京西善桥南朝墓及其砖刻壁画》④、柳涵的《邓县画像砖墓的时代和研究》⑤等研究文章对墓葬的面貌、特点、价值进行了研究，尤其是对砖刻画和画像砖墓进行了研究。这些文章对后来学术界在此类墓葬的研究具有引领作用。

进入 1980 年代，对魏晋南北朝时期墓葬的研究有了进一步的提升和发展。徐苹芳对陵园和墓葬茔域的研究，从整体上看到此期帝王墓与平民墓存在的异同，陵园都是依山建陵，单墓形制和辟有很长的神道及陵园方向没有规定性等，而平民的墓葬则以血缘为纽带，建有家族墓地，并在墓穴的排葬上有着自己的规定。⑥李蔚然则从风水理论和具体考古发掘成果讨论了南京地区的墓葬选择和排葬方法，补充了徐苹芳的研究。⑦2011 年南京大学的硕士生黄潇还以《南京市区六朝墓葬分布研究》为题对此进行了翔实的研究。⑧

冯普仁专门对南朝的墓葬进行了类型与分期的研究⑨，张小丹则对北方地区的魏晋十六国时期的墓葬进行了分区与分期研究⑩，弥补了这方面的空白。此后，有关分类与分期等方面的研究获得了更多学者的关注⑪。黄河舟对北朝的墓葬形制提出了自己的看法，谢宝富则进一步对北朝墓葬的地下形制进行了研究，使北朝墓的独特性和个性表达得到了充分的研究。⑫韦正对南北朝士族墓葬的研究也非常有自己的特点，他以洛阳和建邺（今南京）为中心，讨论了士族墓葬为何集中于这两个中心及士族墓葬所采取的墓葬形制等问题。⑬李梅田对中原地区魏晋北朝墓葬文化阶段性问题进行了研究，讨论了以洛阳、邺城为中心的北朝墓葬的特殊地位和阶段性演变等问题，提出它们与

---

① 李蔚然：《南京六朝墓葬》，《文物》1959 年第 4 期。
② 李蔚然：《南京地区汉与六朝墓葬的主要特点及其历史价值》，《江海学刊》1962 年第 8 期。
③ 程应麟：《江西的汉墓与六朝墓葬》，《考古学报》1957 年第 1 期。
④ 罗宗真等：《南京西善桥南朝墓及其砖刻壁画》，《文物》1960 年第 9 期。
⑤ 柳涵：《邓县画像砖墓的时代和研究》，《考古》1959 年第 5 期。
⑥ 徐苹芳：《中国秦汉魏晋南北朝时代的陵园和茔域》，《考古》1981 年第 6 期。
⑦ 李蔚然：《论南京地区六朝墓的葬地选择和排葬方法》，《考古》1983 年第 4 期。
⑧ 黄潇：《南京市区六朝墓葬分布研究》，硕士学位论文，南京大学，2011。
⑨ 冯普仁：《南朝墓葬的类型与分期》，《考古》1985 年第 3 期。
⑩ 张小丹：《北方地区魏晋十六国墓葬的分区和分期》，《考古学报》1987 年第 1 期。
⑪ 张永珍：《辽沈地区汉魏晋墓葬的类型与分期研究》，硕士学位论文，吉林大学，2007。
⑫ 黄河舟：《浅析北朝墓葬形制》，《文博》1985 年第 3 期；谢宝富：《北朝墓葬的地下形制研究》，《湖北大学学报》1997 年第 6 期。
⑬ 韦正：《简论西晋时期的南北士族墓葬》，《东南文化》1994 年第 4 期。

当时政治、经济和文化的关系。① 关于魏晋南北朝的墓葬制度问题,葛臻明以为此期单室墓取代了汉代的多室墓,墓葬规模也比汉代减小,墓葬的装饰却引人注目,随葬的牛车及与之相伴的俑从西晋时开始在洛阳等地区普及开来。② 社会、政权等的变迁对墓葬制度的影响也为学者关注,如晋代墓葬制度与两晋变迁。③ 一些硕士和博士学位论文也在一些领域取得了进展。④

另外,有关墓葬壁画的研究从1950年代陆续发现画像砖和墓葬壁画开始,这方面的研究逐渐为学术界重视,出现了大量的学术著作和研究论文。郑岩在《魏晋南北朝壁画墓研究》一书中有比较全面的概述,此处不再重复。⑤

---

① 李梅田:《中原魏晋北朝墓葬文化的阶段性》,《文物世界》2004年第3期。
② 葛臻明:《中原地区魏晋南北朝时期的墓葬制度》,《和田师范专科学校学报》2010年第3期。
③ 吴桂兵:《晋代墓葬制度与两晋变迁》,《东南文化》2009年第3期。
④ 吴松岩:《早期鲜卑墓葬研究》,博士学位论文,吉林大学,2010;王宇:《辽西地区慕容鲜卑及三燕时期墓葬研究》,硕士学位论文,吉林大学,2008;路艳超:《大同地区北魏墓葬的初步研究》,硕士学位论文,郑州大学,2012。
⑤ 参见郑岩《魏晋南北朝壁画墓研究》,文物出版社,2002,第2~7页。

第一章
殡葬理念

魏晋南北朝是中国历史上的一个特殊时期。一是社会动荡持续时间长,战争等带来的意外死亡人数大大增加,生命不确定性成为一种常态;二是少数民族入主中原,形成一些少数民族政权,民族文化冲击和交流非常频繁;三是朝代变更快,政权更迭频繁,对人们制度可维持心理造成巨大冲击。正是基于上述原因,人们在对待生存、对待死亡等态度和追求方面都有了极大的改变,形成了魏晋南北朝时期独有的殡葬观念和实践。

第一节 薄葬观

对于魏晋南北朝殡葬来说,薄葬是一个非常重要的观念。那些因为战争、社会动荡而身无分文的下层平民百姓固然只能实行薄葬,是社会现实使然。对汉末大量高坟大墓被盗挖而暴尸荒野的现象,从帝王将相到中下层官员和士大夫都有着深切的感受。死的永恒与死后骸骨不保是那样真切地刺痛了他们的神经,改变死后依然安宁而不是辉煌的唯一途径就是变革自己的殡葬方式,这就是让盗墓停止的薄葬。

一 帝王的薄葬观

曹操在去世前曾有《遗令》、《终令》等,交代死后如何安葬,主要是要求对自己进行薄葬。一是选"瘠薄之地";二是要求"不封不树";三是"敛以时服",只备四时之服;四是绝不随葬金玉财宝。[①]

---

① 参见《三国志·魏书·武帝纪》、《宋书·礼志二》等。

曹操的薄葬思想产生了榜样效应，其子曹丕在临终诏令中就要求按照简单的方式安葬自己：

> 为棺椁足以朽骨，衣衾足以朽肉而已。故吾营此丘墟不食之地，欲使易代之后不知其处。无施苇炭，无藏金银铜铁，一以瓦器，合古涂车、刍灵之义。棺但漆际会三过，饭含无以珠玉，无施珠襦玉匣，诸愚俗所为也。①

曹丕认为，不封不树才是上古之制，因此要求自己的陵墓与山林一致，不使人知，"魂灵万载无危"。他要求，一是棺椁不需要太大，放得下自己的身体就行；二是棺椁不需要太奢华，漆过三道就行；三是敛服不要太多，周身以不使朽骨暴露就行；四是埋葬不要用苇炭之类进行防腐等工程，简埋就行；五是不要用金银等随葬，瓦器一类就行；六是饭含不用珠玉，不要珠襦玉匣加于身，简单就行。他认为，厚葬是"愚俗"，因此需要革除。如果认为曹丕的薄葬是基于厚葬浪费、对生者无益、对社会发展无助等高尚品质或深刻认识，那就大错特错了。其实，他的认识是建立在现实基础之上的。他看到"丧乱以来，汉氏诸陵无不发掘，至乃烧取玉匣金缕，骸骨并尽，是焚如之刑，岂不重痛哉！祸由乎厚葬封树"。②厚葬就像树立一个标识，让盗墓者明白这儿有金银财宝。为了不让人产生非分之想，薄葬是最好的方式。而为了保证薄葬的实行，不至于因为自己死后而改变意志或由继任者实行厚葬，曹丕把《终制》藏于宗庙，还制作了多份副本，分别放在尚书、秘书和三府之中。最后还发毒誓："若违今诏，妄有所变改造施，吾为戮尸地下，戮而重戮，死而重死。臣子为蔑死君父，不忠不孝，使死者有知，将不福汝。"③看来曹丕心里是很清楚的，在时代转换、厚葬盛行日久的汉末魏初，薄葬者不一定能如愿，死后由后人和其他因素介入最终无法实现薄葬的一定不在少数。所以，他要发重誓让继任者，其实同时也是让大臣们知道，必须按他的意愿实行薄葬。

应该说，曹丕继承其父的薄葬观并继续提倡薄葬和实行薄葬，对曹魏及皇室成员等有着极大的影响。曹丕的弟弟曹植在死前就吩咐实行薄葬，曹衮不仅生前俭约，死后也要求薄葬。据《三国志·魏书·中山恭王衮传》载："衮疾困，敕令官属曰：'吾

---

① 《三国志》卷2《魏书·文帝纪》，第60页。
② 《三国志》卷2《魏书·文帝纪》，第60页。
③ 《三国志》卷2《魏书·文帝纪》，第60页。

寡德忝宠，大命将尽。吾既好俭，而圣朝著终诰之制，为天下法。吾气绝之日，自殡及葬，务奉诏书。'"曹丕妻郭皇后的外甥孟武想厚葬其母，郭皇后加以制止，认为"自丧乱以来，坟墓无不发掘，皆由厚葬也；首阳陵可以为法。"①自己死后也按曹丕终制主张，实行薄葬。

两晋时的司马氏家族作为皇族也大都提倡薄葬。司马懿在死前就预作终制，要求像曹魏一样实行薄葬，主张不坟不树，敛以时服，并且不设明器，后终者不得合葬等。这种观念对后世子孙影响极大。其子司马师就是依晋宣武帝故事安葬的，应该同样拥有薄葬观。因此，到晋惠帝时，裴颁在陈述自己所见的西晋帝室陵墓制度时还说："大晋垂制，深惟经远，山陵不封，园邑不饰，墓而不坟，同乎山壤，是以丘阪存其陈草，使齐乎中原矣。"②说明是在薄葬观指导下的埋葬。东晋初期，情况也是这样。"江左初，元、明崇俭，且百度草创，山陵奉终，省约备矣。"③晋明帝去世前就有遗令，要求"敛以时服，一遵先度，务从简约，劳众崇饰，皆勿为也"。④不过，葬是薄葬，但在送丧和居丧方面，两晋以来大都还是比较铺张和奢靡的。

后赵石勒虽然实行潜埋虚葬的方式完成殡葬，但他在自己的终制遗令中则要求薄葬。所谓"三日而葬，内外百僚既葬除服，无禁婚娶、祭祀、饮酒、食肉，征镇牧守不得辄离所司以奔丧，敛以时服，载以常车，无藏金宝，无内器玩"。⑤意思非常明确。第一，三日后就埋葬。这基本上是平民的规制了，符合礼制的有关三日后不生则证明肯定死亡，可以埋葬的规定。第二，即葬就让百官除服从吉。这也是薄葬的一种表现，像东晋时，虽然行的是薄葬，但一方面是所谓的心丧，一方面是服三年之丧，葬后不除服，不用乐，其实还是厚丧。第三，敛以时服。意思是不要专门为死者做服饰，仅用当时所穿的衣服。第四，用平常的车载运棺椁尸体。传统殡葬制度是必须使用专门的灵车来运送棺椁的，这些都省了。第五，陵墓不随葬金宝，也不随葬器玩。厚葬的一个标志性的内容就是随葬大量的器物，包括日常器物和大量的珍玩珠宝，把生前的奢侈带到另一个世界。因此，随葬瓦器或不随葬器物常常是区分厚葬还是薄葬的标记。第六，不让地方官员奔丧。这种规定一方面是国家大势的需要，另一方面也是节省丧葬费用的需要，因此肯定是薄葬的象征。第七，"无禁婚娶、祭祀、饮酒、

---

① 《三国志》卷5《魏书·后妃传》，第125页。
② 《晋书》卷30《礼志二》，第608页。
③ 《晋书》卷20《礼志十》，第408页。
④ 《晋书》卷6《明帝纪》，第105页。
⑤ 《晋书》卷105《石勒载记下》，第1838页。

食肉"。明确规定,国主死后百姓可以婚娶,可以根据自己的需要进行祭祀,可以喝酒,也可以食肉,等等。虽然这与薄葬没有直接的关联,但表现出符合人性的一面。当然,也许对匈奴族而言,也是符合该民族的规定的,只是不同于汉族的礼制,所以特别加以指出。总之,薄葬理念极其鲜明。

南朝诸帝虽有薄葬的要求,但大都已经随着薄葬和制度的完善而听其自便,缺少了实际的行动。

无论如何,帝王在遗嘱上的薄葬理念极大地推动了殡葬制度的变革,使魏晋南北朝的殡葬与汉代相比更加简单,随葬品大大减少,花费也在一定程度上有所减少。只是由于人们信仰上受灵魂不死观支配,总在有意无意之间使殡葬成了完成这一世界向另一个世界转换的过程仪式,带上了深厚的社会文化因子,要从根本上改变厚葬并进而实现完全的薄葬基本上是不可能的。这就是历史的局限性,这种局限性,哪怕是今人也依然没有逃脱。

二 官员士大夫的薄葬观

由于最高层统治者的推行和身体力行,薄葬成为此期官员士大夫们乐于追求的目标,并时常提出一些相对比较彻底的薄葬观念以批判或挑战世俗的制度或厚葬习俗。

曹魏和两晋时,官员提倡薄葬的并不少。司空王观"遗令藏足容棺,不设明器,不封不树"。[①]尚书令裴潜在死前也"遗令俭葬,墓中惟置一坐,瓦器数枚,其余一无所设",[②]是实实在在的薄葬。光禄大夫高堂隆"遗令薄葬,敛以时服"。[③]韩暨是曹魏的太常,他临终"遗令敛以时服,葬为土藏"。[④]《三国志》卷24《魏书·韩暨传》注引《楚国先贤传》说:"夫俗奢者,示之以俭,俭则节之以礼。历见前代送终过制,失之甚矣。若尔曹敬听吾言,敛以时服,葬以土藏,穿毕便葬,送以瓦器,慎勿有增益。"这是对子孙说的,提倡薄葬。同时,他本人还给皇帝上书说自己是"生有益于民,死犹不害于民。况臣备位台司,在职日浅,未能宣扬圣德以广益黎庶。寝疾弥留,奄即幽冥。方今百姓农务,不宜劳役,乞不令洛阳吏民供设丧具。惧国典有常,使臣私愿不得展从,谨冒以闻,惟蒙哀许"。对于这么好的大臣,皇帝当然也不能无

[①] 《三国志》卷24《魏书·王观传》,第517页。
[②] 《三国志》卷23《魏书·裴潜传》,第499页。
[③] 《三国志》卷25《魏书·高堂隆传》,第534页。
[④] 《三国志》卷24《魏书·韩暨传》,第505页。

动于衷，于是进行了很多的赏赐，最终倒好像是厚葬了。①

蜀汉的诸葛亮也提倡薄葬，并身体力行。他死后"因山为坟，冢足容棺，敛以时服，不须器物"。②一是墓道很小，只容棺椁；二是敛以时服，没有额外的殡敛之服；三是没有随葬的器物。而孙吴，大都会看到有许多人以厚葬或奢侈的葬礼为表征，但同样也不乏一些提倡薄葬的人。大司马吕岱"遗令殡以素棺，疏巾布褠，葬送之制，务从约俭"。③"素棺"就是没有漆过的棺，很俭省；"褠"是小袖子的衣服，"疏巾"是普通生活中使用的幅巾；除此之外，葬送要求"约俭"，应该说还是比较彻底的薄葬主义者。辅吴将军张昭于81岁时去世，"遗令幅巾素棺，敛以时服"，④与吕岱有着同样的观念和行为。尚书仆射是仪也是"遗令素棺，敛以时服，务从省约"，⑤提倡薄葬。而大将军诸葛瑾则"遗命令素棺敛以时服，事从省约"。⑥南郡太守吕蒙在生前就将"所得金宝诸赐尽付府藏，敕主者命绝之日皆上还"，死后则"丧事务约"。⑦孙权知道这一切后，既悲伤，又非常感动。

王祥位至三公，但生性俭约，因此死前留下遗命，要求薄葬。"夫生之有死，自然之理。吾年八十有五，启手何恨。不有遗言，使尔无述。吾生值季末，登庸历试，无毗佐之勋，没无以报。气绝但洗手足，不须沐浴，勿缠尸，皆浣故衣，随时所服。所赐山玄玉佩、卫氏玉玦、绶笥皆勿以敛。西芒上土自坚贞，勿用甓石，勿起坟陇。穿深二丈，椁取容棺。勿作前堂、布几筵、置书箱镜奁之具，棺前但可施床榻而已。糗脯各一盘，玄酒一杯，为朝夕奠。家人大小不须送丧，大小祥乃设特牲。无违余命！"他还引经据典，提出自己关于薄葬简丧的理论，"高柴泣血三年，夫子谓之愚。闵子除丧出见，援琴切切而哀，仲尼谓之孝。故哭泣之哀，日月降杀，饮食之宜，自有制度"。⑧他对于死后如何安葬一一做了安排，如不须沐浴，不缠尸，旧衣服洗洗就作为敛服，不起坟头，皇帝所赐的玉佩玉玦等都不随葬，居丧和祭祀也要求简单

---

① 《三国志》卷24《魏书·韩暨传》，注引《楚国先贤传》："故司徒韩暨，积德履行，忠以立朝，至于黄发，直亮不亏。既登三事，望获毗辅之助，如何奄忽，天命不永！曾参临没，易箦以礼；晏婴尚俭，遣车降制。今司徒知命，遗言恤民，必欲崇约，可谓善始令终者也。其丧礼所设，皆如故事，勿有所阙。特赐温明秘器，衣一称，五时朝服，玉具剑佩。"第506页。
② 《三国志》卷35《蜀书·诸葛亮传》，第689页。
③ 《三国志》卷60《吴书·吕岱传》，第1023页。
④ 《三国志》卷52《吴书·张昭传》，第904页。
⑤ 《三国志》卷62《吴书·是仪传》，第1042页。
⑥ 《三国志》卷52《吴书·诸葛瑾传》，第912页。
⑦ 《三国志》卷54《吴书·吕蒙传》，第946页。
⑧ 《晋书》卷33《王祥传》，第644页。

化。因此，可以说是有思想、有行动的薄葬倡导者。与王祥相似的是石苞，他做过大司马和大司徒，他的薄葬论应该是很有见地的："延陵薄葬，孔子以为达礼；华元厚葬，《春秋》以为不臣，古之明义也。"① 他认为，厚葬与薄葬自古圣人其实就已经有定论了，薄葬是达礼，而厚葬是不臣。因此，自己死后要求不得立重，不得设床帐明器，不得起坟种树，等等。②

杜预官至尚书仆射，他之所以提倡薄葬，要求用当地的石头做坟，简葬自己，完全是因为一次特殊的经历。他说："吾往为台郎，尝以公事使过密县之邢山。山上有冢，问耕父，云是郑大夫祭仲，或云子产之冢也，遂率从者祭而观焉。其造冢居山之顶，四望周达，连山体南北之正而邪东北，向新郑城，意不忘本也。其隧道唯塞其后而空其前，不填之，示藏无珍宝，不取于重深也。山多美石不用，必集洧水自然之石以为冢藏，贵不劳工巧，而此石不入世用也。君子尚其有情，小人无利可动，历千载无毁，俭之致也。"③ 这次奇遇发现的郑大夫墓葬之所以千年无毁，竟然是因为墓道开放，且无任何随葬，同时墓室也用最普通的石头建造。于是他便下决心模仿郑大夫的方式实行薄葬。

皇甫谧是薄葬的代表性人物。他认为厚葬无异于是"启奸心"之举，最后带来"或剖破棺椁，或牵曳形骸，或剥臂捋金环，或扪肠求珠玉"④ 的可怕后果。他提出了既符合古礼，又有自己想法的薄葬观。

> 夫葬者，藏也，藏也者，欲人之不得见也。而大为棺椁，备赠存物，无异于埋金路隅而书表于上也。虽甚愚之人，必将笑之。丰财厚葬以启奸心，或剖破棺椁，或牵曳形骸，或剥臂捋金环，或扪肠求珠玉。焚如之形，不痛于是？自古及今，未有不死之人，又无不发之墓也。故张释之曰："使其中有欲，虽固南山犹有隙；使其中无欲，虽无石椁，又何戚焉！"斯言达矣，吾之师也。夫赠终加厚，非厚死也，生者自为也。遂生意于无益，弃死者之所属，知者所不行也。《易》称"古之葬者，衣之以薪，葬之中野，不封不树。"是以死得归真，亡不损生。⑤

---

① 《晋书》卷33《石苞传》，第654页。
② "自今死亡者，皆敛以时服，不得兼重。又不得饭含，为愚俗所为。又不得设床帐明器也。定空之后，复土满坎，一不得起坟种树。昔王孙裸葬矫时，其子奉命，君子不讥，况于合礼典者耶？"《晋书》卷33《石苞传》，第654页。
③ 《晋书》卷34《杜预传》，第673~674页。
④ 《晋书》卷51《皇甫谧传》，第938页。
⑤ 《晋书》卷51《皇甫谧传》，第938页。

皇甫谧不仅有薄葬理论，而且要求子孙后代按照他的要求进行薄葬。"吾欲朝死夕葬，夕死朝葬，不设棺椁，不加缠敛，不修沐浴，不造新服，殡唅之物，一皆绝之。吾本欲露形入坑，以身亲土，或恐人情染俗来久，顿革理难，今故觕为之制，奢不石椁，俭不露形。气绝之后，便即时服，幅巾故衣，以籧篨裹尸，麻约二头，置尸床上。择不毛之地，穿坑深十尺，长一丈五尺，广六尺，坑讫，举床就坑，去床下尸。平生之物，皆无自随，唯赍《孝经》一卷，示不忘孝道。籧篨之外，便以亲土。土与地平，还其故草，使生其上，无种树木、削除，使生迹无处，自求不知。不见可欲，则奸不生心，终始无怵惕，千载不虑患。"①本意是彻底地挑战习俗，却还是惧怕"顿革难理"，因此提出"奢不石椁，俭不露形。气绝之后，便即时服，幅巾故衣，以籧篨裹尸，麻约二头，置尸床上。择不毛之地，穿坑深十尺，长一丈五尺，广六尺，坑讫，举床就坑，去床下尸"等要求。随葬之物则只有《孝经》而已。从这一角度来看，他与汉代的杨王孙可媲美。

南朝的张融也是要求薄葬的。他在去世前留有遗令："建白旗无旒，不设祭，令人捉麈尾登屋复魂。曰：'吾生平所善，自当陵云一笑。三千买棺，无制新衾。左手执孝经、老子，右手执小品法华经。妾二人哀事毕，各遣还家。'曰：'吾生平之风调，何至使妇人行哭失声，不须暂停闺阁。'"②这样的薄葬是非常有意思的，原因是他的指导思想非常独特。第一，"白旗无旒"。即所制的引魂幡没有饰物，完全是一面白幡。第二，不设祭，但要人拿着麈尾上到屋檐去叫魂，原因是生平喜欢凌云一笑，所以让人登高叫魂。第三，用三千买棺，应该是很一般的棺材。第四，用旧衣收敛。第五，敛时左手拿《孝经》、《老子》两书，右手则拿《法华经》。第六，出殡之后，两个小妾送回各家。不仅独特，而且潇洒。

顾宪之的薄葬观就更加有意思了。他在去世之前交代儿子："夫出生入死，理均昼夜。生既不知所从，死亦安识所往。延陵云：'精气上归于天，骨肉下归于地，魂气则无所不之。'良有以也。虽复茫昧难征，要若非妄。百年之期，迅若驰隙，吾今预为终制，瞑目之后，念并遵行，勿违吾志也。庄周、澹台，达生者也；王孙、士安，矫俗者也。吾进不及达，退无所矫。常谓中都之制，允理惬情，衣周于身，示不违礼，棺周于衣，足以蔽臭。入棺之物，一无所须，载以辒车，覆以粗布，为使人勿恶也。汉明帝天子之尊，犹祭以杅水脯糗，范史云列士之高，亦奠以寒水干饭。况吾

---

① 《晋书》卷51《皇甫谧传》，第938~939页。
② 《南史》卷32《张融传》，第556页。

卑庸之人，其可不节衷也。丧易宁戚，自是亲亲之情，礼奢宁俭，差可得由吾意。不须常施灵筵，可止设香灯，使致哀者有凭耳。朔望祥忌，可权安小床，暂施几席，唯下素馔，勿用牲牢。蒸尝之祠，贵贱罔替，备物难办，多致疏怠。祠先自有旧典，不可有阙，自吾已下，止用蔬食时果，勿同于上世，示令子孙四时不忘其亲耳。"①顾宪之认为，生死有命，生不知所往何处，死亦不知魂往何处，因此不能媚俗，也不能矫俗，合适就行。这就是"允理惬情，衣周于身，示不违礼，棺周于衣，足以蔽臭。入棺之物，一无所须，载以辌车，覆以粗布，为使人勿恶也"。至于葬礼的其他方面，也是简单就行。所谓"不须常施灵筵，可止设香灯，使致哀者有凭耳。朔望祥忌，可权安小床，暂施几席，唯下素馔，勿用牲牢。蒸尝之祠，贵贱罔替，备物难办，多致疏怠"。应该说，这种薄葬观既符合当时的主流观念，也有自己的想法。

刘杳也是提倡薄葬者，认为死后"敛以法服，载以露车，还葬旧墓，随得一地，容棺而已。不得设灵筵及祭箐"②。虽然没有什么特别之处，也足见薄葬有着很大的市场。更全面阐释薄葬思想的是刘杳的弟弟刘歊。他一生未仕未娶，性至孝，且博学多才，可惜32岁就去世了。他于天监十七年（518）作《终革论》，提倡薄葬。

形者无知之质，神者有知之性。有知不独存，依无知以自立。故形之于神，逆旅之馆耳。及其死也，神去此馆，速朽得理。是以子羽沉川，汉伯方圹，文楚黄壤，士安麻索。此四子者得理也。若从四子而游，则平生之志得矣。然积习生常，难卒改革，一朝肆志，傥不见从。今欲翦截烦厚，务存俭易，进不裸尸，退毕常俗，不伤存者之念，有合至人之道。且张奂止用幅巾，王肃唯盥手足，范冉敛毕便葬，爰珍无设筵几，文度故身为棺，子廉牛车载柩，叔起诚绝坟陇，康成使无卜吉。此数公者，尚或如之，况为吾人，而尚华泰。今欲仿佛景行，以为轨则。气绝不须复魂，盥漱而敛。以一千钱市成棺，单故裙衫，衣巾枕屦。此外送往之具，棺中常物，一不得有所施。世多信李、彭之言，可谓惑矣。余以孔、释为师，差无此惑。敛讫，载以露车，归于旧山。随得一地，地足为坎，坎足容棺。不须砖甓，不劳封树，勿设祭飨，勿置几筵。③

---

① 《南史》卷35《顾宪之传》，第614~615页。
② 《南史》卷49《刘杳传》，第815页。
③ 《南史》卷49《刘歊传》，第815~816页。

第一，他讨论了形与神的问题，认为形不过是神所住的旅馆而已。第二，他引述了许多资料说明历史上就有薄葬者，而且都值得学习。第三，薄葬并不是彻底的裸葬，而是按规定最低限度符合时习的殡葬。第四，提出了自己的薄葬方式："气绝不须复魂，盥漱而敛。以一千钱市成棺，单故裙衫，衣巾枕履。此外送往之具，棺中常物，一不得有所施。"同时要求后人给他"敛讫，载以露车，归于旧山。随得一地，地足为坎，坎足容棺。不须砖甃，不劳封树，勿设祭飨，勿置几筵"。第五，他认为他所遵行的是儒家和佛教的思想和观念。刘歊的薄葬观应该说是有理念、有行动、可操作的薄葬观，这在当时也是属于很有见地的。

姚察从陈入隋于大业二年（606）去世，"遗命薄葬，以松板薄棺，才可容身，土周于棺而已。葬日，止鹿车即送厝旧茔北。不须立灵，置一小床，每日设清水，六斋日设斋食，菜果任家有无，不须别经营也"。① 虽没有理论，但有实践。王微死前也"遗令薄葬，不设车需旐鼓挽之属，施五尺床为灵，二宿便毁，以常所弹琴置床上，何长史偃来，以琴与之"。②

颜之推在《颜氏家训·终制篇》中提倡并要求给自己薄葬，除了先人因时事的原因薄葬且无力还乡之外，主要的原因是对当时有一些人随葬器物丰厚的情形不满，认为它无益于生者。他是这样说的：

> 一日放臂，沐浴而已，不劳复魄，殓以常衣。先夫人弃背之时，属世荒馑，家涂空迫，兄弟幼弱，棺器率薄，藏内无砖。吾当松棺二寸，衣帽已外，一不得自随，床上唯施七星板；至如蜡弩牙、玉豚、锡人之属，并须停省，粮罂明器，故不得营，碑志旒旐，弥在言外。载以鳖甲车，衬土而下，平地无坟；若惧拜扫不知兆域，当筑一堵低墙于左右前后，随为私记耳。灵筵勿设枕几，朔望祥禫，唯下白粥清水干枣，不得有酒肉饼果之祭。亲友来酸酹者，一皆拒之。汝曹若违吾心，有加先妣，则陷父不孝，在汝安乎？其内典功德，随力所至，勿刳竭生资，使冻馁也。四时祭祀，周、孔所教，欲人勿死其亲，不忘孝道也。求诸内典，则无益焉。杀生为之，翻增罪累。若报罔极之德，霜露之悲，有时斋供，及七月半盂兰盆，望于汝也。③

---

① 《南史》卷69《姚察传》，第1130页。
② 《南史》卷21《王微传》，第382页。
③ 颜之推：《颜氏家训集解》，第536~537页。

他提倡使用松棺，且只有二寸厚，随葬仅有衣帽，对于"蜡弩牙、玉豚、锡人之属，并须停省"，明器也不用。"朔望祥禫"的祭祀，只用"白粥清水干枣，不得有酒肉饼果之祭"，还拒绝亲友的祭奠。四时祭祀也不要了，但并不是所有的都予以废除，不时斋供和七月半的盂兰盆节还是要的，其他则一概不予采信，可知他是一个具有信仰，尤其是佛教信仰的薄葬者。

陈朝的周弘直也是薄葬的提倡者。他在去世之前交代："气绝已后，便买市中见材，材必须小形者，使易提挈。敛以时服，古人通制，但下见先人，必须备礼，可著单衣裙衫故履。既应侍养，宜备纷帨，或逢善友，又须香烟，棺内唯安白布手巾、粗香炉而已，其外一无所用。"①

正是大量官员士大夫等的提倡和身体力行，使薄葬在魏晋南北朝成为上至帝王，下到平民百姓都认可，而且有大量人员参与的一种社会主流文化。

三 魏晋南北朝薄葬之意义

关于魏晋南北朝为什么会出现薄葬的社会思潮和大量官员士大夫身体力行的问题，徐吉军认为主要有五个方面的原因。②第一，历史的经验教训是直接导致魏晋南北朝薄葬风气盛行的主要原因。汉末因厚葬而盗墓之风盛行，迫使统治者和有识之士不得不考虑以薄葬来浇灭此风，因此可以说是一种迫不得已之举。第二，社会的不稳定和皇权的衰落也是导致魏晋南北朝薄葬风气盛行的重要原因。社会动荡和分裂，战争不断，是这一时期的主要特征。只有极少数王朝延续超过百年，其余的大都是十几年、数十年就改朝换代了，因此皇权衰落。加上士族和豪强势力强大，高坟大墓象征的皇权失去了昔日的风光，这也是导致薄葬以自保的重要原因。第三，魏晋南北朝薄葬风气的盛行与当时社会的经济状况有着密切的关系。战争和动荡的社会限制着财富增长，由于财力有限，人们自然也就难以追求高坟大墓的厚葬。第四，春秋战国以来的薄葬思想对魏晋南北朝的丧葬风气产生了一定影响。厚葬导致盗墓盛行，必然引起有识之士的思考，这种思考从春秋战国始至秦汉一直没有中断过，魏晋南北朝只是由于社会处于特殊时期而促使更多的人去思考并发展了薄葬的思想并身体力行。第五，魏晋南北朝薄葬风气的盛行与一些封建统治者的倡导和模范行为是分不开的。确实，

---

① 《陈书》卷24《周弘直传》，第216～217页。
② 徐吉军：《中国丧葬史》，武汉大学出版社，2012，第316页。

从曹操到曹丕再到诸葛亮、司马氏家庭等，他们不仅提出薄葬，而且率先践行薄葬观念，加上社会上一些有影响力的士大夫的推动，薄葬也就成了当时社会的一种丧葬主流文化。

不可否认，薄葬观念大量出现于魏晋南北朝是有其历史和现实原因的，但薄葬的盛行却在社会发展中实现了减少财富因厚葬而无谓消耗的事实，推动了现实世界的财富积累和社会发展，因此具有积极的意义。

第一，魏晋南北朝的薄葬防止了盗墓以及因此引发的大量社会矛盾。薄葬的盛行和公开展示自己的墓葬中没有金银财宝，使盗墓者失去了盗墓的动机。而盗墓行为的减少可以减少各种仇恨和社会矛盾，减少家庭冲突和社会集团的矛盾。[①]

第二，魏晋南北朝的薄葬带来了明器制度的改革。原来以大量生活器物和金银珠宝随葬的现象逐渐退出当时的墓葬舞台，随之而来的是随葬瓦器和特殊加工的明器，口含珠玉的习俗也在薄葬中改变，代之以钱币和米粒等，不得不说是薄葬引起了中国殡葬习俗的巨大变革。

第三，魏晋南北朝的薄葬减少了财富无谓的消耗。通过厚葬我们可知，其花费是非常巨大的，人们为了葬之以礼，竭财倾产，其实只为一个孝字，却妨碍了生者的生存和社会发展。薄葬减少了财富的无谓消耗，使生者不至于因为死者而失去生存的资料，社会得到有效控制和发展。

第四，魏晋南北朝的薄葬推动了新的社会风气的形成。薄葬者从棺椁到衣饰再到随葬品都尽量降低或减少使用，这种观念和行为使社会风气为之一变，节俭的风尚随之产生。不能说那些薄葬者都是节俭者，也不能说他们都缺乏足够的财力去支持厚葬，他们只是基于信念或信仰，基于自己对于殡葬终制的认识。因此，他们践行和提倡薄葬最终在无意之中形成了崇尚节俭的社会新风气。

当然，魏晋南北朝的薄葬更多是理念、上层社会的践行，仅仅是时代的产物，是因特殊时期而形成，也必将随着时代发展而改变。更何况只要有人提倡，必定也就说

---

① 《南齐书》卷55《孝义传》载，朱谦之"年数岁，所生母亡，昭之假葬田侧，为族人朱幼方燎火所焚。同产姊密语之，谦之虽小，便哀戚如持丧。年长不婚娶。永明中，手刃杀幼方，诣狱自系。县令申灵勖表上，别驾孔稚圭、兼记室刘琎、司徒左西掾张融笺与刺史豫章王曰：'礼开报仇之典，以申孝义之情；法断相杀之条，以表权时之制。谦之挥刃斩冤，既申私礼；系颈就死，又明公法。今仍杀之，则成出罪人；宥而活之，即为盛朝孝子。杀一罪人，未足弘宪；活一孝子，实广风德。张绪、陆澄，是其乡旧，应具来由。融等与谦之并不相识，区区短见，深有恨然。'豫章王言之世祖，时吴郡太守王慈、太常张绪、尚书陆澄并表论其事，世祖嘉其义，虑相复报，乃遣谦之随曹虎西行。将发，幼方子恽于津阳门伺杀谦之，谦之兄选之又刺杀恽，有司以闻。世祖曰：'此皆是义事，不可问。'"非常明确地表明，因毁坏墓葬可能带来仇杀等社会问题，而统治者是维护墓葬不可侵犯的。第654页。

明其实有大量的人并未实行薄葬，否则也就不须从皇族到官员再到士大夫等各层级、各地方的领袖人物去提倡，去身体力行。因此，提倡薄葬者越多，越说明当时社会上其实缺乏这种文化。

第二节　灵魂不灭思想

中华民族自古就有万物有灵信仰，其中对人的灵魂观念和信仰则更为悠久。人们相信，灵魂是一种永恒的存在，不随人的生命形体的死亡而消失，于是便出现了善待死者的殡葬行为。魏晋南北朝时更是如此，一方面认为死者形体无知，所以可以薄葬或简葬，只要形不外露就可以；另一方面，由于灵魂的存在，也要善待死者，因此在殡葬过程中以隆重的仪式完成殡葬的过程，以保证死者的灵魂安宁和护佑生者。

一　灵魂不灭与鬼神信仰

所谓灵魂是古人所称的魂与魄，而魂魄是一种气。马昌仪先生说："魂魄是什么？古人认为，魂魄是气。阳气为魂，阴气为魄；天气为魂，地气为魄；暖气为魂，冷气为魄；口鼻之嘘吸为魂，耳目之聪明为魄。天地间充满了气，气不外乎两种：人之气与天地之气；气之运动，屈伸往来，便是魂魄与鬼神。"[①] 人有魂魄，天地自然万物也有魂魄，其实这就是万物有灵。人生于天地之间，有形自然也就有气，并赋予灵魂之说。《春秋左传·昭公七年》有一段对话："人生始化曰魄，既生魄，阳曰魂。用物精多则魂魄强，是以有精爽至于神明。"后来人做了许多解释，而晋代的杜预就代表了当时的一种思想。

　　魄，形也。阳，神气也。疏曰：人禀五常以生，感阴阳以灵。有身体之质，名之曰形。有嘘吸之动，谓之为气。形气合而为用，知力以此而疆，故得成为人也。人之生也，始变化为形，形之灵者，名之曰魄也。既生魄矣，魄内自有阳气，气之神者，名之曰魂也。魂魄，神灵之名，本从形气而有，形气既殊，魂魄亦异，附形之灵为魄，附气之神为魂也。附形之灵者，谓初生之时，耳目心识，

---

① 马昌仪：《中国灵魂信仰》，上海文艺出版社，1998，第32页。

手足运动，啼呼为声，此则魄之灵也；附气之神者，谓精神性识，渐有所知，此则附气之神也。①

杜预对魂魄及精神气等做了自己的解释，强调两者之间的关联性和内在关系。既然魂魄与精神气等可以相合也可以分离，灵魂自然也就可以独立地存在。正如恩格斯著名的灵魂不死推断一样："在远古时代，人们还完全不知道自己身体的构造，并且受梦中景象的影响，于是就产生一种观念：他们的思维和感觉不是他们身体的活动，而是一种独特的、寓于这个身体之中而在人死亡时就离开身体的灵魂的活动。从这个时候起，人们不得不思考这种灵魂对外部世界的关系。既然灵魂在人死时离开肉体而继续活着，那末就没有任何理由去设想它本身还会死亡；这样就产生了灵魂不死的观念。"②魏晋南北朝时期，人们大都相信灵魂不死并在死后可以福佑或祸害人，因此必须善待每一个死去的人。这就形成了鬼神信仰和祭祀。

曹丕黄初五年（224）曾下诏："先王制礼，所以昭孝事祖，大则郊社，其次宗庙，三辰五行，名山大川，非此族也，不在祀典。叔世衰乱，崇信巫史，至乃宫殿之内，户牖之间，无不沃酹，甚矣其惑也。自今，其敢设非祀之祭，巫祝之言，皆以执左道论，著于令典。"③一方面强调祭祀必须符合礼制，另一方面从侧面说明当时祭祀的普遍和不受节制，可以说是什么都祭祀。既然什么都祭祀，时人当然相信它能福佑或祸害于人，④需要通过祭祀这一几乎是讨好或礼敬的方式来博得鬼神的喜欢。但这种禁制并没有收到应有的效果。"凡鬼道惑众，妖巫破俗，触木而言怪者不可数，寓采而称神者非可算。其原本是乱男女，合饮食，因之而以祈祝，从之而以报请，是乱不诛，为害未息。凡一苑始立，一神初兴，淫风辄以之而甚。今修堤以北，置园百里，峻山以右，居灵十房，糜财败俗，其可称限。"⑤周朗要求朝廷对"鬼道"进行禁绝，我们可以看到这种"鬼道"对于民间的影响巨大。

事实上，民间确实存在大量的鬼神信仰和相关的祭祀活动。刘义庆的《幽明录》

---

① 转引自吕思勉《吕思勉读史札记》，上海古籍出版社，1982，第493页。
② 马克思、恩格斯：《马克思恩格斯选集》第4卷，人民出版社，1974，第219~220页。
③ 《三国志》卷2《魏书·文帝纪》，第62页。
④ 《三国志》卷28《魏书·王凌传》载，贾逵在三国魏文帝时曾任豫州刺史。到任后做了许多好事，贾逵死后，豫州吏民不忘贾逵为民造福，给他刻石立祠。曹魏末，王凌起兵反对司马懿，兵败被擒，经过贾逵祠，大呼贾逵之字说："贾梁道，王凌固忠于魏之社稷者，唯尔有神，知之。"后来，司马懿有疾，"梦王凌、贾逵为祟，甚恶之"，遂死于京师洺阳。表明鬼神有福佑或祸害之能力。第565页
⑤ 《宋书》卷82《周朗传》，第1393页。

载有多则相关的故事,其中有一则是关于鬼能祸害人的,听起来确实非常可怕。"宋永初三年,吴郡张缝家,忽有一鬼,云:'汝分我食,当相佑助。'便与鬼食,舒席着地,以饭布席上,肉酒五肴;如是鬼得便,不复犯暴人。后为作食,因以刀斫其所食处,便闻数十人哭,哭亦甚悲,云:'死何由得棺材?'又闻云:'主人家有梓船,奴甚爱惜,当取以为棺。'见担船至,有斧锯声。治船既竟,闻呼唤举尸着棺中。缝眼不见,唯闻处分,不闻下钉声,便见船渐渐升空,入云霄中,久久灭,从空中落船,破成百片。便闻如有百数人大笑,云:'汝那能杀我?我当为汝所困者邪?但知恶心,我憎汝状故破船坏耳。'"①因为与鬼分食,便相安无事,因为刀砍"鬼"之所食处,于是招来毁船之祸,鬼之祸害立竿见影。

鬼不仅能祸害人,还有新旧之分,有熟悉如何在鬼的世界生存和如何于人间世界得到享用的故事。

> 有新死鬼,形疲瘦顿,忽见生时友人,死及二十年,肥健,相问讯。曰:"卿那尔?"曰:"吾饥饿殆不自任,卿知诸方便,故当以法见教。"友鬼云:"此甚易耳。但为人作怪,人必大怖,当与卿食。"新鬼往入大墟东头,有一家奉佛精进,屋西厢有磨,鬼就推此磨,如人推法,此家主语子弟曰:"佛怜我家贫,令鬼推磨。"乃辇麦与之。至夕磨数斛,疲顿乃去。遂骂友鬼:"卿那诳我?"又曰:"但复去,自当得也。"复从墟西头入一家,家奉道,门傍有碓,此鬼便上碓如人舂状。此人言:"昨日鬼助某甲,今复来助吾,可辇谷与之。"又给婢簸筛,至夕,力疲甚,不与鬼食。鬼暮归大怒曰:"吾自与卿为婚姻非他比,如何见欺?二日助人,不得一瓯饮食。"友鬼曰:"卿自不偶耳!此二家奉佛事道,情自难动。今去可觅百姓家作怪,则无不得。"鬼复去,得一家,门首有竹竿,从门入,见有一群女子,窗前共食,至庭中,有一白狗,便抱令空中行,其家见之大惊,言自来未有此怪,占云:"有客索食,可杀狗并甘果酒饭,于庭中祀之,可得无他。"其家如师言,鬼果大得食。此后恒作怪,友鬼之教也。②

这一故事具有喜剧的效果。精瘦的新鬼前两次按照老鬼的提示干了半天活,却什么也没有得到,可能原因是一个是信佛的一个是信道的,有佛道给他们家罩着。而新

---

① 鲁迅校录《古小说钩沉》,人民文学出版社,1954,第264页。
② 鲁迅校录《古小说钩沉》,第274~275页。

鬼到普通人家时，得到了他想得到的食物。于是他从此便开始了以各种神奇作怪的方式，让信仰鬼怪并受害的家庭进行祭祀，从而获得食物。结果可以推测，新鬼一定也变得甚是"肥健"了。

人死可以复生的故事更是常见，当然常见的不是这种现象，而是这一现象背后所支撑的信仰与观念。《幽明录》记载有这样一个故事：

> 有人家甚富，止有一男，宠恣过常。游市，见一女子美丽，卖胡粉，爱之，无由自达。乃托买粉，日往市得粉便去，初无所言。积渐久，女深疑之，明日复来，问曰："君买此粉，将欲何施？"答曰："意相爱乐，不敢自达，然恒欲相见，故假此以观姿耳！"女怅然有感，遂相许以私，克以明夕。其夜，安寝堂屋，以俟女来。薄暮果到，男不胜其悦，把臂曰："宿愿始伸于此！"欢踊遂死。女惶惧，不知所以。因遁去，明还粉店。至食时，父母怪男不起，往视，已死矣。当就殡敛。发箧笥中，见百余裹胡粉，大小一积。其母曰："杀吾儿者，必此粉也。"入市遍买胡粉，次此女比之手迹如先，遂执问女曰："何杀我儿？"女闻呜咽，具以实陈。父母不信，遂以诉官。女曰："妾岂复吝死？乞一临尸尽哀！"县令许焉。径往，抚之恸哭，曰："不幸致此，若死魂而灵，复何恨哉？"男豁然更生，具说情状，遂为夫妇，子孙繁茂。①

最后是喜剧和大团圆的结局，男子因得到卖胡粉女的青睐，在亲热中因过于激动而死亡，追查中卖胡粉女又敢于承认并亲临死者家吊唁致哀，以至死者死而复生，最后两人结成夫妻，子孙繁茂，因此也算是一桩好事。

成神的信仰和故事也是人们重视祭祀并讨好死去者的一个重要原因。钟山王蒋子文的事例，应该说非常具有代表性。据《搜神记》载："蒋子文者，广陵人也。嗜酒好色，挑挞无度。常自谓己骨清，死当为神。汉末为秣陵尉，逐贼至钟山下，贼击伤额，因解绶缚之，有顷遂死。及吴先主之初，其故吏见文于道，乘白马，执白羽扇，侍从如平生。见者惊走。文追之，谓曰：'我当为此土地神，以福尔下民。尔可宣告百姓，为我立祠。不尔，将有大咎。'是岁夏大疫，百姓窃相恐动，颇有窃祠之者矣。文又下巫祝：'吾将大启佑孙氏，宜为我立祠；不尔，将使虫入人耳为灾。'俄而小虫

---

① 鲁迅校录《古小说钩沉》，第254页。

如尘虻,入耳皆死,医不能治,百姓愈恐。孙主未之信也。又下巫祝:'若不祀我,将又以大火为灾。'是岁,火灾大发,一日数十处,火及公宫。议者以为鬼有所归,乃不为厉,宜有以抚之。于是使使者封子文为中都侯,次弟子绪为长水校尉,皆加印绶,为立庙堂。转号钟山为蒋山,今建康东北蒋山是也。自是灾厉止息,百姓遂大事之。"①生时便可预断死后会成神,而当其他人不相信时,则不断地用各种灾害加以警示,直到人们相信并给他立庙祭祀,才让"灾厉止息"。这一故事证明,如果对鬼神不采取祭祀等讨好的方法,百姓就会受到祸害。原因是鬼神具有改变自然的能力,人类无法控制。

当然,如果是已经去世的亲人,则以保佑自己的亲属为目的。"晋世王彪之,年少未官。尝独坐斋中,前有竹,忽闻有叹声,彪之惕然,怪似其母,因往看之,见母衣服如昔。彪之跪拜歔欷,母曰:'汝方有奇厄,自今已去。当日见一白狗,若能东行出千里,三年,然后可得免灾。'忽不复见。彪之悲怅达旦。既明,独见一白狗,恒随行止。便经营行装,将往会稽。及出千里外,所见便萧然都尽。过三年乃归,斋中复闻前声,往见母如先,谓曰:'能用吾言,故来庆汝。汝自今已后,年逾八十,位班台司。'后皆如母言。"②死去的母亲通过警示让儿子躲避祸害,最后他本人的命运发展一如其母所预言,也可谓特别神奇了。这个故事的主旨在于,死去的亲人是保佑未死的亲属的,这也是人们必须善待死者,包括死者灵魂的最重要原因。因此,四时之祭和不时之祭也就自然成为当时社会和殡葬中的重要仪式了。

对死者进行祭祀求富的故事还有政治化的内容,但哪怕是涉及皇帝,人们也从不畏惧。《三国志·吴书·孙策传》注引《江表传》载:"时有道士琅邪于吉,先寓居东方,往来吴会,立精舍,烧香读道书,制作符水以治病,吴会人多事之。策尝于郡城门楼上集会诸将宾客,吉乃盛服杖小函,漆画之,名为仙人铧,趋度门下。诸将宾客三分之二下楼迎拜之,掌宾者禁呵不能止,策即令收之。诸事之者,悉使妇女入见策母,请救之。母谓策曰'于先生亦助军作福,医护将士,不可杀之。'策曰:'此子妖妄,能幻惑众心,远使诸将不复相顾君臣之礼,尽委策下楼拜之,不可不除也。'诸将复连名通白事陈乞之,策曰:'昔南阳张津为交州刺史,舍前圣典训,废汉家法律,尝著绛帕头,鼓琴烧香,读邪俗道书,云以助化,卒为南夷所杀。此甚无益,诸君但未悟耳。今此子已在鬼箓,勿复费纸笔也。'即催斩之,悬首于市。诸事之者,尚不

---

① 干宝:《搜神记》,上海古籍出版社,1998,第36页。
② 鲁迅校录《古小说钩沉》,第227页。

谓其死而云尸解焉，复祭祀求福。"①一个道士可以让百姓和孙策2/3的宾客对他顶礼膜拜，让孙策觉得君权受到挑战而被杀。即使杀了，百姓也不认为他已经死了，而是尸解升仙了，依然"祭祀求福"。通过这一故事可知，人们信仰的坚定性和生者可以通过祭祀求福。应该说正是这种信仰使人们对死者福佑后人充满了期待，而对死者祸害后人又充满了恐惧。

灵魂不灭形成了鬼神信仰，而鬼神信仰又推动了灵魂不灭向世俗的多元化发展，两者相互影响，互为表里，成为魏晋南北朝时殡葬中重丧主义的前提，并促使殡葬文化的神秘化得到长期的传承和发展。

二 殡葬中的灵魂不灭观

殡葬中的灵魂不灭观主要表现在仪式过程中，诸如"复"、归煞、祭祀、实行厚葬以取悦死者等一些特殊的义项。

"复"是礼制中的规定。《礼记·丧大记》载："复，有林麓（山林），则虞人（掌管山林的官员）设阶；无林麓，则狄人（掌乐小吏）设阶。小臣复，复者朝服。君以卷（礼服），夫人以屈狄（命服），大夫以玄赪，世妇以襢衣，士以爵弁，士妻以税衣。皆升自东荣（屋檐），中屋（屋脊）履危（爬到高危的地方），北面三号，卷衣投于前。司服受之。降自西北荣。其为宾，则公馆复，私馆不复。其在野，则升其乘车之左毂而复。复衣不以衣尸，不以敛。妇人复，不以袡。凡复，男子称名，妇人称字。唯哭先复，复而后行死事。"意思是说，举行"复"的时候，有山林的人家由掌山林的官员虞人设好梯子，没有山林的人家则由掌乐的小吏狄人设好梯子。由掌管占卜、祭祀、田猎、征伐之官小臣举行招魂的仪式，司仪者要穿朝服。不同身份的人，招魂时所穿的衣服是不同的。司仪者从东面的屋檐上去，到屋脊高危的地方向北面叫死者的名字三次，然后把死者的衣服扔下来，由司服者接着。招魂者则从北面的屋檐下来。如果是做宾客的，则在公的馆舍举行招魂仪式，不在私人居住的地方举行招魂仪式。如果在野外举行，则升起所乘车的左轮举行仪式。举行过招魂仪式的衣服不能用来裹尸，不能入殓随葬。女性死者不能用嫁衣做招魂的衣服。招魂时男子叫名，女性叫字。一边哭一边举行招魂仪式，只有举行了招魂仪式并证明死者没有"复"即还魂，才能办理其他殡葬仪式。《礼记·檀弓下》说："复，尽爱之道也，有祷祠之心焉。

---

① 《三国志》卷46《吴书·孙策传》注引《江表传》，第821页。

望反诸幽，求诸鬼神之道也。"应该说得非常明白了。这一特殊的用以证明死者是有灵魂的仪式在很长一段时间一直存在，并通过具体的实行和独特的形式得到强化和传承。魏晋南北朝时，作为招魂的"复"从民间到上层社会都是主流的内容。《晋书·礼志中》说"魏晋以来，大体同汉"就是明证。但正史等则未予记录，原因可能是过于常见。到北朝时，由于与原民族礼仪相左，因此反而引起人们的关注并加以记载。当时，从皇族到平民大都存在这种礼制，《魏书·礼志四》卷一〇八记载尼高皇太后于孝明帝神龟元年（518）在瑶光寺去世，有司奏，"按旧事，皇太后崩仪，自复魄敛葬，百官哭临"。所谓"旧事"就是原来的制度。颜之推在《颜氏家训》中则对这种制度很是不屑，叮嘱"不劳复魄"。但从官员到百姓，对这种制度大都比较相信并长期实行。招魂其实就是相信人有灵魂，死后游离于身体，让他回复，从而死而复生。这与灵魂就是气的信仰是一致的，气绝则人死。当然，气看不见摸不着，这与灵魂的存在有着相同的情形。就此可以证明，魏晋南北朝时灵魂信仰是有着习俗的支撑的。

死后有归煞（杀）之俗，也是灵魂不死的象征。颜之推的《颜氏家训》风操篇云："偏傍之书，死有归杀，子孙逃窜，莫肯在家。画瓦书符，作诸厌胜；丧出之日，门前燃火，户外列灰，被送家鬼，章断注连。凡如此比，不近有情，乃儒雅之罪人，弹议所当加也。"①说明在归煞之日，人们不仅非常重视，而且有种种习俗加以应对，如出家回避，请道士画瓦书符以避煞和厌胜，出殡的那一天还在门前燃起火堆等，在门口挂上竹子做的章断注连隔出区域，以此祓除并送走家鬼。非常明确，丧家此俗就是因为相信有鬼神，在特殊的日子回家告别，家人必须回避和举行特殊的仪式，才能平安度过。如果没有回避，可能带来严重后果。《幽明录》卷六记载了这样一则故事，非常恐怖。"彭虎子少壮有膂力，常谓无鬼神。母死，俗巫戒之云：'某日决杀当还，重有所杀，宜出避之。'合家细弱，悉出逃隐，虎子独留不去。夜中，有人排门入，至东西屋觅人，不得，次入屋间庐室中。虎子遑遽无计，床头先有一瓮，便入其中，以板盖头。觉母在板上，有人问：'板下无人邪？'母云：'无。'相率而去。"②不怕鬼，因此在回煞日躲在家想看个究竟，结果差一点被鬼所食，幸好得到了死去母亲的保护，才躲过一劫。由此也说明，不仅有鬼神的存在，作为死去的亲人同样保护着生者。故事中后者的出现更暗示了鬼魂的存在。

使用纸扎与烧化纸钱。纸扎之类很早的时候就已经出现，并被运用在丧葬礼俗

---

① 颜之推：《颜氏家训集解》，第 103~104 页。
② 鲁迅校录《古小说钩沉》，第 276 页。

中。根据新疆维吾尔自治区吐鲁番阿斯塔那－哈拉和卓古墓的发掘报告,纸扎出现的时间"最早是建元廿年(384),最晚在唐大历年间,集中在十六国到唐代前期阶段,中间大约有三四百年的时间"。①内容有纸鞋、纸靴、纸冠、纸帽、纸腰带、纸棺、人形剪纸、纸衾等。清范寅《越谚》卷中:"纸扎,全以彩纸糊竹腔为人物,丧用居多,又名像生。"证明在魏晋南北朝时期已经出现纸扎。从今天的观点来看,当年的凶门柏历也应该是属于竹木与纸扎相结合的一种类似于"重"的殡葬物。这种纸扎到唐代时已经非常盛行。②纸钱是对于汉时随葬"瘗钱"的一种改造,原来是用真钱,因盗墓盛行从汉末开始演变为以纸钱代替烧化,而烧化在北方的一些少数民族中本来就盛行。唐李匡义《资暇录》称,"以纸寓钱始于殷长史"。据纸史专家陈启新考证,殷长史应为西晋的殷仲堪。③纸扎与纸钱虽然都同为阴间另一个世界所使用,前者当时更多的是作为随葬品的替代物并成为后来的明器,而后者则非常明确地告诉世人另一个世界的存在。

殡葬中的祭祀则更是普遍。从死后开始,一直到三年之后的大祥祭祀,并最终进入春秋时节的祖先祭祀。即使要求薄葬的王祥等人也是相信祭祀的,提出死后祭祀应该"糗脯各一盘,玄酒一杯,为朝夕奠。……大小祥乃设特牲"。④而更为彻底的皇甫谧虽然反对祭祀,殡葬期间"无十五日朝夕上食。礼不墓祭,但月朔于家设席以祭,百日而止"⑤。事实上还是不能免俗,只不过是免除了十五日朝夕上食的祭祀、墓祭,而改为在家初一之日等祭祀,百日后则止。魏晋南北朝虽然随葬大都以简葬为主,但相信祭祀之类以享死者的习俗应该没有减少。随着鬼神信仰的加强,反而是增多了。这就是生事之礼,死祭之以礼观念的习俗化。《魏书·赵修传》载,赵修葬其父,"百僚自王公以下无不吊祭,酒牺祭奠之具,填塞门街"⑥,说明祭祀之盛。

厚葬是自古以来的习俗,魏晋南北朝时期由于特殊的原因和上层统治者的提倡

---

① 陆锡兴:《吐鲁番古墓纸明器研究》,《西域研究》2006年第3期。
② 封演《封氏闻见记》卷6"道祭"条有这样的记载:"玄宗朝,海内殷赡。送葬者或当衢设祭,张施帷幙,有假花、假果、粉人、面兽之属。然大不过方丈,室高不逾数尺,议者犹或非之。丧乱以来,此风大扇。祭盘帐幙,高至八九十尺,用床三四百张。雕镂饰画,穷极精巧。馔具牲牢,复居其外。大历中,太原节度辛景云葬日,诸道节度使人修范阳祭,祭盘最为大高,刻木为慰迟鄂公突厥斗将之戏,机关动作不异于生。祭讫,灵车欲过,使者请曰:'对数未尽。'又停车设项羽与汉高祖会鸿门之像,良久乃毕。"参见封演《封氏闻见录校注》,赵贞信校注,中华书局,2005,第61页。
③ 陈启新:《冥纸史考》,《中国造纸》1996年第2期。
④ 《晋书》卷33《王祥传》,第644页。
⑤ 《晋书》卷48《皇甫谧传》,第939页。
⑥ 《魏书》卷93《赵修传》,第1354页。

而有所减少，但实际上并未禁绝，我们从当时一些官员的上疏与皇帝禁制中可以感受到，用厚葬以取悦死者并表达孝的观念，其实就是相信灵魂不死的一种体现。

关于石室、石兽、碑铭等墓内墓上建筑，魏晋南北朝之后时禁时复，朝廷也没有办法制止。"汉以后，天下送死奢靡，多作石室石兽碑铭等物。建安十年，魏武帝以天下凋弊，下令不得厚葬，又禁立碑。魏高贵乡公甘露二年，大将军参军太原王伦卒，伦兄俊作表德论，以述伦遗美，云'祗畏王典，不得为铭，乃撰录行事，就刊于墓之阴云尔'。此则碑禁尚严也，此后复弛替。晋武帝咸宁四年，又诏曰：'此石兽碑表，既私褒美，兴长虚伪，伤财害人，莫大于此。一禁断之。其犯者虽会赦令，皆当毁坏。'至元帝太兴元年，有司奏：'故骠骑府主簿故恩营葬旧君顾荣，求立碑。'诏特听立。自是后，禁又渐颓。大臣长吏，人皆私立。义熙中，尚书祠部郎中裴松之又议禁断，于是至今。"①

石室、石兽、碑铭并不是独一无二表达厚葬的方式，还有其他许多形态。南朝宋人孔琳之在批评时俗时就说过，殡葬方面存在的厚葬之弊有多种："凶门柏装，不出礼典，起自末代，积习生常，遂成旧俗。爰自天子，达于庶人，诚行之有由，卒革必骇。然苟无关于情，而有愆礼度，存之未有所明，去之未有所失，固当式遵先典，厘革后谬，况复兼以游费，实为民患者乎！凡人士丧仪，多出闾里，每有此须，动十数万，损民财力，而义无所取。至于寒庶，则人思自竭，虽复室如悬磬，莫不倾产殚财，所谓葬之以礼，其若此乎。谓宜谨遵先典，一罢凶门之式，表以素扇，足以示凶。"②说明当时确实存在厚葬的现实，哪怕是平民百姓也"倾产殚财"。南朝是这样，北朝也同样如此。曾历仕北魏五帝的高允在说到厚葬时感慨道："今国家营葬，费损巨亿，一旦焚之，以为灰烬。"③为什么会这样呢？他认为是上梁不正下梁歪。"前朝之世，屡发明诏，禁诸婚娶不得作乐，及葬送之日歌谣、鼓舞、杀牲、烧葬，一切禁断。虽条旨久颁，而俗不革变。将由居上者未能悛改，为下者习以成俗，教化陵迟，一至于斯。"④于是就出现了如元孝友所看到的："今人生为皂隶，葬拟王侯，存没异途，无复节制。崇壮丘陇，盛饰祭仪，邻里相荣，称为至孝。"⑤殡葬上不断攀比，高坟大墓，大肆祭祀，并把这种行为推崇为至孝。

---

① 《宋书》卷15《礼志二》，第273页。
② 《宋书》卷56《孔琳之传》，第1030页。
③ 《魏书》卷48《高允传》，第726页。
④ 《魏书》卷48《高允传》，第725页。
⑤ 《北齐书》卷28《元孝友传》，第267页。

事实上，不管是出于什么目的而实行各种殡葬方式，大都带有灵魂不死的观念或信仰。如果没有这种观念和信仰，从帝王到平民百姓的殡葬将简单和俭约得多。因为它可能是一种没有回报的行为，而现在人们不仅从殡葬中得到至孝的美名，还通过各种独特仪式和厚葬得到死者的福佑，要么升官发财，要么四季平安，要么多子多孙，这种回报必然会导致人们基于信仰而在所不惜。

三　灵魂不灭与鬼怪传说故事

由于魏晋南北朝时人们相信灵魂不灭，加上社会动荡，因此各种鬼怪故事也随之产生并盛行。

社会上有报恩思想，因此为了亲人之事，鬼能知恩图报，帮助有恩于自己的人脱离险境。

> 项县民姚牛，年十余岁。父为乡人所杀，牛常卖衣物市刀戟，图欲报仇。后在县署前相遇，手刃之于众中。吏捕得，官长深矜孝节，为推迁其事，会赦得免。又为州郡论救，遂得无他。令后出猎，逐鹿入草中，有古深阱数处，马将趣之。忽见一公，举杖击马，马惊避，不得及鹿。令怒，引弓将射之。公曰："此中有阱，恐君堕耳！"令曰："汝为何人？"翁跪曰："民姚牛父也，感君活牛，故来谢恩。"因灭不见。令身感冥事，在官数年，多惠于民。①

这是一个为父报仇得到县令轻判并最终得到赦免的故事，本来为父报仇是属于孝的范畴，朝廷也是网开一面的。然而就是这样的帮助，姚牛之父也在冥冥之中通过一次特殊的方式救了县令，完成了谢恩的目的。

时人认为，鬼是一种超自然的存在，有些人可以看到，但大部分人是看不到的。它具有特异的功能，因此有时它可能会袭击人，同时也可以被人杀死。

> 刘道锡与从弟康祖少不信有鬼，从兄兴伯少来见鬼，但辞论不能相屈。尝于京口长广桥宅东，云"有杀鬼在东篱上。"道锡便笑问其处，牵兴伯俱去捉大刀欲斫之。兴伯在后唤云："鬼击汝！"道锡未及鬼处，便闻如有大仗声，道锡因倒

---

① 鲁迅校录《古小说钩沉》，第248页。

地，经宿乃醒，一月日都差。兴伯复云："厅事东头桑树上有鬼，形尚孺，长必害人。"康祖不信，问在树高下，指处分明。经十余日，是月晦夕，道锡逃暗中，以戟刺鬼所住便还，人无知者。明日，兴伯早来，忽惊曰："此鬼昨夜那得人刺之？殆死，都不能复动，死亦当不久。"康祖大笑。①

这个故事讲述的内容完全像是一种社会生活。有人可以看到鬼的存在，而鬼也是从幼儿开始生长，小时的能力大约也是有限的。等长大成人后，它就会去害人。因此，所谓鬼作祟而使人死去，也就是一种可以理解的事了。"吕顺丧妇，更娶妻之从妹，因作三墓，构累垂就，辄无成。一日，顺昼卧，见其妇来，就同衾，体冷如冰，顺以死生之隔语使去。后妇又见其妹，怒曰：'天下男子独何限，汝乃与我共一婿！作冢不成，我使然也。'俄而，夫妇俱殪。"②其实鬼不仅作祟，还吃醋，当人去世后成了鬼，对于自己的丈夫再娶自己的堂妹，极其不满。做坟不让成，还直接指责堂妹，最后干脆把他们夫妻都弄死了。这种鬼确实可怕。

鬼故事还有很神奇的。如死后复生却换了脚的，弄得它由于与自己的脚不一样，是一双胡人之脚，而终生都不敢向他人露出。而原来的胡人家得知此事后，则前来抱肢号啕大哭，甚至后来在路上碰到也是哭哭啼啼不止。最后只能找了一个看门的，不让胡人的家人上门来，很有点喜剧的味道。

> 晋元帝世，有甲者，衣冠族姓，暴病亡。见人将上天诣司命，司命更推校，算历未尽，不应枉，召主者发遣令还。甲尤脚痛，不能行，无缘得归。主者数人共愁，相谓曰："甲若卒以脚痛不能归，我等坐枉人之罪。"遂相率具白司命，司命思之良久，曰："适新召胡人康乙者，在西门外，此人当遂死，其脚甚健，易之，彼此无损。"主者承敕出，将易之。胡形体甚丑，脚殊可恶，甲终不肯。主者曰："君若不易，便长决留此耳？"不获已，遂听之。主者令二人并闭目，倏忽，二人脚已各易矣。仍即遣之，豁然复生。具为家人说，发视果是胡脚，丛毛连结，且胡臭。甲本士，爱玩手足，而忽得此，了不欲见，虽获更活，每惆怅殆欲如死。旁人见识此胡者，死犹未殡，家近在茄子浦。甲亲往视胡尸，果见其脚着胡体，正当殡殓，对之泣。胡儿并有至性，每节朔，儿并悲思，驰往抱甲脚号

---

① 鲁迅校录《古小说钩沉》，第258页。
② 鲁迅校录《古小说钩沉》，第259页。

啕。忽行路想遇，便攀援啼哭。为此每出入时，恒令人守门，以防胡子。终身憎秽，未尝误视。虽三伏盛暑，必复重衣，无暂露也。①

鬼世界实际上也是与人间一样，办事经常出差错。有一个巴丘县的巫师便因为还有八年的阳寿，到阴间走了一趟之后看见了阴间的世界，并受了一次热熬之后又重新回到人间。从此之后，不再做巫师。

巴丘县有巫师舒礼，晋永昌元年病死，土地神将送诣太山。俗人谓巫师为道人，路过冥司福舍前，土地神问吏："此是何等舍？"吏曰："道人舍。"土地神曰："是人亦道人，便以相付。"礼入门，见数千间瓦屋，皆悬竹帘，自然床榻，男女异处，有诵经者，呗偈者，自然饮食者，快乐不可言。礼文书名已到太山门，而身不至，推问土地神，神云："道见数千间瓦屋，即问吏，言是道人，即以付之。"于是遣神更录取。礼观未遍，见有一人，八手四眼，提金杵，逐欲撞之。便怖走还出门，神已在门迎，捉送太山。太山府君问礼："卿在世间，皆何所为？"礼曰："事三万六千神，为人解除祠祀，或杀牛犊猪羊鸡鸭。"府君曰："汝佞神杀生，其罪应上热熬。"使吏牵着熬所。见一物，牛头人身，捉铁叉，叉礼着投铁床上，宛转身体焦烂，求死不得。经一宿二日，备极冤楚。府君问主者："礼寿命应尽？为顿夺其命？"校禄籍，余算八年。府君曰："录来。"牛首人复以铁叉叉着熬边。府君曰："今遣卿归，终毕余算。勿复杀生淫祀。"礼忽还活，遂不复作巫师。②

死后还魂者叙述的鬼神世界也是有组织的。

晋有干庆者，无疾而终。时有术士吴猛，语干庆之子曰："乾侯算未穷，方为请命，未可殡殓。"尸卧静舍，惟心下稍暖。居七日，时盛暑，庆形体向坏，猛凌晨至，教令属候气续为作水，令以洗，并饮漱，如此便退。日中许，庆苏焉，旋遂张目开口。尚未发声，阖门皆悲喜。猛又令以水含洒，遂起，吐腐血数升，稍能言语。三日，平复如常。说初见十数人来，执缚桎梏

---

① 鲁迅校录《古小说钩沉》，第216页。
② 鲁迅校录《古小说钩沉》，第220页。

到狱。同辈十余人，以次语对。次未至，俄而见吴君北面陈释断之，王遂敕脱械令归。所经官府，莫不迎接。请谒吴君，而吴君皆与之抗礼，即不知悉何神也。①

这则故事特别之处在于术士吴猛居然算出干庆阳寿未尽，因此让他儿子不要殡殓，等待死者复生。而死者果然在七天之后还阳，并叙述了另一个世界的情况。

大量鬼怪故事的存在使我们可以非常明显地感受到魏晋南北朝时对于鬼怪的态度，人们是既畏惧也敬仰。把那个不可确定的未知世界如真实存在一样加以叙述，传达出信仰的真实性。这就不难理解人们为什么如此认真并虔诚地对待殡葬文化，因为他们完成的不是一个文化过程，而是在建构一个充满了不确定的世界。这个世界既有人们生活的痕迹，也有无限想象的成分，它神秘且永远不可企及。

第三节　殡葬中的宗教影响

宗教是对生死思考并做出解释的一种哲学，宗教文化对死亡做出解释并在此基础上建立的人生终极追求理论历来对民间的死亡观念具有极大的影响。魏晋南北朝的社会动乱为宗教的兴盛和迅速渗透生命过程，尤其是对死亡观念和死亡过程的处理产生了直接的作用和影响，尤以佛教、道教等信仰形态影响最大。

一　佛教的影响

（一）佛教在魏晋南北朝的传播

魏晋南北朝时期的佛教处于一个特殊的阶段。按黄忏华的分类，三国西晋时期属于佛教在中国的肇始时代，因此分布并不普遍。"三国时代，佛教流布于北地之魏，与南地之吴。"②到了西晋虽然情况有所改变，但基本上还是限于一定范围并以特殊的方式进行佛教经义的传播。方立天认为："这个阶段，佛教的主要活动是译经。译经基本上是外国僧人，如三国时最著名的译经家支谦和康僧会就是来华的外国僧人，他们都是个人译经。西晋时译经的也仅十多人，其中最主要的是竺法护，也是外国僧

---

① 鲁迅校录《古小说钩沉》，第217页。
② 黄忏华：《中国佛教史》，东方出版社，2008，第14页。

人。"① 东晋南北朝时，佛教获得了很大的发展。按方立天的说法，此期主要包括东晋十六国和南北朝两个阶段。东晋十六国是开始盛行期，而南北朝则是趋于隆盛阶段。

东晋十六国开始盛行阶段的标志是："南北两地的统治者都自觉地重视和利用佛教，尤其是北方十六国中的后赵、前秦、后秦、北凉的统治者，他们都注重从政治上利用佛教，高度重视名僧，吸收他们参加军政决策。这些少数民族的统治者本人也虔诚奉佛，执迷地追求来世的幸福。这样就大大地推动了佛教的发展。"② 这一点从寺庙的发展也可以得到印证。西晋时只有寺庙180所，僧尼3700人，到东晋南北朝时，"都下（即建康，今天的南京）佛寺五百余所，穷极宏丽。僧尼十余万，资产丰沃。所在郡县，不可胜言。道人又有白徒，尼则皆畜养女，皆不贯人籍，天下户口几亡其半"③。一个都城就有五百余所佛寺，而且有僧尼十多万，大约有一半的人都出了家，那是一种什么景象。"南朝四百八十寺，多少楼台烟雨中"便是对这种情况的真实写照。当然，一个国家或都城的一半人出家可能是夸张的说法。

到南北朝时，佛教更趋隆盛，当时"绝大多数帝王都重视和提倡佛教，其中有的十分佞佛，如梁武帝萧衍，几乎把佛教抬高到国教的地位。……孝文帝也佞佛，他即位后广作佛事，还规定僧祇户要奉献谷物给僧曹，供作佛寺之用"④。到太和元年（477），北魏"京城内寺新旧且百所，僧尼二千余人，四方诸寺六千四百七十八，僧尼七万七千二百五十八人"⑤。"至延昌中，天下州郡僧尼寺，积有一万三千七百二十七所，徒侣逾众。"⑥ 有人感叹："魏有天下，至于禅让，佛经流通，大集中国，凡有四百一十五部，合一千九百一十九卷。正光已后，天下多虞，工役尤甚，于是所在编民，相与入道，假慕沙门，实避调役，猥滥之极，自中国之有佛法，未之有也。略而计之，僧尼大众二百万矣，其寺三万有余。流弊不归，一至于此，识者所以叹息也。"⑦

为何会出现佛教盛行于北魏的情况，《魏书》记载得非常详细。

---

① 方立天：《魏晋南北朝佛教的演变》，氏著《魏晋南北朝佛教》（《方立天文集》第1卷），中国人民大学出版社，2006，第346页。
② 方立天：《魏晋南北朝佛教的演变》，氏著《魏晋南北朝佛教》，第346页。
③ 《南史》卷70《郭祖深传》，第1150页。
④ 方立天：《魏晋南北朝佛教的演变》，氏著《魏晋南北朝佛教》，第348～349页。
⑤ 《魏书》卷114《释老志》，第2020页。
⑥ 《魏书》卷114《释老志》，第2022页。
⑦ 《魏书》卷114《释老志》，第2026页。

魏先建国于玄朔，风俗淳一，无为以自守，与西域殊绝，莫能往来。故浮图之教，未之得闻，或闻而未信也。及神元与魏、晋通聘，文帝久在洛阳，昭成又至襄国，乃备究南夏佛法之事。太祖平中山，经略燕赵，所逐郡国佛寺，见诸沙门、道士，皆致精敬，禁军旅无有所犯。帝好黄老，颇览佛经。但天下初定，戎车屡动，庶事草创，未建图宇，招延僧众也。然时时旁求。先是，有沙门僧朗，与其徒隐于泰山之琨[王而]谷。帝遣使致书，以缯、素、旃罽、银钵为礼。今犹号曰朗公谷焉。天兴元年，下诏曰："夫佛法之兴，其来远矣。济益之功，冥及存没，神踪遗轨，信可依凭。其敕有司，于京城建饰容范，修整宫舍，令信向之徒，有所居止。"是岁，始作五级佛图、耆阇崛山及须弥山殿，加以缋饰。别构讲堂、禅堂及沙门座，莫不严具焉。太宗践位，遵太祖之业，亦好黄老，又崇佛法，京邑四方，建立图像，仍令沙门敷导民俗。①

佛教是逐渐形成气候的，尤其是上层统治者特别推崇佛教并身体力行，这种影响就更大。"承明元年八月，高祖于永宁寺，设太法供，度良家男女为僧尼者百有余人，帝为剃发，施以僧服，令修道戒，资福于显祖。是月，又诏起建明寺。太和元年二月，幸永宁寺设斋，赦死罪囚。"②为死去的祖先祈福，也为死囚赦罪。该书还记载，孝文帝自己亲口说其高祖曾为一死去的鬼做超度的法事。③

梁武帝曾数度舍身出家同泰寺为寺奴，让群臣花巨资奉赎回宫，"他还严格戒律，亲自讲经说法，撰写佛教著作，宣扬佛教教义。陈代诸帝也效法梁武帝，如陈武帝、文帝也都舍身，带头信奉佛教。南方佛教依恃封建皇权的倡导，使人们纷纷竭财以趋僧，破产以趋佛，佛教的声势达到前所未有的煊赫程度"。④由此说明，佛教在当时影响之大，上层官员和下层平民百姓中传播之广，虽不是绝后，也一定是空前的。

佛教的盛行对社会许多方面都产生了影响，甚至有一些是不良的影响，一些有识之士便要求进行约束和禁止。"自释氏流教，其来有源，渊检精测，固非深矣。舒引容润，既亦广矣。然习慧者日替其修，束诫者月繁其过，遂至糜散锦帛，侈饰车从。

---

① 《魏书》卷114《释老志》，第2014页。
② 《魏书》卷114《释老志》，第2020页。
③ 《魏书》卷114《释老志》记载，孝文帝曾说："时沙门道登，雅有义业，为高祖眷赏，恒侍讲论。曾于禁内与帝夜谈，同见一鬼。二十年卒，高祖甚悼惜之，诏施帛一千匹。又设一切僧斋，并命京城七日行道。"第2020页。
④ 方立天：《魏晋南北朝佛教的演变》，氏著《魏晋南北朝佛教》，第348页。

复假精医术，托杂卜数，延姝满室，置酒浃堂，寄夫托妻者不无，杀子乞儿者继有。而犹倚灵假像，背亲傲君，欺费疾老，震损宫邑，是乃外刑之所不容戮，内教之所不悔罪，而横天地之间，莫不纠察。人不得然，岂其鬼欤！今宜申严佛律，裨重国令，其疵恶显著者，悉皆罢遣，余则随其艺行，各为之条，使禅义经诵，人能其一，食不过蔬，衣不出布。若应更度者，则令先习义行，本其神心，必能草腐人天，竦精以往者，虽侯王家子，亦不宜拘。"①当然，周朗的这些想法实际上并没有实现。

（二）佛教对魏晋南北朝殡葬的影响

佛教自东汉传入中国后，其影响不仅在宗教教义层面，更主要的是改变了中国人的世界观，尤其是中国人的人生观念。佛教的轮回思想通过人生业报等理念让俗人明白，人生有三苦或八苦。三苦更多的是佛教徒专业的认知；②八苦是指生苦、老苦、病苦、死苦、爱别离苦、怨憎会苦、求不得苦、五阴炽盛苦。根源在五阴炽盛苦，即"色"、"受"、"想"、"行"、"识"，通俗地讲就是"痛苦"、"悲伤"、"焦虑"、"不满"、"沮丧"等感情。皈依佛教，通过修行，可以脱离六道轮回。因此，佛教的基本教义是通过宗教修持获得对人存在真相的了解（悟）。佛陀的教法是在教人如何"离苦得乐"。佛教在魏晋南北朝的盛行改变了中国人的阴阳观念，也极大地影响了人们对生老病死的态度和殡葬文化。

关于佛教的业义，《魏书·释老志》说得挺好：

> 浮屠正号曰佛陀，佛陀与浮图声相近，皆西方言，其来转为二音。华言译之则谓净觉，言灭秽成明，道为圣悟。凡其经旨，大抵言生生之类，皆因行业而起。有过去、当今、未来，历三世，识神常不灭。凡为善恶，必有报应。渐积胜业，陶冶粗鄙，经无数形，澡练神明，乃致无生而得佛道。其间阶次心行，等级非一，皆缘浅以至深，藉微而为著。率在于积仁顺，蠲嗜欲，习虚静而成通照也。故其始修心则依佛、法、僧，谓之三归，若君子之三畏也。又有五戒，去

---

① 《宋书》卷85《周朗传》，第1392页。
② 三苦即苦苦、坏苦、行苦。苦苦（Suffering of Pain）：由嗔心造业，招致苦果（恶业）的感受，如寒冷、燥热、饥饿、疼痛如此等不悦的感受。坏苦（Suffering of Change）：由贪心造业，招致善果（福业）的感受，如快乐、饱足、成功、情人见面、热恋等舒服的感受，终会因为消失坏去而伤心，或是慢慢变成了痛苦的原因。行苦（Pervasive Suffering）：由痴心造业，招致不苦不乐的感受，如无聊、无趣，这种没有感觉的感受虽然不是痛苦，但是因为时间流逝将会招致其他的痛苦。行苦也是所有有为法的特性。在六道三界内，欲界所受的苦是三者均有，色界所受的苦是坏苦和行苦，无色界所感受到的是行苦。参见 http://baike.baidu.com/link?url=SM8bwUMwnHwybgq6A_3BKrHrbmKmvGmZM9AiMAjD7Ix5125CUBQ-pGKsdK46eruG#3，最后访问日期：2014年1月15日。

杀、盗、淫、妄言、饮酒，大意与仁、义、礼、智、信同，名为异耳。云奉持之，则生天人胜处，亏犯则坠鬼畜诸苦。又善恶生处，凡有六道焉。①

因此，突出三世轮回，对过去负责，对今世修行，获得来世业报，目的在于强调修行，通过"渐积胜业，陶冶粗鄙，经无数形，澡练神明，乃致无生而得佛道"，并在五戒等规范中达到与中华民族仁、义、礼、智、信相近的目的。

佛教对魏晋南北朝时期殡葬的影响是多方面的，其中由上层人士提倡而后进入民间殡葬习俗行列的就有七七斋荐和七月十五的盂兰盆节。

《北史·胡国珍传》载，"胡国珍年虽笃老，而雅敬佛法"，死后一方面按制度"给东园温明秘器，五时朝服各一具，衣一袭，赠布五千匹，钱一百万，蜡千斤。大鸿胪持节监护丧事"②；另一方面则奉诏"自始薨至七七，皆为设千僧斋，斋令七人出家，百日设万人斋，二七人出家。先是巫觋言将有凶，劝令为厌胜法，国珍拒而不从，云吉凶有定分，唯修德以禳之"③。实行与佛教信仰相关的死后超荐仪轨，这就是做七的习俗。关于这一习俗的由来，既有源于中国民间的三魂七魄说，④也有源于道教的，⑤而胡国珍的斋七则源于佛教。可见佛教对殡葬习俗影响的直接和巨大。

农历七月十五日在许多地方被称为七月半，道教称为中元节，民间也称鬼节，佛教则称盂兰盆会或盂兰盆节。盂兰盆的意义是倒悬，人生的痛苦犹如倒挂在树头上的蝙蝠，悬挂着，苦不堪言。为了使众生免于倒悬之苦，便需要诵经，布施食物给孤魂野鬼。此举正好与我国的中元节或鬼节祭礼相契合，相关民俗便混合，民众可以随意而定。而有关目连救母的传说则随着佛教的流行而广为传播。佛教徒便据此神话传说兴起盂兰盆会，并逐渐传为追荐祖先的常例。南朝梁时的宗懔在其《荆楚岁时记》中就说："七月十五日，僧尼道俗悉营盆供诸佛。"而颜之推也说："四时祭祀，周、孔所

---

① 《魏书》卷114《释老志》，第2012页。
② 《北史》卷80《胡国珍传》，第1781页。
③ 《北史》卷80《胡国珍传》，第1781~1782页。
④ 赵翼《陔余丛考》（曹光甫校点，上海古籍出版社，2011）卷32"七七"条载："俗以人死每七日为忌，至七七四十九日则卒哭，此不得其说。田艺衡《春雨逸响》云：人之初生，以七日为腊，死以七日为忌，一腊而一魄成，一忌而一魄散。杨用修亦云：人生四十九日而七魄全，死四十九日而七魄散。郎仁宝云：天以二气五行生物而有七政，人得阴阳五常而有七情。天之道惟七，而气至六日有余为一候；人之气亦惟七，凡六日有余而行十二经。又引《论衡·订鬼篇》曰：鬼者，甲乙之神。甲乙者，天之别气。人病且死，甲乙之神至矣。假令甲乙之病，则死见庚辛之神。盖甲乙鬼，庚辛报，故甲乙日病者，死期尝〔常〕在庚辛也。而因以推五行相克之理，如木日鬼，则金为之杀；金日鬼，则火为之杀；皆隔七日也。"第625页。
⑤ 赵翼《陔余丛考》卷32"七七"条载："按元魏时，道士寇谦之教盛行，而道家炼丹拜斗，率以七七四十九日为断，遂推其法于送终，而有此七七之制耳。"第626页。

教，欲人勿死其亲，不忘孝道也。求诸内典，则无益焉。杀生为之，翻增罪累。若报罔极之德，霜露之悲，有时斋供，及七月半盂兰盆，望于汝也。"① 说明当时社会上已经非常盛行七月十五日进行盂兰盆节并追荐祭祀祖先。佛教在殡葬文化中的影响于此可见一斑。

（三）佛教与地狱世界信仰

佛教对魏晋南北朝殡葬的影响是多方面的，像生死观念的影响，尤其是死后地狱观念的影响最为直接。而地狱不同，须采用不同的方式给死去的人进行超度，这就形成了做法事的文化。至今僧侣在殡葬过程中介入丧葬习俗之深，就是由那一时期所建立的地狱世界影响所致。

由于佛教的盛行，地狱观念和生者与死者的直接关联已经非常明晰，当时大量书写的死后复生讲述地狱世界的故事便是明证。

> 赵泰，字文和，清河贝邱人。公府辟不就，精进典籍，乡党称名。年三十五，宋太始五年七月十三日夜半，忽心痛而死，心上微暖，身体屈伸。停尸十日，气从咽喉如雷鸣，眼开，索水饮，饮讫便起。说初死时，有二人乘黄马，从兵二人，但言捉将去。二人扶两腋东行，不知几里，便见大城如锡铁崔嵬。从城西门入，见官府舍，有二重黑门，数十梁瓦屋。男女当五六十，主吏着皂单衫，将泰名在第三十。须臾将入，府君西坐，断勘姓名。复将南入黑门，一人绛衣，坐大屋下，以次呼名前，问生时所行事，有何罪故，行何功德，作何善行。言者各各不同。主者言："许汝等辞。恒遣六部都录使者，常在人间疏记人所作善恶，以相检校。人死有三恶道，杀生祷祠最重。奉佛持五戒十善，慈心布施，生在福舍，安稳无为。"泰答："一无所为，不犯恶。"断问都竟，使为水官监作吏，将千余人，接沙着岸上。昼夜勤苦，啼泣悔言："生时不作善，今堕在此处。"后转水官都督，总知诸狱事。给马，东到地狱按行。复到泥犁地狱，男子六千人，有火树，纵广五十余步，高千丈，四边皆有剑，树上然火，其下十十五五，堕火剑上，贯其身体。云："此人咒诅骂詈，夺人财物，假伤良善。"泰见父母及一弟在此狱中涕泣。见二人赍文书来，敕狱吏，言有三人，其家事佛，为有寺中悬幡盖，烧香，转《法华经》，咒愿救解生时罪过，出就福舍。已

---

① 颜之推：《颜氏家训集解》，第 537 页。

见自然衣服，往诣一门，云"开光大舍"。有三重门，皆白壁赤柱。此三人即入门，见大殿珍宝耀日，堂前有二狮子并伏，负一金玉床，云名"狮子之座"。见一大人，身可长丈余，姿颜金色，项有白光，坐此床上。沙门立侍甚众，四座名"真人菩萨"。见泰山府君来作礼，泰问吏："何人？"吏曰："此名佛，天上天下，度人之师。"便闻佛言："今欲度此恶道中及诸地狱中人，皆令出应时。"云有万九千人，一时得出地狱。即时见呼十人，当上生天，有车马迎之，升虚空而去。复见一城云纵广二百里，名为"受变形城"云，生来不闻道法，而地狱考治已毕者，当于此城更受变报。入北门，见数千百土屋，中央有瓦屋，广五十余步，下有五百余吏，对录人名作善恶事状，受是变身形之路，各从其所趋去：杀生者云当作蜉蝣虫，朝生夕死；若为人，常短命。偷盗者作猪羊，身屠肉偿人。淫逸者作鹄鹜蛇身。恶舌者作鸱鸮鸺鹠，恶声人闻皆咒令死。抵债者为驴马牛鱼鳖之属。大屋下有地房北向，一户南向。呼从北户，又出南户者，皆变身形作鸟兽。又见一城，纵广百里，其中瓦屋，安居快乐。云生时不作恶，亦不为善，当在鬼趣千岁，得出为人。又见一城，广有五千余步，名为"地中罚"。谪者不堪苦痛。男女五六万，皆裸形无服，饥困相扶。见泰，叩头啼哭。泰按行毕还，主者问："地狱如法否？卿无罪，故相浇为水官都督。不尔，与狱中人无异。"泰问："人生何以为乐？"主者言："唯奉佛弟子精进不犯禁戒为乐耳。"又问："未奉佛时，罪过山积，今奉佛法，其过得除否？"曰："皆除。"主者又召都录使者，问："赵泰何故死？"来使开滕检年纪之籍，云："有算三十年，横为恶鬼所取，今遣还家。"由是大小发意奉佛，为祖、父母及弟悬幡盖、诵《法华经》作福也。①

赵泰"死"后在地狱游历了一周，所见人死后包括父母的各种不同待遇，皆与生前的种种行为和是否奉佛有着直接的关系。由于赵泰是被错抓进地狱的，因此最后被放还阳间。故事借赵泰之口宣扬了地狱的存在和奉事佛教的重要性。故事非常生动、形象，让人不得不信其有，否则死后将入各种可怕的地狱，甚至不得超生。

康阿得的死后复生也有着同样的故事结构，只不过具体内容在叙述时有所差异而已。

康阿得死三日，还苏，说：初死时，两人扶腋，有白马吏驱之。不知行几

---

① 鲁迅校录《古小说钩沉》，第268~271页。

里,见北向黑暗门;南入,见东向黑门;西入,见南向黑门;北入,见有十余梁间瓦屋。有人皂服笼冠,边有三十余吏,皆言府君,西南复有四五十吏。阿得便前拜府君。府君问:"何所奉事?"得曰:"家起佛图塔寺,供养道人。"府君曰:"卿大福德。"问都录使者:"此人命尽耶?"见持一卷书伏地案之,其字甚细,曰:"余算三十五年。"府君大怒曰:"小吏何敢顿夺人命?"便缚白马吏着柱,处罚一百,血出流漫。问得:"欲归不?"得曰:"尔。"府君曰:"今当送卿归,欲便遣卿案行地狱。"即给马一匹,及一从人。东北出,不知几里,见一城,方数十里,有满城上屋。因见未事佛时亡伯、伯母、亡叔、叔母,皆着杻械,衣裳破坏,身体脓血。复前行,见一城,其中有卧铁床上者,烧床正赤。凡见十狱,各有楚毒。狱名"赤沙"、"黄沙"、"白沙",如此"七沙"。有刀山剑树,抱赤铜柱。于是便还。复见七八十梁间瓦屋,夹道种槐,云名"福舍",诸佛弟子住中。福多者上生天,福少者住此舍。遥见大殿二十余梁,有一男子、二妇人从殿上来下,是得事佛后亡伯、伯母、亡叔、叔母。须臾,有一道人来,问得:"识我不?"得曰:"不识。"曰:"汝何以不识我?我共汝作佛图主。"于是遂而忆之,还至府君所,即遣前二人送归,忽便苏活也。①

这类故事还有不少,一方面反映了人们对死后复生的期待,另一方面是人们对于另一个世界的期待,还是人们对佛教最有特殊意义和价值功用的期待。不仅地狱的存在通过佛教徒的宣扬在民间建立起来世的观念,而且通过行善等佛教徒特别提倡的方式,还让更多的人在今生以付出回报来生的幸福或不至于进入恐怖的地狱,或不得超生等业报世界。

死后复生的故事以及地狱恐怖现象的叙述,最大限度地推动了佛教在现世的传播。在一个战争不断、动乱不断、朝代更替频繁、民不聊生的社会,人们求不得今天的安稳或安乐,只能寄希望于来生,这也是佛教等宗教在魏晋南北朝迅速传播并大规模流行的原因。上层统治者希冀佛教稳定社会、凝聚人心,下层社会则以佛教求来生的安宁或幸福,两者的结合就使佛教以及相关的神秘故事得到了广泛的传播,甚至有一些显得特别的神秘和不可思议。石长和的死后见闻和复生,就是这样。据《幽明录》载:"石长和死,四日苏。说:初死时,东南行,见二人治道,恒去和五十

---

① 鲁迅校录《古小说钩沉》,第278页。

步,长和疾行,亦尔。道两边棘刺皆如鹰爪。见人大小群走棘中,如被驱逐,身体破坏,地有凝血。棘中人见长和独行平道,叹息曰:'佛弟子独乐,得行大道中。'前行,见七八十梁瓦屋,中有阁十余,梁上有窗向。有人面辟方三尺,着皂袍,四纵掖,凭向坐,唯衣襟以上见。长和即向拜。人曰:'石贤者来也,一别二十余年。'和曰:'尔。'意中便若忆此时也。有冯翊牧孟承夫妻先死,阁上人曰:'贤者识承不?'长和曰:'识。'阁上人曰:'孟承生时不精进,今恒为我扫地。承妻精进,晏然与官家事。'举手指西南一房,曰:'孟承妻今在中'。妻即开窗向,见长和,问:'石贤者何时来?'遍问其家中儿女大小名字平安不,'还时过此,当因一封书'。斯须,见承阁西头来,一手捉扫帚粪箕,一手捉把筹,亦问家消息。阁上人曰:'闻鱼龙超修精进,为信尔不?何所修行?'长和曰:'不食鱼肉,酒不经口,恒转尊经,救诸疾痛。'阁上人曰:'所传莫妄!'阁上问都录主者:'石贤者命尽耶?枉夺其命耶?'主者报:'按录余四十年。'阁上人敕主者:'犊车一乘,两辟车骑,两吏送石贤者。'须臾,东向便有车骑人从如所差之数。长和拜辞,上车而归。前所行道边,所在有亭,传吏民床坐饮食之具。倏然归家,前见父母坐其尸边。见尸大如牛,闻尸臭不欲入其中,绕尸三匝,长和叹息,当尸头前。见其亡姊于后推之,便蹋尸面上,因即苏。"①石长和的所见所闻完全是现实社会不同区域或文化体由于长期隔绝而音信不通,见到一个熟人便拉着打听的一种写照。但故事特别突出信佛者的特殊待遇,由于石长和是一个虔诚的佛教徒,因此得到了那些非佛教徒没有的待遇。当然,故事的结局还是他本人的阳寿未尽,得到阁上的帮助而回到了人间。

由于佛教徒的上行下效和身体力行,尤其是为了推动佛教的影响而形成大量的传说故事,不仅建构了地狱等另一个世界,也使它与殡葬文化的结合在一种潜移默化中逐渐地完成。这些通过故事表达佛教信仰的现象更说明当时佛教对殡葬文化影响的直接和巨大。

二 道教的影响

道教在汉末因社会动乱而兴盛,太平道、五斗米道得到平民百姓的认可,后被统治者消解或利用。三国时,由五斗米道演变而来的天师道因张鲁为曹操收服而得到官方认可,并在此后的社会生活中产生了巨大的影响。②汉末主要限于北方地区的太平

---

① 鲁迅校录《古小说钩沉》,第 279 页。
② 卿希泰、詹石窗主编《道教文化新典》,上海文艺出版社,1999,第 160 页。

道和五斗米道虽然表面上退出了社会舞台，但在太平道等的影响下，包括所谓的民间道教，①道教在江南等地得到了快速发展。

道教借神仙思想，在长生不死观念的鼓动下，借助符咒及鬼神方式对民间无可奈何的疾病进行治疗，从而建立起追求永生的另一个世界观。可以想象，在政权更替频繁、社会动荡、人生不测的魏晋南北朝，这种可以让人长生不死的美好前景是如何让当时的每一个人去追求和向往的。郑土有说："汉代盛极一时的神仙信仰和东汉末年形成的道教，以其'长生不死，消灾灭祸'的特殊诱惑力，既迎合醉生梦死的统治者的心理，又符合那些陷入人生苦闷而希冀得到解脱的士大夫的需求，也给了艰难挣扎的贫苦百姓一些希望的曙光，所以信仰者颇多。"②

道教对于魏晋南北朝殡葬的影响，表现在以下几个方面。

首先，对殡葬中风水观念的影响。学术界比较公认《葬书》是晋代郭璞所著，③而《葬书》不仅是从河东郭公《青囊中书》而来，同时《葬书》以气为核心的理论也秉承道家思想，冲和、阴阳等观念同样是道教最重要的观念。《太平经·葬宅诀第七十六》（卷五十）认为："葬者，本先人之丘陵居处也，名为初置根种。宅，地也，魂神复当得还，养其子孙，善地则魂神还养也，恶地则魂神还为害也。五祖气终，复反为人。天道法气，周复反其始也。欲知地效，投小微贱种于地，而后生日兴大善者，大生地也；置大善种于地，而后生日恶者，是逆地也；日衰少者，是消地也。以五五二十五家家丘陵效之，十十百百相应者，地阴宝书文也；十九相应者，地阴宝记也；十八相应者，地乱书也，不可常用也；过此而下者，邪文也，百姓害书也。"④意思是说，葬地是死者的根本所居之处，善地则先人魂神可养而福佑子孙，恶地则先人魂神会为害于人，并告诉人们如何去试试是善地还是恶地等。盛行并成熟于魏晋南北朝的选择阴宅的风水观念和实践对后世的影响一直绵延不绝。⑤

其次，殡葬做七的习俗除来源于佛教之外，更重要的是与道教或中国传统文化相一致。清代赵翼的《陔余丛考》载："俗以人死每七日为忌，至七七四十九日则卒哭，

---

① 象于君道、帛家道、李家道等，参见任继愈主编《中国道教史》，上海人民出版社，1991，第57~68页。
② 郑土有：《晓望洞天福地：中国的神仙与神仙信仰》，陕西人民教育出版社，1991，第133页。
③ 《道教文化新典》认为"考《晋书·郭璞传》，我们的确不到郭璞作《葬书》的记载，很可能郭璞本人并未亲自动手撰写此类著作，而是以口头方式向弟子讲授，弟子根据记录整理，便署上师名，这正像《论语》，本是孔门弟子之记录，但成书后其著作权却属于孔子。因而，就其原始本文看，《葬书》有可能出于晋代，只是开初秘传，不为人所知"。第811页。
④ 王明编《太平经合校》，中华书局，1960，第182页。
⑤ 参看本卷第六章有关内容。

此不得其说。田艺衡《春雨逸响》云：人之初生，以七日为腊，死以七日为忌，一腊而一魄成，一忌而一魄散。杨用修亦云：人生四十九日而七魄全，死四十九日而七魄散。郎仁宝云：天以二气五行生物而有七政，人得阴阳五常而有七情。天之道惟七，而气至六日有余为一候；人之气亦惟七，凡六日有余而行十二经。又引《论衡·订鬼篇》曰：鬼者，甲乙之神。甲乙者，天之别气。人病且死，甲乙之神至矣。假令甲乙之日病，则死见庚辛之神。盖甲乙鬼，庚辛报，故甲乙日病者，死期尝〔常〕在庚辛也。而因以推五行相克之理，如木日鬼，则金为之杀；金日鬼，则火为之杀；皆隔七日也。是数说者皆有理。大抵阴阳往来，多以七日为候。如世人病伤寒者，其轻重每七日则一候，或一候、二候、三候，有按节不爽者。《易》曰七日来复。此固天之道也。《礼记》水浆不入口者七日，其后世做七之始欤？然以七七为限，经传并无明文。王棠谓：古礼诸侯七虞，以七日为节，春秋末大夫皆僭用七虞。今逢七日必祭，凡七祭，盖因虞礼而误用之也。又引皇甫湜所撰《昌黎神道碑》云：遗命丧葬，无不如礼。凡俗习画写浮屠，日以七数之，及阴阳家所谓吉凶，一无污我云云。……按元魏时，道士寇谦之教盛行，而道家炼丹拜斗，率以七七四十九日为断，遂推其法于送终，而有此七七之制耳。"① 通篇强调的是道教中"七"的特殊意义和价值，而有关阴阳相生相克的思想更是道教的核心观念。由此可以肯定，盛行于魏晋南北朝的"做七"祭祀超度习俗其实也受道教文化的影响，当然也包括民间传统文化的影响。

最后，终极影响在殡葬的观念和所建立的对另一个世界的想象。葛洪就相信鬼的世界存在，当然，他所证鬼之世界存在主要是为了证明仙的世界存在和人能通过修炼而得长生不死。他说："神仙集中有召神劾鬼之法，又有使人见鬼之术。俗人闻之，皆谓虚文。或云天下无鬼神，或云有之，亦不可劾召。或云见鬼者，在男为觋，在女为巫，当须自然，非可学而得。按汉书及太史公记皆云齐人少翁，武帝以为文成将军。武帝所幸李夫人死，少翁能令武帝见之如生人状。又令武帝见灶神，此史籍之明文也。夫方术既令鬼见其形，又令本不见鬼者见鬼，推此而言，其余亦何所不有也……人无贤愚，皆知己身之有魂魄，魂魄分去则人病，尽去则人死。故分去则术家有拘录之法，尽去则礼典有招呼之义，此之为物至近者也。"② 葛洪相信道教有招鬼之术，并举了汉武帝的几则故事。他还强调，魂魄如果部分地离开人体，人则生病，如果全部离开，人则死亡。所以魂魄是存在的。不管怎么说，鬼魂的存在与人通过修炼可以长

---

① 赵翼：《陔余丛考》卷32"七七"条，第625～626页。
② 葛洪：《抱朴子内篇》卷2《论仙》，参见王明《抱朴子内篇校释》，中华书局，1985，第20～21页。

生对于民间殡葬观念的影响是直接的。与此同时，对另一个世界的想象虽然没有佛教那样明晰，但也非常富有中国自己的区域特点。据葛洪《枕中书》①描述："鲍靓②为地下主者，带潜山真人。神荼、蔡郁垒③为东方鬼帝，治桃止山。张衡、杨云为北方鬼帝，治罗酆山。④杜子仁为南方鬼帝，治罗浮山。周乞、嵇康为中央鬼帝，治抱犊山。赵文和、王真人为西方鬼帝，治潘冢山。"⑤与黄帝居中央并同时治理东西南北四方在理念上是一致的。五鬼帝的建构虽然没有在后来的历史中独立地传承，并与佛教的地狱观念合而为一，但十八层地狱的存在与"十殿阎王"的另一个世界还是有着异曲同工之妙的。

第四节　殡葬中的孝道影响

孝是人伦之大义，在中国千百年来被奉为圭臬。魏晋南北朝虽然朝代更替频繁，但历朝统治者都宣称以孝治天下。二十四孝属于此期的就有六位，即闻雷泣墓的王裒⑥、哭竹生笋的孟宗、卧冰求鲤的王祥、扼虎救父的杨香、恣蚊饱血的吴猛和尝粪忧心的庾黔娄，说明此期孝道在民间拥有巨大的市场。对此，统治者是有着清醒认识的，所谓孝道"用之于国，动天地而降休征；行之于家，感鬼神而昭景福"。⑦意思是说，如果用孝道来治理国家，则可以感动天地而降下福瑞的征兆；如果家庭中行孝道，则可以感动鬼神而使子孙得到保佑。这是统治者提倡孝道的重要依据。皇甫谧在死前就交代儿孙辈，死后自己"平生之物，皆无自随，唯赍《孝经》一卷，示不忘孝道"。

所谓孝有生孝和死孝两种，孔子在《论语·为政》中所谓"生事之以礼，死葬之以礼，祭之以礼"就是孝。生事之以礼便是生孝，就是讲不能违背父母的想法，以社会规范的行为对待他们。死孝则包括以规范的殡仪埋葬他们，并以规范的仪式祭祀。魏晋南北朝时期的士大夫以上阶层大都在死前留有遗令或遗命，子女据此安葬他们便

---

① 关于该书的真伪请参考石衍丰《〈枕中书〉及其作者》，《宗教学研究》1986 年第 2 期。
② 鲍靓，字太玄，东海人，或云陈留人，或云东海陈留人，或云上党人。曾任广东南海郡太守，是葛洪的岳父。看来神仙世界也是一个关系和熟人世界，正应了一人得道，鸡犬升天。
③ 神荼、郁垒是神话中的人物。下文张衡等云云，大都为历史上的真实人物。
④ 即后来演变为著名的鬼城酆都。
⑤ 葛洪：《枕中书》，转引自郑土有《晓望洞天福地：中国的神仙与神仙信仰》，第 278 页。
⑥ 《晋书》卷 88《孝友传》载，王裒"博学多能，痛父非命，未尝西向而坐，示不臣朝廷也。于是隐居教授，三征七辟皆不就。庐于墓侧，旦夕常至墓所拜跪，攀柏悲号，涕泪著树，树为之枯。母性畏雷，母没，每雷，辄到墓曰：'裒在此。'"第 1520 页。
⑦ 《晋书》卷 88《孝友传》，第 1517 页。

属于"无违",也就是孝。当然,这一切还必须符合当时的礼仪规范。不过,魏晋南北朝是一个特殊时期,不仅社会处于转型时期,而且各种文化思潮和民族文化也在冲击着殡葬文化,因此一方面死孝是指依礼殡葬和居丧,另一方面则通过自己的方式来表达孝和完成死丧的过程。王裒居丧庐于墓侧,为父则"旦夕常至墓所拜跪,攀柏悲号,涕泪著树,树为之枯"。而因为母亲生前怕雷声,一旦打雷,则围着坟墓一边转着一边说"儿子在此",这于礼叫事死如生。

因此,那个时代的死孝有着许多不同的表现。"夏方,字文正,会稽永兴人也。家遭疫疠,父母伯叔群从死者十三人。方年十四,夜则号哭,昼则负土,十有七载,葬送得毕,因庐于墓侧,种植松柏。"①夏方以未成年之身在17年时间里安葬了13位死于疫疠的亲人,因此感动了地方政府,被拜为"仁义都尉"。

"许孜,字季义,东阳吴宁人也。"他曾随豫章太守会稽孔冲读书,回家后听说孔冲去世,为他守丧三年。后父母去世,因居丧而"柴毁骨立,杖而能起",并亲自建造坟墓。乡亲看他实在太过劳累,要帮助他。许孜实在推托不过,他们白天为他添土,晚上他又除去。他的孝行甚至感动了猛兽。他把前妻休了,一直住在墓庐,二十年后才再娶。死后,他所居之宅被称为孝顺里。②"王延,字延元,西河人也。九岁丧母,泣血三年,几至灭性。每至忌日,则悲啼至旬。"③事后母如生母,待其"父母终后,庐于墓侧,非其蚕不衣,非其耕不食"。吴兴的吴逵也是如此:"吴逵,吴兴人也。经荒饥疾病,合门死者十有三人,逵时亦病笃,其丧皆邻里以苇席裹而埋之。逵夫妻既存,家极贫窭,冬无衣被,昼则佣赁,夜烧砖甓,昼夜在山,未尝休止,遇毒虫猛兽,辄为之下道。期年,成七墓、十三棺。时有赙赠,一无所受。"④吴逵通过一年时间打工和自制砖甓,埋葬了家中去世的13人,甚至别人的赙赠也不接受。这些都是死孝的典型代表。

但也有表现怪异、不合常理的,如王戎和阮籍。王戎是西晋名士,"竹林七贤"之一。他虽然比阮籍小二十岁,两人却是忘年交,而且会做出一些令世人不解的行为。⑤王戎生性孝顺,母亲去世后,王戎"不拘礼制,饮酒食肉,或观弈棋,而容貌

---

① 《晋书》卷88《孝友传》,第1519页。
② 《晋书》卷88《孝友传》,第1521页。
③ 《晋书》卷88《孝友传》,第1528页。
④ 《晋书》卷88《孝友传》,第1530页。
⑤ 《晋书》卷43《王戎传》载:"戎尝与阮籍饮,时兖州刺史刘昶字公荣在坐,借以酒少,酌不及昶,昶无恨色。戎异之,他日问籍曰:'彼何如人也?'答曰:'胜公荣,不可不与饮;若减公荣,则不敢不共饮;惟公荣可不与饮。'"第811页。

毁悴，杖然后起。裴颜往吊之，谓人曰：'若使一恸能伤人，濬冲不免灭性之讥也。'时和峤亦居父丧，以礼法自持，量米而食，哀毁不逾于戎。帝谓刘毅曰：'和峤毁顿过礼，使人忧之。'毅曰：'峤虽寝苫食粥，乃生孝耳。至于王戎，所谓死孝，陛下当先忧之。'戎先有吐疾，居丧增甚。帝遣医疗之，并赐药物，又断宾客"①。大意是王戎不拘礼制地为母居丧，而和峤是按礼居丧。皇上就问多次去看过两人的裴颜，说和峤的居丧过礼非常令人担忧。但裴颜却说，和峤用不着担心，他是生孝，而王戎的则是死孝，意思是拿命在为母亲居丧。裴颜是王戎的女婿，当然是要为老丈人说话的。但由此也说明，王戎的孝不在礼，而在性和心了。阮籍的居丧则更为出离当时的礼教了，但他依然被时人奉为孝子。《晋书》载：

> 籍虽不拘礼教，然发言玄远，口不臧否人物。性至孝，母终，正与人围棋，对者求止，籍留与决赌。既而饮酒二斗，举声一号，吐血数升。及将葬，食一蒸肫，饮二斗酒，然后临诀，直言穷矣，举声一号，因又吐血数升，毁瘠骨立，殆致灭性。裴楷往吊之，籍散发箕踞，醉而直视，楷吊唁毕便去。或问楷："凡吊者，主哭，客乃为礼。籍既不哭，君何为哭？"楷曰："阮籍既方外之士，故不崇礼典。我俗中之士，故以轨仪自居。"②

阮籍不拘礼教是出了名的，他在母亲去世时正好与人下围棋。对方知道阮籍母亲去世，要求不下了，但阮籍非要与他赌上一局。接着喝了两斗酒，叫一声，吐血数升。要葬母亲之前，吃了一个蒸熟的肫，再喝两斗酒，然后与母亲诀别，又是一声大叫，吐血数升。因此，居丧期间骨瘦如柴，几无人性。裴楷前往吊唁，阮籍不加理会，自己披散着头发箕踞而坐，还喝醉了直愣愣地看着对方，也没有哭，也没有还礼。这是很不合礼仪的。有人就问裴楷，你去吊唁，主人哭，你才哭，阮籍没有哭，你为什么哭？裴楷回答得非常妙，说阮籍是世外之人，"不崇礼典"，而自己是一个俗人，必须以礼对待。由此说明，孝是最重要的，礼则居于其次。死孝讲的是性和心。

社会的提倡和上层人士的身体力行或率性而为，极大地推动或促进了死孝在魏晋南北朝殡葬文化中的影响，并使这一行为不仅成为个人的，也成为群体的一种标签，这对魏晋南北朝后期厚葬之风盛行，起了非常直接的作用。

---

① 《晋书》卷43《王戎传》，第811页。
② 《晋书》卷49《阮籍传》，第900页。

第二章
殡葬制度

魏晋南北朝的殡葬制度在很大程度上是对汉朝末期社会现实的一种反思，是基于现实基础的一种设计。汉代在经过四百多年的承平发展之后，形成了完整的礼制规章，从陵寝制度到官员殡葬再到平民百姓的丧葬都有明确的规定。但汉末的社会动乱，尤其是这些动乱所带来的陵墓盗掘和盗墓的盛行给上层社会在行为和观念上带来巨大的冲击，为魏晋南北朝时期，尤其是魏蜀吴时期的殡葬制度改革留下了空间，薄葬等观念的出现和在现实中的实行在这时期的上层和平民中都有很大的市场。这一点在魏晋南北朝殡葬礼制的设计和实行方面应该说表现得极其鲜明。

第一节 魏蜀吴殡葬制度

魏蜀吴殡葬制度的创建从魏武帝曹操开始。曹操虽然没有建立独立的政权，但他的行为和殡葬思想观念却影响了汉末，尤其是三国时期的殡葬礼制，为简葬和薄葬制度的形成，为顺应社会现实的实用主义殡葬观的出现和后来相关殡葬制度的改革奠定了基础。但魏蜀吴的殡葬制度毕竟是上承汉制而下开风气之举，由于时代短暂和实行的机制不完全，因此影响非常有限。

一 曹操的临终遗制与曹魏的简葬制度

曹操是一代枭雄，他对时事的观察比当时的许多人都更深刻。他临死时对后人的交代成了曹魏殡葬制度改革的重要依据，而他本人也因为这种改革对后来的殡葬制度，尤其是明器随葬制度产生了巨大影响。这就是人们所说的曹操临终《遗令》。

> 吾夜半觉小不佳，至明日饮粥汗出。服当归汤。吾在军中持法是也，至于小忿怒，大过失，不当效也。天下尚未安定，未得遵古也。吾有头病，自先着帻，吾死之后，持大服如存时，勿遗。百官当临殿中者，十五举音，葬毕便除服；其将兵屯戍者，皆不得离屯部；有司各率乃职。敛以时服，葬于邺之西冈上，与西门豹祠相近，无藏金玉珍宝。吾婢妾与伎人皆勤苦，使著铜雀台，善待之。于台堂上安六尺床，施繐帐，朝晡上脯糒之属。月旦十五日，自朝至午，辄向帐中作伎乐。汝等时时登铜雀台，望吾西陵墓田。余香可分与诸夫人，不命祭。诸舍中无所为，可学作组履卖也。吾历官所得绶，皆著藏中。吾余衣裘，可别为一藏，不能者兄弟可共分之。①

这篇《遗令》至少在这几方面是独特的：（1）关于殡敛。头服他自己已戴好了（"自先着帻"），不要脱了。已经穿在身上的宽松的衣服，也不要脱落。就用平时穿的衣服装敛即可。（2）百官应当哭临的，"十五举音"即可，不要老是哭泣。（3）有司照常办公，戍边将帅都不要离开原地。（4）葬址已经选定（"邺之西冈"）。（5）不要随葬金玉珍宝。（6）下葬之后即除服，不要服丧。"②（7）安置了自己的妻妾。（8）死后初一、十五祭祀。（9）分配了身后的财产。

其实，在曹操感觉自己身体每况愈下之时，已经做过身后事的安排，而且在讲究古礼的同时，尽量符合汉时的殡葬规制，同时又有自己的想法。这就是曹操在建安二十三年（218）六月的《终令》。

> 古之葬者，必居瘠薄之地。其规西门豹祠西原上为寿陵，因高为基，不封不树。周礼冢人掌公墓之地，凡诸侯居左右以前，卿大夫居后，汉制亦谓之陪陵。其公卿大臣列将有功者，宜陪寿陵，其广为兆域，使足相容。

应该说《终令》还是比较中规中矩的，其思想符合汉代的因山为陵理念；同时强调陪陵，将自己的有功之臣环葬于左右，体现了家天下的观念。有关曹操的殡葬细节，在《宋书》等史书中还有更详细的记载。

---

① 曹操：《曹操集》，中华书局，1959，第 57 页。
② 陈戍国：《中国礼制史·魏晋南北朝卷》，第 34 页。

魏武以送终制衣服四箧，题识其上，春秋冬夏日有不讳，随时以敛。金珥珠玉铜铁之物，一不得送。文帝遵奉，无所增加。及受禅，刻金玺，追加尊号。不敢开埏，乃为石室，藏玺埏首，示陵中无金银诸物也。汉礼明器甚多，自是皆省矣。①

明确告诉世人，曹操的墓葬没有各种随葬物，更无金银珠宝之类。等到曹丕受禅，所追加尊号及金玺也不敢打开墓道（"埏"），并将金玺放在墓道的前方。从此，汉代随葬明器非常丰厚的制度开始改变。

曹丕不仅遵守其父之嘱，而且自身也实行薄葬。他在《终制》中非常明确地交代了自己的后事该如何来办。

礼，国君即位为椑，存不忘亡也。昔尧葬谷林，通树之，禹葬会稽，农不易亩。故葬于山林，则合乎山林。封树之制，非上古也，吾无取焉。寿陵因山为体，无为封树，无立寝殿，造园邑，通神道。夫葬也者，藏也，欲人之不得见也。骨无痛痒之知，冢非栖神之宅，礼不墓祭，欲存亡之不黩也。为棺椁足以朽骨，衣衾足以朽肉而已。故吾营此丘墟不食之地，欲使易代之后不知其处。无施苇炭，无藏金银铜铁，一以瓦器，合古涂车、刍灵之义。棺但漆际会三过，饭含无以珠玉，无施珠襦玉匣，诸愚俗所为也。季孙以玙璠敛，孔子历级而救之，譬之暴骸中原。宋公厚葬，君子谓华元、乐莒不臣，以为弃君于恶。汉文帝之不发，霸陵无求也；光武之掘，原陵封树也。霸陵之完，功在释之；原陵之掘，罪在明帝。是释之忠以利君，明帝爱以害亲也。忠臣孝子，宜思仲尼、丘明、释之之言，鉴华元、乐莒、明帝之戒，存于所以安君定亲，使魂灵万载无危，斯则贤圣之忠孝矣。自古及今，未有不亡之国，亦无不掘之墓也。丧乱以来，汉氏诸陵无不发掘，至乃烧取玉匣金缕，骸骨并尽，是焚如之刑，岂不重痛哉！祸由乎厚葬封树。"桑、霍为我戒"，不亦明乎？其皇后及贵人以下，不随王之国者，有终没皆葬涧西，前又以表其处矣。盖舜葬苍梧，二妃不从，延陵葬子，远在嬴、博，魂而有灵，无不之也，一涧之间，不足为远。若违今诏，妄有所变改造施，吾为戮尸地下，戮而重戮，死而重死。臣子为蔑死君父，不忠不孝，使死者有

---

① 《宋书》卷 15《礼志二》，第 272 页。

知,将不福汝。其以此诏藏之宗庙,副在尚书、秘书、三府。①

此《终制》与汉代的殡葬制度相比,已经大有变革:一,不封不树,不造神道,不建寝殿,目的是不给后人留下可以想入非非进行盗墓的任何标记;二,随葬复古,只有瓦器,同样不藏金银珠宝;三,饭含也改变,不用珠玉;四,棺木也极其简陋,只"漆际会三过",装饰非常简单;五,虽然相信灵魂的存在,但灵魂与肉体是分离的,死者的"骨无痛痒之知";六,不要妻妾随葬,葬在不远处就行,灵魂可以来往。这一切的目的只有一个,那就是保证死后不被后人打扰,尤其是不为改朝换代或盗墓者所打扰。应该说,曹丕的薄葬观比其父更为彻底,他连四季随用之衣服也省略了。

从历史发展的角度来看,曹魏的薄葬只是对时代变迁过程中厚葬所带来盗墓和"烧取玉匣金缕,骸骨并尽,是焚如之刑"的规避,本质上为己。但从具体的实行来看,推动了明器制度的改革、随葬实用品和青铜器等消耗大量财力的现象开始弱化。当时的王公大臣也都紧随其后,用薄葬的方式来表达自己对殡葬的理解,如曹植、曹衮等。

图2-1 铜奔马(魏晋,甘肃武威雷台出土)
资料来源:金维诺总主编《中国美术全集·墓葬及其他雕塑》,黄山书社,2010,第189页。

图2-2 铜斧车(魏晋,甘肃武威雷台出土)
资料来源:金维诺总主编《中国美术全集·墓葬及其他雕塑》,第190页。

① 《三国志》卷2《魏书·文帝纪》,第60页。

二 蜀吴的殡葬制度

蜀汉在三国中自称继承刘汉血统,虽然偏居于巴蜀,但在礼制规章上总是试图传承或模仿汉代的规制。殡葬制度是一个国家重要的制度,按什么样的方式进行和以什么规模进行都是一个国家的象征。由于蜀汉只有刘备一个国君,且在政权存续期间去世,所以他的殡葬规定及其过程就代表了这个王国的制度。但由于时事变异,当时又经常处于战争之中,从不多的材料来看,蜀汉其实还是从权安葬了刘备的。这从《三国志》诸葛亮对后主转述刘备的遗诏当中可以清楚地看到。

> 乃顾遗诏,事惟大宗,动容损益。百寮发哀,满三日除服,到葬期复如礼;其郡国太守、相、都尉、县令长,三日便除服。臣亮亲受敕戒,震畏神灵,不敢有违。臣请宣下奉行。①

虽然安葬的具体细节没有记载,但在应该不会太过简陋,出殡的仪式、仪仗、棺椁等都可能如仪进行,只是满三日除服非常肯定。服丧是人伦大义,也是君臣不可或缺的礼仪,但从汉文帝改革三年服丧制度以来,这种为君服丧时间越来越短的现象已经成为一种趋势。刘备在葬后"其郡国太守、相、都尉、县令长,三日便除服",可以说是一种从权之计,但也是一种无奈之举。处于不断战争之中的国家,无法像承平日久的时代可以从容地完成所有的礼制习俗。这就怪不得在三国时期,不管是帝王还是平民百姓都采取了比较简单的方式来处理殡葬,虽然仪式和习俗都与他们的信仰相背,但现实的需求超越了理想化的制度,因此制度也就只能更改而服从现实了。不过,百官与平民虽然三日便除服,但刘禅还是服满了三年丧。《三

图2-3 陶舞蹈俑(三国蜀,重庆忠县涂井5号崖墓出土)

资料来源:金维诺总主编《中国美术全集·墓葬及其他雕塑》,第186页。

---

① 《三国志》卷32《蜀书·先主传》,第663页。

国志·蜀书·谯周传》载有《谏后主疏》,其中就说到"陛下天姿至孝,丧逾三年,言及陨涕,虽曾闵不过也"①的话,可知刘禅曾服三年丧。这在一定程度上可以印证,蜀汉的统治者希望用自己的行动来证明自己是汉朝的正统。

有关东吴的殡葬制度,由于没有详细的记载而研究很少,但大体上汉朝制度的影响还是普遍存在的。只是处于非常时期,人们大都会有从权之想,认为礼制是必需的,但时事特殊,权宜之计也是可以的。孙权在嘉禾六年(237)就曾下诏说:"夫三年之丧,天下之达制,人情之极痛也。贤者割哀以从礼,不肖者勉而致之。世治道泰,上下无事,君子不夺人情。故三年不逮孝子之门。至于有事,则杀礼以从宜,要经而处事。故圣人制法:有礼无时则不行。遭丧不奔非古也,盖随时之宜,以义断恩也。"②这份诏书非常清楚地表明,三年之丧是当时"天下之达制",没有实行只是因为世道不宁,只能"从宜"。

帝王如此,大臣也紧随其后,用简单的方式处理自己的后事。诸葛亮54岁死于军中,"亮遗命葬汉中定军山,因山为坟,冢足容棺,敛以时服,不须器物"③。可知是因山为坟,不封不树,没有留下任何标志性的东西,同时墓室可能也非常小,只容棺木大小,并且没有随葬物,寿衣也只是时服。后主同样没有赏赐很多随葬物,只有印绶和谥号。④不过民间的祭奠却极其隆重,所谓"百姓巷祭,戎夷野祀"便是明证。⑤

关于此期的殡葬特征及与汉代的差异,陈成国的概括还是相当典型的:"一,自

图2-4 陶顶罐女俑(三国吴,江苏南京栖霞山甘家巷东吴墓出土)

资料来源:金维诺总主编《中国美术全集·墓葬及其他雕塑》,第186页。

---

① 《三国志》卷42《蜀书·谯周传》,第761页。
② 《三国志》卷47《吴书·吴主传》,第844页。
③ 《三国志》卷35《蜀书·诸葛亮传》,第689页。
④ 《三国志》卷35《蜀书·诸葛亮传》载:后主在诸葛亮去世后,"令使使持节左中郎将杜琼,赠君丞相武乡侯印绶,谥君为忠武侯。魂而有灵,嘉兹宠荣。呜呼哀哉!呜呼哀哉!"第689页。
⑤ 《三国志》卷35《蜀书·诸葛亮传》注引《襄阳记》,第690页。

上至下，普遍实行薄葬，很少看到厚葬的例子。至少在曹魏是如此。二，自国君（所谓天子）至于小吏，绝大多数实行短丧，唯刘禅等少数人服三年之丧为特例，而且刘禅之服丧三年并不合乎先帝要求。三，先秦与两汉丧葬礼仪，三国略有保存……。四，三国丧葬有定制……总而言之，从文献看，三国丧葬礼制虽与先秦（主要指周礼）、两汉多少有些因袭关系，但是不同者居多。如果说到丧葬礼制的改革，我们认为三国比两汉彻底得多，而三国开国君主（曹操曹丕父子，刘备，孙权）的表率作用是不可抹煞的。"①

第二节　两晋殡葬制度

两晋的殡葬制度，一方面承续的是汉魏故事，在薄葬之路上继续前行；另一方面则在实行过程中逐渐与薄葬相向而行，在日复一日的重复中增加殡葬的花费，向厚葬的方向发展。即使一些有识之士依然保持着清醒的头脑，但在社会时俗影响之下，奢侈之风逐渐兴盛。

一　两晋帝王的薄葬

一般意义上说，帝王的葬礼大都比较神秘，原因是葬仪虽然隆重，却秘不外宣，主要是为了帝王死后不仅所随带的财物（主要是为死后的世界所享用）不为世俗世界所窥视，不为不良之徒所盗掘，更主要的是为了保持帝王的尊严，让死者有一个安静的世界。

两晋时期的帝王大都尊崇司马懿《顾命终制》，但《顾命终制》已经不传，主要内容应该是倡导薄葬之类。西晋存续时间不长，但它对东晋有关殡葬的影响是非常巨大的，两者之间的内在联系也非常直接。

司马懿虽然不是晋国的直接建立者，却留下了《顾命终制》。晋书记载："预作终制，于首阳山为土藏，不坟不树；作顾命三篇，敛以时服，不设明器，后终者不得合葬。一如遗命。"② 他本人的葬礼应该是俭约而不失尊严的。《顾命终制》对其后代的影响应该是直接的，晋武帝司马炎的葬礼虽然同样没有具体内容的记载，但从张华的《哀策文》我们可以看到，司马炎行的是不封不树的葬仪，也没有金银珠宝等随葬，

---

①　陈戍国：《中国礼制史·魏晋南北朝卷》，第 46 页。
②　《晋书》卷 1《帝纪一》，第 13 页。

只有陶器作为明器。所谓"终制尚俭，率由典度"。① 当然，这里典度没有明指，应该是魏晋以来的薄葬规定和符合《顾命终制》的规定，即"华幕弗陈，器必陶素，不封不树，所在惟固"。② 然而，送丧的铺张却是非常明显的。真正是"大隧既启，吉日将征，钟鼓雷震，白虎抗旌，龙螭骧首，良驷悲鸣，倡者振铎，挽夫齐声"。③ 可以想象，送葬队伍极其壮观，方相前导，白旌蔽日，车马辚辚，挽歌一片。时人潘岳的《世祖武皇帝诔》也有同样的叙述。④

如果说"家无远迩，邦靡小大，四海供职，同轨毕会"是真实的情形而不是文学的表达，那么官员同来送葬的现实便是司马炎殡葬的写照，与司马懿的《顾命终制》已经有了很大的差别了。西晋的惠帝死后是如何安葬的，没有确切的记载，可以推测的是，应该还是薄葬为主。至于遇害身亡的晋愍帝，死后如何安葬更不得而知，只是后来在东晋建立政权的晋元帝司马睿为他行斩衰之服，是五服中最重的。按陈戍国先生的说法，"为愍帝服斩衰，是承统之帝为先居帝位而故去者服斩衰之礼。此礼源于先秦"。⑤

东晋时，帝王依然遵循薄葬之制。晋明帝曾长期患疾，死前留下诏书，要求殡葬简约。

> 自古有死，贤圣所同，寿夭穷达，归于一概，亦何足特痛哉！朕枕疾已久，常虑忽然。仰惟祖宗洪基，不能克终堂构，大耻未雪，百姓涂炭，所以有慨耳。不幸之日，敛以时服，一遵先度，务从简约，劳众崇饰，皆勿为也。⑥

一般来说，登帝位者必徒行送前面的帝王至陵所，表达哀戚和至孝。晋成帝去世，晋康帝司马岳"葬成皇帝于兴平陵，帝亲奉奠于西阶，既发引，徒行至阊阖门，升素舆，至于陵所"。⑦

不过我们不太清楚，送至陵所后是如何安葬死者的。从当时的有关礼仪来看，大

---

① 张华：《哀策文》，《艺文类聚》卷13，上海古籍出版社，1982，第247页。
② 张华：《哀策文》，《艺文类聚》卷13，第247页。
③ 张华：《哀策文》，《艺文类聚》卷13，第247页。
④ "家无远迩，邦靡小大，四海供职，同轨毕会。茫茫原野，亭亭素盖；缟辂解驾，白虎弭旆；龙辀即定，玄囟载局。如天斯崩，如地斯倾，哀哀庶寮，茕茕自愍。"张华：《哀策文》，《艺文类聚》卷13，第246页。
⑤ 陈戍国：《中国礼制史·魏晋南北朝卷》，第136页。
⑥ 《晋书》卷6《明帝纪》，第105页。
⑦ 《晋书》卷7《康帝纪》，第118～119页。

致还是有一些定规的。晋代贺循的《葬礼》中有这样的记载：

> 至墓之位，男子西向，妇人东向。先施幔屋于埏道北，南向。柩车既至，当坐而住。遂下衣几及奠祭。哭毕柩进，即圹中神位。既窆，乃下器圹中。荐棺以席，缘以绀缯。植翣于墙，左右挟棺，如在道仪。

非常清楚地叙述了从到墓地再入墓圹安葬的整个过程。当然这仅仅是一种推测，帝王未必遵循的也是士大夫所推崇的礼制。

与皇帝同样重要的是皇后的殡葬制度性规定。按陈戍国先生的概括，大约有下述十二条：

（1）临终之事：请良医诊治，为病人尝药、祈祷。

（2）皇后死后，太子为丧主，擗踊致哀。阖宫悲哭。

（3）赴告郡国。

（4）"送终之礼"虽然朴素，但也少不了"唅"、"襚"等仪节，少不了"梓宫"作葬具。

（5）每天必行奠仪。

（6）筮宅。

（7）筮葬日令辰。

（8）以金根玉箱为灵舆，有容车……

（9）有铭旌，"方相"开道……

（10）"輓童引歌"。专门组织儿童唱挽歌，此前未闻。

（11）送葬者有"诸姑姊妹，娣姒媵御"，有"王侯卿士"、"群官庶僚"……

（12）不封不树。①

但事实上，皇后的去世，尤其是皇太后的去世葬礼是极其隆重的。"泰始四年，皇太后崩。有司奏：'前代故事，倚庐中施白缣帐、蓐、素床，以布巾裹块草，韬輂、版舆、细犊车皆施缣里。'诏不听，但令以布衣车而已，其余居丧之制，不改礼文。有司又奏：'大行皇太后当以四月二十五日安厝。故事，虞著衰服，既虞而除。其内外官僚皆就朝晡临位，御除服讫，各还所次除衰服。'诏曰：'夫三年之丧，天下之达礼

---

① 陈戍国：《中国礼制史·魏晋南北朝卷》，第141~142页。

也。受终身之爱，而无数年之报，奈何葬而便即吉，情所不忍也。'有司又奏：'世有险易，道有洿隆，所遇之时异，诚有由然，非忽礼也。方今戎马未散，王事至殷，更须听断，以熙庶绩。昔周康王始登翌室，犹戴冕临朝。降于汉魏，既葬除释，谅暗之礼，自远代而废矣。惟陛下割高宗之制，从当时之宜。'诏曰：'夫三年之丧，所以尽情致礼，葬已便除，所不堪也。当叙吾哀怀，言用断绝，奈何！奈何！'有司又固请。诏曰：'不能笃孝，勿以毁伤为忧也。诚知衣服末事耳，然今思存草土，率当以吉物夺之，乃所以重伤至心，非见念也。每代礼典质文皆不同耳，何为限以近制，使达丧阙然乎！'群臣又固请，帝流涕久之乃许。文明皇后崩及武元杨后崩，天下将吏发哀三日止。"①晋武帝对自己的母亲感情很深，因此，曾固执要为母亲服丧，但有司则以时事之异为由，要求皇帝在虞祭之后就除服。虽然皇帝几度驳回，但最终还是"流涕久之乃许"，同意了有司的意见。从此之后，三日除服成为一时之例。

二　两晋王侯将相之殡葬制度

那些封王封侯的和将相大臣，其礼又如何呢？从晋安平献王司马孚的故事不断被后世所采用便可知等级制存在的真实性。

晋安平献王司马孚是晋武帝的叔祖，泰始八年（272）去世，享年93岁。"临终，遗令曰：'有魏贞士河内温县司马孚，字叔达，不伊不周，不夷不惠，立身行道，终始若一，当以素棺单椁，敛以时服。'……帝于太极东堂举哀三日。诏曰：'王勋德超世，尊宠无二，期颐在位，朕之所倚。庶永百龄，谘仰训导，奄忽殂陨，哀慕感切。其以东园温明秘器、朝服一具、衣一袭、绯练百匹、绢布各五百匹、钱百万，谷千斛以供丧事。诸所施行，皆依汉东平献王苍故事。'其家遵孚遗旨，所给器物，一不施用。帝再临丧，亲拜尽哀。及葬，又幸都亭，望柩而拜，哀动左右。给銮辂轻车，介士武贲百人，吉凶导从二千余人，前后鼓吹，配飨太庙。"②

这里有几点是值得注意的。第一，临终遗令，大都要求简葬，"素棺单椁，敛以时服"；第二，王侯类，皇帝一般都会参与殡葬的仪式过程，并有所行动；第三，皇帝进行赐赠，对安平献王则是"东园温明秘器、朝服一具、衣一袭、绯练百匹、绢布各五百匹、钱百万，谷千斛"；第四，在出殡时，皇帝亲祭；第五，给予很高的排场待遇，所谓"銮辂轻车，介士武贲百人，吉凶导从二千余人，前后鼓吹"。本质上殡

---

①《晋书》卷20《志第十》，第397页。
②《晋书》卷37《宗室传》，第711页。

葬过程有物质上的保障，仪式上有铺排张扬的保障，面子上有皇帝亲临的保障，等等。

从西晋到东晋，王侯级的殡葬基本上依安平献王的礼制。据历史记载，齐王司马攸死后，"诏丧礼依安平王孚故事，庙设轩悬之乐，配飨太庙"；①另外，汝南王司马亮、秦献王司马柬、文孝王司马道子、忠敬王司马遵等一律按安平献王礼制，说明当时皇室殡葬是有着明确的规定的。

王侯如此，将相等大臣同样如此。郑冲是晋武帝时的大臣，位及三公，死后"（晋武）帝于朝堂发哀，追赠太傅，赐秘器，朝服，衣一袭，钱三十万，布百匹。谥曰成。咸宁初，有司奏，冲与安平王孚等十二人皆存铭太常，配食于庙"②，哀荣极盛，只是赏赐和排场稍逊王侯。

王祥也是晋武帝时的重臣，曾官拜太保，封爵为公。王祥是非常孝顺的人，《晋书》记载："祥性至孝。早丧亲，继母朱氏不慈，数谮之，由是失爱于父。每使扫除牛下，祥愈恭谨。父母有疾，衣不解带，汤药必亲尝。母常欲生鱼，时天寒冰冻，祥解衣将剖冰求之，冰忽自解，双鲤跃出，持之而归。母又思黄雀炙，复有黄雀数十飞入其幕，复以供母。乡里惊叹，以为孝感所致焉。有丹柰结实，母命守之，每风雨，祥辄抱树而泣。"③这样一位既孝又忠的大臣去世前就写了要求简葬的遗训："夫生之有死，自然之理。吾年八十有五，启手何恨。不有遗言，使尔无述。吾生值季末，登庸历试，无毗佐之勋，没无以报。气绝但洗手足，不须沐浴，勿缠尸，皆浣故衣，随时所服。所赐山玄玉佩、卫氏玉玦、绶笥皆勿以敛。西芒上土自坚贞，勿用甓石，勿起坟陇。穿深二丈，椁取容棺。勿作前堂、布几筵、置书箱镜奁之具，棺前但可施床榻而已。糒脯各一盘，玄酒一杯，为朝夕奠。家人大小不须送丧，大小祥乃设特牲。无违余命！高柴泣血三年，夫子谓之愚。闵子除丧出见，援琴切切而哀，仲尼谓之孝。故哭泣之哀，日月降杀，饮食之宜，自有制度。"④内容非常具体而且可行，包括如何收敛、如何建坟、如何安排墓室、如何祭奠和如何按制度办事等。不过，这样的遗令之后，皇帝自然还要表达对于大臣的厚爱，"诏赐东园秘器，朝服一具，衣一袭，钱三十万，布帛百匹"。⑤由于当时正值文明皇后去世一个多月，皇帝忙不过来，之后又下诏"'为睢陵公发哀，事乃至今。虽每为之感伤，要

---

① 《晋书》卷37《宗室传》，第743页。
② 《晋书》卷33《郑冲传》，第647页。
③ 《晋书》卷33《王祥传》，第643页。
④ 《晋书》卷33《王祥传》，第644页。
⑤ 《晋书》卷33《王祥传》，第645页。

未得特叙哀情。今便哭之。'明年，策谥曰元。"①以极其隆重的方式安排了王祥的后事。

从郑冲、王祥的情况来看，他们的殡葬规格稍低于王侯，但差不多等级的官员在殡葬规格和仪式等方面是相同的。石苞死于泰始八年（272），他做过大司马，后做司徒。死前曾自作终制。史载：

> 苞豫为《终制》曰："延陵薄葬，孔子以为达礼；华元厚葬，《春秋》以为不臣，古之明义也。自今死亡者，皆敛以时服，不得兼重。又不得饭含，为愚俗所为。又不得设床帐明器也。定窆之后，复土满坎，一不得起坟种树。昔王孙裸葬矫时，其子奉命，君子不讥，况于合礼典者耶？"诸子皆奉遵遗令，又断亲戚故吏设祭。②

他本人提倡简葬，对于饭含、明器之类也反对，认为是"愚俗"，但对于像杨王孙之类的裸葬不以为然。终制好像得到了执行，甚至亲戚故吏也没有参与祭奠，包括家祭和路祭，不过皇帝还是按礼制规定给予了很高的待遇。

> 帝发哀于朝堂，赐秘器，朝服一具，衣一袭，钱三十万，布百匹。及葬，给节、幢、麾、曲盖、追锋车、鼓吹、介士、大车，皆如魏司空陈泰故事。车驾临送于东掖门外。策谥曰武。咸宁初，诏苞等并为王功，列于铭飨。③

从文字上看，赐予的物品甚至超过了郑冲、王祥。当然，它们依然是属于将相大臣之礼的殡葬规制。西晋如此，东晋的大臣同样如此，不仅依西晋之例，还有所发展。王导是中兴名臣，三朝元老，他于晋成帝咸康五年（339）去世，享年64岁。死后册文给予了极高的评价，曰："盖高位以酬明德，厚爵以答懋勋；至乎阖棺标迹，莫尚号谥，风流百代，于是乎在。惟公迈达冲虚，玄鉴劭逸；夷淡以约其心，体仁以流其惠；栖迟务外，则名隽中夏，应期濯缨，则潜算独运。昔我中宗、肃祖之基中兴也，下帷委诚而策定江左，拱己宅心而庶绩咸熙。故能威之所振，寇虐改

---

① 《晋书》卷33《王祥传》，第645页。
② 《晋书》卷33《石苞传》，第654页。
③ 《晋书》卷33《石苞传》，第653页。

心，化之所鼓，梼杌易质；调阴阳之和，通彝伦之纪，辽陇承风，丹穴景附。隆高世之功，复宣武之绩，旧物不失，公协其猷。若乃荷负顾命，保朕冲人，遭遇艰屯，夷险委顺；拯其沦坠而济之以道，扶其颠倾而弘之以仁，经纬三朝而蕴道弥旷。方赖高谟，以穆四海，昊天不吊，奄忽薨殂，朕用震恸于心。虽有殷之殒保衡，有周之丧二南，曷谕兹怀！今遣使持节、谒者仆射任瞻，谥曰文献，祠以太牢。魂而有灵，嘉兹荣宠！"①在殡葬之时，还由成帝"举哀于朝堂三日，遣大鸿胪持节监护丧事，赗襚之礼，一依汉博陆侯及安平献王故事。及葬，给九游辒辌车、黄屋左纛、前后羽葆鼓吹、武贲班剑百人，中兴名臣莫与为比"，②其待遇已经直追王侯。

东晋的另一名臣大将军温峤去世，皇帝"赐钱百万，布千匹，谥曰忠武，祠以太牢"。③通过百万之钱数，与西晋时的大臣赐钱三十万相比已经增加数倍，虽然温峤身份特殊，但丧事的铺张也显示出厚葬的趋势。

三 两晋士族殡葬规制

社会动乱和不安定的生活必定带来全方位的影响，其中包括对殡葬规制的影响。上层社会有意无意地提倡和有关制度的推行给中下层民众的文化提供了变革的方向。两晋之交从动乱到稍后的局部安定，一方面使社会上薄葬观和制度依然具有市场，至少表面上从上至下还在实行；另一方面，靡费的殡葬文化，尤其是铺张的殡葬内容开始在生活中逐渐抬头。死无葬身之地与死后壮观奢华的葬礼形成了极其鲜明的对比，这种对比在那个时代显得是那样的强烈。因此，一些头脑清醒的社会精英看清了社会动荡所带来的文化变革的机会，顺势而为。皇甫谧在两晋士族的中下层阶层应该还是有着代表性的。

皇甫谧是一介书生，他本人对于生死，尤其是死后埋葬有着自己独特的看法。《晋书》本传记载："夫葬者，藏也，藏也者，欲人之不得见也。而大为棺椁，备赠存物，无异于埋金路隅而书表于上也。虽甚愚之人，必将笑之。丰财厚葬以启奸心，或剖破棺椁，或牵曳形骸，或剥臂捋金环，或扣肠求珠玉。焚如之形，不痛于是？自古及今，未有不死之人，又无不发之墓也。故张释之曰：'使其中有欲，虽固南山犹有隙；使其中无欲，虽无石椁，又何戚焉！'斯言达矣，吾之师也。夫

---

① 《晋书》卷65《王导传》，第1162页。
② 《晋书》卷65《王导传》，第1162页。
③ 《晋书》卷67《温峤传》，第1192页。

赠终加厚,非厚死也,生者自为也。遂生意于无益,弃死者之所属,知者所不行也。《易》称'古之葬者,衣之以薪,葬之中野,不封不树'。是以死得归真,亡不损生。"① 他认为,厚葬无异于告诉人我这儿埋葬有金玉,你们可以来偷盗,必然造成"剖破棺椁"、"牵曳形骸"、"剥臂捋金环"和"扪肠求珠玉"的后果。因此,他提倡并让子孙实行薄葬。

> 吾欲朝死夕葬,夕死朝葬,不设棺椁,不加缠敛,不修沐浴,不造新服,殡唅之物,一皆绝之。吾本欲露形入坑,以身亲土,或恐人情染俗来久,顿革理难,今故觕为之制,奢不石椁,俭不露形。气绝之后,便即时服,幅巾故衣,以籧篨裹尸,麻约二头,置尸床上。择不毛之地,穿坑深十尺,长一丈五尺,广六尺,坑讫,举床就坑,去床下尸。平生之物,皆无自随,唯赍《孝经》一卷,示不忘孝道。籧篨之外,便以亲土。土与地平,还其故草,使生其上,无种树木、削除,使生迹无处,自求不知。不见可欲,则奸不生心,终始无忧惕,千载不虑患。形骸与后土同体,魂爽与元气合灵,真笃爱之至也。若亡有前后,不得移祔。祔葬自周公来,非古制也。舜葬苍梧,二妃不从,以为一定,何必周礼。无问师工,无信卜筮,无拘俗言,无张神坐,无十五日朝夕上食。礼不墓祭,但月朔于家设席以祭,百日而止。临必昏明,不得以夜。制服常居,不得墓次。夫古不崇墓,智也。今之封树,愚也。若不从此,是戮尸地下,死而重伤。魂而有灵,则冤悲没世,长为恨鬼。王孙之子,可以为诫。死誓难违,幸无改焉!②

这里有几点值得我们注意。第一,死后速葬,即"朝死夕葬,夕死朝葬"。第二,不设棺椁。第三,不加敛服。第四,不以口含。第五,几无随葬之物,唯《孝经》一部。第六,深埋于地下,"穿坑深十尺,长一丈五尺,广六尺"。第七,不封不树。第八,月朔家祭,百日即止。

应该说这是对当时存在的一些殡葬时俗的变革,在很大程度上是顺应时代发展的要求的。但是,我们不能拘泥于其文字的叙述,而忘了透过这些文字看到当时社会存在的死后卜吉日、卜兆宅、修饰棺椁、口含以玉、随葬丰厚、树碑立传和墓祭盛行等

---

① 《晋书》卷51《皇甫谧传》,第938页。
② 《晋书》卷55《皇甫谧传》,第938页。

文化。如果不是这些殡葬文化的盛行，皇甫谧也没有必要提出自己的生死观，并在殡葬过程中加以实施。

第三节 南朝殡葬制度

南朝的殡葬制度是在东晋基础上传承与发展的结果，因此从仪式内容到具体的殡葬过程和相关的器物规定都有着巨大的相似性。从帝王到将相大臣以至士族精英，人们在崇尚俭约的同时又不断推高殡葬的规制和殡葬过程中的各项消费。其中，帝室的殡葬制度在记录上总是文献不全，而王侯将相的殡葬却因为皇帝的赙赠显得突出和特异。

一 南朝帝室的殡葬制度

南朝共历四朝，每个朝代存续的时间都不是太长。加上战争不断，财力有限，帝王大都要求实行简葬。宋武帝是开国皇帝，据说他本人非常节俭，不事奢靡，而有关他本人殡葬的具体细节也没有更详细的记载。但可以推测的是，应该会按东晋等有关帝王的殡葬礼制来进行，有谢灵运奉命所作的诔辞为证。

……云雨未弘，将陟井陉。薄埽白登，北朔渴望。飞旌衡辀，东岱灵迟。玉牒金縢，天地不仁。苍生寡福，已荷一遇。弃我何速，梁颓太颜。甘殒以赎，同轨毕至。率土咸哀，殊方均服。棻棻素缞，洒泪成雨。响叫如雷，史臣考卜。高山开基，贞龟无远。迁灵有期，嗣皇擗摽。群后崩悲，孰云不戚。痛百在兹，惟祖之夕。流火始变，秋月未永。飞漏急箭，鸣箫哀

图2-5 石麒麟（江苏南京市江宁区麒麟镇麒麟铺宋武帝刘裕初宁陵神道石刻）

资料来源：金维诺总主编《中国美术全集·墓葬及其他雕塑》，第217页。

嗷。金觞虚奠,列驾长隧。发辇华殿,华殿既谢,长隧是幸。双盖踟蹰,六闲引领,攀援容貌,眷恋俄顷。哀哀百僚,长辞含鲠,奉教百朝,执鞭王始。……

诔是记叙死者功绩和叙述殡葬过程的特殊文体,一般有为死者讳的文化包含在其中,加上是文学体作品,因此我们并不能把它当作一种真实文化现实来对待,而仅仅当作殡葬真实的补充。从诔文中我们明显地可以感受到许多修饰和夸张的内容,歌颂的是死者的伟大业绩、不朽功业等,而对殡葬过程的叙述也是文学性描述,好看和夸张是其特点,如"甘殒以赎,同轨毕至",理论上说皇帝同意是可以"同轨毕至",但皇帝的殡葬也是军国大事,边疆、地方都需有人管理,因此许多官员都不得出席而必须坚守岗位,是那一时期的制度规定。又如"率土咸哀,殊方均服",前者是可信,但"殊方均服"一定是夸张。又如"栾栾素缞,洒泪成雨",后者一定是形象的表达,是一种夸张了。

从目前来看,南朝寿终正寝的帝王去世前后与殡葬相关的主要有这样几件事是必须做的。

第一,托孤,其实是交代后事。一般寿终正寝的人总有病兆,病重不愈,大都有感知。于是召集大臣,交代后事。

第二,终制或口头交代如何安排自己的殡葬事宜。大都还是以要求简葬为主。

第三,殡葬一般按礼制进行,如先前已经选好葬地,死后停灵,葬日择吉,等等,随葬品大都秘不外宣,而仪式总是非常隆重和铺排。

第四,新主登位,大都有大赦之类的动作,笼络人心。

试举两例。南齐高帝萧道成在建元四年(482)二月生病,自己觉得不久于人世,便开始准备后事。到三月时,他开始召集大臣安排托孤和丧事。史载:

> 三月庚申,召司徒褚渊、左仆射王俭诏曰:"吾本布衣素族,念不到此,因籍时来,遂隆大业。风道沾被,升平可期。遘疾弥留,至于大渐。公等奉太子如事吾,柔远能迩,缉和内外,当令太子敦穆亲戚,委任贤才,崇尚节俭,弘宣简惠,则天下之理尽矣。死生有命,夫复何言!"壬戌,上崩于临光殿,年五十六。四月庚寅,上谥曰太祖高皇帝。奉梓宫于东府前渚升龙舟。丙午,窆武进泰安陵。[①]

---

① 《南齐书》卷2《高帝下》,第26页。

上述内容与我们所列四条基本一致,不过有关殡葬的过程没有具体内容。但在《南齐书·武帝本纪》卷3中有记载:"建元四年三月壬戌,太祖崩,上即位,大赦。征镇州郡令长军屯营部,各行丧三日,不得擅离任,都邑城守防备幢队,一不得还。乙丑,称先帝遗诏,以司徒褚渊录尚书事,尚书左仆射王俭为尚书令,车骑将军张敬儿为开府仪同三司。诏曰:'丧礼虽有定制,先旨每存简约,内官可一三日还临,外官间一日还临。后有大丧皆如之。'"①旧帝去世,新帝即位,立即大赦。官员服丧三日,但不得擅离职守,有关定制后来也都如此执行。

南齐武帝萧道赜在自己病重期间,先是下诏托孤和交代军国大事。"始终大期,贤圣不免,吾行年六十,亦复何恨。但皇业艰难,万机事重,不能无遗虑耳。太孙进德日茂,社稷有寄。子良善相毗辅,思弘治道;内外众事无大小,悉与鸾参怀共下意。尚书中是职务根本,悉委王晏、徐孝嗣。军旅捍边之略,委王敬则、陈显达、王广之、王玄邈、沈文季、张瓌、薛渊等。百辟庶僚,各奉尔职,谨事太孙,勿有懈息。知复何言。"②紧接着再安排自己的后事,且非常详细。

> 我识灭之后,身上著夏衣画天衣,纯乌犀导,应诸器悉不得用宝物及织成等,唯装复袷衣各一通。常所服身刀长短二口铁环者,随我入梓宫。祭敬之典,本在因心,东邻杀牛,不如西家禴祭。我灵上慎勿以牲为祭,唯设饼、茶饮、干饭、酒脯而已。天下贵贱,咸同此制。未山陵前,朔望设菜食。陵墓万世所宅,意尝恨休安陵未称,今可用东三处地最东边以葬我,名为景安陵。丧礼每存省约,不须烦民。百官停六时入临,朔望祖日可依旧。诸主六宫,并不须从山陵。内殿凤华、寿昌、耀灵三处,是吾所治制。夫贵有天下,富兼四海,宴处寝息,不容乃陋,谓此为奢俭之中,慎勿坏去。显阳殿玉像诸佛及供养,具如别牒,可尽心礼拜供养之。应有功德事,可专在中。自今公私皆不得出家为道,及起立塔寺,以宅为精舍,并严断之。唯年六十,必有道心,听朝贤选序,已有别诏。诸小小赐乞,及阁内处分,亦有别牒。内外禁卫劳旧主帅左右,悉付萧谌优量驱使之,勿负吾遗意也。③

---

① 《南齐书》卷3《武帝本纪》,第30页。
② 《南齐书》卷3《武帝本纪》,第41页。
③ 《南齐书》卷3《武帝本纪》,第41页。

除了自己的死后穿着、随葬、祭祀等外,还安排了自己的陵寝、官员的祭奠、六宫不须陪葬山陵及有关佛教供养等诸事项,可谓事无巨细,面面俱到。

南朝的皇后、皇太后的殡葬制度也一如前朝,除了隆重之外,还增加了当时盛行的习俗。史书记载,宋文帝元嘉十七年(440)元皇后去世,就设有凶门柏历。① 同时,不再选"挽郎",② 皇太子为母"行心丧三年"。③

南朝皇后、皇太后的殡葬有几个特点。"重合葬,重身份,葬具(包括饰物)葬仪与传统礼书记载相似相同者多",而具体细节的记载则比较少,原因是"其时丧礼实阙"。④ 但所谓心丧或用不胜丧来表达对亲人去世的悲伤则开始进入史书。如梁武帝立萧统为太子,其母丁贵嫔去世,萧统从侍疾开始就衣不解带,去世后则水米不进,以至于梁武帝都下旨让他不要太过悲哀。《南史》本传载:"七年十一月,贵嫔有疾,太子还永福省,朝夕侍疾,衣不解带。及薨,步从丧还宫,至殡,水浆不入口,每哭辄恸绝。武帝敕中书舍人顾协宣旨曰:'毁不灭性,圣人之制,不胜丧比于不孝。有我在,那得自毁如此。可即强进饮粥。'太子奉敕,乃进数合,自是至葬,日进麦粥一升。武帝又敕曰:'闻汝所进过少,转就羸瘦。我比更无余病,政为汝如此,胸中亦填塞成疾。故应强加饘粥,不俟我恒尔悬心。'虽屡奉敕劝逼,终丧,日止一溢,不尝菜果之味。体素壮,腰带十围,至是减削过半。每入朝,士庶见者莫不下泣。"⑤ 说明昭明太子居丧过悲,这可能也是导致他本人早逝的原因之一。

二 南朝特权阶层的殡葬制度

特权阶层除了帝王之外,主要包括王侯将相等社会上层人士。他们不仅主导社会,而且享有社会上其他人士所不可能得到的特权,殡葬制度方面也是如此。

南朝王侯将相的殡葬制度在很大程度上是对传统的继承和发展,因此在仪轨上大都与两晋或汉代相似,在具体内容上则有所差异。萧嶷是齐武帝萧道赜的弟弟,他去世前曾给两个儿子留下遗言。

---

① 《宋书》卷15《礼志二》:"宋文帝元嘉十七年七月壬子,元皇后崩。兼司徒给事中刘温持节监丧。神虎门设凶门柏历至西上阁,皇太子于东宫崇正殿及永福省并设庐。诸皇子未有府第者,于西廨设庐。"第265页。
② 《宋书》卷15《礼志二》:"元皇后崩,诏亦停选挽郎。"第273页
③ 《宋书》卷15《礼志二》,第265页。
④ 陈戍国:《中国礼制史·魏晋南北朝卷》,第287页。
⑤ 《南史》卷53《丁贵嫔传》,第874页。

人生在世，本自非常，吾年已老，前路几何。居今之地，非心期所及。性不贪聚，自幼所怀，政以汝兄弟累多，损吾暮志耳。无吾后，当共相勉厉，笃睦为先。才有优劣，位有通塞，运有富贫，此自然理，无足以相陵侮。若天道有灵，汝等各自修立，灼然之分无失也。勤学行，守基业，治闺庭，尚闲素，如此足无忧患。圣主储皇及诸亲贤，亦当不以吾没易情也。三日施灵，唯香火、槃水、干饭、酒脯、槟榔而已。朔望菜食一盘，加以甘果，此外悉省。葬后除灵，可施吾常所乘舆扇伞。朔望时节，席地香火、槃水、酒脯、干饭、槟榔便足。虽才愧古人，意怀粗亦有在，不以遗财为累。主衣所余，小弟未婚，诸妹未嫁，凡应此用，本自茫然，当称力及时，率有为办。事事甚多，不复甲乙。棺器及墓中，勿用余物为后患也。朝服之外，唯下铁钚刀一口。作冢勿令深，一一依格，莫过度也。后堂楼可安佛，供养外国二僧，余皆如旧。与汝游戏后堂船乘，吾所乘牛马，送二宫及司徒，服饰衣裘，悉为功德。①

非常明确地对儿辈提出要求，同时对自己的殡葬务求简约，随葬则除朝服外只有一口铁钚刀，甚至连坟墓也不要太深。有意思的是，因喜欢槟榔，便在遗言中要儿辈在朔望祭祀时供上。另外，由于自身信佛，还交代在后堂中安佛，供养外国二僧等，财物则送人，以为功德。据记载，萧嶷病危弥留之际，皇帝前往探视，可能还有告别之意，因为直到他死后皇帝才回宫。②之后皇帝下诏给予高规格的安葬，"给九旒銮辂，黄屋左纛，虎贲班剑百人"。③

大体而言，王侯一级基本上都采用这种高规格的礼仪进行安葬，只是在一些具体仪仗数量方面稍有差异而已。临川献王在永明七年（489）时，"诏赐东园秘器，朝服一具，衣一袭"。④南齐武陵昭王在隆昌元年（494）去世，则诏"赐东园秘器，朝服；赠司空，侍中如故，给节；班剑二十人"。⑤两者是有差异的，但本质上区别不大。另据《梁书·长沙嗣王业传》载，萧懿在永元二年（500）遇祸，到"天监元年，追

---

① 《南齐书》卷22《豫章文献王传》，第277页。
② 《南齐书》卷22《豫章文献王传》，第276页。
③ 《南齐书》卷22《豫章文献王传》："下诏敛以衮冕之服，温明秘器，……大鸿胪持节护丧事，大官朝夕送奠，大司马、太傅二府文武悉停过葬。又下诏赠假黄钺、都督中外诸军事、丞相、扬州牧，绿绶，具九服锡命之礼，侍中、大司马、太傅、王如故。给九旒銮辂，黄屋左纛，虎贲班剑百人，辒辌车，前后部羽葆鼓吹。丧送仪仗依东平王故事。"第276~277页。
④ 《南齐书》卷35《高帝十二王传》，第420页。
⑤ 《南齐书》卷35《高帝十二王传》第422页。

崇丞相,封长沙郡王,谥曰'宣武',给九旒、銮辂、辒辌车,黄屋左纛,前后部羽葆鼓吹,挽歌二部,虎贲班剑百人,葬礼一依晋安平王故事"。①

到梁时,情况也基本相似。普通七年(526)临川王萧宏去世,死前皇帝曾七次前往看视,死后下诏:"侍中、太尉临川王宏,器宇冲贵,雅量弘通。爰初弱龄,行彰素履;逮于应务,嘉猷载缉。自皇业启基,地惟介弟,久司神甸,历位台阶,论道登朝,物无异议。朕友于之至,家国兼情,方弘燮赞,仪刑列辟。天不憖遗,奄焉不永,哀痛抽切,震悼于厥心。宜增峻礼秩,式昭懋典。可赠侍中、大将军、扬州牧、假黄钺,王如故。并给羽葆鼓吹一部,增班剑为六十人。给温明秘器,敛以衮服。谥曰靖惠。"②给予很高表彰的同时,也给予很高的待遇。这一点对于南平王萧伟也是一样的。萧伟在中大通五年(533)去世,当时58岁。"敛以衮冕,给东园秘器。"③并下诏说:

旌德纪功,前王令典;慎终追远,列代通规。故侍中、中书令、大司马南平王伟,器宇宏旷,鉴识弘简。爰在弱龄,清风载穆,翼佐草昧,勋高樊、沔,契阔艰难,勤劳任寄。及赞务论道,弘兹衮职。奄焉薨逝,朕用震悼于厥心。宜隆宠命,式昭茂典。可赠侍中、太宰,王如故。给羽葆鼓吹一部,并班剑四十人。谥曰元襄。

在给予了很高表彰的同时,也给予很高的荣誉性待遇。始兴王萧憺去世,也是"追赠侍中、司徒、骠骑将军。给班剑三十人,羽葆鼓吹一部"④等,可知有关礼制规定基本相同。到陈朝时,这种情况没有改变。陈昌是陈朝的衡阳王,天喜元年(560)归国途中船坏溺亡,灵柩运到京师时皇帝亲往器奠,并下诏:"可赠侍中、假黄钺、都督中外诸军事、太宰、扬州牧。给东园温明秘器,九旒銮辂,黄屋左纛,武贲班剑百人,辒辌车,前后部羽葆鼓吹。葬送之仪,一依汉东平宪王、齐豫章文献王故事。仍遣大司空持节迎护丧事,大鸿胪副其羽卫,殡送所须,随由备办。"⑤最后谥号献。

---

① 《梁书》卷23《列传第十七》,第246页。
② 《梁书》卷22《太祖五王传》,第232页。
③ 《梁书》卷22《太祖五王传》,第237页。
④ 《梁书》卷22《太祖五王传》,第242页。
⑤ 《陈书》卷14《衡阳献王昌传》,第143页。

陈成国认为:"类比推理的结论告诉我们:诸侯王之下社会各阶层的丧葬礼仪,南朝四朝亦基本相同,因为四朝递嬗,其社会制度(政治的、经济的、思想文化的各项设施)实无大别,更不用说本质差异了。"①他举了刘宋元嘉九年(432)去世的王弘②、南齐建元四年(482)去世的褚渊③、梁天监十四年(515)去世的王茂④、陈朝后主至德元年(583)去世的徐陵⑤、梁大同八年(542)去世的顾协⑥和南齐永明五年(487)去世的萧景先⑦等六个事例,说明皇帝一般都采用下诏追赠官阶、赐赠财物、给以很荣耀的仪仗和谥号等制度安排来安葬这些大臣、重臣。

三 中下层官员与士等特殊人员的殡葬制度

与整个封建社会时期一样,南朝时期上层的制度文化对于中下层的影响在一定程度上存在,并成为他们推行或以身作则的行为。殡葬制度方面也是如此,人们在模仿上层人士的规制方面不遗余力,因此大都以简葬和基本符合规范为主。

首先,人们常常会留下自己的遗愿,表明将简葬云云。陶潜是一位特殊人物,既做过官,后又过起隐居生活,他在刘宋元嘉四年(427)去世,死前著有《自祭文》,其实就是交代如何安葬自己,要求"葬之中野",不封不树,实际上符合古意。这种

---

① 陈成国:《中国礼制史·魏晋南北朝卷》,第294页。
② 《宋书》卷42《王弘传》:"(弘去世)即赠太保、中书监,给节,加羽葆、鼓吹,增班剑为六十人,侍中、录尚书,刺史如故。谥曰文昭公,配食高祖庙廷。"第867页。
③ 《南齐书》卷23《褚渊传》:"上遣侍中王晏、黄门郎王秀之问疾。薨,家无余财,负债至数十万。诏曰:'司徒奄至薨逝,痛悼恸怀,比虽尪瘵,便力出临哭。给东园秘器,朝服一具,衣一袭,钱二十万,布二百匹,蜡二百斤。'"后来,还再下诏说:"夫褒德所以纪民,慎终所以归厚。前王盛典,咸必由之。故侍中、司徒、录尚书事、新除司空、领骠骑将军、南康公渊,履道秉哲,鉴识弘旷。爰初弱龄,清风凤举;登庸应务,具瞻允集。孝友著于家邦,忠贞彰于亮采。佐命先朝,经纶王化,契阔屯夷,绸缪终始。总录机衡,四门惟穆,谅以同规往古,式范来今。谦光弥远,屡陈降挹,权从高旨,用亏大猷。将登上列,永翼予教。天不愸遗,奄焉薨逝。朕用震恸于厥心。其赠公太宰,侍中、录尚书、公如故。给节,加羽葆鼓吹,增班剑为六十人。葬送之礼,悉依宋太保王弘故事。谥曰文简。"第286~287页。
④ 《梁书》卷9《王茂传》载,王茂去世,"高祖甚悼惜之,赐钱三十万,布三百匹,诏曰:'……宜增礼数,式昭盛烈,可赠侍中、太尉,加班剑二十人,鼓吹一部,谥曰烈武。"第120页。
⑤ 《陈书》卷26《徐陵传》:"慎终有典,抑乃旧章,令德可甄,谅宜追远。侍中、安右将军、左光禄大夫、太子少傅、南徐州大中正建昌县开国侯陵,弱龄学尚,登朝秀颖,业高名辈,文曰词宗。朕近岁承华,特相引狎,虽多卧疾,方期克壮,奄然殒逝,震悼于怀。可赠镇右将军、特进,其侍中、左光禄、鼓吹、侯如故,并出举哀,丧事所须,量加资给。谥曰章。"第233页。
⑥ 《梁书》卷30《顾协传》:"……大敛既毕,即送其柩还乡,并营冢椁,并皆资给,悉使周办。可赠散骑常侍,令便举哀。谥曰温子。"第306页。
⑦ 《南齐书》卷38《萧景先传》载,景先去世后,萧武帝先下诏:"西信适至,景先奄至丧逝,悲怀切割,自不胜任。今便举哀。赐钱十万。布二百匹。"回到京师之后,再下诏:"故假节征虏将军丹阳尹新吴侯景先,器怀开亮,干局通敏。绸缪少长,义兼勋戚。诚著夷险,绩茂所司。方升宠荣,用申任寄。奄至丧逝,悲痛良深。可赠侍中、征北将军、南徐州刺史。给鼓吹一部。假节、侯如故。谥曰忠侯。"第448页。

遗令有时会非常详细。如沈麟士就在去世前写有遗命："气绝剔被，取三幅布以覆尸。及敛，仍移布于尸下，以为敛服。反被左右两际以周上，不复制覆被。不须沐浴含珠，以本裙衫、先着裤，凡二服，上加单衣幅巾履枕，棺中唯此。依士安用《孝经》。既殡不复立灵座，四节及祥，权铺席于地，以设玄酒之奠。人家相承漆棺，今不复尔。亦不须旐。成服后即葬，作冢令小，后祔更作小冢于滨。合葬非古也。冢不须聚土成坟，使上与地平。王祥终制亦尔。葬不须辒车、灵舫、魌头也。不得朝夕下食。祭奠之法，至于葬，唯清水一杯。"①

其次，大都在礼仪上要求或实行简葬。遗命中可以感受到这种简葬的存在，从收敛到棺椁再到安葬和祭祀都非常大众化。这与当时佛教盛行，人们对于生命的认识有了新的看法应该说还是有着直接的联系。《梁书·顾宪之传》卷52载，他死前预为终制，要求子孙"瞑目之后，念并遵行，勿违吾志也"。其《终制》是这样的：

庄周、澹台，达生者也；王孙、士安，矫俗者也。吾进不及达，退无所矫。常谓中都之制，允理惬情。衣周于身，示不违礼；棺周于衣，足以蔽臭。入棺之物，一无所须。载以辒车，覆以粗布，为使人勿恶也。汉明帝天子之尊，犹祭以杅水脯糗；范史云烈士之高，亦奠以寒水干饭。况吾卑庸之人，其可不节衷也？丧易宁戚，自是亲亲之情；礼奢宁俭，差可得由吾意。不须常施灵筵，可止设香灯，使致哀者有凭耳。朔望祥忌，可权安小床，暂设几席，唯下素馔，勿用牲牢。蒸尝之祠，贵贱罔替。备物难办，多致疏怠。祠先人自有旧典，不可有阙。自吾以下，祠止用蔬食时果，勿同于上世也。示令子孙，四时不忘其亲耳。②

应该说，这种安葬既未太过悖俗，也还符合当时的主流期待，是中下层人士这一特殊阶层所能接受的。

第三，规制上按礼而行。由于社会上时常有不遵礼而行的事发生，据《南史·徐勉传》载："时人间丧事多不遵礼，朝终夕殡，相尚以速。""送终之礼，殡以期日"，即一天内就敛而葬。并说，豪富之家有半天就敛而葬的，"衣衾棺椁，以速为荣"。侍中徐勉上疏表示反对："请自今士庶，宜悉依古，三日大敛。如有不奉，加以纠

---

① 《南史》卷76《沈麟士传》，第1264页。
② 《梁书》卷52《顾宪之传》，第527页。

绳。""诏可其奏。"① 因此，有许多关注礼制的人时常会讨论这一问题，并形成一些共识。刘宋时的崔凯就对此有着很详细的叙述，相信当时的民间基本上也以这样的礼来对待现实中的殡葬过程。

"礼，君自吊其臣，主人出迎于外，见君马首，不哭，先入门右，北面。众主人袒即位。升自阼阶，西面。主人前，至中庭。君哭。主人哭，拜，稽颡成踊，先出。君去，主人哭，拜送于外门外。明日，主人缘绖拜谢于朝。今代人君吊，主人出迎，见马首拜。君遣吏吊。主人布席于丧庭，孝子左贯首绖，待于席南，北面，不哭也。吏持版吊于席北，面向孝子。再拜讫，伏，吏跪读版，孝子再拜。有吊宾，主人迎即位中门外，西面北上。众宾东面者北上，门西北面者东上。主人拜宾，旁三拜，众宾不答拜。主人入，即堂下朝夕哭位。众随入，如外位也。知生者吊，知死者伤。主人哭，吊者皆哭。退出，主人拜中门外如初。吊辞，至主人前曰：'闻君有某之丧，如何不淑。'伤辞，诣丧前曰：'子遭离之，如何不淑。'此各主于其所知也。若有知生又知死者，伤而且吊也。"又曰："同僚宾客相吊也，因主人朝夕哭而往吊也。"又曰："凡宾客来吊，孝（凡言孝者，即丧主也。）皆当位东阶下，西面，不得庐中。长吏自吊，其人左贯首绖出迎，还入门。君至门，谢孝还位，乃从命还位。若不谢遣者，君向柩哭，则孝当伏。孝当后哭先止，所以不使君甚哀也，哭讫，君遣还位，乃从命还位则哭，不得入庐也。哭位在东阶下。辞去，孝子哭也。君先出，孝后出，于门外见马而拜，讫，哭而还也。若有命止令勿出，亦便随从命也。赢可使人自扶，若病不能者，君至，自杖而已。"②

这段话有这么几层意思：第一，皇帝到臣家去吊唁，丧家如何接待，如何哭泣，第二天主人还到朝廷回拜。第二，皇帝派人去臣家吊唁，丧家如何接待。第三，身份高贵的吊唁者和一般的吊唁者，丧家如何接待等，非常详细，而且具有可操作性。由此可知，这些礼仪既具有古礼精神，也包含了当时的理解。从这段记载可知，当时在细节上是非常注意君臣和宾主之间的差异和特殊性的，而对丧主可能出现的情况，如身体羸弱或病弱者也作了规定。

① 《南史》卷60《徐勉传》，第987页。
② 杜佑：《通典》，第2256页。

礼制的存在帮助人们在特殊时期，避免由于不熟悉或紧张而出现失礼的情况。因此，从根本上说是有其价值的。更何况人们可以通过这种礼制区分个人的身份和地位，形成事物和社会身份的认同，在那个时代就更具有现实意义。

第四节　十六国和北朝殡葬制度

十六国和北朝的殡葬制度虽然在一些内容方面有别于南朝，但从本质上来看，其相似或相同性还是非常大的。由于十六国和北朝政权建立者主要是来自北方的少数民族，一方面他们会按照自己的传统进行殡葬制度的设计，另一方面则受到文化发展已经处于更高层面的汉民族影响，因此十六国和北朝的殡葬制度在一定程度上带有汉族上层设计的礼制化殡葬文化形态色彩。

一　十六国时期的殡葬制度

由于有些民族国家没有这方面的记载，我们只能利用有限的资料进行分析。可以明显地感受到，由于与自己原来在小范围存在的政权相比，进入中原地区的一些少数民族政权在地域范围、财力和人力物力等方面都有了很大的不同，因此试图采取或进行厚葬的情况在一定范围内存在。刘曜是前赵的皇帝，匈奴族，在位期间为其父及妻建大墓，有大臣就上谏书，要求简葬，但他不准。

曜将葬其父及妻，亲如粟邑以规度之。负土为坟，其下周回二里，作者继以脂烛，怨呼之声盈于道路。游子远谏曰："臣闻圣主明王、忠臣孝子之于终葬也，棺足周身，椁足周棺，藏足周椁而已，不封不树，为无穷之计。伏惟陛下圣慈幽被，神鉴洞远，每以清俭恤下为先，社稷资储为本。今二陵之费至以亿计，计六万夫百日作，所用六百万功。二陵皆下锢三泉，上崇百尺，积石为山，增土为阜，发掘古冢以千百数，役夫呼嗟，气塞天地，暴骸原野，哭声盈衢，臣窃谓无益于先皇先后，而徒丧国之储力。陛下脱仰寻尧舜之轨者，则功不盈百万，费亦不过千计，下无怨骨，上无怨人，先帝先后有太山之安，陛下飨舜、禹、周公之美，惟陛下察焉。"曜不纳，乃使其将刘岳等帅骑一万，迎父及弟晖丧于太原。疫气大行，死者十三四。上洛男子张卢死二十七日，有盗发其冢者，卢得苏。曜葬其父，墓号永垣陵，葬妻羊氏，墓号显平陵。大赦境内殊死已下，赐人爵二级，孤老贫病不能自存者帛各有差。①

刘曜给他的父亲和妻子分别建了两个陵，一个叫永垣陵，一个叫显平陵。此两陵都是周回二里，应该说是非常大。造陵者夜以继日劳作，因此怨声载道。虽然如此，游子远的上谏没有终止陵墓的建造。在两晋社会上层人士进行薄葬的时候，刘曜却在建高坟大墓。

刘曜不仅给其父和妻子建高坟大墓，也准备给自己建大陵。只是这次他听了谏言，停止了营建寿陵。史载，刘曜建寿陵，于是大臣乔豫、和苞就上谏书，要求不要营建。《晋书·刘曜载记》是这样说的，乔豫、和苞谏言："营建寿陵，周回四里，下深二十五丈，以铜为棺椁，黄金饰之，恐此功费非国内所能办也。且臣闻尧葬谷林，市不改肆；颛顼葬广阳，下不及泉。圣王之于终也如是。秦皇下锢三泉，周轮七里，身亡之后，毁不旋踵，暗主之于终也如此。向魋石椁，孔子以为不如速朽；王孙倮葬，识者嘉其矫世。自古无有不亡之国，不掘之墓，故圣王知厚葬之招害也，故不为之。臣子之于君父，陵墓岂不欲高广如山岳哉！但以保全始终，安固万世为优耳。兴亡奢俭，同然于前，惟陛下览之。"②于是刘曜停止了建陵。

因此，是否实行礼制意义上的殡葬制度并不是绝对的，主要靠践行者的自觉。这也说明，殡葬制度在前赵并不是贯穿始终的一种文化。

其实，通过厚葬的方式来安葬死者在北燕也存在。北燕主慕容熙的妃子苻氏去世后，慕容熙曾要求"制公卿已下至于百姓，率户营墓，费殚府藏。下锢三泉，周轮数里，内侧图画尚书八坐之象"。③后来，冯跋为北燕主，他下诏要求改革，强调"圣人制礼，送终有度。重其衣衾，厚其棺椁，将何用乎？人之亡也，精魂上归于天，骨肉下归于地，朝终夕坏，无寒暖之期，衣以锦绣，服以罗纨，宁有知哉！厚于送终，贵而改葬，皆无益亡者，有损于生。是以祖考因旧立庙，皆不改营陵寝。申下境内，自今皆令奉之"。④从要求的改变来看，原来实行的是厚葬和发达之后的重新营葬。由此也说明，厚葬之制原来是一种常态，与当时的社会趋势有着一定的差异。下旨变革也说明，汉民族有关殡葬的制度和文化对这些少数民族政权的当政者来说是有着直接的影响的。

---

① 《晋书》卷103《刘曜载记》，第1799页。
② 《晋书》卷103《刘曜载记》，第1797页。
③ 《晋书》卷124《慕容熙载记》，第2088页。
④ 《晋书》卷125《冯跋载记》，第2105页。

北朝十六国时期还有一种殡葬制度特别值得注意,那就是潜埋虚葬。潜埋虚葬也叫"虚葬"或"伪葬",是指在不让他人知道的情况下偷偷地进行埋葬,然后又通过公开的形式大张旗鼓地完成殡葬,虚虚实实,从而让盗墓者之流无从下手的文化。最早有记载的潜埋虚葬出现于西晋建兴元年(313),是年石勒的母亲去世。据《晋书·石勒载记》,石勒将其母"潜窆山谷,莫详其所。既而备九命之礼,虚葬于襄国城南"。非常明白,真正葬在哪儿,没有人知道的,外界知道的不是真身所葬之处,类似于汉族的衣冠冢。20年之后,即后赵建平四年(333),石勒也去世了,也行同样之法进行潜埋。"夜瘗山谷,莫知其所,备文物虚葬,号高平陵。"①这种潜埋还常常以疑人方式来完成,以迷惑百姓。据《太平寰宇记》引《郡国志》叙述,"(石)勒尸别在渠山,葬之夜,为十余棺,分道出埋,以惑百姓"。②用十余棺分道出埋,目的是让人不知道哪一个是真哪一个是假。石虎死后,也采用相同的方法进行"伪葬",而真身则"自别于深山"埋之。③徐吉军认为:"潜埋虚葬仍是石赵诸王及王室丧制的成规。"④

事实上,不仅前赵诸王是这样,南燕和拓跋氏也流行这种潜埋。慕容德于南燕建平六年(405)去世,时"夜为十余棺,分出四门,潜瘗山谷,竟莫知其尸之所在,虚葬于东阳陵"。⑤《宋书·索虏传》也说,拓跋族的葬俗是"死则潜埋,无坟垄处所,至于葬送,皆虚设棺柩,立冢椁,生时车马器用皆烧之以送亡者"。⑥不仅难以得知其所葬处,连死者的生前所用之物也全部烧化,真的是不留任何标志了。

二 北朝帝室殡葬制度

北朝帝室的殡葬制度与南朝并无大的差异,许多仪轨其实与汉族的殡葬制度如出一辙。原因是进入中原地区之后,少数民族上层统治者一方面学习或模仿汉族的殡葬制度,另一方面大量汉族的士人进入政权之中,他们不断地推动相关殡葬制度的实行,从而使礼制之间的差异缩小,相同因素增多,甚至仅仅有数量上的差异。

有关北魏时帝室的殡葬制度并无具体的记载,当年北魏文成帝去世,其"自袭敛

---

① 《晋书》卷105《石勒载记》,第1838页。
② 《太平寰宇记》卷59《河北道八》,邢州龙冈县条,第1216页。
③ 李昉:《太平御览》卷556,引《邺中记》,中华书局,1960,第2516页。
④ 徐吉军:《中国丧葬史》,第303页。
⑤ 汤球:《十六国春秋辑补》卷60,商务印书馆,1958,第446页。
⑥ 《宋书》卷95《索虏传》,第1545页。

暨于启祖、山陵、练除，始末丧事，皆芳撰定"。①刘芳是北魏时学贯古今的大儒，他对天文地理，尤其是古今礼制非常熟悉。"世宗以朝仪多阙，其一切诸议，悉委芳修正。于是朝廷吉凶大事皆就谘访焉。"②对于一个饱学儒家经典的学者来说，无疑会按照传统，尤其是按照礼制传统来处理帝王及上层社会的各种仪式。这也是北朝殡葬制度与南朝相似的重要原因。但是，除了相同点之外，民族的习惯也会保留在殡葬的制度之中，如烧化生前器物一事便是如此。据《魏书·皇后列传第一》载："高宗崩，故事：国有大丧，三日之后，御服器物一以烧焚，百官及中宫皆号泣而临之。"③因为是故事，所以可以肯定这是一种相沿成习的制度，相关规制的殡葬都是必须按照这一"故事"进行的。

北朝皇帝的殡葬大都依诏而行，所以皇帝在去世前大都留有遗诏之类，以让继位者根据诏书内容进行安葬。天保十年（559），北齐文宣帝高洋突然去世，曾有遗诏说："凡诸凶事一依俭约。三年之丧，虽曰达礼，汉文革创，通行自昔，义有存焉，同之可也，丧月之断限以三十六日。嗣主、百僚、内外遐迩奉制割情，悉从公除。"史书记载："癸卯，发丧，敛于宣德殿。十一月辛未，梓宫还京师。十二月乙酉，殡于太极前殿。乾明元年二月丙申，葬于武宁陵，谥曰文宣皇帝，庙号威宗。武平初，又改为文宣，庙号显祖。"④他其实非常强调用汉文帝的三十日代三年的丧制，主要是短丧。因此，与汉族的相关制度规定是一致的。

两年后，其弟孝昭皇帝高演也去世，留有遗诏：

朕婴此暴疾，奄忽无逮。今嗣子冲眇，未闲政术，社稷业重，理归上德。右丞相、长广王湛研机测化，体道居宗，人雄之望，海内瞻仰，同胞共气，家国所凭，可遣尚书左仆射、赵郡王叡喻旨，征王统兹大宝。其丧纪之礼一同汉文，三十六日悉从公除，山陵施用，务从俭约。⑤

明确地交代了谁来继承皇位、如何俭约办丧事等。虽然丧事的程序和仪式没有在遗诏中得到叙述，但停丧、哭吊、祭祀和出殡安葬等不会减少。交代得最详细的是北

---

① 《魏书》卷55《刘芳传》，第822页。
② 《魏书》卷55《刘芳传》，第823页。
③ 《魏书》卷13《皇后列传第一》，第219页。
④ 《北齐书》卷4《文宣帝纪》，第44页。
⑤ 《北齐书》卷6《孝昭帝纪》，第56页。

周明帝宇文毓，他从生命理念到敛以时服和明器用瓦，甚至丧期可以让百姓婚娶等都一一写入遗诏中。据说，这是他本人口述的遗诏。

> 人生天地之间，禀五常之气，天地有穷已，五常有推移，人安得长在。是以生而有死者，物理之必然。处必然之理，修短之间，何足多恨。朕虽不德，性好典坟，披览圣贤余论，未尝不以此自晓。今乃命也，夫复何言。诸公及在朝卿大夫士，军中大小督将、军人等，并立勋效，积有年载，辅翼太祖，成我周家。今朕缵承大业，处万乘之上，此乃上不负太祖，下不负朕躬。朕得启手启足，从先帝于地下，实无恨于心矣。所可恨者，朕享大位，可谓四年矣，不能使政化循理，黎庶丰足，九州未一，二方犹梗。顾此怀恨，目用不瞑。唯冀仁兄冢宰，洎朕先正、先父、公卿大臣等，协和为心，勉力相劝，勿忘太祖遗志，提挈后人，朕虽没九泉，形体不朽。
>
> 今大位虚旷，社稷无主。朕儿幼稚，未堪当国。鲁国公邕，朕之介弟，宽仁大度，海内共闻，能弘我周家，必此子也。夫人贵有始终，公等事太祖，辅朕躬，可谓有始矣，若克念世道艰难，辅邕以主天下者，可谓有终矣。哀死事生，人臣大节，公等思念此言，令万代称叹。
>
> 朕禀生俭素，非能力行菲薄，每寝大布之被，服大帛之衣，凡是器用，皆无雕刻。身终之日，岂容违弃此好。丧事所须，务从俭约，敛以时服，勿使有金玉之饰。若以礼不可阙，皆令用瓦。小敛讫，七日哭。文武百官各权辟衰麻，且以素服从事。葬日，选择不毛之地，因地势为坟，勿封勿树。且厚葬伤生，圣人所诫。朕既服膺圣人之教，安敢违之。凡百官司，勿异朕此意。四方州镇使到，各令三日哭，哭讫，悉权辟凶服，还以素服从事，待大例除。非有呼召，各按部自守，不提辄奔赴阙庭。礼有通塞随时之义，葬讫，内外悉除服从吉。三年之内，勿禁婚娶，饮食一令如平常也。
>
> 时事殷猥，病困心乱，止能及此。如其事有不尽，准此以类为断。死而近思，古人有之。朕今忍死，书此怀抱。①

对于这一篇遗诏，陈戍国先生有这样的评介："中国历史上居于帝王之尊而遗诏可观者，汉文帝刘恒、魏武帝曹孟德、魏文帝曹子桓以来，就要数北周明帝宇文毓这

---

① 《周书》卷4《帝纪四》，第41页。

一篇了。他知道死乃'物理之必然'。他以社稷为重,传位介弟。他有知人之明,顾命得人。他安排短丧薄葬,不愿意让一己之死给国家给吏民给宗室带来过多的不安或禁忌,他甚至连一块好地也不要。但他也顾及当时礼制,不愿意过分地做作给后人留下难堪。"①应该说,这是一篇事无巨细地交代自己后事,同时交代国家后事的遗诏。后来,他的继任者宇文邕也采用了与他相似的方法处理自己的后事,产生了榜样的作用。

关于皇后之葬,北魏文成文明皇后冯氏是最有代表性的。她去世后,"(孝文)帝酌饮不入口五日,毁慕过礼。谥曰文明太皇太后。葬于永固陵,日中而反,虞于鉴玄殿。诏曰:'尊旨从俭,不申罔极之痛;称情允礼,仰损俭训之德,进退思惟,倍用崩感。又山陵之节,亦有成命,内则方丈,外裁奄坎。脱于孝子之心有所不尽者,室中可二丈,坟不得过三十步。今以陵万世所仰,复广为六十步。孤负遗旨,益以痛绝!其幽房大小,棺椁质约,不设明器。至于素帐缦茵瓷瓦之物,亦皆不置,此则遵先志,从册令。俱奉遗事,而有从有违,未达者或以致怪。梓宫之里,玄堂之内,圣灵所凭,已一一奉遵,仰昭俭德;其余外事,有所不从,以尽痛慕之情。其宣示远近,著告群司,上明俭诲之美,下彰违命之失。'及卒哭,孝文服衰,近臣从服;三司以下外臣衰服者,变服就练;七品以下,尽除即吉。设袝祭于太和殿,公卿以下始亲公事。帝毁瘠,绝酒肉不御者三年"。②之前,她的陵墓已经修好,史载北魏高祖皇帝"诏有司营建寿陵于方山,又起永固石室,将终为清庙焉。太和五年起作,八年而成,刊石立碑,颂太后功德"③。虽然她死后孝文帝尽量按照她本人的愿望安葬,但依然"有从有违",可能有违的还多了一些。说明皇后的丧葬有共性的同时,特性也是非常突出的,不能简单地作为一种标准。

三 朝臣及其他殡葬制度

北朝的王侯及其他朝臣官员的殡葬制度与南朝没有大的区别,一方面是沿袭旧有的制度,另一方面也是根据自己的需要进行一些与社会发展相一致的变革。其中,人死招魂、沐浴饭含、停丧、哭丧吊唁、大小敛、出殡送葬、服丧居丧,尤其是赙赠之制都非常完备。

---

① 陈戍国:《中国礼制史·魏晋南北朝卷》,第415页。
② 《北史》卷13《后妃传上》,第325页。
③ 《魏书》卷13《皇后列传》,第220页。

人死招魂，古礼称"复"，从皇族到平民大都存在这种礼制。《魏书·礼志四》卷108记载尼高皇太后于孝明帝神龟元年（518）在瑶光寺去世，有司奏："案旧事，皇太后崩仪，自复魄敛葬，百官哭临。"①所谓"旧事"就是原来的制度。颜之推在《颜氏家训》对这种制度很是不屑，叮嘱"不劳复魄"。但从官员到百姓，对于这种制度大都比较相信并长期实行。因此，由于战争等原因而大量人员非正常死亡，国家需要通过一定的方式进行安葬。于是，相关的制度也就成为一种让人心理上获得安慰的重要手段。《魏书》卷45《裴骏传》附《裴宣传》载，世宗初年，裴宣曾上书："自迁都以来，凡战阵之处，及军罢兵还之道，所有骸骼无人覆藏者，诸悉令州郡……掩埋。并符出兵之乡：其家有死于戎役者，使皆招魂复魄，……朝廷从之。"②说明招魂之仪对于殡葬来说极其重要。

与招魂同样重要的是沐浴饭含。沐浴有死前沐浴和死后沐浴，此俗至今还在民间保存。而饭含也是旧制，是在死者口中含珠玉之类，薄葬者大都反对，认为即使饭含也仅仅用米即可，不得用珠玉等贵重之物，免得死后为盗墓者惦记。到北朝时，这种习俗有所回潮。谢宝富说："北朝较魏晋时期厚葬习俗有所回升，饭含以珠玉的现象亦有所回复。"③社会上还流传一些很神奇的传说。如李预死后，其妻常氏给他饭含，当时"以玉珠二枚唅之，口闭。常谓之曰：'君自云餐玉有神验，何故不受唅也？'言讫齿启，纳珠"④。饭含之规定在考古发掘中也得到印证。内蒙古包头固阳县发现的北魏墓群中，就有"玛瑙珠，出于死者的口中"⑤的报道，河北景县北朝高氏墓群中，也有水晶珠出土于高潭墓东侧死者的口中。⑥

停丧大、小敛主要是敛服差异问题，不同等级的官员所敛的服饰是不同的，对于重要的官员，皇帝一般都会赐朝服衣冠等物，甚至有"赐金缕命服一袭"的。⑦棺材以木棺和石棺为主，棺上大都用漆绘、贴金和雕绘等方式进行装饰。停丧期间还有一个称为凶门柏历的设置，是此期非常盛行的仪轨。《隋书·礼仪志三》认为，"凶门岂设重之礼？两萧累代，举国遵行。后魏及齐，风牛本隔，殊不寻究，遥相师祖，故山东之人，浸以成俗"。实际上，北朝此俗是南俗北传而成。北齐时甚至规定，"王、郡

---

① 《魏书》卷108《礼志四》，第1877页。
② 《魏书》卷45《裴宣传》，第690页。
③ 谢宝富：《北朝婚丧礼俗研究》，第88页。
④ 《魏书》卷33《李预传》，第533页。
⑤ 郑隆：《包头固阳县发现北魏墓葬群》，《考古》1987年第1期。
⑥ 何直刚：《河北景县北魏高氏墓发掘简报》，《文物》1979年第3期。
⑦ 《魏书》卷33《李先传》，第533页。

公主、太妃、仪同三司以上及令仆"方准"听立凶门柏历"。①非常明确,只有达到一定等级的官员才能设立。

停丧期间皇帝亲临吊奠也是北朝的一个重要殡葬制度。《魏书·广川王略传》卷20附《元谐传》载,孝文帝太和十九年(495)曾与大臣一起讨论亲临祭奠之事,其中说道:"朕宗室多故,从弟谐丧逝,悲痛摧割,不能已已。古者,大臣之丧,有三临之礼,此盖三公已上。至于卿司已下,故应□。自汉已降,多无此礼。朕欲遵古典,哀感从情,虽以尊降伏,私痛宁爽。欲令诸王有期亲者为之三临,大功之亲者为之再临,小功缌麻为之一临。广川王于朕大功,必欲再临。再临者,欲于大殓之日,亲临尽哀,成服之后,缌衰而吊。既殡之缌麻,理在无疑,大殓之临,当否如何?为须抚枢于始丧,为应尽哀于阖棺?早晚之宜,择其厥中。"②这种在丧期亲临祭奠的方式,在平民则直接参与哭送。元绪治理洛州,有善政,得民心。正始四年(507)去世,"百姓若丧其亲,……迁枢于东都,吏民感恋,扶枢执绋号啕如,送于京师者二千人"。③不过亲临奠祭的同时,关于哀哭,南北是有着差异的。据《颜氏家训·风操篇》卷2记:"江南丧哭,时有哀诉之言耳;山东重丧,则唯呼苍天,期功以下,则唯呼痛深,便是号而不哭。"④地域与文化的差异,由此可见一斑。

另外,与前朝和南朝相似,赗赠也是此期一项重要的殡葬制度。叔孙俊于"泰常元年卒,时年二十八。太宗甚痛悼之,亲临哀恸。朝野无不追惜。赠侍中、司空、安城王,谥孝元。赐温明秘器,载以辒辌车,卫士导从,陪葬金陵。……后有大功及宠幸贵臣薨,赗送终礼,皆依俊故事,无得逾之者"。⑤据谢宝富统计,"北魏文成帝以前,诏赠赗物的现象并非突出。据统计,道武帝时期并无其例,明元帝时期6例,太武帝时期3例,文成帝时期3例"。⑥"北魏孝文帝至孝明帝世是北魏诏赠赗物的鼎盛时期。在史例上,据统计,孝文帝世30例,宣武帝世17例,孝明帝世24例;在赗赐的种类上包括温明、祕器、命服、朝服、衣、帛、绢、锦、布、彩、谷物、钱、蜡、黄金、冰等15种之多;在规模上,王公阶层死后,所赗的帛、绢、布、谷、钱、

---

① 《隋书》卷8《礼仪志三》,第108页。
② 《魏书》卷20《广川王略传》附《元谐传》,第354页。
③ 赵超:《汉魏南北朝墓志汇编》,天津古籍出版社,2008,第53页。
④ 庄明辉、章义和撰《颜氏家训译注》,第71页。
⑤ 《魏书》卷29《叔孙俊传》,第474页。
⑥ 谢宝富:《北朝婚丧礼俗研究》,第113页。

蜡等动辄即有千匹或十万之多。无论在史例数量，还是在赗赐的种类及规模上皆远远地超过了孝文帝以前的时期，这是此时期厚葬习俗盛行的见证。"[①]

第五节　殡葬制度的相互影响

魏晋南北朝的殡葬制度是在秦汉基础上的一种传承、变革与发展。一方面，汉末的战争与动乱让人们从现实的破坏中看到了厚葬带来的巨大危害，高坟大墓在战争和盗墓贼的盗掘下骸骨不存，对于见证者冲击非常巨大。另一方面，人们则希望通过现实的变革来改变厚葬的制度，通过薄葬、简葬，通过明器制度的变革等，实现山陵坟墓的千年万载平安。两方面的结合和需要使魏晋南北朝的殡葬制度既不是传统的殡葬，也不是发自内心的殡葬，而是一种权宜或违心的殡葬。因此，从制度角度来看存在先天的不足。

一　魏蜀吴——打破旧制时期

魏蜀吴是打破旧制度、旧传统的时期，尤其是魏和蜀来得彻底一些。原因是中原地区是政权的中心，高坟大墓和厚葬由汉代的数百年承平世界而来。加上战乱也集中在中原地区，因此受到的冲击自然也就大。正是基于这种现实，曹操首先为自己百年之后安稳计，提出了薄葬的请求，要求后人给他简葬。理由看起来非常简单，却可以说服其他人，开了殡葬制度变革的先河。

如果说，变革是基于传统的一种深刻反省，那么从曹操开始的对旧殡葬制度的否定便是制度影响的一种反向印证。换句话说，是传统制度影响的另一种形式。由于其子曹丕也认同薄葬思想并身体力行，从而带动了一批有识之士，进而推动了上层社会殡葬制度的变革。魏晋时期有关殡葬制度从简或改变，就是在这样一种背景下展开的。

蜀汉的情况也与曹魏差不多，从刘备到诸葛亮都实行薄葬和简葬，并形成一种制度，让其他官员和上层人士模仿实践。虽然吴国的情况稍微有所不同，人们在观念和行为上还认同厚葬，甚至出现类似于孙皓葬其左夫人张氏而大张旗鼓的现象，史载："皓哀愍思念，葬于苑中，大作冢，使工匠刻柏作木人，内（纳）冢中以为兵卫，以

[①] 谢宝富：《北朝婚丧礼俗研究》，第114页。

金银珍玩之物送葬，不可称计。已葬之后，皓治丧于内，半年不出。国人见葬太奢丽，皆谓皓已死，所葬者是也。"① 但这毕竟不是主流的文化。

三国之后，薄葬和简葬几乎成了一种主流，旧殡葬制度在社会现实的冲击下得到完全的改造。加上此后的社会一直处于动荡之中，政权的更迭也是常态，遵循死后安宁状态的殡葬也就以简为主，以保证墓葬不被盗掘。

二 南北融合——民族差异在变革中消融

民族之间殡葬制度的差异是因为居住区域的不同、文化源流的不同。每一个民族都有自己的生存区域和生存方式，这种不同的生存方式影响了个性化的民族文化产生和发展。三国之后，北方少数民族大量进入中原地区，不仅带来了自己独特的文化，而且还建立国家，或多或少地推行着本民族的文化。殡葬方面也是如此。

从前赵等以匈奴为主的民族所实行的潜埋虚葬，我们可以非常明显地看到殡葬制度在民族之间存在差异。虽然这种制度与不为人知的秘密埋葬思想有关，但也表达了游牧民族随迁而居，生活中不为埋葬祖先所累的行为，是多种思想交融的结果。后来，随着对中原汉族文化，尤其是殡葬制度文化认知的加深，潜埋虚葬的殡葬方式逐渐消融在按规定安葬的殡葬方式之中。

随着南北文化交流的加速以及上层统治者对于汉民族文化的推行，北魏以后的少数民族文化逐渐向汉文化靠拢，他们从语言、服饰到饮食和习俗等方面都以汉族制度和文化为准，从而为汉族殡葬制度向整个上层社会推广奠定了基础。陵墓制度、治丧制度、赙赠制度等都是如此，在推行和发展中成为一个朝廷的制度。虽然早期不是本民族的，但实行得久，自然也产生了认同。甚至由于民间的推崇，一种习俗成为一种制度，如凶门柏历就是如此。

到了南北朝后期，南北的殡葬制度已经几无差异，民族文化的独特性也荡然无存，融合为一种上层实行的殡葬制度，一种中华民族的文化。

---

① 《三国志》卷50《吴书·嫔妃传》，第888页。

第三章
殡葬习俗

魏晋南北朝时期的殡葬习俗基本上承袭汉制，《晋书·礼志》如是说："古者天子诸侯葬礼粗备，汉世又多变革。魏晋以下世有改变，大体同汉之制。"早在先秦时期，我国就已形成一套繁杂的殡葬程序，在儒家经典《周礼》、《仪礼》、《礼记》中都有专门的记载，主要可分为初丧礼仪、治丧仪礼、出丧礼仪、终丧礼仪等内容。魏晋南北朝时期，虽然动荡的年代使得殡葬习俗和制度都存在一定程度的变化，尤其是倡行薄葬，简化了很多丧仪，但在整个殡葬过程中，具体程序如沐浴、饭含、铭旌、赗赙、小敛、大敛、奔丧、哭奠、卜葬等都与汉代基本相同。

第一节　魏蜀吴殡葬习俗

三国时期社会动荡，多实行薄葬，关于这个时期殡葬习俗的文献资料和考古发现相当有限，我们只能从现有的资料中窥得这个时期殡葬习俗的一二。虽然三国时期薄葬观占主导，简化了很多丧仪，但从现有的资料看，当时的殡葬程序和习俗基本上沿袭汉制。

一　初丧礼仪

初丧礼仪是在初死阶段亲属对死者尸体进行最初安置和发布消息的礼仪，包括属纩、复、易服、讣告、沐浴和饭含等礼俗，此中包含了亲属对死者的不舍和情意，蕴含着浓郁的信仰内容。三国时期初丧礼仪的具体程序，文献记载相对较少。虽然此时大多数统治者推行薄葬，初丧仪式中相关的殡葬习俗也有简化，但程序是依然存在的。

（一）复

《礼记·檀弓下》曰："复，尽爱之道也，望反诸幽，求诸鬼神之道也。"人死之后，家属希望能把死者的灵魂从幽冥之界唤回来而复生，这种招魂仪式被称为"复"。这项仪式的具体做法是，由死者亲族拿着死者的上衣，登上屋顶，左执领，右执腰，朝北方呼喊死者的名字，然后将上衣抛下，盖在死者身上。虽然魏蜀吴时期的资料鲜有记录这个仪式，但亲人初死，对于死者的不舍，举行招魂仪式以招回逝者之魂想必是存在的。

（二）讣告、奔丧

人死后，派人将死讯告知亲戚朋友、上司下属。讣告不仅十分重要而且要火速发出，不能疏漏，以便亲戚朋友及时祭奠。三国时期，当诸侯王薨，其他诸侯接到讣告后，要及时发哀、奔丧，否则可能遭受处罚。《三国志》中就有记载，在接到讣告后，因为没有及时吊丧而受到惩罚的例子。"正始三年，东平灵王薨，茂称嗌痛，不肯发哀，居处出入自若。有司奏除国土，诏削县一、户五百"。[①]由此可见丧礼中讣告的重要性。

（三）沐浴、饭含

沐是洗头，浴是洗身，为死者沐浴，在复仪后进行，是先秦、两汉较为流行的习俗。沐浴之后就是饭含仪式。饭含是饭和含的合称，以珠、玉、米、贝之类纳于死者口中。饭是用米、贝等物填塞死者之口；含是用珠、玉、贝等放入死者口中。考古资料表明，殷商时就已经盛行含玉、贝的习俗。汉代时期流行厚葬，多口含珠玉等物。在战乱动荡的社会，口含珠玉等行为特别容易引起盗墓者的注意，因此三国时期的上层统治者多提倡薄葬，饭含之俗也就简化了。不过含珠玉的习俗在统治者中仍有依礼而行的，而在民间则被含铜钱取代。

曹丕曾在终制中要求："无施苇炭，无藏金银铜铁，一以瓦器，合古涂车刍灵之义。棺但漆际会三过。饭含无以珠玉，无施珠襦玉匣，诸愚俗所为也。"[②]他是薄葬制度的积极推行者，在自己的终制中对饭含仪式提出"无以珠玉"的要求。魏明帝的母亲甄太后在明帝即位前就被郭太后陷害死，"及殡，令被发覆面，以糠塞口"[③]。想来这位甄太后的殡葬程序，其中带有一定的惩罚、羞辱和报复性质，但即便如此，也从另

---

① 《三国志》卷20《魏书·武王世王公传》，第440页。
② 《三国志》卷2《魏书·文帝纪》，第60页。
③ 《三国志》卷5《魏书·后妃传》注引《汉晋春秋》，第125页。

一方面看出当时殡葬仪式一般都要为死者梳头沐浴，口填饭含（当然覆面、塞口也可能是为了防止死后在地下相识及诉冤）。三国时期，由于战乱、人口流动加快、推行薄葬等因素，大多数的帝王、诸侯虽然在自己的终制中提出"饭含无以珠玉"，但沐浴、饭含的仪式并没有因为推行薄葬而省略。

二 治丧礼仪

治丧礼仪是指在家完成的出殡前的整个仪程，包括设铭旌、吊丧、入殓、亲人成服等内容，是殡葬习俗中非常重要的内容。三国时期，关于治丧仪式的记载较多，反映了这个时代的殡葬特色。

（一）设铭旌

铭旌为出殡时张举在灵柩前的旗幡，大殓后祭祷时倚放在灵座之右，入葬时覆盖在棺盖上。《周礼·春官·司常》曰："大丧共铭旌。"指的是天子的铭旌。可见铭旌的使用主要限于王室和官员，是书写死者名氏用来标明其棺柩主人的旗帜，既有引导魂魄、炫耀官威、官职的作用，在出殡时也可以增加殡葬队伍的气势。

《艺文类聚》卷13中保存了曹丕的《武帝哀策文》，其中有"卜葬既从，大隧既通。漫漫长夜，窈窈玄宫。有晦无明，曷有所穷！卤簿既整，三官骈罗。前驱建旗，方相执戈。弃此宫庭，陟彼山阿"[1]这样的描述，记录了魏武帝殡葬过程中送葬的场面。"卤簿既整"，卤簿是指东汉帝王出丧时所用之车，如今用于曹操的送葬队伍中，可见其葬礼是用天子的规格来办的。"前驱建旗"，即说以铭旌开道；"方相执戈"亦采用古代丧仪的习俗。曹操虽然在终制中说过"未得遵古"，并要求推行薄葬，不过从上面的描述可见即便是薄葬，曹操的葬礼也具有一定规模，而且难免依照古代的葬仪，以铭旌开道来增加仪仗气势，显示其身份地位。当时对于铭旌如何使用还有一次讨论。《通典》卷84《丧制第二》记载："魏皇后崩，缪袭议铭旌曰：'自殷以前，复与铭旌皆书姓，男名女字，无书国者。周之复，天王称天子，诸侯称某甫。某甫，且字。秦汉皇帝、皇后、太后，复书铭置之柩也。旧礼书铭皆不书国号，后亦不书氏。魏为天下之号，无所复别。臣子所以称魏故某侯某者，皆以自别耳。明太后不宜复称魏，按左氏云"天王崩"，不言周。'刘劭议云：'宜称魏碑称姓。据汉律使节称汉。今魏使节亦称魏，及二千石诸竹使符皆称魏。以类推之，其义宜同。今太后之旌宜称

---

[1] 欧阳询：《艺文类聚》，汪绍楹校，上海古籍出版社，1982，第242页。

魏。'赵怡奏：'祖号所以称庙，不宜以题旌。礼，未有主，作重，既葬而埋之。故铭旌宜与重埋庙门外之左。'尚书奏：'祖宗之号，所以表德。题旌古今异议。今列祖之号，宜改施新铭旌。故旌故杠所埋，如怡等议，与重俱埋于庙门外之左。'"其中涉及铭旌是写上国号还是姓氏以及埋在何处的问题，说明铭旌作为殡葬中的特殊礼俗在进入曹魏之后如何使用及其中的细节在大臣中已经形成不同的解释。不过，最重要的是证明了当时的王室成员确实是践行铭旌文化的。

（二）吊丧、赗赙

吊丧是在获悉亲人朋友去世后到丧家进行的吊唁慰问活动，哀悼死者称"吊"，安慰死者家属称"唁"。春秋时，吊丧必须换上专门的吊服，秦汉以后一般穿素服。赗赙是吊丧时一种捐助明器钱物仪式。"赗"指送给丧家送葬之物；"赙"指以财物助人办丧事。赗赙之礼在吊丧活动中是体现人情味的一种方式，秦汉以前赗以车马，但后来车马在葬礼中逐渐消失。秦汉时期赗礼就常常以"黄肠题凑"、"玉衣"等葬具葬器为主。到了三国时期，大多数上层阶级推行薄葬制度，吊丧时明器钱物的捐赠也就相应减少了。

曹操在终制中说："其将兵屯戍者，皆不得离屯部。有司各率乃职。"①要求戍守的兵将不得离开屯部前来吊丧，丧事期间仍然各司其职。曹操基于国家社会层面的考虑取消吊丧，是对殡葬仪式的一种适当变革。另外《三国志·魏书·常林传》注引《魏略》记载：沐并在嘉平年间病死，"戒气绝，令二人举尸即坎，绝哭泣之声，止妇女之送，禁吊祭之宾，无设拊治粟米之奠。又戒后亡者不得入藏，不得封树"。②从沐并的遗嘱中可知，他要求薄葬，并要求禁止举行吊唁慰问仪式。虽然上面两人都要求简化甚至禁止自己丧礼上的吊丧仪式，但从反面可以看出当时一般人的殡葬仪式仍然是有吊丧之礼的。而关于赗赙之礼，虽三国时期统治者大多推行薄葬，却并没有因此而取消此项礼仪，甚至有些诸侯王、官员葬礼的赗赙颇丰。如韩暨死后，皇帝就有赠赗，"其丧礼所设，皆如故事，勿有所阙。特赐温明、秘器、衣一称、五时朝服、玉具剑佩"。③中山恭王曹衮的葬礼上也能看到相关记载："其年薨。诏沛王林留讫葬，使大鸿胪持节典护丧事，宗正吊祭，赠赗甚厚。"④可见，三国时期就算是明令推行薄葬，但在诸侯王甚至一些百姓的殡葬仪式中，吊丧、赗赙的礼俗还是依照古礼进行，

---

① 《三国志》卷2《魏书·武帝纪》，第38页。
② 《三国志》卷23《魏书·常林传》注引《魏略》，第492页。
③ 《三国志》卷24《魏书·韩暨传》注引《楚国先贤传》，第506页。
④ 《三国志》卷20《魏书·中山恭王衮传》，第436页。

甚至有的诸侯王"赠赗甚厚",并没有相应地减少赗赙。

(三) 入殓

敛分大殓、小殓。为死者穿上寿衣,在堂中停尸数日,称为小殓。小殓期间,亲友前来致襚、致奠,主人要拜送答谢。小殓结束后,要举行入棺仪式,即将尸体移入棺中,称为大殓。大殓后并不是立即入葬,而是要根据死者的身份,占卜入葬的日期等因素决定停殡时间的长短。三国时,上层统治者推行薄葬制度,入殓仪式虽然保留,但有一定程度的简化。

曹操"自先着帻,……持大服如存时,勿遗","敛以时服",即在殡殓方面,"头服他自己已戴好了('自先着帻'),不要脱了。已经穿在身上的宽松的衣服,也不要脱落。就用平时穿的衣服装敛即可"。①且曹操的停殡时间也大大缩短。他死于正月庚子日,辛丑日即第二天就殡殓,二月丁卯日(即死后第27天)葬于高陵。这是他推行薄葬的结果。另外,史籍中记载曹魏的大臣力行薄葬者也很多。如右将军徐晃病笃,"遗令敛以时服"②;左仆射徐宣"遗令布衣疏巾,敛以时服"③;司徒韩暨"遗令敛以时服,葬为土藏"④;另外,蜀国名相诸葛亮也是"因山为坟,冢足容棺,殓以时服,不须器物"。⑤可见三国时期入殓仪式大多被简化。

(四) 成服

成服是丧家及其亲属按照各自与死者血缘关系的亲疏、远近,根据五服即斩衰、齐衰、大功、小功、缌麻,穿上各自应穿的丧服。成服大致在大殓之后,一般为死者去世后第三天,《仪礼·士丧礼》载:"三日,成服。"

由于三国时期上层统治者推行薄葬,殡葬习俗中的成服也多简化。曹操要求"葬毕,皆除服"。⑥刘备的殡葬也是"百寮发哀,满三日除服,到葬期复如礼;其郡国太守、相、都尉、县令长,三日便除服"。⑦这可能是从汉文帝遗诏"其令天下吏民,令到,出临三日皆释服"中学来的。下葬后满三日便除去丧服,服丧期限大大短于汉文帝遗诏规定的36天。不过"满三日除服"与曹操"葬毕,皆除服"相比较,仍是存在区别的。

---

① 陈戍国:《中国礼制史·魏晋南北朝卷》,第34页。
② 《三国志》卷17《魏书·徐晃传》,第397页。
③ 《三国志》卷22《魏书·徐宣传》,第481页。
④ 《三国志》卷24《魏书·韩暨传》,第505页。
⑤ 《三国志》卷35《蜀书·诸葛亮传》,第689页。
⑥ 《三国志》卷1《魏书·武帝纪》,第38页。
⑦ 《三国志》卷32《蜀书·先主传》,第663页。

(五) 朝夕哭奠

朝夕哭奠是停丧日久而形成的习俗。在停丧期间，必须每天在日出和日落时举行两次祭奠仪式，这个时候成服的亲属都要哀哭。曹操终制中有"百官当临殿中者十五举音"，即说百官应当哭临的"十五举音"即可，不用长时间哭泣。可见，这项习俗在曹操薄葬的遗诏中有一定的变化。

三 出丧礼仪

出丧礼仪是把灵柩送到墓圹安葬的礼俗，也叫作"出殡"，包括卜兆宅葬日、启殡、朝祖、陈明器、送葬、反哭等礼俗，是殡葬习俗中的重要内容。三国时期的出丧礼仪和两汉时期的大致相同，但因为推行薄葬而存在一定的简化。

(一) 卜兆宅葬日

卜兆宅葬日是指在选择墓址和出殡吉日时有一套自己的规定。"兆"是指坟墓的茔域；"宅"指阴宅，即死者的居所。卜筮之风源远流长，商周时由冢人、筮者、卜人通过龟甲占卜来选定墓地和下葬的日子。帝王则有选陵制度，官员与平民也有一定陵制，盛行卜兆宅的习俗。①汉代时盛行这个习俗，到了魏晋南北朝相袭大盛，形成影响深远的阴宅风水习俗，并对民间的葬俗有着深刻的影响。三国时期，此项习俗在一定程度上受到薄葬制度的影响，但很多帝王诸侯对于墓址的选择还是有一定讲究的。

"古之葬者，必居瘠薄之地。其规西门豹祠西原上为寿陵，因高为基，不封不树。周礼冢人掌公墓之地，凡诸侯居左右以前，卿大夫居后，汉制亦谓之陪陵。其公卿大臣列将有功者，宜陪寿陵，其广为兆域，使足兼容。"②从曹操在终制中为自己选定墓址的言辞，可以看出他关于墓址的选择符合汉代因山为陵的理念，同时强调陪陵，将自己的有功之臣环葬于左右。曹操不一定相信风水的说法，但他在陵墓的位置选择上体现出的这种家天下的观念可能在潜意识中希望自己王朝永固。另一位帝王，即蜀汉刘备的陵墓选在惠陵，是早年就选好的，地面建有封冢、陵园等，沿用了两汉制度。他对殡葬仪式也要求简化，但与曹操相似的是对墓地的选择，这也可能是他另有用意的体现。而蜀汉的丞相诸葛亮对此却是另一种态度。他"遗命葬汉中定军山，因山为

---

① 陈华文:《丧葬史》，上海文艺出版社，2007，第81、82页。
② 《三国志》卷1《魏书·武帝纪》，第36页。

坟，冢足容棺，殓以时服，不须器物"。①他的葬礼十分简单是肯定的，甚至对于墓地的选择也只是"因山为坟"，可以说他对墓址的选择没有太大的讲究。由此可知一些人还是比较注重下葬日期、墓地选择等这些问题的，尤其是上层统治者。

（二）送丧

送丧也叫送葬，包括在途、路祭、及墓、下棺等程序，是出殡中最主要的仪式。送丧的完成标志着殡葬仪式中"葬"的过程结束。

三国时期的曹丕出丧时，"明帝将送葬，曹真、陈群、王朗等以暑热固谏，乃止"。对此，孙盛评论说："夫窀穸之事，孝子之极痛也，人伦之道，于斯莫重。故天子七月而葬，同轨毕至。夫以义感之情，犹尽临隧之哀，况乎天性发中，敦礼者重之哉！魏氏之德，仍世不基矣。昔华元厚葬，君子以为弃君于恶，群等之谏，弃孰甚焉！"②由此可见，即便在倡导薄葬的三国时期，如魏明帝般违背古礼，不为父亲送葬也是会招致人们批评的。依礼可推，一般人的殡葬仪式上送丧是必须进行的。

（三）反哭、虞祭

反哭是丧家在掩埋之后将神主灵魂引回家后而哭，同时举行祭奠仪式，尽哀而哭，之后进行虞祭。唐贾公彦在《仪礼·既夕礼》中对虞祭进行解释说："云虞，安也者。主人孝子，葬之时，送形而往，迎魂而返，恐魂神不安，故设三虞以安之。"可见虞祭是安置死者魂魄的仪式。虞祭完后还有卒哭，表示死者一切安排完毕，治丧期间的哭号此时也可以停止了，从此进入了居丧阶段。

四 终丧礼仪

反哭、虞祭之后，丧事已进入尾声，孝子进入居丧生活，不过丧事还有几个仪式才算正式结束，包括大小祥等仪式。"小祥"指在父母去世后一周年（13个月）举行的祭礼，"大祥"指在父母去世后两周年（25个月）举行的祭礼。③

第二节 两晋殡葬习俗

两晋时期虽也有统治者推行薄葬制度，但在实际情况中，厚葬者逐渐增多。于是

---

① 《三国志》卷35《蜀书·诸葛亮传》，第689页。
② 《三国志》卷2《魏书·文帝纪》注引《魏氏春秋》，第63页。
③ 陈华文：《丧葬史》，第88页。

这个时期的殡葬习俗虽与汉和三国时期有相同之处，如讣告、饭含、入殓、送葬、反哭等，但与秦汉的殡葬习俗亦有较多不同，主要表现在殡葬、封树和丧服方面。此外还形成了凶门柏历等特殊的殡葬习俗，这也是两晋时期社会、生活变化的表现。

一 初丧礼仪

两晋时期的初丧礼仪大致与三国时期相同，主要有讣告、沐浴、饭含等礼俗。这个时期关于初丧礼仪的文献记载不多，但能看出大致仍然依照汉制进行。

（一）讣告、奔丧

两晋时期和三国时期一样，在人死后首先仍是要将死讯快速发布出去，以便亲朋好友前来祭悼。尤其是皇室成员去世，讣告更是重要。晋武帝皇后杨艳死于泰始十年（274）七月，当时左贵嫔所作的诔文中有这样的记载："阖宫号咷，宇内震惊，奔着填衢，赴者塞庭。"杨皇后的死讯快速讣告给郡国，才能让朝廷内外的皇室和大臣及早奔丧而不失于礼仪。晋朝大臣王祥去世时，"奔赴者非朝廷之贤，则亲亲古吏而已，门无杂吊之宾"[①]，可见讣告之礼。

（二）沐浴、饭含

在有关两晋殡葬习俗的文献中，关于沐浴、饭含的记载较多，当时的人们对此都有各自的要求。晋时大臣王祥在病重时留下遗令，"气绝但洗手足，不须沐浴"[②]，要求不用沐浴，只需要清洗手足即可。还有一位先做大司马、后为司徒、死于泰始八年（272）的大臣石苞在自己的终制中说："自今死亡者，皆敛以时服，不得兼重。又不得饭含，为愚俗所为。"[③]石苞认为应推行薄葬，不需饭含。可见，当时一般人死后的初丧仪式中沐浴、饭含是常见的礼俗。晋朝另一位大臣皇甫谧同样认为应该推行薄葬，他在终制中这样说："吾欲朝死夕葬，夕死朝葬，不设棺椁，不加缠敛，不修沐浴，不造新服，殡唅之物一皆绝之。"[④]他对葬礼的要求更加简单，明确要求死后不要沐浴，甚至不用饭含。以上这几位是晋代时期提倡薄葬的代表者，他们要求不沐浴、绝饭含，打破传统的殡葬习俗，其实是当时实际存在现状的反面，说明当时的人们普遍在初丧礼仪中有沐浴、饭含的礼俗。

---

① 《晋书》卷33《王祥传》，第645页。
② 《晋书》卷33《王祥传》，第644页。
③ 《晋书》卷33《石苞传》，第654页。
④ 《晋书》卷51《皇甫谧传》，第938页。

二 治丧礼仪

关于两晋时期治丧礼俗的文献记载较多，从中可观察到当时的社会生活日渐奢侈的风气。两晋的王室、官员虽有提倡薄葬、改革葬仪的，但大多在社会时俗和积习影响之下，葬礼的规模不断扩大，不断推动着两晋时期殡葬习俗的变革，奢侈之风渐盛。

（一）设铭旌

前文已介绍，殡葬仪式中设铭旌多为皇室成员及官员，而平民治丧礼仪中一般是不用铭旌的。铭旌在丧礼中的作用是书写死者名氏来标明棺柩主人的身份，也是葬礼气势的标志。设铭旌在两晋时期的殡葬中较为常见，这在一定程度上反映了当时厚葬风气有所抬头。

关于晋武帝的葬礼，张华的《哀策文》提到"大隧既启，吉日将征，钟鼓雷震，白虎抗旌，龙螭骧首，良驷悲鸣，倡者振铎，挽夫齐声"。①潘岳的《世祖武皇帝诔》也有关于晋武帝葬礼中铭旌的相关记载："茫茫原野，亭亭素盖，缟辂解驾，白虎弭旆，龙辀定，玄闼载扃。"②另外，《康帝哀策文》中有"皓皓舆服，翩翩素旌"的记载；《简文帝哀策文》中有"同轨毕至，内外成列。素旗宿悬，辒辌首彻"的记载。这些有关帝王葬礼上铭旌的描述为我们展现了一幅形象的出丧场面：奢华的铭旌开道，豪华的马车随驾，钟鼓雷鸣。如此大排场的葬礼场面恐怕也只有在帝王的葬礼上才能见到，两晋皇帝殡葬的奢华程度可见一斑。

晋代皇后的葬礼上亦有关于铭旌的记载。武元杨皇后的葬礼"千乘动轸，六骥踌躇。铭旌树表，翣柳云敷"。③关于这位杨皇后的葬礼，左贵嫔所作诔文记载："华毂曜野，素盖被原，方相仡仡，旌旐翻翻。"④《周礼·夏官·方相氏》中关于铭旌的记载⑤与左贵嫔诔文的记载相比较，可见晋朝时期的殡葬仪式仍然保留了设铭旌这个习俗。

另外晋代官员的葬礼亦不乏设铭旌的记载。在石苞的葬礼上，"及葬，给节、幢、

---

① 欧阳询：《艺文类聚》卷13，第247页。
② 欧阳询：《艺文类聚》卷13，第246页。
③ 《晋书》卷31《武元杨皇后传》，第622页。
④ 《晋书》卷31《武悼杨皇后传·左贵嫔传》，第626页。
⑤ 杨天宇：《周礼译注》，上海古籍出版社，2004，第457页。

麾、曲盖、追锋车、鼓吹、介士、大车"①,可见这位大臣的葬礼也是相当豪华的。

(二)吊丧、赗赙、凶门柏历

两晋时期的帝王大都尊崇司马懿《顾命终制》,虽这份文献后世已经不传,但主要内容应该是倡导薄葬之类。这从两晋帝王殡葬仪式的吊丧、入殓等仪式的文献记载中可以得到证明。咸康八年(342)六月,成帝死,康帝登位。"诸屯戍文武及二千石官长,不得辄离所局而来奔赴。"②即二千石的官长及边防长官不得离职而奔丧,这与汉礼相同。

据晋朝的文献,当时吊丧还有一定礼节。《世说新语》中说:"顾彦先平生好琴,及丧,家人常以琴置灵床上。张季鹰往哭之,不胜其恸,遂径上床,鼓琴作数曲竟,抚琴曰:'顾彦先颇复赏此不?'因又大恸,遂不执孝子手而出。"③《晋书·顾荣传》也记载了这件事:"荣素好琴,及卒,家人常置琴于灵座。吴郡张翰哭之恸,既而上床鼓琴数曲,抚琴而叹曰:'顾彦先复能赏此不?'因又恸哭,不吊丧主而去。"④这两段记载说明,在当时前往丧家吊丧时,不管是"不执孝子之手"而去,或是"不吊丧主而去",都是一种失态的行为。另外,关于当时的吊丧习俗还有一段记载。"王东亭与谢公交恶。王在东闻谢丧,便出都诣子敬,道欲哭谢公。子敬始卧,闻其言便惊起,曰:'所望于法护。'王于是往哭。督帅刁约不听前,曰:'官平生在时,不见此客。'王亦不与语,直前哭,甚恸,不执末婢手而退。"⑤

以上记载都说明,晋时吊丧时执丧主之手安慰是一定礼节,否则是失礼。此外,晋朝吊丧时必主人先哭客乃哭,这也是当时的礼节。《晋书·阮籍传》中就有关于这种吊丧礼节的记载:阮籍的母亲去世,"裴楷往吊之,籍散发箕踞,醉而直视,楷吊唁毕便去。或问楷:'凡吊者,主哭,客乃为礼。籍既不哭,君何为哭?'楷曰:'阮籍既方外之士,故不崇礼典。我俗中之士,故以轨仪自居。'时人叹为两得。"古吊丧无不哭者,至晋时须主人哭乃哭,主人若不哭,客即不哭。故主人闻客至,必先哭以为礼也。⑥阮籍放荡不羁,无视当时的礼节。他的母亲去世免不了吊祭之礼,但是他的行为违反了当时一般吊礼的常规,即吊丧时必定主人先哭客人才哭的礼俗。

---

① 《晋书》卷33《石苞传》,第653页。
② 《晋书》卷7《康帝本纪》,第118页。
③ 刘义庆:《世说新语校译》,刘孝标注,龚斌校释,上海古籍出版社,2011,第1256页。
④ 《晋书》卷68《顾荣传》,第1206页。
⑤ 刘义庆:《世说新语校释》,第1266页。
⑥ 尚秉和:《历代社会风俗事物考》,第252页。

凶门柏历是丧家为吊丧而制作的一种装饰，表示这家正在举办丧事。"凶门"即今日所说的扎牌坊之类，"柏历"即以柏作栏。东晋人蔡谟说："以二瓦器盛始死之祭，系于木，裹以苇席，置庭中，近南，名为重，今之凶门是其象也。礼，既虞而作主，今未葬，未有主，故以重当之。礼称为主道，此其义也。范坚又曰：凶门非礼，礼有悬重，形似凶门。后人出之门外以表丧，俗遂行之。薄帐，即古吊幕之类也。"① 这一习俗早在魏晋之前就已经产生，但在晋朝才流行开来。据《晋书·礼志中》记载，成帝皇后杜氏山陵曾经做凶门柏历，当时诏称大为烦费，"有司奏造凶门柏历及调挽郎，皆不许"②。《晋书·琅邪悼王焕传》中记载孙霄奏疏："凶门柏历，礼典所无，天晴可不用，遇雨则无益。"又说："凶门两表，衣以细竹及材，价直既贵，又非表凶哀之宜。"③ 也明确提出反对。如此多人明确提出对于凶门柏历的意见，可见在当时这种为吊丧而制作的装饰非常流行。凶门柏历在两晋时期普遍存在于殡葬仪式上，也从另一侧面说明此时厚葬之风抬头的趋势。

两晋王室成员或大臣去世时，皇帝吊丧时有时会赐予相当的赗赙，以表达哀悼之情。虽然两晋的很多皇帝在自己的遗诏中要求薄葬，但在两晋的皇室成员及重要大臣的葬礼上却不吝啬，赗礼颇丰。关于两晋殡葬中赗赙的记载也颇多。晋安平献王司马孚是晋武帝的叔祖，辈分很高。皇帝进行赗赠，"东园温明秘器、朝服一具、衣一袭、绯练百匹、绢布各五百匹、钱百万，谷千斛以供丧事"④。而给司马孚的赗赙成了当时皇室成员或大臣葬礼赗赠的标尺。汝南王司马亮死后，"及玮诛，追复亮爵位，给东园温明秘器，朝服一袭，钱三百万，布绢三百匹，丧葬之礼如安平献王孚故事"⑤。以此看来，皇帝给这位汝南王的赗赙不薄。晋武帝时的大臣王祥死后，"诏赐东园秘器，朝服一具，衣一袭，钱三十万，布帛百匹"⑥。在王祥死后大约五年，武帝拜为太傅、进爵为公的郑冲也死了。"帝于朝堂发哀，追赠太傅，赐秘器，朝服，衣一袭，钱三十万，布百匹。谥曰成。"⑦ 此外，晋朝另一位死于东晋成帝咸康五年（339）的大臣王导获得的赗赙也颇丰厚，"帝举哀于朝堂三日，遣大鸿胪持节监护丧事，赗襚之

---

① 《晋书》卷20《礼志中》，第408页。
② 《晋书》卷33《成恭杜皇后传》，第635页。
③ 《晋书》卷64《元四王·琅邪悼王焕传》，第1146页。
④ 《晋书》卷37《宗室传·安平献王孚传》，第711页。
⑤ 《晋书》卷59《汝南王亮传》，第1055页。
⑥ 《晋书》卷33《王祥传》，第645页。
⑦ 《晋书》卷33《郑冲传》，第647页。

礼，一依汉博陆侯及安平献王故事"。①魏舒于"太熙元年薨，时年八十二。帝甚伤悼，赠赙优厚，谥曰康"。②从以上这几位诸侯王和大臣的赠赙可见，两晋时期此项习俗兴盛，并没有因为推行薄葬而减少相应的赠赙。

（三）入殓

司马懿的《顾命终制》倡导的薄葬观在一定程度上为两晋帝王所接受，在王室成员和官僚大臣的入殓仪式中便可看出一二。晋安平献王司马孚死时，遗令中说："不伊不周，不夷不惠，立身行道，终始若一。当以素棺单椁，敛以时服。"③大臣王祥入殓时，"勿缠尸，皆浣故衣，随时所服。所赐山玄玉佩、卫氏玉玦、绶笥皆勿以敛"。④明确要求在入殓时不要佩戴所赐的玉佩、玉玦等贵重物品。石苞在生前所作的终制中要求敛以时服，不要兼重。皇甫谧同样要求"不设棺椁，不加缠敛"，"气绝之后，便即时服，幅巾故衣，以簟篨裹尸，麻约二头，置尸床上"。⑤不管这些人在实际的殡葬仪式中是否真的仅仅是"敛以时衣"、"不加缠敛"，没有佩戴玉佩、玉玦等物，在两晋社会厚葬风气日渐抬头的时候能在自己的遗令中提出如此的要求也是难能可贵的。

（四）朝夕哭奠

关于两晋时期朝夕哭奠的记载虽然不多，但此项仪式依然是存在的。王祥病重后在遗令中就有关于朝夕哭奠的要求记载：不需要设置酒食脯肉，只要"糗脯各一盘，玄酒一杯，为朝夕奠"。⑥王祥要求薄葬尚且如此，其他人葬礼上的朝夕哭奠也就可想而知。《晋书·韩阶传》中记载："及承遇祸，阶、延亲营殡敛，送柩还都，朝夕哭奠，俱葬毕乃还。"⑦讲的是在司马承遇害后，韩阶和武延二人为他操办殡殓仪式，护送棺柩回京都，并且举行朝夕哭奠的礼仪，直到全部殡葬程序办完了才回去。

三 出丧礼仪

两晋时期的统治者大多推崇薄葬，殡葬仪式自然有所简化。但由于社会风气的影

---

① 《晋书》卷 55《王导传》，第 1162 页。
② 《晋书》卷 41《魏舒传》，第 781 页。
③ 《晋书》卷 37《宗室传·安平献王孚传》，第 711 页。
④ 《晋书》卷 33《王祥传》，第 644 页。
⑤ 《晋书》卷 51《皇甫谧传》，第 938 页。
⑥ 《晋书》卷 33《王祥传》，第 644 页。
⑦ 《晋书》卷 89《韩阶传》，第 1543 页。

响，殡葬习俗中奢侈之风日盛，薄葬的外表下掩藏着厚葬的本质。对墓地及下葬日期选择的重视、送丧队伍的规模、唱挽歌的要求，都隐隐透露着两晋时期出丧礼仪的奢侈之风。

（一）卜兆宅葬日

汉代时盛行的卜兆宅习俗到了魏晋时期就相袭大盛，形成影响深远的阴宅风水习俗，对民间的殡葬习俗产生很大影响。西晋人郭璞的《葬书》对卜兆宅习俗的影响很大，被后人尊为风水术、相墓术的鼻祖。相墓术又称为相冢术、占墓术、阴宅风水术等，此书"把死者与生者、人世间的幸福与葬地的优劣相对应，加重了相墓术的迷信色彩。在这一理论的影响下，相墓术广为流行，并成为中国民间丧葬中的重要习俗，久盛不衰"。①两晋时期关于卜兆宅葬日的文献记载说明人对墓地选择、入葬时间选择的重视与讲究。

皇室成员对这个习俗更是比普通百姓要重视，因为他们相信这关乎着王朝的兴衰。前文述及杨皇后去世后，"乃考龟筮，龟筮袭吉。爰定宅兆，克成玄室。魂之往矣，于以今日。仲秋之晨，启明始出。"②可见这位杨皇后的墓地和下葬的日子都是通过龟甲占卜之后特别选定的。晋朝南渡之后，葬仪多承西晋。义熙元年（405），安帝反正，于是改葬会稽文孝王司马道子，"加殊礼，一依安平献王故事"，并令太史"详吉日，定宅兆"，③卜筮下葬的墓地和吉时。当然两晋中也有对墓地和下葬时日没有特殊要求的，可以皇甫谧为例，只要"择不毛之地，穿坑深十尺，长一丈五尺，广六尺。坑讫，举床就坑，去床下尸"。④这在当时不得不说很有勇气。

（二）送丧、唱挽歌

两晋时期，送丧过程中唱挽歌的习俗沿袭了汉魏时期的殡葬仪式。"晋武帝以后，国有大丧，辄废乐三年。按照汉魏旧典，唯一的音乐是挽歌。"⑤挽歌是礼制丧歌的一种，大约起源于汉代，传说出于齐国贵族田横自杀，其门人悲歌，后来逐渐发展成礼俗。《晋书·礼志中》记载："汉、魏故事，大丧及大臣之丧，执绋者挽歌。新礼以为挽歌出于汉武帝役人之劳歌，声哀切，遂以为送终之礼。"

两晋资料中多有关于送丧、挽歌的记载，可见当时的人们大多遵循此项礼俗，且

---

① 徐吉军：《中国丧葬史》，第 299 页。
② 《晋书》卷 31《武悼杨皇后传·左贵嫔传》，第 626 页。
③ 《晋书》卷 64《简文三子·会稽文孝王司马道子传》，第 1153 页。
④ 《晋书》卷 51《皇甫谧传》，第 938 页。
⑤ 张承宗：《魏晋南北朝妇女丧葬礼仪考》，《苏州大学学报》2010 年第 2 期。

规模有扩大的趋势。晋武帝葬礼中的挽歌，张华《哀策文》有"良骃悲鸣，倡者振铎，挽夫齐声"的记载。左贵嫔所作的关于杨皇后的诔文中也提到："挽童引歌，白骥鸣辕。……诸姑姊妹，娣姒媵御。追送尘轨，号唪衢路。王侯卿士，云会星布。群官庶僚，缟盖无数。"① 可见在杨皇后的出丧仪式中，有专门组织的儿童唱挽歌，在送葬者的队伍中不仅有"诸姑姊妹，娣姒媵御"，还有"王侯卿士"、"群官庶僚"。一般来说，挽歌与挽郎是同一的，执绋的挽郎要唱挽歌。那么，有挽歌，也就有挽郎。由于挽歌的盛行，挽郎的存在也就顺理成章。《晋书·礼志中》载，成帝"咸康七年，皇后杜氏崩……有司又奏，依旧选公卿以下六品子弟六十人为挽郎"。由上可知，两晋皇室与大臣的送丧仪式大多都有挽郎并要唱挽歌表示哀伤之情。也有人反对挽歌，认为"方在号慕，不宜以歌为名"。还有人主张或推行薄葬，不须送丧，也不须唱挽歌，如大臣王祥就在遗令中特别嘱咐"家人大小不须送丧"，因为不须送丧，当然就没有挽郎，同样就没有挽歌了。

（三）反哭、虞祭

两晋时期，反哭、虞祭的习俗是存在的，虽然文献记载较少。《晋书·礼志中》记载："成帝咸康七年，皇后杜氏崩。诏外官五日一入临，内观旦一入而已，过葬虞祭礼毕止。"② 这里虽没有详细提及当时虞祭的内容，但说葬礼要在进行虞祭之后才算完成，可见当时虞祭的重要。

此外，《华阳国志校补图注》一书也有"愍怀太子死于许下，博士、中书论虞袝之礼。长文议：虞祭宜还东宫，以继太子者为主"③ 的记载。一般认为，反哭、虞祭仪式过后，哀痛仪式会不断减少。

四 终丧礼仪

终丧礼仪中的大小祥在两晋时期亦是存在的。如王祥在遗令中关于大小祥的要求是"家人大小不须送丧，大小祥乃设特牲，无违余命"④，连送丧仪式都可以省略，但嘱咐大小祥仪式用一种牲畜来祭祀，不能违背。可见两晋时期大小祥仪式的普遍性和重要性，因此一般殡葬程序中对此项仪式决不会忽略。

---

① 《晋书》卷31《武悼杨皇后传·左贵嫔传》，第626页。
② 《晋书》卷20《礼志中》，第408页。
③ 常璩：《华阳国志校补图注》，任乃强校注，上海古籍出版社，1987，第646页。
④ 《晋书》卷33《王祥传》，第644页。

第三节 南朝殡葬习俗

南朝的殡葬习俗承袭两晋,从仪式到具体的殡葬过程都有着巨大的相似性。上层统治阶级推行薄葬者不乏其人,但从这个时期殡葬习俗的相关文献,尤其是关于治丧礼仪中赗赠的记载来看,可以发现这一时期的殡葬习俗并不都崇尚节约。在这个朝代更替快速、战乱不定的动荡年代里,葬仪大概是有的,但更多的葬礼是草草收场,缺乏具体的文献记载详细的殡葬过程中的礼俗内容。值得注意的是,南朝时期对墓地和出殡日期的选择在两晋相墓术的基础上,有些突破。

一 初丧礼仪

南朝时期战乱动荡,人们的基本生活都可能得不到保障,殡葬程序也可能没有完整的仪式过程。但是关于南朝时期殡葬习俗的记载却有比较多对于某些具体仪式的文献记载。从这些文献记载来看,南朝时期的殡葬习俗在复、讣告、沐浴、饭含等初丧礼仪上依然遵循古礼。

(一)复——招魂

关于初丧礼仪中的招魂仪式,从三国时期起,相关记载一直较少被发现,直到南朝时期才有了明确的记载。建武四年(28),张融病死,"遗令建白旐无旒,不设祭,令人捉麈尾登屋复魂"。[①]张融的遗令要求捉麈尾而行招魂之礼,与一般的招魂仪式有所差别,有其特色所在,说明到南朝齐时,人们在殡葬礼仪中仍然遵循招魂复魄之礼。

(二)讣告、奔丧

讣告的重要性前文已经提到。虽然较缺乏南朝时期直接提到讣告的文献,不过从字里行间我们也能发现初丧礼仪中讣告、奔丧的相关信息。如刘宋武帝之死,《宋书》、《南史》关于他的殡葬仪式记载不多,但收录在《艺文类聚》中谢灵运所作的《武帝诔》中记载了一部分内容,"同轨毕至,率土咸哀"、"嗣皇擗摽,群后崩悲"、"哀哀百僚,长辞含鲠"。可见刘裕死后必定有火速的讣告,百官才来得及奔丧。南朝皇帝推行薄葬也会如之前的帝王那样颁布诏令,要求百官不要前来奔丧。"建元四年三月壬

[①] 《南齐书》卷41《张融传》,第494页。

戌，太祖崩，上即位，大赦。征镇州郡令长军屯营部，各行丧三日，不得擅离任，都邑城守防备幢队一不得还。"①此外，陶渊明在为自己写的《自祭文》中写到这样的情景："外姻晨来，良友宵奔，葬之中野，以安其魂。"②就算这只是他为自己丧事的设想，但也没有忘记通知亲朋好友自己的死讯，可见讣告之礼的重要性。

（三）沐浴、饭含

南朝文献亦有关于沐浴、饭含习俗的记载。沈麟士在遗嘱中说"不须沐浴、唅珠"③；陶弘景也有临终遗令："既没，不须沐浴，不须施床，止两重席于地。"④这两位都是薄葬的力行者，由此可见当时人们死后通常是需要按照一定的殡葬习俗进行沐浴、饭含等仪式的。

二 治丧礼仪

南朝承袭了东晋的殡葬习俗，在治丧礼仪中有具体表现。从帝王到大臣再到一些士族家庭，大多崇尚俭约，推行薄葬。但是从关于南朝赗赙、凶门柏历等习俗的文献记载看，此时殡葬仪式有着一定的规模且葬礼消费不低。虽然关于这个时期治丧礼仪的文献记载不全，但从已有的资料看，殡葬仪程还是相对完整的。

（一）设铭旌

南朝时期皇室成员及其大臣的葬仪上也都设有铭旌。南朝时期，关于铭旌有好几种说法。《通典》记载："宋崔元凯丧仪云：铭旌，今之旐也。天子丈二尺，皆施跗树于圹中。遣车九乘，谓结草为马，以泥为车，疏布鞼，四面有障，置圹四角。以载遣奠牢肉，斩取骨胫，车各载一枚。"⑤可见，南朝宋时铭旌又称为"旐"，且不同级别有不同的规格。南朝宋人谢庄所写的《孝武帝宣贵妃诔》中记载"敢撰德于旒旐，庶图芳于钟万"⑥，这里铭旌又被称作"旒旐"。此外还有称之为"旗"的，如昭明萧统的生母丁贵嫔的葬礼上，"启丹旗之星旆，振容车之黼裳。拟灵金而郁楚，泛凄管而凝伤"⑦。萧统死后亦是"蜃辂俄轩，龙骖踶步；羽翿前驱，云旐北御"⑧。

---

① 《南齐书》卷3《武帝本纪》，第30页。
② 陈振鹏、章培恒：《古文鉴赏辞典》(上)，上海辞书出版社，1997，第609页。
③ 《南史》卷76《隐逸下》，第1264页。
④ 《南史》卷76《陶弘景传》，第1269页。
⑤ 杜佑：《通典》，第427页。
⑥ 欧阳询：《艺文类聚》，第284页。
⑦ 《梁书》卷7《高祖丁贵嫔传》，第107页。
⑧ 《梁书》卷8《昭明太子传》，第113页。

（二）凶门柏历和赗赙

到了南朝，魏晋时期盛行的凶门柏历依然沿用不衰。《南史·孔琳之传》中关于凶门柏历这样说："凶门柏装，不出礼典，起自末代，积习生常，遂成旧俗，爰自天子达于庶人。诚行之有由，卒革必骇；然苟无关于情，而有愆礼度，存之未有所明，去之未有所失，固当式遵先典，厘革后谬，况复兼以游费，实为人患者乎。凡人士丧仪，多出闾里，每有此项，动十数万，损人财力，而义无所取。至于寒庶，则人思自竭，虽复室如悬罄，莫不倾产单财，所谓'葬之以礼'，其若此乎？谓宜一罢凶门之式。"① 这段话说出了时人对凶门柏历的看法，认为浪费了大量的人力、物力、财力，但"义无所取"，只是"凶门之式"罢了。此外《宋书·礼志二》载："宋文帝元嘉十七年七月壬子，元皇后崩。兼司徒给事中刘温持节监丧。神虎门设凶门柏历至西上阁。"② 皇后葬礼上设凶门柏历做装饰也是身份和地位的一种彰显。南朝时期，时人多兴在葬礼上设置凶门柏历，即便会增加葬礼费用，也愿意倾尽财产而设之。

此外，从南朝时期殡葬仪式丰厚的赗赙中也可发现，此时的殡葬习俗并不都是崇尚节约的。《南齐书·宗室传》中记载，安陆昭王萧缅死后，"诏赗钱十万，布二百匹"；③《南齐书·高帝十二王传》中记载，武陵昭王萧晔于隆昌元年薨，"赐东园秘器、朝服"；④ 临川献王萧映永明七年薨，"诏赐东园秘器，朝服一具，衣一袭"；⑤ 长沙威王萧晃永明八年薨，"赐东园秘器，朝服一具，衣一袭"。⑥ 显然，南齐诸侯王萧映、萧晃等人的殡葬礼仪规格差不多。

刘宋元嘉九年，王弘"进位太保，领中书监，余如故"。其年薨，"侍中、录尚书、刺史如故，谥曰文昭公，配食高祖庙廷"。⑦ 萧齐建元四年（143）八月，司空褚渊寝疾。"上遣侍中王晏、黄门郎王秀之问疾。薨，家无余财，……诏曰：'司徒奄至薨逝，痛悼恸怀；比虽虺瘵，便力出临哭。给东园秘器，朝服一具，衣一袭，钱二十万，布二百匹，蜡二百斤。"又下诏云："其赠公太宰，侍中、录尚书、公如故。"⑧ 萧梁天监十四年（515）四月，江州刺史王茂薨于州，"高祖甚悼惜之，赗钱

---
① 《南史》卷27《孔琳之传》，第486、487页。
② 《宋书》卷15《礼志二》，第265页。
③ 《南齐书》卷45《宗室传》，第538页。
④ 《南齐书》卷35《高帝十二王传》，第422页。
⑤ 《南齐书》卷35《高帝十二王传》，第420页。
⑥ 《南齐书》卷35《高帝十二王传》，第421页。
⑦ 《宋书》卷42《王弘传》，第867页。
⑧ 《南齐书》卷23《褚渊传》，第287页。

三十万，布三百匹"。①通过上面三个材料，可知刘宋萧齐梁朝的重臣死后，朝廷追赠官谥、赙赠钱物与葬送礼仪基本相同，且赙礼较重。

（三）入殓和明器

南朝时期殡葬仪式中的奢靡之风略有抬头，但这时的皇帝大多是崇尚节约、推行薄葬的，这从葬礼中的明器可窥得一二。《陈书》记载，陈朝宣帝崩，遗诏"凡厥终制，事从省约。金银之饰，不须入圹；明器之具，皆令用瓦。唯使俭而合礼，勿得奢而乖度"。②皇帝死后随葬中没有金银等物，明器也用瓦器，这些都是薄葬的明证。

刘宋诸侯王也有临终表示薄葬愿望者，入殓仪式简化了，陪葬的明器也相应减少了。如《宋书·武三王传》谓庐陵孝献王刘义真死后，太祖以第五子刘绍为其嗣，"元嘉九年，袭封庐陵王"，元嘉二十九年（452）薨，"遗令敛以时服，素棺周身，太祖从之"。这位诸侯王的遗令虽然没有提到关于明器的要求，但想必不会奢侈。据《南齐书·豫章文献王传》，萧嶷在永明十年（492）薨，临终召二子曰："棺器及墓中，勿用余物为后患也，朝服之外，唯下铁环刀一口。"其时，皇帝崔颢下诏："敛以衮冕之服，温明秘器，命服一具，衣一袭，丧事一依汉东平王故事。"③萧嶷的墓中唯朝服和生前喜爱的铁环刀，别无他物。虽然皇帝后来还另外赐有明器，至少他本人是贯彻了薄葬的思想的。《梁书·太祖五王传》中也有关于诸侯王的入殓、明器规格的记载。临川王萧宏薨后"给温明秘器，敛以衮服"；南平王萧伟薨后"诏敛以衮冕，给东园秘器"。这些诸侯王的明器相对是少的。而五柳先生陶渊明的葬礼则更加简单。他死于刘宋元嘉四年（427），好友颜延之写了《陶征士诔》纪念他，提到其"轻哀薄敛，遭壤以穿，旋葬而窆"，这正符合了他薄葬的原意。南齐沈麟士的薄葬观在其入殓仪式上也得到了体现，"气绝剔被，取三幅布以覆尸。及敛，仍移布于尸下，以为敛服。反被左右两际以周上，不复制覆被"。另外，"以本裙衫、先着裈、凡二服，上加单衣幅巾履枕，棺中唯此"。④由这些文献可以看出，南朝时期，从上层统治者到社会精英，殡葬仪式中入殓仪式和随葬明器都反映了他们薄葬的要求。

（四）朝夕哭奠

南朝时期的殡葬习俗中亦存在朝夕哭奠的习俗。南齐豫章文献王萧嶷的殡葬礼

---

① 《梁书》卷9《王茂传》，第120页。
② 《陈书》卷5，第66页。
③ 《南齐书》卷22《豫章文献王传》，第276~277页。
④ 《南史》卷76《隐逸下·沈麟士传》，第1264页。

仪，皇帝就下诏"大鸿胪持节护丧事，大官朝夕送奠"①；竟陵文宣王萧子良死后，皇帝也下诏由大鸿胪持节监护，要求太官朝夕送祭。而沈麟士则明确要求"不得朝夕下食。祭奠之法，至于葬，唯清水一杯"。②虽然关于南朝朝夕哭奠的文字记载并不算多，但这三位的葬礼上存在关于此习俗的文献记载，可见一般人依然行此礼。

三　出丧礼仪

南朝时期的出丧礼仪在卜兆宅葬日习俗方面有突出表现。两晋时期的阴宅风水习俗对此时的殡葬习俗产生深远影响。此外，虽然丧仪有所简化，但是送丧、唱挽歌等仪式的规模并没有因此而减小。从南朝上层统治者的殡葬仪式上可看出丧葬费用的高涨。

（一）卜兆宅葬日

南朝受晋影响，皇室成员对卜兆宅相当重视，相关记载也颇多。《艺文类聚》中记载，刘宋武帝死后，"史臣考卜、高山开基。贞龟无远，迁灵有期"。③《南史》记载，萧齐高帝死后，"旧茔在武进彭山"，又说"四月丙午，葬于武进泰安陵，于龙舟卒哭，内外反吉"。梁武帝的丁贵嫔死后，"令龟兆良，莱引迁祖"④。南朝的皇室成员死后，大多对墓地位置和入葬时间进行占卜，以为这样有利于统治的长久、政权的巩固。

但过分的相信风水也带来了悲剧。昭明太子萧统死后，"简辰请日，筮合龟贞。幽埏凤启，玄宫献成"⑤。其实萧统的死与风水还有莫大的关系。在《南史》中，李延寿这样说萧统的病症：

> 初，丁贵嫔薨，太子遣人求得善墓地，将斩草，有卖地者因阉人俞三副求市，……三副密启武帝，言太子所得地不如今所得地于帝吉。帝末年多忌，便命市之。葬毕，有道士善图墓，云："地不利长子。若厌伏或可申延。"乃为蜡鹅及诸物埋墓侧长子位。有宫监鲍邈之、魏雅者，……邈之晚见疏于雅，密启武帝云："雅为太子厌祷。"帝密遣检掘，果得鹅等物；大惊，将穷其事。徐勉固谏得止，

---

① 《南齐书》卷40《豫章文献王传》，第276页。
② 《南史》卷76《隐逸下·沈麟士传》，第1264页。
③ 欧阳询：《艺文类聚》卷13，第257页。
④ 《梁书》卷7《高祖丁贵嫔传》，第107页。
⑤ 《梁书》卷8《昭明太子传》，第115页。

于是唯诛道士。由是太子迄终以此惭慨，故其嗣不立。①

这段话的大致意思是说，丁贵嫔死后，太子为了安葬母亲，找了一块好地。而皇帝则另外找了一块地来埋葬贵嫔，据说这块地风水好，"于帝吉"。但是有道士说这块对太子不利，于是身为太子的萧统就同意了道士的厌伏之术。虽然这方法对于太子来说可能是件好事，但是对于皇帝来说是不吉祥的，这不是有违孝道吗？在事情被揭穿后，唯一的方法只有杀了道士平息此事，太子萧统却因此而感到十分惭愧和忧惧，最终也丢了自己的命。其实这都是因为过分相信风水、堪舆，想迁祸，最终却弄得父不慈、子不孝。过分相信风水之说，最终导致了这样一个悲剧。虽然时人大都相信风水之说，但当时仍有一些人对此存有异议。

（二）送丧、唱挽歌

南朝时期，送丧的规模与皇帝所赐息息相关，文献中也记录了较多此类信息。《宋书·宗室传》长沙景王刘道怜本传中记载：永初三年（422）六月薨，"追赠太傅，持节、侍中、都督、刺史如故，祭礼依晋太宰安平王故事，鸾辂九旒，黄屋左纛，辒辌，挽歌二部，前后部羽葆、鼓吹，虎贲班剑百人"。②《宋书·文九王传》中记载，建平宣简王刘宏大明二年（458）薨，"追赠侍中、司徒，中书监如故，给班剑二十人"。③大臣王弘薨，"即赠太保，中书监，给节，加羽葆、鼓吹，增班剑为六十人，侍中、录尚书、刺史如故"。④刘宋一代，葬礼规格高低主要取决于皇帝所赐送葬虎贲班剑人数。

另外，通过南朝其他朝代皇帝所赐虎贲班剑人数，也可看出送丧规格。南齐豫章文献王萧嶷死后，皇帝萧赜下诏："可赠假黄钺、都督中外诸军事、丞相、扬州牧，绿綟绶，具九服锡命之礼，侍中、大司马、太傅、王如故。给九旒鸾辂，黄屋左纛，虎贲班剑百人，辒辌车，前后部羽葆鼓吹，葬送仪依东平王故事。"⑤梁朝诸侯王中，长沙嗣王萧业之父萧懿死后，"天监元年，追崇丞相，封长沙郡王，谥曰宣武。给九旒、鸾辂、辒辌车，黄屋左纛，前后部羽葆鼓吹，挽歌二部，虎贲班剑百人，葬礼一依晋

---

① 《南史》卷53，第876页。
② 《宋书》卷51《宗室传》，第964页。
③ 《宋书》卷72《文九王传》，第1228页。
④ 《宋书》卷42《王弘传》，第867页。
⑤ 《南齐书》卷22《豫章文献王传》，第277页。

安平王故事"。① 通过葬礼中皇帝所赐虎贲班剑的规格,可见送丧仪式之高。而《南齐书·宗室传》记载的各诸侯王的送丧仪式,如武陵昭王萧晔死后,"赠司空,侍中如故,给节,班剑二十人";②临川献王萧映"赠司空";③长沙威王萧晃"即本号,赠开府仪同三司"④,可以发现南齐诸侯王送丧仪式的规格是差不多的。

宋齐梁朝的大臣死后,送丧仪式规模基本相同,如刘宋王弘"赠太保、中书监,给节,加羽葆、鼓吹,增班剑为六十人";⑤萧齐褚渊"给节,加羽葆鼓吹,增班剑为六十人";⑥萧梁王茂"宜增礼数,式昭盛烈,可赠侍中、太尉,加班剑二十人,鼓吹一部,谥曰忠烈"。⑦

此期送丧时重视挽郎或挽歌,被选任挽郎的人身份地位都非同一般。《世说新语·纰漏》载:"任育长年少时,甚有令名。武帝崩,选百二十挽郎,一时之秀彦,育长亦在其中。王安丰选女婿,从挽郎搜其胜者,且择取四人,任犹在其中。"不仅说明挽郎习俗或制度的存在,也说明挽郎是特殊身份的象征。

(三)虞祭

南朝时期关于虞祭的记载较少。齐武帝萧赜母亲昭太后迁祔墓地时提到,"有司又奏:昭皇后神主在庙,今迁祔葬,庙有虞以安神,神既已处庙,改葬出灵,岂应虞祭?"⑧说是昭太后既迁祔,神主在庙,就不须虞祭。可见此时关于虞祭的举行是有一定习俗的。昭太后迁祔后不须虞祭是特例,一般人还是要依礼举行虞祭的。

四 终丧礼仪

丧事进入尾声后,南朝的殡葬习俗依然是进行大小祥等仪式后才算正式结束。《南史·隐逸下》沈麟士本传中记载"四节及祥,权铺席于地,以设玄酒之奠。"⑨南梁顾宪之死后留下遗嘱:"朔望祥忌,可权安小床,暂设几席,唯下素馔,勿用牲牢。"⑩这两位都要求大小祥的祭奠不须隆重,仅"铺席于地"或"安小床,暂设几席",用

---

① 《梁书》卷23《长沙嗣王业传》,第246页。
② 《南齐书》卷35《宗室传》,第422页。
③ 《南齐书》卷35《宗室传》,第420页。
④ 《南齐书》卷35《宗室传》,第421页。
⑤ 《南史》卷42《王弘传》,第867页。
⑥ 《南齐书》卷23《褚渊传》,第287页。
⑦ 《梁书》卷9《王茂传》,第120页。
⑧ 《南齐书》卷10《礼下》,第107页。
⑨ 《南史》卷76《隐逸下》,第1264页。
⑩ 《梁书》卷52《顾宪之传》,第527页。

玄酒祭奠，不用牲牢。不管南朝大小祥的规模如何，至少要举行这项仪式作为丧礼程序的结束。

第四节　北朝殡葬习俗

北朝政权基础来自北方少数民族。少数民族南下，民族文化不断融合，本族的殡葬习俗必然受到汉民族殡葬习俗的影响。此时是多民族文化的共存时期，也是南迁的少数民族殡葬习俗走向汉化的时期。北朝的殡葬习俗不仅吸收了汉族传统的殡葬仪式和程序，也保存了少数民族自身的殡葬特色。另外，北朝厚葬习俗流行，主要表现在赗赙，提倡薄葬者也继续存在。

一　初丧礼仪

（一）复——招魂

在北朝，复是丧制的基本内容之一，贵族官僚死后一般都要举行复魄仪式。《魏书·礼志四》记载，孝明帝神龟元年（518）九月，尼高皇太后崩于瑶光寺，"有司奏：案旧事，皇太后崩仪，自复魄敛葬，百官哭临"。[①]这里所说的"旧事"，即朝廷例行规章，也就是说复魄仪式是北魏皇太后葬礼上的例行丧事程序，依例可推皇帝、皇后、诸王侯等亦大体不出其外。此外，《颜氏家训·终制篇》中也提到复魄仪式："今年老疾侵，傥然奄乎，岂求备礼乎？一日放臂，沐浴而已，不劳复魄。"[②]这里，颜之推嘱咐身没之后不须进行复魄仪式。从另外视角看，正说明贵族官僚死后一般是要举行招魂仪式的。

（二）讣告、奔丧

关于北朝讣告的记载虽然不多，但从多种习俗的存续来看，讣告是真实存在的。《颜氏家训·风操》云："江南凡遭重丧，若相知者同在城邑，三日不吊则绝之"，"有故及道遥者，致书可也"。[③]《颜氏家训》的记载说明在那时的江南一带，如得到讣告后三日内不奔丧，那么两家关系立即断绝。这里虽然没有直接写讣告，但从侧面说明讣告的及时性和重要性。讣告不及时可能会导致两个家族不相往来的严重后果。此

---

① 《魏书》卷184《礼志四》，第1877页。
② 庄明辉、章义和撰《颜氏家训译注》，第362页。
③ 庄明辉、章义和撰《颜氏家训译注》，第73页。

外,《周书·颜之仪传》附《乐运传》中记载了宇文邕崩时奔丧仪式的情况:"文轨之内,奔赴未尽;邻境远闻,使犹未至。"国有大丧,异国也会派遣使者赴吊,如北魏的冯太后崩,南齐武帝萧赜"遣其散骑常侍裴昭明、散骑侍郎谢竣等来吊,欲以朝服行事"。①

(三)沐浴、饭含

在北朝,沐浴、饭含之俗颇为流行,沐浴分为死后沐浴和死前沐浴(又称之为临亡浴)。如李洪之,"及临自尽,沐浴换衣"。②高遵,遇诏赐死,"恨其妻,不与诀,别处沐浴,引椒而死"。③可见,北朝临亡浴的流行。

沐浴之后举行的就是饭含仪式。北朝较魏晋,厚葬习俗有所回升,饭含以珠玉的现象也有增加。如北朝李预死后,他的妻子常氏为他饭含,当时"以玉珠二枚啥之,口闭。常谓之曰:'君自云餐玉有神验,何故不受啥也?'言讫齿启,纳珠"。④北朝饭含以珠玉的习俗在考古发掘中也得到了印证。内蒙古包头固阳县发现的北魏墓群中,就有"玛瑙珠,出于死者的口中"的报道,⑤河北景县北朝高氏墓群也有水晶珠出土于高潭墓东侧死者的口中。⑥除了珠玉外,还有饭含以钱币者,如北京王府仓北齐墓一枚常平五铢钱出土于死者的头骨碎片处,⑦应该是饭含的。不过北朝铸币多是太和十九年以后的事情,此前钱币很少有在市场上流行的现象,据此推测,北朝饭含用钱币的习俗可能是太和十九年以后才慢慢流行起来的,并对隋唐时期的饭含习俗产生了一定影响。

二 治丧礼仪

(一)设铭旌

北朝皇室成员、官员出殡时亦有设置铭旌或者魂幡。铭旌的设置因死者地位的不同而不同,《隋书》记载,北齐对此就有明确的规定:"旌则一品九旒,二品、三品七旒,四品、五品五旒,六品、七品三旒,八品以下,达于庶人,唯旐而已。其建旌,三品已上及开国子、男,其长至轸,四品、五品至轮,六品至于九品,至较。勋

---

① 《魏书》卷79《成淹传》,中华书局,2000,第1183页。
② 《魏书》卷89《李洪之传》,第1301页。
③ 《魏书》卷89《高遵传》,第1302页。
④ 《魏书》卷33《李预传》,第533页。
⑤ 郑隆:《包头固阳县发现北魏墓群》,《考古》1987年第1期。
⑥ 何直刚:《河北景县北魏高氏墓发掘简报》,《文物》1979年第3期。
⑦ 马希桂:《北京王府仓北齐墓》,《文物》1977年第11期。

品达于庶人，不过七尺。"①这里"旒"是"旌"的垂饰物，旒的数目越多表明官阶越高，八品以下或者庶人旌旗上则没有这种装饰物。此外铭旌的颜色多为素色。这个时期的各个墓志大多记载了关于铭旌的内容。东魏的《元贤墓志》中有记载"殡车首辙，服马鸣辕。朱旗日映，素旐风翻"；西魏的《安平王妃冯氏墓志》中说"素旗有托"；北齐的《高澄墓志》载"悼兴旐冕，朱轩骏举，黄素骤裂"。这里"素旐"、"素旗"、"黄素"等都是指铭旌。

（二）吊丧、赗赙、凶门柏历

据文献记载，北朝诸侯王薨，一般情况是葬之以王礼，举行相应等级的吊丧仪式，且所赠赙物沿袭两晋的制度，有时甚至比晋朝的更加丰厚。如果皇帝、皇后对某些宗亲侯王特别尊重或宠爱，就会亲临吊丧。孝文帝就曾经要求有关方面议决吊唁、慰问的礼仪，下诏云："古者，大臣之丧，有三临之礼，此盖三公已上。……欲令诸王有期亲者为之三临，大功之亲者为之再临，小功缌麻为之一临。广川王于朕大功，必欲再临。再临者，欲于大敛之日，亲临尽哀，成服之后，缌衰而吊。"②国君为臣下临吊致哀是古代的制度和礼数，孝文帝此诏与古代礼仪相合，且合乎人情，所以大臣都认为这样做是对的。另外《汉魏南北朝墓志集释》记载："皇太后亲临哭吊，哀动百僚，自薨及葬，赗赠有加，遣中使监护丧事，赐朝服一袭……钱卅万，祠以太牢。"皇太后不仅亲临吊丧，还给予了不薄的赗赠。宠臣赵脩的父亲葬时，"百僚自王公以下无不吊祭，酒犊祭奠之具，填塞门街"。③即便皇帝没有亲临吊唁，但那时的王公大族的葬礼亦是具有相当的排场。关于北朝的厚葬之风从皇帝所赐的赗赠之物中可得到印证。北魏孝文帝至孝明帝时期下诏赠送给重臣的赗物是相当丰厚的。如北魏官员高允在太和十一年（487）死，"诏给绢一千匹、布两千匹、绵五百斤、锦五十匹、杂彩百匹、谷千斛以周丧用"。④南平王元霄于太和十七年（493）薨，《魏书·外戚传上》记载，"赐朝服一具、衣一袭、东园第一秘器、绢千匹"⑤。北朝的厚葬风气由此可见一斑。且赗赙以绢、帛、布等物为主，多呈现"秘器、朝服一具、衣一袭"的组合，是对西晋时期殡葬礼俗的一种继承。

南朝十分兴盛的凶门柏历，北朝也十分盛行。《隋书·礼仪志三》称："凶门岂设

---

① 《隋书》卷8《礼仪三》，第108页。
② 《魏书》卷20《文成五王传·广川王略传》，第354页。
③ 《魏书》卷93《恩幸传·赵脩》，第1354页。
④ 《魏书》卷48《高允传》，第736页。
⑤ 《魏书》卷16《外戚传上》，第736页。

重之礼？两萧累代，举国遵行。后魏及齐，风牛本隔，殊不寻究，遥相师祖，故山东之人，浸以成俗。"①这里的山东主要是指黄河以北、太行山以东地区，这个地区凶门柏历早已盛行并延续。南朝时就有史籍记载凶门柏历烦费，因此官府对此多有限制。北朝也有这种限制规定，官府就明确提出，"王、郡公主、太妃、仪同三司已上及令仆，皆听立凶门柏历"②。反观这条规定，可以得知，实际上当时民间的殡葬仪式上也应该多设有凶门柏历，上层统治阶级对此颇有微词，于是通过这样一种方式达到限制甚至制止平民百姓设凶门柏历的目的。

（三）入殓、成服、明器

北朝关于小殓、大殓、成服、随葬明器都有一定的记载，表现为在一定程度上继承了西晋时的薄葬观。北周明帝宇文毓丧葬礼中的入殓、明器的仪式情形在《周书》本纪中有如下记载："丧事所须，务从俭约，敛以时服，勿使有金玉之饰。若以礼不可阙，皆令用瓦。"③宇文毓提倡薄葬，要求葬礼从简，甚至各类明器也用瓦代替。《魏书·文成文明皇后冯氏传》也较详细交代了冯氏葬礼中关于明器的内容："棺椁质约，不设明器。至于素帐、缦茵、瓷瓦之物，亦皆不置。"④冯氏的葬礼也是依薄葬的要求进行的，对于明器有着明确的要求，即不用明器，连一般的瓷瓦制品都不放置。另外，《魏书·文成五王传》载，太和十九年（495），元谐亡。孝文帝想要亲自哀吊表达感伤之情。他因此征询大臣们意见时说："再临者，欲于大殓之日，亲临尽哀，成服之后，缌衰而吊。既殡之缌麻，理在无疑，大殓之临，当否如何？"⑤孝文帝到底有没有亲临尽哀虽不知，但与大臣的对话说明在北朝治丧仪式依然按照小殓、大殓、成服的程序进行。

三　出丧礼仪

（一）卜兆宅葬日

北朝皇室成员的墓地位置都是经过一定选择的。西晋时期大盛的风水说和堪舆术等随着民族融合、少数民族文化不断汉化，必然也对北朝的殡葬习俗产生不小的影响。比如在北魏孝文帝时期去世的太皇太后冯氏的陵墓位于方山，这是她自己在太

---

① 《隋书》卷8《礼仪志三》，第108页。
② 《隋书》卷8《礼仪志三》，第108页。
③ 《周书》卷4《明帝纪》，第41页。
④ 《魏书》卷13《文成文明皇后冯氏传》，第221页。
⑤ 《魏书》卷20《文成五王传》，第354页。

和五年（481）之前就为自己选定的，她不以"必远祔山陵，然后为贵"，而是从"舜葬苍梧，二妃不从"①的传说中得到了启示，太和十四年（490）九月癸丑冯氏死，十月癸酉葬于永固陵。虽然北朝关于墓址、入葬日期的选择是否真的带有占卜、堪舆的意味并没有较明确的文献记录，不过帝王陵墓的选择等必是慎重之下的考虑。

（二）送丧、唱挽歌

从文献记载来看，北朝送丧、唱挽歌习俗较为常见。北魏起源于游牧民族，送丧的习俗原本就有，后来随着北魏政权汉化加深，对此习俗的遵循也在日益加强。这体现在送丧的队伍上，亲贵功臣帝后出殡时多设有典型意义的吉驾卤簿。如太和十七年（493）三老尉元死，"葬以殊礼，给羽葆鼓吹、假黄钺、班剑四十人"。②太和十八年（494），安定王元休薨，诏令"假黄钺，加羽葆、鼓吹、虎贲、班剑六十三人，悉准三老尉元之仪。高祖亲送出郊，恸哭而返，诸王恩礼莫比焉"。③此后无论是东魏、北齐，还是西魏、北周，在送丧仪式上都继承了北魏时期的习俗。比如，北齐文襄王死后，孝静帝"诏赠齐文襄王假黄钺、使持节、相国、都督中外诸军事。齐王玺绶，辒辌车、黄屋、左纛、前后部羽葆、鼓吹、轻车介士，备九锡之礼，谥曰文襄王"。④《魏书·恩幸传》也记载，王叡殡葬仪式"假亲姻义旧，衰绖缟冠送丧者千余人"，⑤送丧规模之大，场面之隆重，亦是罕见。

此外，在《汉魏南北朝墓志集释》中关于北魏元乂墓志有如下记载："给东园𬭎车，挽歌十部，赐以明器，发卒卫从自都及墓。"不仅送丧队伍中有唱挽歌的，且送丧队伍一直从都城送到陵墓。关于北朝的挽歌，《酉阳杂俎》卷13《尸窆篇》记载北魏丧仪曰："哭声欲似南朝，传哭挽歌无破声，亦小异于京师。"说的就是北朝挽歌在音韵上与南朝挽歌有所区别，送葬时执绋唱挽歌的少年被称为"挽僮"或"挽郎"。北朝曾经选择公卿子弟做挽郎。《周书》卷37《寇俊传》载寇"以选为魏孝文帝挽郎"。《周书·裴宽传》卷34中说他"年十三，以选为魏孝明帝挽郎"。《北齐书·邢邵传》卷36中称"释巾为魏宣武挽郎"。由此可知，北魏时期的孝文帝、宣武帝、孝明帝死后，都曾经选朝臣的未仕子弟做挽郎。不过，除了孝文帝、宣武帝、孝明帝外，其他皇室成员死后目前未见有设挽郎的记载，可能这一制度在北朝也不是必须遵行的。

---

① 《魏书》卷13《皇后列传第一》，第220页。
② 《魏书》卷50《尉元传》，第753页。
③ 《魏书》卷19下《安定王休传》，第349页。
④ 《魏书》卷12《孝静帝纪》，第209页。
⑤ 《魏书》卷93《恩幸传》，第1349页。

（三）反哭、虞祭

北朝关于反哭、虞祭的资料较少。《魏书·文成文明皇后冯氏传》比较详细地交代了冯氏殡葬礼仪，其中有提到反哭、虞祭，"葬于永固陵，日中而反，虞于鉴玄殿"。[1]也就是说冯氏被埋葬在永固陵后并返回，在鉴玄殿举行了虞祭仪式。此外，北魏孝文帝在与大臣讨论丧服的有关问题时说道："比见群官具论所怀，今依礼既虞卒哭，克此月二十日受服，以葛易麻。"[2]即要在反哭、虞祭仪式结束后开始服丧。可见，北朝亦是存在反哭、虞祭习俗的。

四 终丧礼仪

北朝时期关于终丧礼仪中的大小祥等终丧礼仪的记载较少。孝文帝为太皇太后冯氏服丧三年，"是日，高祖及从服者仍朝夕临，始进蔬食，上哀哭追感不饭。侍中、南平王冯诞等谏，经宿乃膳。甲子罢朝，夕哭。九月丙戌，有司上言求卜祥日"。[3]九月丙戌求卜祥日，丁亥大臣奏请易服。服丧三年，期而小祥，这里的"祥"为小祥。北朝依旧遵循大小祥的祭祀。

第五节 汉族与其他民族殡葬习俗的相互影响

魏晋南北朝时期战争不断，使得人口流动频繁，民族融合速度加快。在这样的时代背景下，汉族与其他民族之间不断交流，殡葬习俗也不断相互影响。在民族融合下，少数民族的殡葬习俗汉化明显，但保存了自身民族的特点。另外，少数民族政权为寻求政治稳定、人口大迁移而引起的思乡和还乡心理使得魏晋南北朝时期的合葬习俗和归葬习俗兴盛。在动荡的年代里，这两种殡葬习俗的盛行表现了各民族、各朝代的统治阶层、一般民众将自身需求寄托于丧仪的心理暗示，这是人性的一种表现形式。而魏晋南北朝时期佛教兴盛，灵魂不灭、因果报应、鬼神显验、肉体飞升等观念广为流传，对各民族的殡葬习俗也产生一定影响，形成了新的丧仪，如七七斋、盂兰盆会等。

---

[1] 《魏书》卷13《文成文明皇后冯氏传》，第221页。
[2] 《魏书》卷183《礼志三》，第1862页。
[3] 《魏书》卷183《礼志三》，第1862页。

一　少数民族殡葬习俗的变化

魏晋南北朝是民族融合加速的一个时期。从三国时期开始，少数民族逐渐内迁，西晋政权瓦解后这种趋势更为明显。北朝时期，北方少数民族内迁建立政权后，汉族与少数民族之间的文化融合更加明显，但这并不等于民族同化，可以从这时期殡葬习俗的变化中看出。如孝文帝掌权时期，北魏丧俗发生较多变化，但这并不是说鲜卑族的殡葬习俗在汉化的同时彻底抛弃了本族原来的习俗。

北魏孝文帝改制前，殡葬习俗上鲜卑旧俗明显。如吊丧仪礼上，国之大丧，非皇族及帝室不得预；送丧礼仪中，列素稍杖、打虏鼓、烧死者生前用过的物件以送亡者、尚仪卫、送丧时只设凶驾不设吉驾等；葬地安排上，各代帝陵皆在一处；随葬上，有人殉、牲殉及石制俑群等。而在孝文帝改制后，北魏政权对汉族传统丧俗的遵从明显加强。如在太和年间，孝文帝接受李彪的建议，重申丧纪；太和十九年（495）元谐死后，孝文帝反复思考是否行"亲临之礼"；太和以后，北魏在诏赠赙物的成分组合（东园秘器、朝服一具、衣一袭、钱绢布若干等形式）、送葬仪卫制度（即设凶驾，又设吉驾）上对晋制的遵从；居丧上对在丧戏饮、畋猎、不戚者的弹劾及罢免；孝文帝死后，"自袭敛暨于启祖、山陵、禫除"，始末丧事，皆由儒臣刘芳撰定；世宗朝，"朝廷吉凶大事皆就咨访"；北邙墓区内葬地安排上受汉族家族葬制影响明显；殉牲殉人的消亡；等等①，所有这些都反映出孝文帝前后北魏在殡葬习俗上的变化。但鲜卑族原先的殡葬习俗也有一定的保留，比如在北邙墓区内仍然有土圹石椁、石棺墓的出土，表明十六国时期北方少数民族中流行的土圹石椁墓的习俗在此时仍有存在。

北朝既有多民族文化的融合，又是多民族文化的共存。在内迁的少数民族殡葬习俗走向汉化的同时，未内迁的少数民族丧俗则保持着各自的特色。比如突厥的殡葬习俗在《北史·突厥传》中记载："死者，停尸于帐，子孙及亲属男女各杀羊、马，陈于帐前祭之，绕帐走马七匝，诣帐门以刀劙面且哭，血泪俱流，如此者七度乃止。择日，取亡者所乘马及经服用之物，并尸俱焚之，收其余灰，待时而葬。……坎而瘗之。葬日，亲属设祭及走马、劙面如初死之仪。表为茔，立屋，中图画死者形仪，及其生时所战阵状，尝杀一人，则立一石，有至千石者。又以祭之羊、马头，尽悬之于标上。是日也男女咸盛服饰，会于葬所，男有悦爱于女者，归即遣人聘问，其父母多

---

① 谢宝富：《北朝婚丧礼俗研究》，第 197 页。

不违也。"① 从这段话可见突厥族在殡葬习俗上的特征：第一，初死及送葬的那一天，都要举行杀牲、劗面和走马绕尸仪式。第二，在埋葬之前，必须将死者的尸体、生前乘坐的马和用过的物品烧为灰烬，再"坎而瘗之"。第三，坟冢上一般建有屋，屋内画有死者生前的战阵形状，一般把杀敌多、拥有牲畜多等这种荣誉作为主要内容。第四，殡葬日不仅不忌讳婚事，相反还是男女相亲择偶的好时机。

由此可知，魏晋南北朝时期的民族融合使得少数民族汉化加快，殡葬习俗也在一定程度上有所变化，但是少数民族的殡葬习俗也保留了较多各自民族的特色，并没有一味汉化而失本民族的习俗。

二 合葬习俗在汉族和少数民族的流行

合葬指夫妻合葬一处，此殡葬习俗汉人传袭已久，早在西汉的时候就已有帝后合葬的记载。到魏晋南北朝时期，合葬习俗更加盛行，不仅在汉族殡葬习俗的资料上多见，而且少数民族的文献资料中也不少。《三国志·魏书·卞皇后传》载，太和四年（480）曹操夫人卞氏死，与曹操合葬于高陵。惠陵是帝后同穴葬墓，与刘备合葬在一起的有甘、穆两位皇后。两晋时，虽有司马懿作终制说"后终者不得合葬"②，但其后代并未遵从。西晋时，司马昭的夫人王氏死后就祔葬于其墓崇阳陵。司马师夫人羊氏死后祔葬其墓峻平陵。东晋时，简文帝皇后被幽禁抑郁而死，孝武帝即位后追尊她为顺皇后，与简文帝合葬于高平陵。南朝刘宋时，文帝皇后袁氏死后葬在文帝之墓长宁陵，后文帝死，与其合葬。元嘉九年（432），谢混夫人东乡君死，"东乡君葬，混墓开，弘微牵疾临赴，病遂甚"。③ 谢混夫妇生死异路二十多年，最后仍然合葬在一起。大量文献资料和考古材料都证明了魏晋南北朝时期，汉人从上层统治阶级到下层百姓盛行合葬。

而在其他民族的殡葬习俗中，合葬亦是一种流行的方式。北魏时，拓跋焘太子还没有即位就死了，葬在金陵。其子文成帝即位后，追尊其父为景穆皇帝、其母为恭皇后，并祔葬恭皇后于金陵。关于合葬，孝文帝还下过一道诏旨："迁洛之人，自兹厥后，悉可归骸邙岭，皆不得就茔恒代。其有夫先葬在北，妇今丧在南，妇人从夫，宜还代葬；若欲移父就母，亦得任之。其有妻坟于恒代，夫死于洛，不得以尊就卑；欲

---

① 《北史》卷99《突厥传》，第2183页。
② 《晋书》卷1《高祖宣帝纪》，第13页。
③ 《宋书》卷58《谢弘微传》，第1052页。

以母就父，宜亦从之；若异葬亦从之。"①孝文帝此规定自然有其一定的政治目的。"此时，国都刚从代北平城迁至洛阳不久，反对迁都的势力还在暗地活动，一些拓跋鲜卑贵族由于过不惯洛阳生活，北返情绪也很强烈。这关系到孝文帝的迁都、改革等一系列政策能否贯彻到底。孝文帝的这个诏书，利用拓跋鲜卑的合葬习俗，将南迁之人的茔地固定在洛阳，使迁都的政策得以贯彻到底。"②此外，孝文帝更是将这项政策推行到汉人中。北周明帝宇文毓皇后独孤氏先于明帝死，"四月，崩，葬昭陵。武成初，追崇为皇后。世宗崩，与后合葬"③。

汉族的合葬习俗由来已久，魏晋南北朝时期也一直兴盛。少数民族的殡葬习俗中也存在合葬习俗。在魏晋南北朝这个动荡的年代里，少数民族政权的统治者尤其是北魏政权在本民族大力推行合葬习俗，多是为了巩固其政权。这也是合葬习俗在魏晋南北朝时期大为盛行的原因之一。

三　各民族人口流动与归葬习俗

魏晋南北朝时期人口流动频繁，主要有以下几种类型："第一，民族迁移，如西晋、十六国时期五胡向中原地区的流动，以及拓跋鲜卑向南的迁移。第二，国家政权组织的迁徙，如北魏前期，'徙山东六州民吏及徒何、高丽杂夷三十六万，百工伎巧十余万口，以充京师。'北魏后期，孝文帝迁都洛阳等。第三，为逃避自然灾害而形成的流民浪潮，如西晋末以李特为首的流民入蜀。第四，不愿为异族统治的臣民，追随正朔所在的汉族政权而形成的移民浪潮，如东晋初大量的北方人民南移。第五，其他一些小范围的流动人口。"④魏晋南北朝这样一种人口频繁流动的状况，不断迁徙的人们具有强烈的思乡情结，是为此时期归葬习俗兴盛的心理因素。

所谓归葬，就是将客死异乡的尸骸迁回家乡埋葬，又称为"还乡葬"。《魏书·赵琰传》记载：赵琰，天水人，"初为兖州司马，转团城镇副将。还京，为淮南王他府长史。时禁制甚严，不听越关葬于旧兆。琰积三十余年，不得葬二亲。及蒸尝拜献，未曾不婴慕卒事。每于时节，不受子孙庆贺。年余耳顺，而孝思弥笃。慨岁月推移，迁窆无期，乃绝盐粟，断诸滋味，食麦而已。年八十卒。还都洛阳，子应等乃还

---

① 《魏书》卷20《文成五王列传·广川王略传》，第354、355页。
② 朱大渭等：《魏晋南北朝社会生活史》，第291页。
③ 《周书》卷9《明帝独孤皇后传》，第96页。
④ 朱大渭等：《魏晋南北朝社会生活史》，第297页。

乡葬焉"。①另外,《北史·崔承宗传》记载:"其父于宋世仕汉中,母丧因殡彼。后青、徐归魏,遂为隔绝。承宗性至孝,万里投险,偷路负丧还京师。"②《魏书·张谠传》记载:张谠死,"子敬伯,求致父丧,出葬冀州清河旧墓,久不被许,停柩在家积五六年"。③后来他父亲死后葬在原来的墓地,还属清河。除了人为或社会等原因让归葬受到阻碍以外,归葬主要是客死他乡者一般希望能够在死后回到自己出生成长的家乡。

但是东晋以后,南北分隔长达几百年,南迁之人无法回到故乡,只好安居侨州郡县,认他乡为故乡。东晋孝武帝时,范宁就这样说过:"昔中原丧乱,流寓江左,庶有旋反之期,故许其挟注本郡。自尔渐久,人安其业,丘垄坟柏,皆已成行,虽无本邦之名,而有安土之实。"④东晋义熙九年(413),刘裕实行土断时上疏说:"所谓父母之邦以为桑梓者,诚以生焉终焉,敬爱所托耳。今所居累世,坟垄成行,敬恭之诚,岂不与事而至。"⑤正如范宁、刘裕所说的"坟垄成行",南迁之人在没有希望回到自己家乡的情况下,只好世世代代埋葬在了侨居之地,这不得不说是在特殊历史条件下归葬习俗的一种特殊表现形式。

---

① 《魏书》卷86《赵琰传》,第1273页。
② 《北史》卷84《崔承宗传》,第1876页。
③ 《魏书》卷61《张谠传》,第923页。
④ 《晋书》卷75《范宁传》,第1321页。
⑤ 《宋书》卷2《武帝纪中》,第21页。

第四章
墓　葬

魏晋南北朝墓葬是在秦汉墓葬形制基础上向隋唐墓葬过渡的特殊产物。由于政权更迭频繁，民族融合日益深入，魏晋南北朝墓葬一方面继承了东汉墓葬的一些特点，另一方面在此基础之上有所发展，并形成自己的特色。此期，大土地所有制得到发展，世家大族势力膨胀，因此墓葬多以家族集中安葬的形式出现，归葬家族坟地成为重要殡葬制度和习俗。墓葬形制形成了砖、木、石并用的特点，形制多样，建筑与结构独特，还出现了大量反映当时的生活、社会和信仰内容的高水平墓葬壁画和画像砖。

第一节　家族墓地流行

在我国历史发展进程中，士族与门阀制度对魏晋南北朝的社会政治和生活有着极为重要的影响，正所谓"下品无世族，上品无寒门"。在门阀制度的影响下，世家大族聚族而居，表现在墓葬制度上就是聚族而葬的家族墓地盛行。

家族墓地是指同一家族的成员按照一定的礼法规定而有规律地同葬在一兆域内。家族墓地是随着社会发展而产生的，其中私有化观念的产生以及核心家庭的形成是其得以出现的重要原因。事实上，早在商周时期我国就存在以族为单位同葬一个墓地的族葬形式，并在墓的排列形制上形成了一定的规定，称为"昭穆葬制"。《周礼·春官·冢人》记载："冢人掌公墓之地，辨其兆域而为之图。先王之葬居中，以昭穆为左右。凡诸侯居左右以前，卿、大夫、士居后，各以其族。……凡诸侯及诸臣葬于墓者，授之兆，为之跸，均其禁。"[①] 不过商朝的族葬是宗法制下

---

① 杨天宇：《周礼译注》，第 322～324 页。

的族葬。①汉代以来，土地公有制遭到破坏，族葬制度开始发生变化，并逐渐消失，但与此相应的开始出现以家族为单位的墓区和大量夫妻合葬的家族墓葬形式。魏晋南北朝时期，政权更迭频繁，大土地所有制得到发展，世家大族适应当时的社会而繁荣兴盛，家族墓地制度也因此成熟并达到顶峰。世家大族在生前讲究门第，死后主张归葬家族坟地，以凝聚家族人心，达到聚族而居的目的。表现在墓葬形制上，就出现了大规模的家族墓群和占地广阔的家族墓地。

一 家族墓地概况

魏晋南北朝是门阀家族制度发展的鼎盛时期，同时也是家族墓地的鼎盛发展时期，大部分人死后都葬入家族墓地。当然，当时的家庭墓地很难原样地保持到现在，加上文字材料的缺失，我们只能从考古工作者的偶然发现中对一些较为明确、材料比较丰富的家族墓群进行介绍和分析，以期了解魏晋南北朝时期家族墓地的情况。

家族墓群繁多是魏晋南北朝时期家族墓地盛行的重要表现。现有的研究表明："已发现的家族墓葬有东汉时期延续下来河北无极甄氏墓地，华阴杨氏墓地以及西北地区的坟院式墓地。新形成的有江苏宜兴西晋周氏墓地、南京老虎山东晋颜氏墓地、南京象山东晋王化茔域、南京戚家山谢氏茔域等。"②此外，磁县北朝墓群、河北景县封氏、河间邢氏、河北赞皇、临城李氏、平城崔氏、山东临淄墓群、南京上坊孙氏家族墓群、马鞍山朱然家族墓、狮子山傅氏家族墓以及淮安地区南北朝晚期家族墓群等也是我们考察魏晋南北朝家族墓地的重要材料。现捡其重要者依次论之。

（一）北邙陵墓区③

在北魏洛阳郭城西北北邙坡上井然有序地排列着帝陵、元氏皇室和世家大族的墓葬。根据宿白的研究，此处墓葬一方面保留了魏晋南北朝时期代北葬制的风格，另一方面也保存了较为明显的家族葬制特点。孝文帝拓跋宏的长陵是这个墓区的中心（长陵东还分布着前代皇族元桢、元彬、元偃和元简等墓），子恪的陵墓在其右前方，恪子诩的定陵在离其较远的左前方。拓跋宏一支子孙的墓葬位于长陵的左前方高地，其

---

① 有关氏族墓地与家族墓地之间的差别在罗开玉先生和韩国河先生的相关著作中有详细的阐述。参见罗开玉《丧葬与中国文化》，海南人民出版社，1988，第83页；韩国河《秦汉魏晋丧葬制度研究》，陕西人民出版社1999，第245~246页。
② 韩国河：《秦汉魏晋丧葬制度研究》，第257~258页。
③ 以下有关北邙墓区的基本内容参考了宿白《北魏洛阳城和北邙陵墓——鲜卑遗迹辑录之三》（《文物》1978年第7期）。

布局是"以拓跋珪（道武）子孙的墓地为中心，宏六世祖嗣（明元）、四世祖晃（景穆）、二世祖弘（献文）的子孙墓葬位于右侧；宏五世祖焘（太武）、三世祖濬（文成）子孙和宏子怀一支的墓地位于左侧"。①长陵"左侧的外围，还绕置着'九姓帝族'、'勋旧八姓'和其他内入的'余部诸姓'以及此外的重要降臣的墓地。属于九姓帝族的有西山岭头和后沟的长孙氏墓地、西昌庙的丘氏墓地。属于勋旧八姓的有营庄北的穆氏墓地、马沟的陆氏墓地、刘坡的于氏墓地。属于其他内入的余部诸姓的有拦驾沟的冠氏墓地、侯氏墓地。属于此外的重要降臣的有后沟的乐浪王氏、弘农杨氏和左沟的乐陵石氏墓地等。这类非皇室元氏墓地，也有少数分布在 250 米高地的边缘地区的，如属勋旧的于氏墓地（伯乐凹），属重要降臣的辽东公孙氏（小梁北）和琅琊王氏（北陈庄和南石山）等的墓地"。②非常明显，这一集家族与政权特色于一体的墓葬形制是在皇权等特殊背景下，将家族墓葬与权力、身份等相结合的一种特殊的家族式墓葬形制。它是代北文化与汉族家族文化结合的产物。

（二）磁县北朝墓群

根据已有研究我们可以知道，东魏、北齐的帝陵和勋贵墓地集中分布在邺城遗址的西北，漳河以北，滏阳河两侧的范围内。东魏时期的墓葬主要集中于该地区的西南部，北齐墓葬位于该地区的东、北两部。墓葬以孝静帝元善见的西陵和其父元亶墓为中心，元氏皇室墓葬零散分布在其南，异姓勋贵墓分布其东。北齐高氏墓葬原来是东魏帝陵的陪葬墓，后来成为北齐的皇陵区，形成了家族墓群，它的分布以高欢的义平陵为中心，异姓勋贵的墓葬散布在东魏、北齐两大帝陵区之间。墓葬排列顺序一般长辈在南面，幼辈在北面，辈分一致的一般自东向西一线排列。③这种墓葬形制同样在突出皇族权力、身份地位的同时，强调家族中的辈分差异，因此它有着鲜明的家族墓葬特点。

（三）河北赞皇墓群

在临城南孟村、赞皇南兴郭村和西高村发现了赵郡李氏墓葬，主要分布在太行山一带，现今已挖掘的有十余座墓葬。"赞皇西高村附近的九座是李叔胤一支，墓葬面东，分为两排，前四座是李叔胤及其亲兄弟，长幼顺序为由南向北，后五座是子侄辈，似乎不是亲兄弟紧靠在一起，而是由北向南按照长幼顺序排列。前排四墓中南侧

---

① 宿白：《北魏洛阳城和北邙陵墓——鲜卑遗迹辑录之三》，《文物》1978 年第 7 期。
② 宿白：《北魏洛阳城和北邙陵墓——鲜卑遗迹辑录之三》，《文物》1978 年第 7 期。
③ 以下有关北朝磁县墓群的基本内容参考了马忠理《磁县北朝墓群——东魏北齐陵墓兆域考》（《文物》1994 年第 11 期）。

三墓皆为带斜坡墓道的砖室墓，北侧一墓为带斜坡墓的土洞墓；后排五墓皆为带斜坡的土洞墓。砖室墓甬道上方砌有高大的挡土墙，墓室平面弧方形，地面铺砖，墓室四壁和地面均抹有白灰。土洞墓由斜坡墓道、甬道和墓室三部分组成，墓室平面长方形，地面铺砖，洞室顶部塌落，形状不明。前排墓葬出土物品有鲜卑式灰陶罐、个体较大的青瓷鸡首壶、灰黑色的小型陶俑和砖墓志等。后排主要有个体较小的青瓷器、酱釉罐、红陶彩绘俑、石质墓志等。这些墓葬深埋于卵石与沙土混合的地层中，地表之上原来都有高大的封土。李氏家族这一支在十六国初期从距此地不远的今赵县一带迁到太行山麓，在北魏政权实行封建化改革后，终于建立起规模巨大的家族墓地，与这一家族所拥有的社会地位十分相称。"①

非常明显，赞皇墓群是李氏家族墓葬群。砖室墓与土洞墓同时存在，一方面说明家族成员的身份地位差异，另一方面也说明葬于不同时期，人们所采用的墓葬形制有着一定差异的。但本质上，毫无疑问是一个特色鲜明的家族墓葬。

（四）山东临淄崔氏墓群

1980 年代，山东淄博市大武公社窝托村发现了崔氏墓地。该墓葬群整体坐南朝北，背山面河。从已清理的 19 座墓葬来看，都是石室墓，带有墓道。除一座墓葬的平面为方形外，其余平面皆成圆形或椭圆形，墓壁习惯用条石做人字形斜砌，墓顶为穹窿顶。墓室中部或一侧砌有低矮的棺床。出土墓志六方，因此其中六座墓葬的主人身份较为确定。通过对六方墓志文字资料的分析，可知这是一处家族葬地，属于东清河鄃地大族崔氏家族墓地。这个墓地始建于北魏，一直发展留存至北齐，历经百余年的时间（其中 493 年崔猷墓最早，577 年崔博墓最晚）。②从这处家族墓葬的形制来看，地方性的墓葬形制和运用材料的特殊性显然是人们必须遵守的。当然，建造大量的石室墓也说明家族之富裕，实力之强大。

（五）河北无极甄氏墓地③

关于河北无极甄氏墓葬群仅有调查资料。该墓地的特点是占地范围广，延续时间长。无极甄氏是我国历史上的"望族"，自汉至唐在封建统治阶级中位列三公，封侯赐爵者数不胜数。甄氏墓葬群位于我国河北无极县，共有 36 座墓，分布在县西 25～30 里的北苏村东南、南苏村东北、史村西南的三角地带，东西、南北均四五里。由于

---

① 韦正：《魏晋南北朝考古》，北京大学出版社，2013，第 100 页。
② 以下内容皆参考了山东文物考古研究所《临淄北朝崔氏墓》（《考古学报》1984 年第 2 期）；临淄市博物馆、临淄区文管所《临淄北朝崔氏墓地第二次清理简报》（《考古》1985 年第 3 期）。
③ 以下内容参考了孟昭林《无极甄氏诸墓的发现及其有关问题》（《文物》1959 年第 1 期）。

没有正式发掘，简报中没有言及该墓地的排葬方法。徐苹芳在《中国秦汉魏晋南北朝时代的陵园和茔域》一文中认为甄氏墓地按照"长幼辈分前后左右排列的方式"进行排葬应该是可信的。①

（六）北魏高氏墓葬群

河北景县高氏墓葬群位于城南 15 千米的野林庄和北屯公社（乡）一带。考古报告显示："1973 年 4 月，河北省博物馆、文管处获悉当地社员在耕地中发现隋高六奇墓后，立即派人前去调查，收集到前几年出土文物多件（有墓志二方），证实了这一批墓葬，确系南北朝时期渤海高氏族墓，便将现存的封土大墓，作了统一编号，加以保护，并选择了三座进行发掘。"②目前此处仍存大封土墓 16 座，已经挖掘的三座墓分别是 M13 高雅夫妇子女合葬墓、M1 高长命墓、M5 高潭夫妇墓。三座墓葬都是南向砖室墓，均有众多制作精美的陪葬品，说明墓主人身份地位特殊和生前的富有。然因已挖掘的三座墓相距较远，加上没有文字资料佐证，相互之间的血缘关系亦不甚明了，我们无法推断高氏家族墓地的排列情况。不过可以肯定的是，它是高氏家族在不同时期或不同支系埋葬于此的墓葬。

（七）江苏宜兴周氏墓地

江苏宜兴周氏家族墓属于已经发现的东吴西晋时期较为典型的家族墓地。墓葬零落分布于南北相连的小山丘上，占地五万多平方米，已发掘的六座墓葬由北向南依次编号为 M6、M5、M4、M1、M2、M3。据考证，六座墓墓主依次为周鲂父周宾、周处子周圮、周处父周鲂、周处、周处子周札、周处子周靖。这个排序大致上是按照长幼顺序排列，其中 M5 的规模最大，又有"义兴郡"铭文砖，因此推测墓主为西晋建立卓越功勋而受到朝廷专设"义兴郡"以彰其功的周圮，所以其位置也比较特殊。六座墓中有四座为双室墓，两座为单室墓。③非常明显，这是典型的家族墓葬，既讲究长幼秩序，也突出家族中个人身份地位的差异。地位特殊者拥有高坟大墓，但次序则是由血缘关系决定。

（八）东晋老虎山颜氏墓地

考古发现，老虎山墓地为晋右光禄大夫颜含的家族墓葬。在此处发现了安成太守

---

① 徐苹芳：《中国秦汉魏晋南北朝时代的陵园和茔域》，《考古》1981 年第 6 期。
② 何直刚：《河北景县北魏高氏墓发掘简报》，《文物》1979 年第 3 期。
③ 以下内容参考了罗宗真《江苏宜兴晋墓发掘报告》（《考古学报》1957 年第 4 期）；南京博物院《江苏宜兴晋墓的第二次发掘》（《考古》1977 年第 2 期）。

颜谦妇刘氏、零陵太守颜约、骑都校尉颜绂以及颜镇之等九座墓。据《晋书·颜含传》记载，颜髦、颜谦、颜约是颜含之子。这九座墓都在老虎山的南麓，东西排葬，除颜谦妇刘氏西两墓和5号墓东两墓因抗日战争期间修筑沿江工事遭到破坏外，其余五座墓葬保存都很完好。这五座墓的排葬次序是每墓相距20～25米，西面的1号墓是颜谦妇刘氏，刘氏的东面是颜约，颜约的东面是颜绂，再东面是颜镇之墓和5号墓。①颜绂是颜髦之子、颜谦和颜约之侄，其墓又在2号墓之东，说明颜氏家族墓的排葬次序是以同辈尊者居右，符合古之昭穆之制，是较为典型的士大夫家族墓葬。

（九）象山王氏家族墓地

现有考古发现表明，东晋初年尚书左仆射王彬和他的家族墓地位于南京市鼓楼区幕府山西南的象山上。1965～1970年，南京市文物保管委员会先后在这个地方清理了王兴之、王丹虎、王闽之、夏金虎等人的墓葬。王氏家族墓地共发掘11座墓葬，其中两座为长方形墓，其余都是凸字形墓葬，墓地西侧可能为王廙之墓，南侧西面一组为王彬、王兴之、王闽祖祖孙的墓穴，由南向北分布。南侧东面情况并不明确，东侧为王彬和夫人夏金虎的墓穴。②从已经发现的王氏家族墓葬群来看，其面积在五万平方米以上，占地面积非常可观。墓有大小，皆为砖结构，7号为平面呈凸字形的四隅券进式穹窿顶墓，由棺室和甬道两部分构成，全长5.3米，宽3.22米，高3.42米。左右壁呈弧形稍向外鼓，左右后三壁中间各砌直棂假窗，其上又各砌一个凸字形的小壁龛，内各置一青瓷小碗。甬道为券顶，以门槽为界分内外两进，以砖封门。其余墓葬则以券顶墓为主。

（十）南京戚家山谢氏茔域

谢氏家族墓群集中在现今南京南郊的铁心桥大定坊村，共发掘了墓葬七座，除了一座被毁坏看不出墓室形制外，其余的均为凸字形墓葬。七座中只有三座墓主人身份明确，分别为M4谢球、M5谢温、M6谢琰。墓葬分为前后两排，但排列规律不明朗。③虽然我们无法判定族墓排列的规律，但可以确定这一墓地属于家族墓葬。

二 家族墓葬蔚然成风

魏晋南北朝时期，门阀世家大族极度发展，以至于少数世家大族把持朝政，形成

---

① 以下内容参考了南京文物保管委员会《南京老虎山晋墓》(《考古》1959年第6期)。
② 以下内容参考了南京文物保管委员会《南京人台山东晋兴之夫妇发掘简报》(《文物》1965年第6期)。
③ 以下内容参考了南京市博物馆《南京南郊六朝谢琰墓》(《文物》1998年第5期)。

第四章　墓葬

了"王与马共天下"①的局面，故而帝陵和世族聚族而葬的风气盛行，发展到东晋时期甚至成了制度。这一点从我们对已经发现的家族墓葬的简单介绍可以看到。

从魏晋到南北朝，当时的南北地区广泛存在着众多的家族墓群，在这些家族墓群中出土了大量的墓志。这些墓志的突出特点是，一般记载了墓主的身份与生平事迹，为我们研究家族墓葬习俗或制度提供了重要材料。通过对北邙墓区和磁县邺城墓区内墓志的研究，我们可以了解到归葬家族坟地是此区内皇族贵胄主要的埋葬方式（见表4-1）。

图4-1　墓表拓片（北魏，司马金龙墓）
资料来源：张学锋编著《中国墓葬史》，广陵书社，2009，第223页。

表4-1　北邙墓区和邺城墓区埋葬方式

墓区	墓主	死亡时间和埋葬方式	资料来源
北邙墓区皇族	麹氏（元寿妃）	正始四年（507）薨，"（俞）于其子，怀王之茔"	《元寿妻麹氏墓志》第52页
	元悦	永平四年（511）薨，"葬其考靖王陵之左"	《元悦墓志》第63页
	元祐	神龟二年（510）薨，"迁窆于河南洛阳北芒之旧茔"	《元祐墓志》第108页
	元熙	孝昌元年（525）追复王封"葬于旧茔"	《元熙墓志》第167页
	元纂	孝昌元年（525）"窆于献武王（其父）茔之侧"	《元纂墓志》第174页
	元宝月	孝昌元年（525）"祔葬于先考王神茔之□"	《元宝月墓志》第176页
	元颢	太昌元年（532）薨，"窆于旧茔"	《元颢墓志》第291页
北邙墓区帝族九姓及勋贵八姓	长孙子泽	永熙三年（534）薨，"祔葬于北墓之旧茔"	《长孙子泽墓志》第313页
	尉太妃（穆氏妻）	神龟三年（520）"祔葬于景山之旧茔"	《穆氏尉太妃墓志》第112页
	穆纂	神龟三年（520）"迁窆于景陵之右"	《穆纂墓志》第121页
	于景	孝昌二年（526）"窆北芒之西岗，太尉公（父烈）之陵，礼也"	《于景墓志》第201页
	于纂	孝昌二年（526）"迁窆于先茔之北"	《于纂墓志》第201页

① 《晋书》卷98《王敦传》，第1706页。

续表

墓区	墓主	死亡时间和埋葬方式	资料来源
东魏邺城墓区皇族	李艳华	博陵元公夫人，兴和三年（541）"窆于邺城西十有五里"	《博陵公故李夫人墓志》第348页
	元悰	兴和四年（542）卒，武定元年（543）葬于邺城西北15里	《元悰墓志》第353页
	元晖	武定三年（454）迁葬于邺城西北15里武城之阴	《元晖墓志》第369页
	元贤	天保二年（551）"窆于邺城西北漳水之阳十有二里，即魏之旧陵也"	《元贤墓志》第387页
	元显	太和二十四年（应为景明元年，500）"皇居徙邺，坟陵迁改，乃葬于邺城之西陵"	《元显墓志》第360页
北齐邺城墓区皇族	高欢	武定五年（547）"葬于邺西北漳水之西"，"陵曰义平陵"	《北史》卷6《齐本纪上》
	高澄	武定七年（549）"葬于义平陵之北"（约300米处）	《北史》卷6《齐本纪上》、《茹茹公主墓发掘简报》（《文物》1984年4期）
	闾池地连（茹茹公主）	高湛妻，武定八年（550）"葬于釜水之阴，齐献武王（高欢）茔内"	《闾池地连墓志》"志"第383页
	高清	乾明元年（560）"措于邺城西北廿八里"	《高清墓志》第409页
	高□	乾明元年（560）"措于邺西北廿七里"	《高□墓志》"志"第411页
	高润	武平七年（576）"迁定于邺城西北三十里釜水之阴"	《高润墓志》"志"第472页

资料来源：谢宝富《北朝婚丧礼俗研究》，首都师范大学出版社，1998，第151~157页。

正如表4-1所示，在北邙墓区内，皇族、帝族九姓等皆是死后需要归葬家族墓地的。像于景死后被葬于其父于烈茔域，被称为"礼也"。所谓礼，就是在制度和道德层面都必须遵守的规定，对于上层人士尤其如此。说明死后归葬家族墓地是各大家族必须遵守的基本制度或习俗。在墓志中屡次提出"旧茔"的概念，说明此时以一定地域为单位的家族式墓地非常流行。归葬"旧茔"被称为合"礼"，证明归葬或必须葬入家族墓地此时有了一定制度化的规定，哪怕是皇族也需要遵守这样的规定。磁县邺城东魏皇族以及北齐皇族集中埋葬于此，说明家族墓葬的制度性规定是一种普遍的墓葬制度或习俗。

魏晋南北朝时期的北朝皇族是用家族墓地来安葬死者的，那么在南方建立政权的六朝情况又如何呢？罗宗真认为，"在六朝时期，由于土地私占的情况进一步发展，甚至于以法律的形式肯定了山林川泽的私人占有，建立在土地私有制基础之上的聚族而葬的风气已成为当时的一种制度"[①]。他对此期存在于南京等地区的南朝皇族墓葬进行归类和研究，提出自己的独特看法。他认为："据现有考古研究，南京大学北园东晋墓相当于鸡笼山之阳，南京富贵山东晋墓相当于钟山之阳，南京汽轮机厂大墓相当于幕府山之阳……东晋鸡笼山陵区和钟山陵区就并未完全按照帝王继承之序或死亡先后来埋葬。因为假如是这样，康帝应该继成帝之后葬在鸡笼山之阳，而哀帝则应葬在钟山之阳。但实际情况却与此相反。史载，明、成、哀三帝皆先后以长子身份入继大统，从血统上看他们和元帝是嫡亲直系，即所谓'中兴正统'。《晋书·礼志中》载哀帝继位之初曾因'篡承之序'发生争议，最后朝议结果还是'上继显宗'（成帝），'以修本统'，故哀帝继位虽在康、穆二帝之后，但其陵寝却紧步成帝之后葬在鸡笼山之阳。而钟山之阳的晋五陵中除康帝外，其余四帝一系相承，以旁支继位，故需辟新的陵区以示血统上的区别，所以说血缘关系的亲属尊卑是东晋两个陵区形成的根本原因。"[②]根据血缘关系划分陵区，这样的特点与两汉时期的陵墓完全不同。从这个层面来看，东晋帝陵在某种程度上已然融入汉魏时期流行的家族墓葬的特点。这种特点，一方面强调家族的血缘关系，家族成员集中安葬；另一方面家族墓地突破了宗法制的昭穆之制，伦序已经不是家族墓葬必须遵守的规定。由于身份地位或其他原因，一些家族成员墓葬的排序形成了更小的以家庭为主或以地位为主的特色。除了魏晋南北朝时期的皇族贵胄盛行家族墓葬，世家大族同样盛行家族墓葬。如前面提到的河北景县封氏、河间邢氏、河北赞皇、临城李氏、山东临淄崔氏等墓群，就是典型的家族墓葬群。南京上坊孙氏家族墓群、象山王氏墓群、戚家山谢氏墓群、马鞍山朱然家族墓、狮子山傅氏家族墓群、江苏宜兴周氏墓群等，也均为魏晋南北朝时期世家大族的家族墓地。在对墓葬中出土的墓志研究中也能看到世家大族归葬本家族墓的风俗习惯。诸如清河崔颢，武定六年（548）卒于邺，天保四年（554）"窆本乡齐城南五十里之神茔"[③]。这里的"神茔"是指神灵寄托的地方，实际上就是家族墓地。博陵崔昂，天统元年（565）卒于邺，次年迁回家乡，"安厝旧茔"[④]，这就更直截了当地指家族墓地了，因为活人没有"茔"，更没有"旧茔"，只能是家族所具有的埋葬了先人的坟地。此类例子众多，一般我们称它为"归葬"或"归乡葬"，是在魏晋南北朝时期和后来很长的历史过程中丧葬的一种文化，体现出落叶归根的故乡情怀。

---

① 参见罗宗真《六朝考古》，南京大学出版社，1994，第81～84页。
② 韦正：《东晋墓葬制度的考古学分析》，《华夏考古》2006年第3期。
③ 赵超：《汉魏南北朝墓志汇编》，第392页。
④ 赵超：《汉魏南北朝墓志汇编》，第434页。

从现有的考古研究看，众多魏晋南北朝时期的世家大族墓地规模非常大。河北无极甄氏的家族墓地是北方大家族墓地的重要代表。一千多年之后，此地还存有36个大的封土堆，散布在东西南北各长4~5里的地方。而与之类似的还有临淄的清河崔氏墓葬群、景县封氏墓葬群等。在南方发现的众多家族墓地占地面积同样十分庞大，如景县封氏墓葬群占地，133万多平方米；象山王氏家族墓地占地面积达5万平方米；宜兴周氏六座墓地占地5.7万平方米。世家大族墓地占地庞大与当时门阀世族制度下的土地私人占有制不无关系，他们利用政权、金钱和强占等手段，兼并和占有大量的土地。这些世家大族大都聚族而居，即使在朝廷中任官，死后也一样归葬于家族墓地，形成聚族而葬的习俗。他们广占山林，修建豪华墓葬，穷奢极欲，成为魏晋南北朝时期家族墓葬制度或习俗的典型代表，也是厚葬重新回到社会的践行者和推动者。对后来民间墓葬影响深远。

三 魏晋家族墓地的排葬方式

通过前面对典型家族墓地的概况介绍，我们可以看出家族墓地在排葬方式上往往有一定的规律。根据徐苹芳的研究，[①]魏晋时期的家族墓地父、子、兄、弟墓位的排列方式大致有以下三种。

第一种是父、子、兄、弟一行顺排。如江苏宜兴西晋周氏墓地，据考证周氏六墓墓主依次为周鲂父周宾、周处子周玘、周处父周鲂、周处、周处子周札、周处子周靖。这个排序大致上是按照长幼顺序排列，其中M5的规模最大，又有"义兴郡"铭文砖，因此推测墓主为西晋建立卓越功勋而受到朝廷专设"义兴郡"以彰其功的周玘，所以其位置也比较特殊。又如南京老虎山东晋琅琊颜氏墓地，一共发掘出了4座墓葬，分别自东向西排列，兄弟子孙共三代。赞皇西高村附近东魏赵郡李氏的九座墓葬是李叔胤一支，墓葬面东，分为两排，前四座是李叔胤及其亲弟兄，长幼顺序也是自西向东一行顺排。

第二种是前后左右按照辈分排列。诸如南京象山东晋王氏茔域，以东晋初年尚书左仆射王彬墓为主；其左右两墓分别为儿子王兴之墓、长女王丹虎墓，两墓并列，而孙王闽之墓则葬于父亲王兴之墓的后面。但王彬的继室夏金虎墓另葬于象山之东麓，有研究称这是受到"风水"葬地选择因素的影响。这种排列是祖穴在前，子墓在后，

---

① 徐苹芳：《中国秦汉魏晋南北朝时代的陵园和茔域》，《考古》1981年第6期。

左右排列，同辈皆在一行。长幼嫡庶极为严格，基本上是沿用传统的昭穆葬法。在北邙墓区也存在着大量稳定的昭穆葬法墓群。[1]

此外，南京老虎山东晋右光禄大夫颜含家族墓葬群、河北景县北魏高氏墓葬群以及河间北魏邢氏墓葬群等，都与这种按照长幼辈分前后左右之昭穆排序的方式相一致。

"第三种是坟院式的茔域，这种形式流行于中国的西北地区。在甘肃敦煌、新疆吐鲁番阿斯塔那和雅尔湖等地都有所发现。其特点是在地面上建起平面方形的坟院，用砾石堆砌院墙和山门。坟院内的墓葬或向左或向右呈斜形排列，或呈横行排列。敦煌发现的前凉时期张氏坟院中的五座墓，即由左向右呈斜形排列，右下角的墓为升平十三年（公元369年）下葬的张弘妻汜心容的墓，似乎是这个坟院中时代最晚的墓。新疆吐鲁番阿斯塔那发现的那种坟院比敦煌要晚一个多世纪，它是麴氏高昌时期（公元五世纪初）才出现的，一直持续到唐代。坟院内墓葬的排列，大体上是由后向前依长幼辈分排列，如麴氏高昌时的张氏坟院埋有60多座墓，前后历时约两百年，就是按辈分由后向前排列的。"[2]

由上述可知，这些世家大族的家族墓群均以辈分排列，或北长南幼，或前幼后长，或西长东幼（右长左幼），均成一定的规律。当然，其排列的顺序也有一定的灵活之处，如周氏墓地的周玘墓在其祖与曾祖之间，象山王氏王彬之妻夏金虎之墓葬于东麓。但总体上来说，世家大族聚族而葬，按照家族辈分排列，与社会中存在的世家门阀制度下等级差序格局的排列方式有着内在的联系。只不过，家族墓葬的排序更看重的是血缘和辈分，而门阀制度在重视家族血缘的同时，还重视个人的身份地位。两者既存在着一定的差异，又有着割裂不断的文化渊源，是死后世界对于生前世界的一种复制和写照。

第二节　墓室形制多样

秦汉是中国墓葬发展的重要时期，表现在墓室形制上是墓地构造日趋复杂，墓室建筑日益宅地化，石质墓、砖室墓、土坑墓等不同材质的墓葬并存。魏晋南北朝的墓葬形制既继承了秦汉墓葬形制的一些特点，又在此基础上有了进一步发展，故而在墓室形制上出现了更多样化的趋势。

---

[1] 宿白：《北魏洛阳城和北邙陵墓——鲜卑遗迹辑录之三》，《文物》1978年第8期。
[2] 徐苹芳：《中国秦汉魏晋南北朝时代的陵园和茔域》，《考古》1981年第6期。

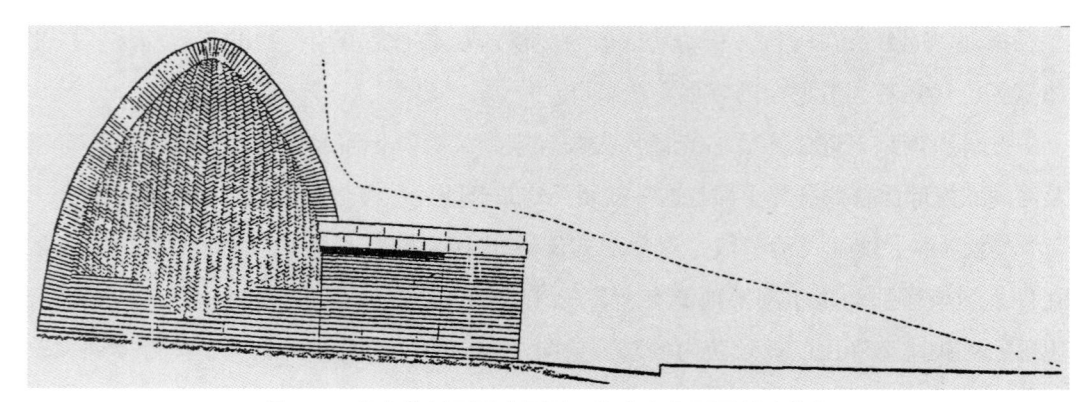

图4-2 单室墓剖面图（西晋，湖南安乡西晋刘弘墓）

资料来源：安乡县文物管理所《湖南安乡西晋刘弘墓》，《文物》1993年第11期。

图4-3 墓外观（晋，山东临沂洗砚池晋墓1号墓）

资料来源：张学锋编著《中国墓葬史》，第191页。

由于此时政权更替频繁，社会动荡不安，盗墓现象严重，薄葬观念和简葬实践盛行，因此墓室规模和形制较秦汉时代略显简化。根据墓室的不同特点，我们可以用不同的划分标准来将墓室进行分类。从已知考古学资料以及研究成果来看，根据墓葬的建筑材料和结构可大致分为三类：砖室墓、土坑墓、石质墓。其中，砖室墓和土坑墓最为常见。根据墓室的多寡，我们可以将魏晋南北朝时期的墓室分为单室墓、双室墓以及多室墓。与秦汉时期出现了大量的多室墓以及流行在墓室之中建耳室不同，在魏晋时期单室墓的数量最多。许多世家大族都将自己的墓室修成了单室墓，这是墓室形制在魏晋南北朝时期日趋简化的表现。此外，还可以根据墓室的形状，将墓室分为凸字形墓、刀把形墓、长方形墓、梯形墓、圆形（椭圆形）墓等；根据墓室墓顶的结构分为券顶墓、穹隆顶墓等；根据墓室的大小，分为大型墓、中型墓、小型墓等。除此之外，还有一些特殊形制的墓葬形式，如西南地区盛行的崖墓，高句丽地区的积石墓，下文将单列出来进行叙述。

根据墓葬的建筑材料，结合不同的墓葬形制，下文对魏晋南北朝墓葬的基本情况进行介绍。

一 砖室墓

砖室墓最早出现在战国时代，汉代时砖室墓不断发展并成熟，在全国逐渐流行并成为墓葬构造形制的主要形式。砖室墓大致是由木椁墓发展而来，本质上体现的是用砖椁代替木椁，因此可以说是墓葬形制发展史上的一个创新之举。用青砖构建墓室，除了比原先的木椁更加坚固之外，也易于棺木的保存，故而砖室墓自产生之后便很快流行。魏晋南北朝时期砖室墓的形制，结构上较多地继承了汉朝时期砖室墓的特点，但由于观念、财力和社会动荡等而趋于简化。多室结构的砖室墓已经较为少见，大多是带有长斜坡墓道的单室墓和双室墓，其中以单室墓最为常见。可以根据墓室的不同特点进行分类和概括。

结合相关材料，对魏晋南北朝砖室墓在形制上的概况做以下几点说明。

第一，砖室墓是魏晋南北朝时期最为流行的墓葬形制。这在砖室墓的数量之多，造型之丰富，分布之广泛中能够体现。魏晋前期，墓葬形式多受东汉晚期的影响，集中出现了一些双室、多室墓，此类墓例有洛阳涧西16工区M56[①]、洛阳正始八年墓[②]、洛阳谷水FM4[③]、偃师杏园村M34[④]、郑州上街水厂M3和M7[⑤]、李希宗夫妇墓[⑥]等。到了南北朝时期，双室墓逐渐被大型的单室墓所代替。现有研究表明，砖室墓是北魏、东魏、北齐官僚地主等上层或社会名流及有钱人士的惯用形制，北朝的平民百姓墓葬多以土坑为墓。当然，西魏、北周受到少数民族葬俗的影响，官僚阶层中带有天井、小龛的土坑墓也较为流行。在洛阳发现的大批单室墓，诸如永平元年司马悦墓[⑦]、陕西华阴兴平二年杨舒墓[⑧]等，均为有明确墓主身份的单室墓，且大多为皇室贵族或者官僚地主。这些墓室长度大多在4米以上，流行砖棺床或者石棺床，并多有壁画，设有盝顶盖墓志。周一良的《魏晋南北朝史札记》认为南北朝时期绢一匹为40尺，一块砖折绢为0.2尺，可见砖价之贵，为一般平民百姓所无法承受。大同城南的北魏平民墓群皆为土圹墓，且洛阳涧西的40座北朝、隋、唐平民墓中有27座皆为土圹

---

① 河南省文物工作第二队：《洛阳涧西16工区发掘简报》，《考古通讯》1957年第3期。
② 洛阳市文物工作队：《洛阳曹魏正始八年墓发掘报告》，《考古》1989年第4期。
③ 洛阳市第二文物工作队：《洛阳谷水晋墓》，《文物》1996年第8期。
④ 中国社会科学院考古研究所河南第二工作队：《河南偃师杏园村的两座魏晋墓》，《考古》1985年第8期。
⑤ 郑州市文物考古研究所：《郑州上街水厂晋墓发掘简报》，《华夏考古》2000年第4期。
⑥ 石家庄地区革委会文化局文化发掘组：《河北赞皇东魏李希宗墓》，《考古》1977年第6期。
⑦ 孟县人民文化馆：《孟县出土北魏司马悦墓志》，《文物》1981年第12期。
⑧ 崔汉林、夏振英：《陕西华阴北魏杨舒墓发掘简报》，《文博》1985年第2期。

墓。①根据现有的六朝墓葬研究，在广大南方地区发现的墓葬（除西南地区之外）基本为砖室墓。在皇室贵族之中流行大型的单室墓。区别官与民之间最重要的依据是墓室长度，一般的官员墓葬长度为4～6米，并且一般不采用长方形这种墓葬形制，多为凸字形单室墓。综上所述，魏晋南北朝时期砖室墓的趋势是从多室墓向单室墓发展，这和当时的战乱、社会动荡有巨大的关系。广大北方地区砖室墓成了区别官僚墓与平民墓的重要标志之一，而在南方地区则存在数量众多的砖室墓，贵族墓和平民墓的重要区别是墓室的长度，说明南方地区的重丧思想严重，厚葬重新抬头，并且百姓也相对富裕。

第二，根据墓室的多寡以及墓室的平面结构，我们又可以大致上把砖室墓分为凸字形单室墓、长方形单室墓、刀把形单室墓、椭圆形（圆形）单室墓、梯形单室墓、双室墓、多室墓等。

1. 凸字形单室墓

凸字形单墓室是魏晋南北朝时期非常流行的一种墓室形制，其最主要的特征是墓室平面呈凸字形。凸字形砖室单室墓葬在魏晋南北朝墓葬中是发现最多的，分布地区也非常广，如河南洛阳、江苏南京、湖南长沙等地均有发现。凸字形单室墓也是魏晋南北朝时期皇室、贵族和士家大族等习用的形式。1991年，考古队对北魏宣武帝的景陵进行了发掘。②该墓室平面呈凸字形，墓顶作四角攒尖式，墓室壁厚2.09米。此外，江阳王元乂墓、常山王元邵墓等亦均为凸字形墓。现有考古研究表明，东晋时期，这种墓的墓室两壁为三层平砖纵砌，然后一层横砖平砌，依次相间砌三层或四层不等，上部纵砌达顶，后壁为三直一平砌法。大多有棺床，少数墓中还有祭台。到了南北朝后期，墓室的结构稍有变化，一些大中型墓室的左右壁和后壁略作弧形，甬道中也出现石门。北方地区的此类墓中设有天井；南方地区此类墓中多有排水设施，墓内有方形阴井，井口设陶或铜的漏水板，由墓底砖下所留的水槽，将墓内积水排除墓外，再由墓前的排水沟排除，这与南方地区的气候环境完全一致。

2. 长方形单室墓

长方形单室墓在北方较为少见，仅在洛阳地区发现少许。而在南方地区，此类墓大多分布在江西、浙江和广东地区，数量也不多。它的平面呈长方形，左、右、后三

---

① 《大同北魏墓群》，《中国文物报》1988年12月16日，第2版。
② 中国社会科学院考古研究所洛阳汉魏城队：《北魏宣武帝景陵发掘报告》，《考古》1994年第6期。

壁均用直砖纵砌，少数也用三直一丁砌法，多为券顶。铺地砖一般呈人字形平铺，无甬道。大多数墓无棺床。

3. 刀把形单室墓

这种墓形在北京地区有少数发现，在南方浙江和福建也有零星发现，可以认为是一种地域型墓式。该墓式多为单室墓，也有少数多室墓。单室墓主要由墓道、短甬道和长方形墓室组成，多为券顶，甬道偏在一边，平面呈刀把形。墓底呈阶梯状，后部设棺床，福建等地的墓室一壁留有排水系统。

4. 圆形单室墓

该类型墓室即平面呈圆形的墓室，主要流行于河北、北京、江苏等地区。如河北平山县的崔昂墓，由斜坡墓道、甬道和墓室组成，墓室呈圆形，直径有十米，穹窿顶。墓室北部依墓壁以青砖砌出半圆形棺床，上并列崔昂及其前后两夫人尸骨。另外，此类型墓葬在山东也有发现。

5. 双室墓和多室墓

双室墓的结构一般呈前后室砖墓。由墓道、甬道和前后墓室几部分组成，有的有耳室或者侧室。一般墓室顶多券顶、四面积顶、四隅券顶。多室墓的结构与东汉晚期的墓葬相近，一般有前后两个墓室，前室平面多呈方形，并设有耳室，后室平面呈方形或者长方形，其间以通道相连。1956年发掘的正始八年墓①，全长近8米，前设有长1.62米的砖甬道

图4-4　墓顶（北齐，暴露在地面上的湾漳大墓墓顶）

资料来源：张学锋编著《中国墓葬史》，第211页。

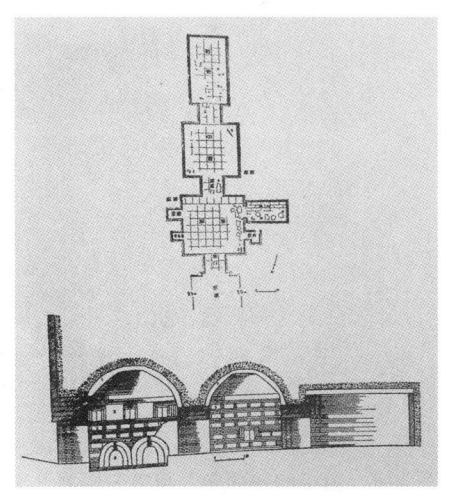

图4-5　多室墓示意图（西晋，嘉峪关3号墓）

资料来源：李德喜、郭德维《中国墓葬建筑文化》，湖北教育出版社，2004，第139页。

---

① 洛阳市文物工作队：《洛阳曹魏正始八年墓发掘报告》，《考古》1989年第4期。

和长23.5米的斜坡墓道。华阴发现的两座西晋墓也都是多室墓，墓室券顶、分墓道、前室、后室、南耳室、北耳室、前后室与两个耳室之间设甬道相连。该类墓葬规模巨大，按照葬制常识可知，多室墓一般为皇室贵族的墓葬。多室墓和双室墓多流行于魏晋南北朝早期。

二 土坑墓

土坑墓是魏晋南北朝时期墓室形制的主要形式之一。此期的土坑墓主要有两种形态，一种是竖穴土坑，另一种是洞室墓。两种形制的墓室主要流行于北方及中原地区，没有绝对意义上的民族差异，但由于墓室结构的不同，可以明确地感受到生前的身份地位和阶级的区分或差异。

土坑墓主要流行于五胡十六国和北朝时期的北方地区，在东南、西南以及两广地区有少数发现，但材料较为欠缺。而目前所知的典型的竖穴土坑墓，主要的区别是带壁龛与不带壁龛。该类墓葬在洛阳和邺城地区有少量发现。洛阳地区的竖穴土坑墓，墓穴狭小仅能容棺，并且只有少数陶罐等陪葬品，墓葬大多为北魏时期，如洛阳涧西16工区晋墓。[①] 邺城地区的竖穴土坑墓也非常相似，均为简单的长方形竖穴土坑墓，空间狭小，一般随葬几个陶罐，有的随葬鎏金马具和马饰，以安阳孝民屯M154[②]为代表。墓穴中随葬鎏金马具、陶罐等习俗，与慕容鲜卑葬俗

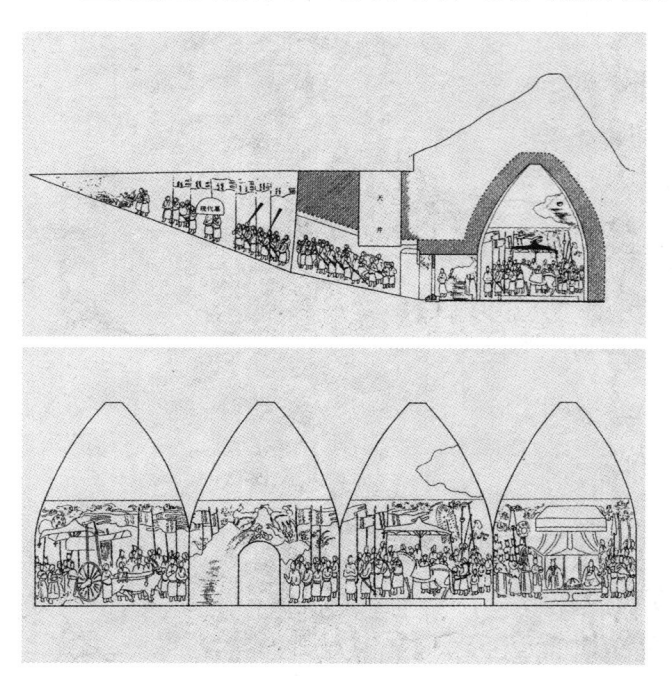

图4-6 墓结构剖面图及墓室壁画展开图（北齐，山西太原王家峰村北齐徐显秀墓）

资料来源：贺西林、李清泉《中国墓室壁画史》，高等教育出版社，2009，第96页。

---

① 河南省文物工作第二队：《洛阳涧西16工区发掘简报》，《考古通讯》1957年第3期，"晋墓"仅仅是该文的一种断代的划分，包括周、汉、晋、唐、宋。
② 中国社会科学院考古研究所安阳工作队：《安阳孝民屯晋墓发掘报告》，《考古》1983年第6期。

相同。邺城曾一度为慕容鲜卑前燕和南燕的都城，故而此时的竖穴土坑墓应该是十六国慕容垂据邺城期间的贵族墓葬。

洞室墓在墓道的一端或者侧壁向里开掘墓室。此类墓葬在魏晋南北朝北方地区均有发现，尤其以甘肃敦煌地区数量最多。敦煌祁家湾发现的西晋、十六国的117座墓均为土洞墓，分为单室墓和多室墓两种。土洞墓平面多呈方形或者长方形，也有部分梯形和圆形。双室墓由墓道、甬道、前室、后室以及耳室组成，墓门多作拱形。前室方形，四壁直立，覆斗顶；后室长方形，拱形顶。单室墓有的带有耳室，也有的不带耳室。在西晋晚期，墓道中还新出现了过洞和天井。这些墓葬的主人多为北迁的汉族士族和鲜卑贵族。

三 石质墓

石质墓，顾名思义是用石块和石板构筑的墓室。这种墓室在汉代较为盛行，东汉之后逐渐衰落，魏晋南北朝时期在东北以及西南地区较为流行，可以说是一种具有地域存在意义的墓葬形式。根据建筑取材方式的不同，我们将石质墓分为石室墓和石板墓。

（一）山东石室墓

现有材料表明，当时山东地区流行石板、石块砌筑墓室。墓室类型有石板多室墓、石室双室墓和单室墓。多室墓主要流行于汉魏时期，均为画像石墓，此类墓葬是汉代多室回廊式墓制的简化。如滕州元康九年（299）画像石[①]，以块石板支筑，墓顶以石板封盖呈藻井状，由墓门、横前室和二并列长方形后室组成，前室两侧设耳室，耳室大小一致，左右对称。前室长2.46米，宽3.08米，后室长2.36米，宽2.75米。石室双室墓在山东地区仅发现一座，为天平五年（537）的征北将军金紫光禄大夫邓恭伯夫人崔令姿墓。[②]该墓分前后二室，平面呈8字形，由不规则石块垒砌而成，前室直径3.1米，后室直径4.5米，石门呈半圆的拱形，出土器物多为滑石质。石室单室墓较多，按平面的不同我们可以分为圆形（或者椭圆形）石室墓、方形石室墓、梯形石室墓等，其中以圆形石室墓最为流行。山东地区发现的16座墓主身份清晰的墓葬有10座是圆形墓，从时间上来看该型墓主要盛行于北朝时期。

---

① 滕州文化局：《山东滕州市西晋元康九年墓》，《考古》1999年第12期。
② 济南市博物馆：《济南市东郊发现东魏墓》，《文物》1996年第4期。

(二)西南地区崖墓

西南地区遗存了数目较多的六朝时期崖墓,它是一种形制特殊的墓葬形制。魏晋南北朝时期的崖墓大多建在山崖坡面,在半山腰处开出墓道,从墓门往里开凿洞穴,可以说是某种程度上的石洞墓。现有考古发掘和研究表明,西南地区已发现的崖墓多为单室墓,而且一般规模不大,只有少数墓室长度接近5米,墓室平面有近方形和梯形两种。梯形崖墓出现较晚,墓室或凿成前低后高的样式或直接砌出沟槽以便排水。以成都至广元一线的六朝墓葬为例,此类崖墓的形制较东汉时期相比已经严重衰退。其中典型的墓葬有昭化宝轮镇23号墓[①],墓室平面作梯形,墓室宽1米左右,长度为2.5米,出土有铁刀、直白五铢、银钗、青瓷罐、琉璃珠子等。在三峡地区还发现一处保存良好的崖墓,即忠县涂井崖墓M5。此墓通长7.83米,墓室前室右壁偏后有龛,后室右前角在原岩上凿造一孔,前室摆放两具棺木,后室摆放一具棺木,室内放置较多随葬品。非常明显,这种崖墓的墓葬形制不仅存在的区域非常独特,制作方式也有别于中原等地,是一种具有相对文化和族群意义的墓葬形态。

(三)东北石板墓

此处的东北地区指的是辽河以东的广大地区,这个区域的南部自战国以来就受到中原地区政权的控制。汉魏之时,公孙氏控制辽东。西晋灭亡之后,东北地区南部逐渐落入鲜卑慕容氏手中。直到5世纪初,此地转而被高句丽政权控制,直到唐初。考古发现主要是辽河、鸭绿江之间的魏晋南北朝墓葬和高句丽墓葬。

东北地区的石室墓主要集中在辽阳乐浪等地。此地盛行的石板墓自东汉时期兴盛,三国魏时期石板墓的形制开始日趋复杂。墓室两端都砌出横室,墓葬形状如工字形,如北园1号墓[②],以块石板支筑,长7.85米,宽6.85米,高1.7米,共有回廊、六个耳室和三个椁室。墓门在正中开,以立柱隔为三个门洞。墓门后是狭长的前廊,两侧各有一个耳室。此外,在左右廊中间、后廊的左侧和后部还各有一个耳室。墓室内还绘有彩色壁画,内容丰富。正门开于前壁,并列门柱三根,开门为四洞,以石板封闭。后廊的左右两端各有一个耳室。此类墓葬结构保存了早前回廊式木椁墓的形制。南北朝时期,此地盛行的大型回廊墓消失,工字形、丁字形、长方形墓葬逐渐流行。墓室内多壁画。

---

① 沈仲常:《四川昭化宝轮镇南北朝时期的崖墓》,《考古学报》1959年第2期。
② 李文信:《辽阳北园壁画古墓记略》,《国立沈阳博物院筹备委员会汇刊》第1期,1947年。

（四）高句丽墓葬

高句丽很早就生活在东北浑江、鸭绿江一带，公元1世纪已经建立政权，到魏晋南北朝时期一直与中原地区的政权、民族和文化保持密切联系，因此我们所看到的高句丽墓葬体现出魏晋时期中国墓葬形式的鲜明特点。高句丽墓葬主要为石室墓，从外观上可分为以石为封的积石墓和以土为封的封土墓，积石墓最多，集中在桓仁、集安一带。大致上来说，积石墓留存时间早，为高句丽传统墓葬，封土墓相对较晚。封土墓形制相对简单，盛行于6世纪，就是在封土之下建造一个或者数个石砌墓室，可以说是对于传统积石墓的一种发展演变。积石墓流行于3~5世纪，一般砌筑在山坡地表上。其建筑方式是将山坡略加平整，然后将自然石块压缝交叠筑成墓室，室内常有壁画。积石墓的形制大多较为复杂，现有的考古表明，"（积石墓）按照墓葬外部的修建状况，可以分为无坛，方坛，方坛阶梯等方式，按照墓内结构，则有石圹和石室之别。墓葬的外部封树、墓内结构和顶部的相互组合，产生五种主要墓葬形式：无坛石圹墓、方坛石圹墓、方坛阶梯石圹墓、方坛石室墓、方坛阶梯石室墓。无坛石圹墓如集安良民168号墓等，方坛石圹墓如集安良民73号墓等，方坛阶梯石圹墓如桓仁高力墓子村15号墓，方坛石室墓如高力墓子村1号墓等，方坛阶梯石室墓如将军坟。无坛石圹墓在高句丽建国之前已经存在。方坛石圹墓、方坛阶梯石圹墓在高句丽建国不久也已经存在，方坛阶梯石室墓在三世纪末到四世纪初出现。这几种墓的下限都可以到五世纪。方坛石室墓出现和延续时间都难得其详，但也不出上述时间范围。"① 一般来说，坛是为祭祀而设的，有坛的祭祀相对隆重；无坛的并不表明不祭祀，只是相对简单而已。由此也透露出一个信息，墓祭对于高句丽来说是非常被重视的仪式。这与中国文化的重祭祀，尤其是与南方等地的多祭祀有着内在的相似性。

图4-7 狩猎（4世纪，吉林集安高句丽舞俑墓）

资料来源：贺西林、李清泉《中国墓室壁画史》，第125页。

---

① 韦正：《魏晋南北朝考古》，第171页。

第三节　墓葬建筑独特

三国西晋时期的墓葬面貌基本继承东汉遗风，北方由于提倡薄葬而有所改变，南方因政治的稳定而有所发展。南北朝时期，由于政权分治和各自暂时稳定，南北都发展出了自己独特的墓葬建筑。

一　帝王陵墓和地面石刻

魏晋南北朝时期，由于政权的分裂割据和相对区域内的政权交替频繁，再加上少数民族的融入，社会秩序紊乱，时常有许多墓被盗，故而此时的帝王不得不一改东汉时期的厚葬之风，改变陵寝制度，使魏晋南北朝时期的帝王陵墓在不同时期呈现出不同的特点。

（一）帝王陵墓

1. 曹魏陵墓

关于曹魏陵墓文献有记载，但今人不清楚其确切的位置。魏武帝曹操的陵墓，一方面，是依嘱而建；另一方面，一些特殊的建筑在当时就已经毁弃。罗宗真说："魏武帝曹操的陵墓，据文献记载，位于邺城外的西岗上，陵曰高陵。依曹操生前所颁《终令》，其陵'因高为陵，不封不树'。最初的高陵仍依东汉礼制，'立陵上祭殿'。魏文帝曹丕黄初三年（公元222年），以'古不墓祭，皆设于庙'为由，毁去高陵上的祭殿。"[①]因此，确切的高陵位置至今尚不可知，一些发掘报告所称的曹操墓都存在争议。魏文帝曹丕的陵墓叫首阳陵，在今河南洛阳东的首阳山里，但也是"因山为体，无为封树，无立寝殿，造园邑，通神道"，并"使易代之后不知其处"。魏文帝这样的做法直接影响到魏晋时期的陵寝制度。这种情况与此时提倡薄葬和葬所不为人知的观念是完全相一致的。

现在已发掘的魏晋时期墓葬多集中在洛阳地区，这一时期墓葬的建筑风格主要沿袭东汉晚期的墓葬风格，墓地主要由斜坡墓道、甬道、带耳室的方形前室和长方形后室组成。关于曹魏时期贵族及一般墓葬的建筑特点，将在后文再做进一步的叙述。

---

① 罗宗真：《魏晋南北朝考古》，第76页。

2. 西晋陵墓

西晋陵在洛阳之东邙山南北，现有考古资料表明，共有五陵。据《文选》卷38傅季友《为宋公至洛阳谒五陵表》注引郭缘生《述征记》，西晋五座帝陵分别位于东西相连的北邙和乾脯二山两侧的山之阳，自东至西为文帝崇阳陵、武帝峻阳陵和惠帝太阳陵，山之阴为宣帝高阳陵和景帝峻平陵。西晋的陵寝制度深受曹魏时期薄葬之风的影响，提倡薄葬，力求节俭。现今已探查到的司马昭崇阳陵和司马炎峻阳陵①都是依山而建，各为陵区。崇阳陵葬五墓，峻阳陵葬23墓。主墓都在东侧，即帝陵，都有较长墓道的土洞墓。司马昭墓有长约46米的墓道，单墓室，墓室长4.5米，宽3.7米，高2.5米。司马炎墓有长约36米的墓道，墓室长5.5米，宽3米，高2米。将之与秦汉时期帝王陵墓进行对比，可以说是空前的节俭了。此外，在司马昭墓区之外发现有夯土的陵墙，据推测还建有角阙，陵前应有神道，在入口处立神道柱，但已不可考。应该说，西晋时期的经济虽然有所恢复，但对汉末盗墓记忆犹新，帝王在修建陵墓时还是有所顾忌，所以在规模上就比汉时大大减缩。

图4-8 彩绘陶武士俑（西晋，河南洛阳市邙山出土）

资料来源：金维诺总主编《中国美术全集·墓葬及其他雕塑》，第193页。

3. 十六国时期陵墓

十六国时期，战乱频繁，多个政权更替，存在时间短且数目众多，故而此时期的陵墓资料无论是文献记载还是考古发现均很少。这一时期的民族关系复杂，其墓葬形制非常不统一，一些墓葬继承了西晋时期墓葬的特点。查阅此时的文献，发现其墓制可考的有刘曜父亲的坟墓。史载，322年，汉主刘曜葬其父于粟邑，给为一坟，坟丘周围二里，高百尺，每日役六万人，百日建成，共用工六百万，号称永垣陵。323年，大雨，雷震刘曜父墓门屋，大风吹其寝堂于垣外五十余步。从这些记载来看，此时的陵墓有陵垣，墓前有殿堂等。

十六国时期陵墓建筑之所以发现较少，一方面是因为政权更替，一些当政者意外

---

① 段鹏琦、杜玉生、肖淮雁：《西晋帝陵勘察记》，《考古》1984年第12期。

死亡，没有得到与生前所谓身份一致的安葬；另一方面是因为遵从各自民族的习惯，实行潜埋虚葬等方式。

4. 东晋陵墓

东晋政权共有 11 帝，建有十陵，陵墓均在建康（今南京）。现有研究表明，元帝（一世）、明帝（二世）、成帝（三世）、哀帝（六世）葬在鸡笼山，即今南京九华山；康帝（四世）、简文帝（七世）、孝武帝（八世）、安帝（九世）、恭帝（十世）葬在钟山之阳，在今九华山至紫金山东西一线并列。各陵墓都建在山前地面处，背靠山丘，基本都遵循西晋陵制，东西并列不起坟，仅有穆帝（五世）葬于幕府山之阳，起坟"周四十步，高一丈六尺"①。总的来说，多为是较小的坟丘，与秦汉时期的陵墓无法相比。

现今已发掘的东晋陵墓有穆帝司马聃永平陵②、恭帝司马德文冲平陵③，我们可以通过这两个陵墓的布局、规制大体了解东晋陵墓的基本情况和面貌。

永平陵在今江苏南京北部幕府山南麓，陵墓坐东朝西，陵冢高约 20 米，南北长约 50 米，东西宽约 20 米。建墓的时候先掘一个长约 20 米、宽约 8 米、深约 7 米的竖穴，在其上铺数层地面砖，地面上留出一个集水井，通过砌在地面砖下的排水沟排到墓外。然后再建墓室，墓室用三平一立的砌法砌墓室四壁，形成长方形墓室，顶部用砖砌成券拱形。墓室前壁砌甬道，砌法同墓室，甬道中部原设有木门，墓室后部设棺床，现棺椁已不存在，甬道前段用封门墙封闭。墓室整体砌完以后，在墓穴以及墓室顶上用土夯实。史载穆帝帝陵起坟，但现在坟丘已然不存在，而且陵墓前的神道也已不复存在。

冲平陵在南京富贵山南麓，陵墓依山而建，其做法是在距地面约高 9 米的山石上开凿一个长方形口宽底窄的墓坑，长约 35 米、口宽 7.5 米、底宽 6.85 米、深 4.3~7 米。其砌筑方法是先在坑底铺砖七层，然后再用砖砌墓室。墓葬由墓道、封门墙、甬道和墓室组成。墓室平面呈长方形，长 7.06 米，宽 5.18 米，四面砌砖墙，后壁外凸呈弧线，墓顶用楔形砖砌成券顶。墓道长 13.5 米、宽 4.3 米、深 4.35 米，底部有南北向的排水沟。为了解决山体渗水问题，在墓室砖地上砌井口，下通墓穴石底的排水沟，沟

---

① 许嵩:《建康实录》，第 228 页。
② 蒋缵初:《南京幕府山六朝墓清理简报》，《文物参考资料》1956 年第 6 期。
③ 南京博物院:《南京富贵山东晋墓发掘报告》，《考古》1966 年第 4 期。

用砖衬砌，长百米以上，通到墓前的水塘之中。甬道平面呈长方形，券顶长 2.7 米、宽 1.68 米、高 3.35 米，甬道中间设有两道木门，现已朽。墓门用砖封堵，除了封门砖之外，门前还有加砌的两重封门墙。在封门墙后面甬道两侧，修有挡土墙。墓室筑好以后，用夯土填筑，使之与山体相平，不露痕迹，不起坟丘。在距离墓室 400 米地下发现石碣，上刻"宋永初二年太岁辛酉十一月乙巳朔七日辛亥晋恭皇帝之玄宫"二十六字，由此可知在陵前有至少四百米的神道。《建康实录》记载，晋穆帝永和五年"冬十一月，甘露降崇平陵玄宫前殿"。①崇平陵是康帝陵寝，在钟山之阳，不起坟，玄宫即陵墓，我们可知在墓室地面上还建有前殿。东晋帝陵至今尚未发现石刻石兽墓表等，但唐人咏晋元帝庙诗中有言"弓箭神灵定何处，年年春绿上麒麟"，我们据此可以猜测东晋帝陵前有麒麟等石兽。

综上所述，东晋帝陵大多依山而建，墓室多为长方形，券顶。墓室内有甬道，甬道中多设石门，甬道入口用封门墙封闭，墓上多不起坟。墓前后设前殿、神道，神道左右设有麒麟等石兽，有无门阙等未可知。

5. 南朝陵墓

南朝陵墓主要集中于南京地区（包括江宁、丹阳两地），建筑独特，逐渐形成了独有的墓葬建筑风格。南朝四朝中，宋、陈两代的帝陵主要在南京，齐、梁二朝的帝陵主要在南京以东的曲阿，即现今的丹阳。现在已知的帝陵主要有宋武帝刘裕的初宁陵、宋文帝刘义隆的长宁陵、陈武帝陈霸先的万安陵和陈文帝陈蒨的永宁陵，分布在南京。此外还有丹阳齐高帝萧道成的泰安陵、齐武帝萧赜的景安陵、齐明帝萧鸾的兴安陵、梁武帝萧衍的修陵、梁简文帝萧纲的庄陵。另有原葬于此，后被尊为帝改建为陵的，如萧道成之父萧承之的永安陵、萧鸾之父萧道生的修安陵、梁武帝萧衍之父萧顺之的建陵。此外，还有齐废帝东昏侯萧宝卷墓和齐和帝萧宝融恭安陵。上述陵墓中，永宁陵②、显宁陵③、修安陵④、萧宝卷墓和恭安陵⑤都经过发掘。其中修安陵修建最早，显宁陵修建较晚，现将取其中三陵墓的具体内容列于表 4-2，通过这三个墓葬具体内容可知南朝陵墓的概况。

---

① 许嵩：《建康实录》，第 217 页。
② 罗宗真：《六朝陵墓埋葬制度综述》，《中国考古学年会第一次年会论文集》，文物出版社，1980。
③ 罗宗真：《南京西善桥油坊村南朝大墓的发掘》，《考古》1963 年第 6 期。
④ 南京博物院：《江苏丹阳胡桥南朝大墓及砖刻壁画》，《文物》1974 年第 2 期。
⑤ 南京博物院：《江苏丹阳县胡桥、建山两座南朝墓葬》，《文物》1980 年第 2 期。

表4-2　修安陵、萧宝卷墓、显宁陵情况比较

墓葬名称	地点	墓穴和壁画	墓室	甬道和封门墙	排水沟	地面石刻和起坟状况
修安陵	丹阳县东北水经山鹤仙坳南麓	石凿墓穴，呈长方形，穴内用砖砌墓室及甬道。墓室内装饰有大幅画像砖	墓室在山冈中部，其前为平地。墓室为长方形，四壁呈外突弧形，平面呈近椭圆形，长9.4米，宽4.9米，穹窿顶，现已坍塌。墓室地面铺九层砖，地面上用花纹砖按三顺一丁的砌法砌四壁，壁厚二砖	甬道长2.9米，宽1.72米，高2.92米，券顶地面铺七层砖，甬道中部嵌两道石门，现仅存门额上的卷拱石，上雕出平梁、叉手等仿木结构。甬道外砌有二道封门墙	墓室前部设水井，下通排水沟，排水沟通甬道底部直通墓外水塘，全长190米	墓前500米处有二石刻，分别为辟邪、天禄。在墓室及甬道上用土石填平后起坟
萧宝卷墓	丹阳建山金家村	有彩绘壁画及画像砖	墓室平面呈八角形，长8.4米，最宽处5.17米，残高5.3米。墓室四壁砌法为三顺一丁，在墓室高5米处用楔形砖砌顶，从现存遗迹看，应为穹窿顶。墓室左右两壁和后壁砌有两个假棂窗和灯龛。墓地铺五层砖	甬道平面呈长方形，券顶，甬道内设石门两重，外有封门墙一道。石门每重由门额、门柱、门槛、门扇、门杠等五个部分组成。门柱上雕有龙凤图案	设水井及排水沟	墓前约800米处有一对石兽，填土起坟
显宁陵	南京西善桥油坊村	石凿墓穴，长45米，宽9米。墓室即甬道内壁用花纹砖拼成壁画和图案	墓室平面呈椭圆形，长10米，宽6.7米，高6.7米，穹窿顶，墓室底部平铺五层地面砖，地面上按三顺一丁砌法砌筑四壁	甬道全长3.5米，甬道中设两重石门，拱券顶，券拱石上置雕花平梁，平梁上刻人字拱等仿木结构。甬道外砌封门墙	墓内设水井，通砖面下的排水沟，直通墓外水塘	无发现石刻。在墓室上加夯土填实，坟山高约10米，周长141米

资料来源：南京博物院《江苏丹阳胡桥南朝大墓及砖刻壁画》，《文物》1974年第2期；南京博物院《江苏丹阳县胡桥、建山两座南朝墓葬》，《文物》1980年第2期。

总体上来说，就现今已有的陵墓材料我们可以大致得知南朝陵墓的一些建筑特点。

第一，南朝陵墓的建筑在选址上十分注重风水。所选的地方，一般是"背倚山峰，面临平原"。南齐景帝萧道生的陵墓在水经山鹤仙坳南麓，陈宣帝陈顼墓在罐子山北麓，东西南三面都有小山相连，北对平底，中间有突起的萝卜山为屏障，可谓风水极佳。可见南朝帝陵大多是"因山为体"，在山腰、山麓上开凿陵墓。墓葬的方位也有不同，大多为偏向南面，也有的偏向北面，并没有统一方位，都是依山势而定的。

第二，有墓道和石刻。在南朝陵墓前平原地区都有较长的墓道，又称神道。在南朝梁萧秀、萧融等墓前都有长约1000米的墓道。在神道上依次还立石兽、石柱、

石碑，在神道两侧各一对，两两相对。关于魏晋南北朝陵墓的石刻建筑，将在下文进行详细叙述。

第三，关于陵墓的建造技术。现有考古资料表明，六朝时期的墓葬基本为砖室结构，这种材质和结构与南方地区的地理环境有直接关系。在修砌陵墓之前一般先开凿墓坑，在墓葬的山坡上凿出长方形的墓坑，再在此基础之上建造陵墓。墓室均用砖石构建，最初多为长方形，后墓室的四壁逐渐外凸，发展成为近椭圆形的墓室。一般为大型的单室墓，不见前室和侧室，多为券顶和穹窿顶，墓室内部多有大型的拼镶画像砖。

第四，在南朝陵墓甬道中多设石门，一般是两扇，可见这是南朝帝陵的体制。这些石门门额呈半圆形，额上浮雕人字拱形。在陵墓前均设有长长的排水沟，大多在墓室铺砖上设井，通过甬道直达墓前的水塘。这种排水系统的构建在其他朝代和北方地区墓葬中很少见，可以说是南朝墓葬的一个重要特征，当然，这也可能和南方地区环境潮湿有关系。南朝的大墓一般起坟，即便是起坟，其形制一般为5～7米，较东汉时期小。总体上来说，南朝陵墓在一定程度上恢复和发展了东汉以来的陵寝制度，比如设神道和石刻，但规模已大不如前。此外还出现了属于南方的陵墓特色形态，诸如排水沟系统、拼镶画像砖等。

6. 北魏陵墓

北魏初期都城设在盛乐（今内蒙古和林格尔），之后迁都平城（今大同）。北魏的陵墓区在盛乐的西北部，史称"金陵"。据记载，北魏道武帝拓跋珪葬于此。此外，北魏迁洛之前的六世皇帝以及后妃都葬在金陵，但金陵遗址尚未发现。平城北魏陵墓发现

图4-9 石柱（南朝，梁文帝建陵）

资料来源：张学锋编著《中国墓葬史》，第275页。

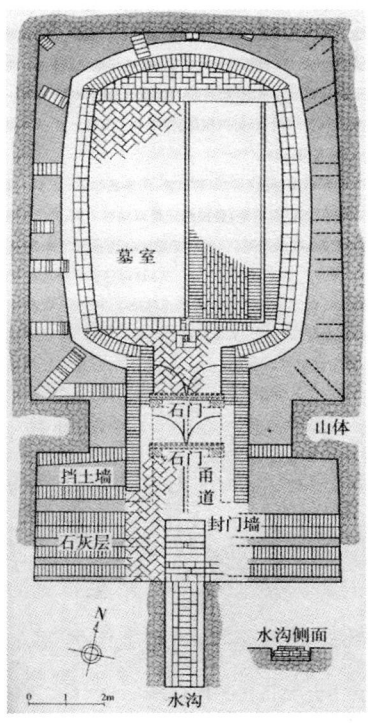

图4-10 玄宫平面图（南朝，丹阳胡桥仙塘湾齐修安陵玄宫）

资料来源：张学锋编著《中国墓葬史》，第273页。

了冯太后陵，号称"永固陵"。此外，还有孝文帝在永固陵东北为自己预备的陵墓，后南迁洛阳并未使用，故称虚冢，号为"万年堂"。其陵地布置据《水经注·漯水》记载："羊水又东注于如浑水，乱流迳方山南。岭上有文明太皇太后陵，陵之东北有高祖陵。二陵之南有永固堂，堂之四周隅雉，列榭阶栏槛及扉户、梁壁、椽瓦，悉文石也。檐前四柱，采洛阳之八风谷黑石为之，雕镂隐起，以金银间云矩，有若锦焉。堂之内外，四侧结两石趺，张青石屏风，以文石为缘，并隐起忠孝之容，题刻贞顺之名。庙前镌石为碑兽，碑石至佳。左右列柏，周围迷禽暗日。院外西侧，有思远灵图，图之西有斋堂，南门表二石阙，阙下斩山，累结御路，下望灵泉宫池，皎若

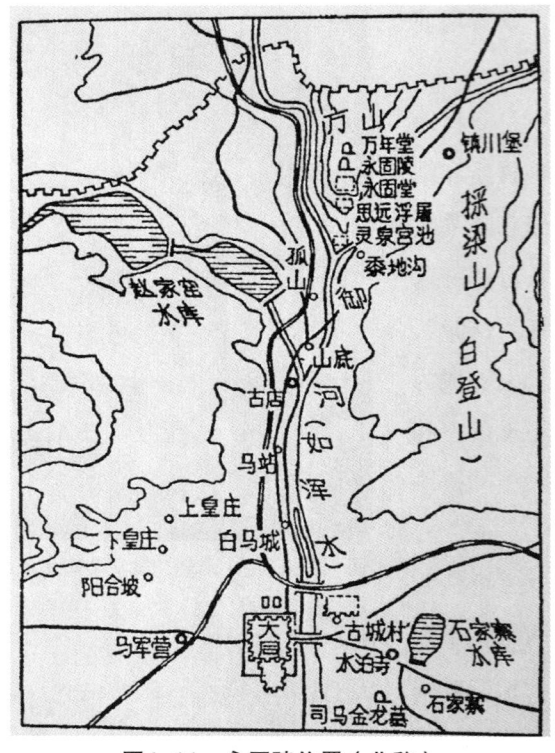

图4-11 永固陵位置（北魏）

资料来源：大同市博物馆、山西省文物工作委员会《大同方山北魏永固陵》，《文物》1979年第7期。

圆镜矣。"①由上述可知，在冯太后永固陵之前有永固堂，又称"永固石室"，堂前有石阙、碑石、石像等。文中还称此永固堂为"庙"。在陵前建石祠，祠里刻忠孝故事，祠前建石阙，这些都是汉时陵墓的通制。由此可见，北魏早期开始恢复了陵寝制度和在陵上举行上陵祭祀的礼仪。孝文帝迁都洛阳后，在洛阳的北邙山上为自己建造长陵，使北邙山成为北魏统治阶级的墓区。里面葬有皇族，包括元氏皇族、九姓帝族，甚至还包括一些中原和南方来的降臣。此地的墓葬排列规制我们在前面已经探讨过，主要为父子（女）辈左右夹处。宿白先生认为，其葬制是原始社会族葬制以及母系半部族制在墓葬制度上的残迹。自然，这与中原的葬制很不相同，而是源于原始残余较重的代北旧习。②

永固陵可谓是北魏皇陵的典型代表。现有材料表明，该陵墓位于大同西寺儿梁山

---

① 郦道元：《水经注》卷13，陈桥驿注释，浙江古籍出版社，2001，第205页。
② 参见宿白《北魏洛阳城和北邙陵墓——鲜卑遗迹辑录之三》，《文物》1978年第7期。

的南部，建造历时3年，为北魏最大的陵墓。据勘察，永固陵封土高达22.87米，基地平面呈方形，南北宽117米，东西长124米。该陵墓为砖砌多室墓，由墓道、前室、甬道和后室四部分组成，总长27.60米，墓道长5.9米，宽5.1米，高5米。前室平面呈梯形，券拱顶，后室为方形，四壁外弧，向上收拢呈四角攒尖顶，墓顶中间嵌白砂石，上雕莲纹图案。两室中间以甬道相连，甬道平面呈方形，拱券顶。前室及甬道前后各有1道大型石券门。石券门制作工整细致，由尖拱门楣、门柱、门槛、虎头门墩、石门组成，门框上饰有下具鼋柱的莲瓣形券面石雕。为了防盗，在两道石券门的里外及甬道中间共设置五道封门墙，墙厚1.08米。整体墓穴的砌筑方式是先在夯成土台的台面上开墓穴，穴中建墓室、甬道，然后再填实空隙。[①] 同时在墓前约600米处发现一个平面长方形的建筑遗址，上有砖瓦等建筑材料，还有石碑等遗存。在这个遗址前约200米处，还有一座周围回廊的方形塔基的遗迹。由此可见，北魏的陵墓受到了佛教的影响，出现了陵寺结合的特点。

万年堂的结构与永固陵非常相似，但是规模略小。其封土高约13米，基底平面为方形，每边长约60米，墓葬结构基本与永固陵同。墓室也分前后室，中连甬道，前室前接墓道。前室和甬道大部分被毁，残高2.51米，宽2.46米，残长约10米，拱券顶。甬道前后有一道石券门，现残存石门框，四侧框正面浮雕武士俑。后室平面呈方形，四壁外弧，四角攒尖顶，墓顶中间有一雕刻莲花纹的白石。

此二墓形制基本相同，都用砖砌，主室呈方形，四壁外弧，这样的形制和同时期的北魏墓葬形制基本相同。

北魏迁洛之后，以洛阳北部的邙山为陵区，葬有北魏孝文帝元宏、宣武帝元恪、孝明帝元诩三世皇帝。1991年，考古工作者对宣武帝的景陵[②]进行发掘。景陵墓冢平面略呈圆形，直径105～110米，现存高24米，平顶。在墓冢北约10米处发现石刻武士像一躯。陵墓由墓道、前甬道、后甬道和墓室组成，全长54.8米。平面大致呈"甲"字形，墓道长40.6米，整个墓道由土壁墓道和砖壁墓道两部分组成。甬道分前后两个部分，前甬道较墓道宽，平面呈横长方形，拱券顶。后甬道位于墓葬的中轴线上，平面呈长方形，拱券顶。甬道内设三道封门墙，有一重石门。墓室平面近方形，墓室地面铺砌石板，分东西两半，西半为石棺床，墓室壁厚2.09米，整个墓室十分坚固严密。墓室整体建筑与之前的北魏墓略有不同，所用砖是"一种特制的绳纹长方形青砖，青

---

① 大同博物馆、山西省文物工作委员会：《大同方山北魏永固陵》，《文物》1978年第7期。
② 中国社会科学院考古研究所洛阳汉魏城队：《北魏宣武帝景陵发掘报告》，《考古》1994年第9期。

砖制作规整，坚实细密而少杂质，内呈纯正鲜亮的青灰色，因八窑前砖坯诸侧面经过砑磨，故而成品砖表皮较为平滑且有黑色光亮。……在墓壁、墓顶表面上，全都涂了一层均匀、黝黑、光亮的颜色，从色调上强调了这一特定建筑的性格特征"[①]。

北魏完成了北方的统一，鲜卑少数民族文化与中原文化相互融合，这点表现在陵墓制度上就是形成了一套颇具特色的鲜卑文化和汉文化相结合的陵寝制度。

7. 东魏、北齐陵墓

东魏534年立国，550年亡于北齐，历17年，仅有孝静帝一帝，未真正发现陵寝。孝静帝于天平元年迁都邺城，在邺城西郊的漳河、滏阳河之间营建元氏皇陵区，称为西陵。如今此地现存很多大大小小的墓冢，西陵和北齐的皇室贵族陵墓一起，被统称为"磁县北朝墓群"。据考古研究，"东魏皇陵区位于磁县北朝墓群的西南部，地表遗存一些高大的坟丘，并且还有'魏侍中假黄钺太尉宜阳王碑'。宜阳王元景植，为孝静帝之兄，其墓葬位于讲武城乡东小屋村东北，坟丘残高3米"[②]。在此墓东南侧还遗存有孝静帝之父东魏文宣王的墓葬。墓前原有石羊等雕像，应属神道石刻。

北齐550年立国，577年亡于北周，历28年，有六帝。其皇室墓区主要在东魏皇陵区的东北面，在当时的漳河之西、滏阳河之南，南面与东魏皇陵相连接。除了废帝高殷和幼主高恒之外，实际执政的仅有文宣帝（高洋）、孝昭帝（高演）、武成帝（高湛）、后主（高纬）四位皇帝。后主在北齐亡国之后就被杀害，所以未见陵墓，所以北齐主要有三陵。此外，神武皇帝高欢和文襄皇帝高澄均死于北齐立国之前，其皇帝身份是死后追封的，故而也有二陵。根据现有研究，在茹茹公主墓的附近有两座高大的墓冢，大冢位于南侧，东距茹茹公主墓约300米，应为高欢的义平陵，而位于大冢北侧约200米的二冢，据猜测应为高澄的峻成陵。高洋葬于560年，墓称武宁陵；高演葬于561年，墓称文靖陵；高湛葬于569年，墓称永平陵。

1989年，在河北磁县湾漳发掘一座墓葬[③]，由墓道、甬道、墓室三部分组成。墓道是露天斜坡道，直通甬道。墓室为方形，四壁微弧，四角攒尖顶。墓室及甬道多铺有青石，甬道室内有大量精美的壁画，甬道两壁上画有四灵及仪仗队伍，墓室内壁画已毁，仅剩墓顶的天象图。墓前发现石人，可知此处有神道。墓中有大量精美的壁画和随葬品，据推测应为北齐时代的帝陵。

[①] 李德喜、郭德维：《中国墓葬建筑文化》，湖南教育出版社，2004，第119页。
[②] 罗宗真：《魏晋南北朝考古》，第85页。
[③] 中国社会科学院考古所、河北省文物研究所邺城考古工作队：《河北磁县湾漳北朝墓》，《考古》1990年第7期。

图4-12 湾漳北朝壁画墓墓道壁画局部（北朝）

资料来源：中国社会科学院考古研究所编著《考古中华——中国社会科学院考古研究所成立六十年成果荟萃》，科学出版社，2010，第244页。

此外，在安阳清峪村西还发现有北齐文宣帝高阳妃颜氏墓。[①]颜氏墓为洞室墓，主要由甬道、墓室组成，甬道前有斜坡式墓道。墓室平面近方形，现已残缺，形制不明，墓室北壁下有棺床。墓室四壁有壁画，南壁墓门两侧绘侍者；北壁残存一带盔披甲骑马武士，一鹰鸟；西壁一为妇女怀抱婴儿，一为骑马武士。

8. 西魏、北周陵墓

西魏皇帝之中仅有文帝以帝礼葬于永陵，位于现今陕西富平，但具体位置并不清楚。西魏墓葬现今发现较少，较为重要的仅有陕西的候义墓，此墓为斜坡墓道土洞墓，墓内残存壁画。北周历五世皇帝，仅有明帝宇文毓、武帝邕和宣帝赟死后有陵墓，但北周盛行死后"不封不树"的薄葬风气，故此时的遗迹已无可考。

1997年，在陕西咸阳陈马村发掘有武帝宇文邕和武德皇后合葬的孝陵。[②]陵墓由斜坡墓道、5个天井、5个过洞、4个壁龛及甬道、土洞式单室墓组成。墓道长31.5米，过洞均为五个拱形土洞，较墓道、天井窄，天井五个均为长方形直筒状，壁龛分别开设在第四、第五天井的东西两壁，两两相对。甬道平面呈长方形，拱券顶，甬道底铺斜向人字形砖。墓室平面呈凸字形，土洞墓，北壁有龛，墓室毁坏严重，形制不详。

我们把东魏、北齐和西魏、北周的墓葬统称为北朝后期墓葬。

---

① 安阳县文教局：《河南安阳县清理一座北齐墓》，《考古》1973年第2期。
② 陕西省考古研究所：《北周武帝孝陵发掘简报》，《考古与文物》1997年第2期。

综上所述，北朝后期战乱频发，所以陵墓制度开始异化。西魏、北周时期多为土洞墓，开始盛行直通地底甬道的斜坡墓道，墓室中还出现了精美的壁画。并且在墓道中多会出现较多的天井、壁龛以示身份。表明仿现实生活形态的汉族墓葬和陵墓建造文化对此期的墓葬产生了直接的影响。

（二）地面石刻

墓室建好之后，需在陵墓前建造享堂和石刻。在曹魏时期，由于帝王倡导薄葬，故而帝王陵寝之前大多无祠庙和石刻的遗迹。但到两晋和南北朝时期已经发生了变化。从目前的考古发现来看，各地陵墓均有石刻和神道遗迹。北魏时期，陵寝制度恢复力度更大，在墓前出现石刻，虽然数量并不多。南朝石刻注意到了左右对称的特点。研究表明："南京及其附近的六朝墓葬计三十三处有石刻，其中帝王陵的十二处，以丹阳梁文帝萧顺之建陵石刻保存最多，计石兽一对，石柱一对，石碑一对，石础（方形）一对，共八件。王侯墓的二十一处，以南京甘家巷萧秀墓保存最多，计石兽一对、石柱一对、石碑两对，一共八件。据大多数陵墓来看，以三对为最多，即石兽一对、石柱一对、石碑一对。"[①]

图4-13　石辟邪（南朝梁，南京炼油厂内梁桂阳简王萧融墓神道石刻）

资料来源：金维诺总主编《中国美术全集·墓葬及其他雕塑》，第221页。

石兽位于神道的最前端，史书中常称之为"麒麟"，或称之为辟邪。现存最大的要数梁武帝萧衍墓前的石兽，其长为3.23米，体围2.4米，高2.7米。六朝时期的石兽形象大致有两种，一种是身躯肥壮，短颈长鬣，头向后仰，兽身纹饰较为简单，此类石刻多用于王墓，其形象较像狮子，一般无角。另一种身躯足颈较前者要瘦弱，形象较为传统，多有角，有的有单角，有的有双角，此类石刻多用于帝陵。

在石兽之后相隔一定距离一般立有石柱，被称为神道石柱，或称华表等。石柱一般由三部分组成，其上部为柱首

---

① 罗宗真：《魏晋南北朝考古》，第104页。

圆盖，往往为圆形莲花座，并在座上立石兽，可见这是受到了佛教的影响。中间为柱身，可分为三段，下段雕若干垂直凹槽，其形状似希腊陶立克柱式；中部雕水平方向数环线脚，上托突出的矩形平板，版面或阴刻某某神道的字样；上段雕突起的若干垂直向园陵。最下为柱础，分为两层，上层刻一对有翼的怪兽，口内含珠；下层为一方石，四面均有浮雕。

石柱之后一般在神道两侧立石碑。六朝时期碑首大多作琬首形，左右双龙交辫，环缀于碑脊。碑身除刻写文字外，还在侧面加饰浮雕，多为鸟兽花叶纹，是一种新的装饰手法。这种装饰往往分为八格，每格刻一种纹饰。碑座为一龟趺，龟首高昂，颇为雄伟。

二　官员士族墓和一般平民墓

（一）魏晋北朝墓葬

目前发现的魏晋时期墓葬集中分布在洛阳、山东南部，北京等地区也有一些发现，此外在太原西安也有发现。魏晋时期的墓葬多为砖室墓，在形制结构上继承了东汉晚期墓葬的特点，多有斜坡形的墓道，甬道和前后砖室。洛阳及周边的魏晋墓葬大多有宽大的斜坡形墓道，就墓葬形制而言，有多室墓、双室墓和单室墓之分。魏晋早期的墓葬形制继承东汉多墓室的特点，诸如洛阳邙山的曹休墓[①]，墓室由墓道、甬道、耳室、前室、后室和北侧室、南双侧室等部分组成。西晋墓葬形制主要从多室墓向单室墓过渡，在洛阳地区发现最多。墓室平面多呈方形，长方形较少，并且在建筑特征上呈现出新的特点，即通常在墓室四角砌出角柱，墓壁砌出假门，有的还砌出砖雕斗拱。如洛阳春都路IM1568号墓[②]，墓室平面呈方形，边长3.1米，角柱上端斜置三砖，形成"角斗"。山东地区的魏晋墓葬大多继承汉末画像石墓的特点，诸如滕州元康九年墓，墓室为前室带双耳的前后墓室，用条石结成平顶，内布绘画。在北京西郊也发现有魏晋墓葬，多流行形制较为特殊的刀把型墓，墓室的甬道偏在一侧，如华芳墓等。[③]在西安等地发现的魏晋墓葬大多为双室墓及多室墓，也有阶梯状墓道，但未发现四角砌砖柱的墓例。

十六国至北魏迁都洛阳前期的墓葬在中原地区发现较少，主要在河南安阳、西安咸阳等地有所发现。河南安阳地区发现了五座前燕墓[④]，保存较为完整，都为带小龛的

[①]　洛阳市第二文物工作队：《洛阳孟津大汉冢曹魏贵族墓》，《文物》2011年第9期。
[②]　黄吉军：《洛阳春都路西晋墓发掘简报》，《文物》2000年第10期。
[③]　郑仁：《北京西郊西晋王浚妻华芳墓清理简报》，《文物》1965年第12期。
[④]　中国社会科学院考古研究所安阳工作队：《安阳孝民屯晋墓发掘报告》，《考古》1983年第6期。

竖穴土坑墓，带有较重的少数民族特色。西安咸阳等地发现的十六国墓葬呈现胡汉杂糅的特点，墓室形制多为单室墓和双室墓，少数墓葬四角留有角柱。长安韦曲、彭阳新集的墓中带有宽大的斜坡形墓道，这些都带有魏晋时期墓葬的建筑风格。此外，长安韦曲M1的墓道过洞的南壁为一多重楼阁式的建筑模型，此建筑模型位于封土之下，墓室的正上方。

河湟地区发现的墓葬主要为魏晋十六国早期，多为大型的坟院式墓地，其中资料最多最全的属西宁上孙家寨墓地。其中有24座墓的年代基本确定为魏晋早期，墓室多为前后室穹窿顶砖室墓，多有高大的门墙，有的还模仿地面建筑做出屋檐。河西地区发现的主要为魏晋十六国墓葬，现有考古研究表明，以前凉前期为界，河西的墓葬可以分为两期。前期墓葬规模较大，以两室墓和三室墓为主，墓室中多壁画；后期以单室墓为主，壁画基本没有。河西地区墓葬有个显著的特征，即在墓门上起多层券，并筑有高大的照墙，上面布满彩绘，作门楼状。武威雷台墓是一座汉末魏晋时期的墓葬，多室墓，墓中有耳室，此墓的两壁各有朱绘的树状花纹一组，墓门券砌砖构门框，与照壁相连，照壁面上涂粉黑，黑白相间。中间绘门、柱、梁、枋、和斗栱，两旁绘折形花纹，前中后三个墓室都绘有花纹。又如嘉峪关新城1号墓、敦煌佛爷庙湾瞿宗盈墓等。墓室内多有画像砖和壁画，壁画内容有宴饮、厨师、庄园耕作等生活场景。此外，东北地区也发现了十六国墓葬，盛行石板墓，墓

图4-14　墓门照墙（西晋，甘肃敦煌佛爷庙湾西晋墓）

资料来源：贺西林、李清泉著《中国墓室壁画史》，第67页。

图4-15　进食、牛车、楼阁画像砖（西晋，佛爷庙湾M37墓）

资料来源：张学锋编著《中国墓葬史》，第197页。

室多用石板砌筑，墓顶用四层石板抹角叠砌，形成方形墓顶，内壁多绘墓主人画像。

北魏迁都洛阳之后的墓葬在洛阳地区有大量发现，东魏、北齐墓葬多集中在临漳、磁县、太原一带，西魏、北周墓葬多集中在陕西咸阳等地。此时发现的墓葬大多为方形单室砖墓，墓前出现了直通地下墓门的长坡形墓道，墓道两侧多有车马仪仗的绘画。此时也有双室墓，诸如北魏司马金龙墓、赞皇的李希宗墓等，墓前出现极长的斜坡墓道。还有一些墓葬将墓道挖得极深，把墓道的后半段做成隧道，在墓道中建过道和天井。在北魏北齐时期，墓葬中有天井的不常见。北周墓葬中出现了较多的天井过洞，少数墓葬中还有小龛。北周武帝陵中出现了五个天井、五个过洞、四个壁龛，在北周宇文猛墓中也发现有五个过洞、五个天井。北魏、北周的墓葬室中也多壁画，壁画内容以墓主生活起居、侍女，墓顶绘日月星图为主。

此外，还有一点值得注意，"从这时开始，出现用壁画题材把墓室、甬道、墓道表现为地上建筑的趋势。较典型的如山西祁县的北齐天统元年的韩裔墓，把甬道口用砖砌成门屋形、上有斗拱、义手和用鸱尾的屋顶。在宁夏固原发现的北周天和四年李贤墓，其墓道后段有三个过洞和天井。在第一个过洞和甬道入口的前壁上都画有二层建筑，第二、三过洞的前壁上则画单层建筑，表示过洞和甬道各为一进房屋。另在山东济南发现的北齐武平二年□道贵墓，其墓室后壁画九扇屏风和墓主及侍从在屏前活动的形象，表示墓室是墓主起居的堂。这三墓分别在宁夏、山西、山东、相距辽远，时代却相去不到十年，都以墓室象征墓主生前的居室，是一种新出现的风气"。[①]

综上所述，魏晋时期的墓葬在建筑形制上继承东汉晚期墓葬的特点，但由于社会动乱，统治者在丧葬礼俗上的禁令，使墓葬形制由多室墓向方形单室墓过渡，墓室多盛行角柱以仿地上居室构造。北朝时期社会动荡，此时的墓葬建筑呈现出明显的地域性和民族文化相互融合的特征。

（二）六朝墓葬

目前发现的六朝墓葬主要集中在南方的江苏、湖北等地，基本为砖室墓，也有少量的崖墓、石室墓。墓室以单室墓为主，部分是双室墓和多室墓。

东吴两晋时期的墓葬形制多样，多为多室墓和双室墓，墓室前流行斜坡形墓道，斜坡墓道底部多砌有排水沟。墓室主要由封门墙、挡土墙、甬道和墓室等组成。安徽地区朱然墓为东吴时期墓葬，双室墓，由封土、墓道、墓坑、墓室组成，墓室位于墓

---

① 傅熹年：《中国古代建筑史》第2卷《两晋南北朝隋唐五代建筑》，中国建筑工业出版社，2001，第136页。

坑的中间，前后室铺人字形条砖，墓壁用三顺一丁砌筑，前室平面近方形，四隅券进式穹窿顶，后室平面呈方形，拱券顶，墓室中有大量的随葬品。

长江中下游以及南京地区的墓葬流行四隅券进式墓室，而在长江中游地区所发现的墓葬墓顶形式较多，券顶、四面积顶的穹窿顶、四隅券进式墓都有。四隅券进式墓顶是六朝早期广泛运用的一种墓顶，据现有的研究，"四隅券进墓是在墓室的四角各起四分之一圆弧，将墓顶砖由沿着墓壁平行叠砌改为围绕墓葬的转角斜向叠砌，两个相邻角券的相交处形成V字形，这种V字形可以深深地插入墓壁的下部，使得墓顶与墓壁紧密地连接为一体，有效地克服了原来墓室四角是结构上薄弱点的弊病，使得四个角券有可能构成一个抗压力最强的球形"。[①]四隅券进式墓室最早在汉末三国时出现，在东晋早期突然消失，主要在长江中游的湖南、湖北等地发现，在江苏等地也有发现，这应该和孙吴定都鄂城有直接的关系。此外，六朝的墓葬多在墓室四壁设置台灯，墓室内多设有砖柱，此类墓葬主要集中在长江中游湖北、江西等地，其主要特点是在墓室的四壁砌数量不等的砖柱，把墓室分割成多个部分，墓室呈多阶梯状。关于砖柱，《鄂城六朝墓》中提到"柱券和立柱（相当于砖柱）的使用与周围地区的影响有关，这种做法最早见于江西的东汉晚期墓，在江西的孙吴和西晋墓中十分流行。鄂城六朝墓中使用的券柱和立柱始自西晋，流行于东晋和南朝，而以南朝为最盛。柱券和立柱的形制渐趋复杂，其中塔式和连基塔式柱券或立柱未见于其他地区。鄂城六朝墓中一墓使用诸多柱券的做法亦为其他地区所少见"。[②]砖柱墓在六朝时期经历了东晋早期、东晋中后期、南朝等三个阶段。

南朝时期的墓葬基本为单室墓，此时券顶墓成为主流，多设有小龛、直棂窗、棺台，但在南朝前期小龛多呈现凸字形或者长方形，南朝后期小龛的形制发生演变，逐渐变成桃形。墓室中流行以莲花为主的花纹砖，并盛行用砖拼成大幅的人物、动植物壁画，墓室中还出现大量砖柱。六朝时期各地区的墓葬都有各自的特征，但同区不同时的墓葬有着较为明确的继承性。总体上来说，此时的墓葬有着共同的特征："单室墓取代双室或者多室墓，券顶取代穹窿顶……莲花纹的日渐流行，是大多数地区的共同现象。"[③]

[①] 韦正：《魏晋南北朝考古》，第113页。
[②] 南京大学历史系考古专业、湖北省文物考古研究所、鄂州市博物馆：《鄂城六朝墓》，科学出版社，2007，第115～116页。
[③] 韦正：《六朝墓葬的考古学研究》，北京大学出版社，2011，第96页。

第四节 墓葬绘画盛行

在魏晋南北朝时期，较大的墓葬中常常绘有盛大的绘画以装饰整个墓室。北方地区，由于气候干燥适宜，所以在墓葬甬道墓室中常绘有大幅壁画，而在南方，由于地下潮湿，壁画不易保存，故而拼镶画像砖墓分布广泛。墓室内装饰有壁画早在战国时代就已经出现，①西汉时期中原地区的壁画墓得到了一定的发展，在南方地区则发展出了形制特殊的画像砖墓，并在魏晋南北朝时期得到了传承和发展。东汉至魏晋时期，墓室规模扩大，出现了场面宏大的壁画墓，但魏晋时期的壁画墓发现不多。魏晋十六国时期，战乱频发，壁画墓在中原地区逐渐衰微，但在河西等地仍十分盛行。北魏之后，中原地区的壁画墓得到了恢复和发展，并形成了一定的规模。整体上来说，魏晋南北朝时期的墓葬在墓室装饰上呈现出不同的地域特征，本书将从不同地区的墓葬入手，分区展示魏晋南北朝时期墓葬内的绘画状况。郑岩先生在其《魏晋南北朝壁画墓研究》一书中对其做了细致的研究。

一 中原地区

魏晋南北朝时期，中原地区陷入战乱，曹魏政权推行薄葬政策，所以在中原地区的魏晋墓葬中大型的壁画墓并没有被发现。两晋时期社会稍稳定，东汉以来的墓葬规制得到恢复和发展，此时发现墓葬规模较大的壁画墓，但数量不多。根据郑岩的研究，"该地区西晋和十六国时期考古资料积累尚不丰富，壁画墓葬也十分少见。迁洛之前的北魏壁画墓仅有少量发现，迁洛之后的北朝壁画墓发现数量较多，其中洛阳附近多为北魏墓，河北磁县一带多东魏北齐墓葬，另外北齐壁发现比较集中的还有山西和山东，西魏北周壁画墓则主要分布在陕西与宁夏"。②这说明壁画墓是随着社会稳定或信仰等原因而逐渐流行开来的，因此，分布区域有着明显的区别。

（一）魏晋至北魏迁洛之前的壁画墓

中原地区魏晋至北魏迁洛之前的壁画墓发现较少，且分布的地域较为分散。洛阳地区主要有曹魏纪年的曹休墓③一座，此墓为砖券多室墓，墓室内壁涂有白灰，边沿

---

① 参见贺西林《战国墓葬绘画的风格与图像》，《四川文物》2002年第2期。
② 郑岩：《魏晋南北朝壁画墓研究》，第96页。
③ 洛阳市第二文物工作队：《洛阳孟津大汉冢曹魏贵族墓》，《文物》2011年第9期。

用红色彩带装饰，此外其他曹魏墓中基本没有壁画装饰。魏晋时期所发现的壁画墓规模一般较大，墓室有三室至四室，有些边上还连有耳室，此类墓葬在山东、河南、河北、山西、甘肃、内蒙古等地都有发现。壁画内容较为庞杂，遗存较多东汉的传统，壁画的主要题材是描绘表现墓主人的生前官威事迹、宴饮、车马出行以及一些祥瑞宗教事宜。

图4-16　五马射猎（魏晋，甘肃高台骆驼城墓群苦水口一号墓）

资料来源：贺西林、郑岩主编《中国墓室壁画全集·汉魏晋南北朝》，第96页。

图4-17　帐居（魏晋，甘肃高台骆驼城墓群苦水口一号墓）

资料来源：贺西林、郑岩主编《中国墓室壁画全集·汉魏晋南北朝》2011年第5期，第96页。

1997 年在北京发现一座魏晋时期墓葬，墓葬位于石景山区八角村西北角，砖砌券形多室墓，由前室、后室组成。前室近方形，一侧有石椁，在石椁内后壁、东西壁及顶部，共四处有壁画。石椁后壁绘墓主端坐图，前有凭几，左右各有侍女。西壁画分上下两个部分，上部为牛耕图，下部为出行图。墓室东壁的画面模糊，其顶部画有日月图。[①] 1955 年发掘的河南灵宝坡头村墓是一座砖券多室墓，为西晋墓，由墓道、甬道、前室、中室、后室组成，在前室的券门上还发现残余的多个车马出行的壁画。[②]

北魏迁洛时期发现的壁画墓主要有内蒙古和林格尔榆树梁墓，[③]此墓为双室砖券墓，壁画见于前室四壁和甬道两壁，保存较为完好，内容主要有出行、燕居行乐、游乐、狩猎、升仙和四神等，其中狩猎画像规模宏大，描绘了骑马射猎的人物、河流山川和各种动物。行乐画像中的百戏包括奏乐、跳丸、杆戏等情节，保留了较多东汉壁画的因素。

此外在山西大同等地的早期北魏墓中还发现了一些装饰有绘画的棺椁，如宁夏固原雷祖庙北魏墓漆棺、[④]大同智家堡墓石椁、[⑤]大同雁北师院北魏宋绍祖墓石椁[⑥]等。其绘画主题以墓主画像、狩猎、侍者、天人、伎乐为主。宁夏固原雷祖庙北魏墓漆棺棺盖上绘东主父、西王母、日、月、银河等，银河两侧以缠枝卷草构成的菱形格做底纹，菱形中装饰有鸟、兽、人面鸟身的神怪等。由于漆棺木胎和漆皮的破损脱落，现今我们看到的是经过复原之后的漆画。棺前档上绘墓主生前生活图，画有身着鲜卑服装的墓主像，手执小杯和麈尾，两边各有仆从两位，一似男性，一似女性。两侧的画像分上中下三栏，上栏绘的是孝子故事图，中栏是装饰性的图案，下栏绘有狩猎图等。此外还有一点值得注意，在北魏早期墓室中看到的绘画内容中所画的墓主像基本只有男性角色一人，而在大同智家堡墓石椁中出现了墓主夫妇同坐一堂的绘画内容。

近年发现的大同壁画墓还有多处，如 2009 年 4 月在大同市云波里发现了一座北魏墓，墓室四壁及甬道上原应满绘壁画，现仅存东壁、南壁和甬道两侧部分壁画，包括宴饮图、狩猎图、守门侍从图等。[⑦]同时发现的还有山西大同文瀛路北魏壁画墓，

---

① 石景山区文物管理所：《北京市石景山区八角村魏晋墓》，《文物》2001 年第 4 期。
② 俞剑华：《中国壁画》，中国古典艺术出版社，1958，第 77 页。
③ 王大方：《内蒙古首次发现北魏大型砖室壁画墓》，《中国文物报》1993 年 11 月 28 日，第 1 版。
④ 宁夏固原博物馆：《固原北魏墓漆棺画》，宁夏人民出版社，1988。
⑤ 王银田、刘俊喜：《大同智家堡北魏石椁壁画》，《文物》2001 年第 7 期。
⑥ 山西省考古研究所、大同市考古研究所：《大同市北魏宋绍祖发掘简报》，《文物》2001 年第 7 期。
⑦ 大同市考古研究所：《山西大同云波里路北魏壁画墓发掘简报》，《文物》2011 年第 12 期。

与云波里墓一样，是长斜坡墓道砖构单室墓，据发掘报告，"墓室四壁、顶部及甬道东壁局部绘有壁画。壁画地仗层分两层，第一层为草拌泥直接涂抹在砖上，厚0.13～0.15厘米；第二层为白灰，涂抹在草拌泥之上，厚0.12厘米。绘画颜料分为黑、红两种颜色。由于墓室内常年积水，壁画大部分损毁脱落，仅存棺床立面、东北壁券顶及甬道部分画面"。① 张庆捷、刘俊喜认为，"壁画墓的时代亦应在太和年间北魏迁都之前"。②

（二）北魏晚期壁画墓葬

北魏晚期的壁画墓主要集中在洛阳地区，其中较为重要的是洛阳向阳北村魏江阳王元乂墓、③ 洛阳孟津北陈村安东将军王温墓④ 和洛阳洛孟公路东侧清河郡王元怿墓。⑤ 其中以元乂墓保持较为完整，为一座砖券方形单室墓。墓室内以白灰图底再施以彩绘，墓顶残存绘有银河和星星的天象图，墓室四壁残留雷公、四神图像。王温墓为单室土洞墓，其墓室内壁画内容仅东壁保存较为良好，绘以房屋、直棂窗，在帷帐下绘墓主夫妇坐像。此外还绘有高髻侍女与一些树木山石等。观察北魏壁画墓的墓主像可以发现，此时墓主的地位都比较高，由此可以反推此时王公贵族墓葬可能盛行大型壁画装饰。此外，关于此地壁画的题材分布，郑岩认为，洛阳地区壁画墓的题材分布是有规律的，在墓顶上绘有银河和星象是对汉代传统题材的继承，在王温墓中的墓主夫妇坐像则和东北地区的画风类似，而像仗剑武士等则和邓州市学庄南朝墓中的武士类似，这些在墓室壁画中常出现的内容大多在后世的壁画墓中被继承下来。⑥

此外，在中原地区发现的大量石棺椁画也可以反映北魏晚期的绘画特点。其中较为重要的是北魏宁懋石室、赵郡贞景王元谧石棺、洛阳北郊上窑厫河东砖瓦厂的升仙画像石棺、开封博物馆的升仙画像石棺、北魏孝子画像石棺、⑦ 沁阳西向粮管所出土石棺床⑧ 等。在这些石棺床上所使用的绘画题材与壁画墓所使用的题材差别较大，从画像的题材看，可以分为两种情况：一种是以孝子故事为主题，辅以墓主出行或者家居

---

① 大同市考古研究所：《山西大同文瀛路北魏壁画墓发掘简报》，《文物》2011年第12期。
② 张庆捷、刘俊喜：《大同新发现两座北魏壁画墓年代初探》，《文物》2006年第12期。
③ 洛阳博物馆：《河南洛阳北魏元乂墓调查》，《文物》1974年第12期。
④ 洛阳市文物工作队：《洛阳孟津北陈村北魏壁画墓》，《文物》1995年第8期。
⑤ 徐婵菲：《洛阳北魏元怿墓壁画》，《文物》2002年第2期。
⑥ 郑岩：《魏晋南北朝壁画墓研究》，第101页。
⑦ 以上几个石棺材料均出自黄明兰编著《洛阳北魏世俗石刻线画集》，人民美术出版社，1987。
⑧ 周到主编《中国画像石全集·石刻线画》，河南美术出版社，2000。

场景，以山川树木为背景，如宁懋石室、孝子石棺等；另一种是以墓主升仙为主题，以乘龙飞翔场面表示飞仙的过程，以方士、仙人、神禽异兽等为主象征天上世界，出现了莲花、忍冬等佛教内容的花纹，如升仙石棺[①]（具体内容见表4-3）。

表4-3 北魏晚期石棺画情况

名称	绘画内容
宁懋石室	为横长方形单檐悬山式建筑。门道左右侧外壁刻持戟或剑的武士，以山峦树木为衬，并有榜题；山墙外侧分上下两层，分别刻丁兰事木母、帝舜故事、董永故事、董晏故事；后墙外壁分层刻房屋、水井、山峦、圆形幄帐、庖厨；室内左侧山墙刻牛车出行和幄帐庖厨，右侧山墙刻铠马出行与幄帐庖厨；室内后墙刻宁懋夫妇各三像。
元谧石棺	前档：尖拱龛形门，两侧各一门吏，上部有一宝珠和二怪兽；左右两帮中央有铺首衔环；两侧为小窗，窗内人向外观看；左帮在窗口和铺首间刻朱雀，右帮对应处刻白虎；两帮前部和底部刻孝子故事（丁兰、韩伯余、郭巨、闵子骞、原榖、舜、老莱子、董永等）。后部刻仙人骑鸟，以山峦树木流云填白。
孝子石棺	仅存左右帮，左帮刻孝子董永、孝子蔡顺、尉；右帮刻孝子舜、孝子郭巨、孝子原榖。
升仙石棺	前档：拄剑门吏，上方为朱雀、摩尼宝珠、团花；左帮，褒衣博带之引导方士，墓主持莲花乘龙飞升，伴以鼓吹伎乐，以流云鸟兽为附属纹样；右帮，持熏斗团扇之引导方士，女主人持团花乘龙飞升，华盖侍女乘风而随；棺底，前部青龙白虎，后部青龙白虎与异草；棺底左右两边分十二格各雕神禽异兽，并具名（后档佚）。

（三）东魏北齐壁画墓

北魏以后，中原地区的壁画墓得到了恢复和发展。在河北、山西、山东、宁夏等地发现了较多的东魏北齐壁画墓，并且墓主身份都较高，壁画内容也大多表现墓主生前的生活状况以及死后升仙的场景。由于墓葬形制的变化，墓葬普遍流行斜坡向下的长墓道，故而墓道成为绘制壁画的重要地点。

目前已被发现的东魏壁画墓主要集中在河北南部，有吴桥小马厂村两座东魏墓、景县野林庄武定五年雍州刺史高长命墓、磁县东陈村武定五年西荆南阳郡君赵胡仁墓、赞皇南兴郭村武定二年东魏司空李希宗墓、磁县大冢营村武定八年茹茹公主闾叱地连墓等。其中茹茹公主墓的壁画最为典型，墓内壁画近150平方米，遍及墓葬各部位，采取分栏布局的方式，使墓室显得非常威仪。墓道入口处东壁绘青龙，西壁绘白虎，其后每壁皆画由14人组成的仪仗队列。墓道北段上方自南而北画镇墓威神、羽人、凤鸟等形象，旁缀以莲花纹。墓道斜坡路面两边地面绘花草纹图案。门墙上绘

[①] 李梅田：《魏晋南北朝墓葬的考古学研究》，商务印书馆，2009，第57页。

圆睛尖喙、绿色翅膀的朱雀，两侧各绘镇墓威神，甬道两壁各画三四名侍卫。墓室北壁下栏画墓主及持盖、扇的侍女立像6人；东壁下栏残存少许人物图像，似为男子；西壁下栏有侍女像10人，上栏残存白虎图像；南壁的画面则遭到损坏。①

图4-18 备车（北齐，山西太原王家峰徐显秀墓）
资料来源：贺西林、郑岩主编《中国墓室壁画全集·汉魏晋南北朝》，第138页。

已发现的北齐壁画墓数目众多，有山东临朐冶源海浮山天保二年崔芬墓、济南马家庄武平二年祝阿县令□道贵墓、临淄窝托村武平四年徐州长史崔博墓，山西寿阳贾家庄太宁二年库狄迥洛墓、太原王家峰徐显秀墓，河北平山三汲村天统三年祠部尚书、赵州刺史崔昂墓、磁县东陈村天统三年骠骑大将军尧峻墓、山西太原王郭村武平元年右丞相娄叡墓，河南安阳洪河屯村武平六年范粹墓、清峪村武平七年文宣帝妃颜玉光墓，北京王府仓北齐墓漳墓，等等。这些墓葬按形制可分为三类，即砖室墓、石室墓、土洞墓，大多为砖券单室墓，都有长斜坡墓道和甬道。

山西太原发现的北齐东安王娄叡墓，墓葬由墓道、甬道、墓室三部分组成，方形砖构单室墓，墓壁全是壁画，现存71幅，内容以描绘墓主生活，歌颂墓主的高贵地位以及显示祥瑞为主。墓道的两壁均按水平方向分为三栏，墓道的上中两层画出行和回归的队伍，墓道下层绘军乐仪仗。墓室天井上层绘佛教飞升净土，中下层绘的是军乐仪仗，甬道后部绘门吏。墓门上有门卒、军乐仪仗的画像，并以莲花和忍冬图案装饰。墓室内上层绘的是十二时和其他一些神兽，中层绘四神和雷公等形象，下层绘墓主画像。北壁绘墓主坐帐图，西壁绘墓主夫妇伞盖鞍马、牛车出行的场面。墓顶绘星象图。②1989年，在河北磁县湾漳村发现一座北齐帝王的大型陵墓，该墓室由墓道、甬道和墓室三部分组成，墓道长30米以上，方形砖券墓，墓内保存完好壁画约320平方米，墓道两壁画像前端绘有青龙白虎像，其后为53人组成的仪仗

---

① 参见磁县文化馆《河北磁县东魏茹茹公主墓发掘简报》，《文物》1984年第4期。
② 参见山西省考古研究所、太原市文物管理委员会《太原市北齐娄叡墓发掘简报》，《文物》1983年第10期。

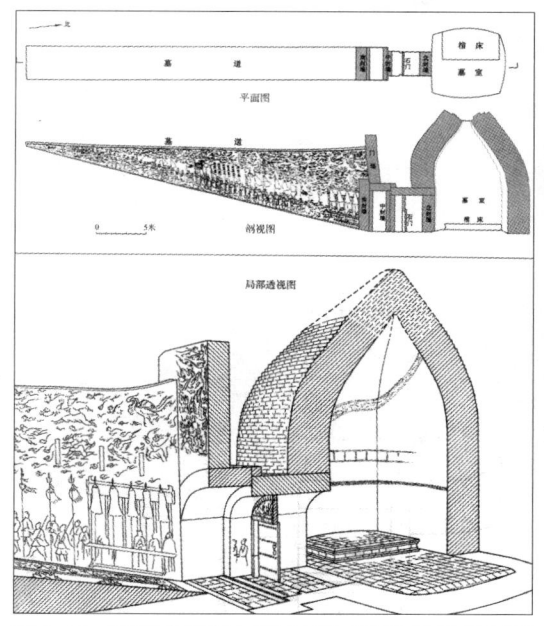

图4-19 湾漳北朝壁画墓平剖面图及局部透视图
（北朝）

资料来源：中国社会科学院考古研究所编著《考古中华——中国社会科学院考古研究所成立六十年成果荟萃》，第243页。

图4-20 门吏（北齐，山西太原王家峰徐显秀墓）

资料来源：贺西林、郑岩主编《中国墓室壁画全集·汉魏晋南北朝》，第141页。

出行队伍，仪仗后绘廊屋，上层以奇珍异兽、莲花、忍冬等花纹装饰。甬道两壁绘侍卫，顶部绘银河星宿等天象。墓室四壁被烟熏黑，隐约可见神兽、朱雀、人物等形象。[①]纵观东魏北齐砖室壁画墓，可以发现其在壁画的绘制和内容上形成了一定的规制。杨泓对此时的壁画特征进行了一定的总结，他认为，首先墓道壁画把青龙白虎放在最前端，并衬之以流云、忍冬等图案，或有凤鸟神兽。其次，墓道两壁绘仪仗队列，以莲花、忍冬等为装饰。最后，墓门正上方绘朱雀，门侧多有着甲门吏。甬道侧壁多画有侍卫。墓室内壁画按传统做法，在墓葬正壁面或后壁面绘墓主像，旁画侍者。侧壁面画牛车簨盖或男吏女侍，墓顶绘天象，其下墓壁上栏分方位绘四神。[②]

发现的北齐石室墓基本集中在山东地区，其中以山东临朐冶源海浮山天保二年崔芬墓壁画内容最为丰富。该墓室由石条和石板筑成，墓室为方形，在墓室和甬道

[①] 参见中国社会科学院考古研究所、河北省文物研究所邺城考古工作队《河北磁县湾漳北朝墓》，《考古》1990年第7期。
[②] 参见杨泓《汉唐美术考古和佛教艺术》，科学出版社，2000，第97页。

图4-21　武士像及石门扇

资料来源：张学锋编著《中国墓葬史》广陵书社，2009，第217页。

图4-22　墓室内景

资料来源：贺西林、郑岩主编《中国墓室壁画全集·汉魏晋南北朝》，第145页。

图4-23　高士

资料来源：贺西林、郑岩主编《中国墓室壁画全集·汉魏晋南北朝》，第148页。

内都布满壁画。甬道东西两壁上绘有武士门卫，武士身着铠甲，背后有树木假山云朵等。墓室墓顶和四壁的上层画有四神和二十八宿，其后以莲花，树木等位装饰。墓室西壁壁龛上横额绘有墓主夫妇出行图，小龛处各绘两曲屏风，南面靠南边的屏风画有树木，北面靠南面屏风画鞍马，北面画高士。其余几侧的墓壁上均有类似屏风，共绘17扇屏风。除了南壁和东壁的屏风后无其他装饰，其余屏风后均绘有竹林七贤、荣启期的饮宴歌舞场景，并有侍女侍奉和假山树木装饰。[①]

（四）西魏北周壁画墓

西魏北周时期，墓葬中盛行以数量众多的过洞天井来表示身份地位。贵族盛行在墓室中绘制壁画，但其内容与东魏北齐相比有较为明显的差异，绘画手法较东魏北齐粗糙。目前已经发现的西魏时期壁画墓只有陕西咸阳胡家沟大统十年太师开府参军事侯义墓一座。此墓封门墙和墓室内外东壁涂有朱红色，在甬道两壁末端靠近墓室有黑色的花草树木等装饰

---

① 参见山东省文物考古研究所、临朐县博物馆《山东临朐北齐崔芬壁画墓》，《文物》2002年第4期。

图像，在墓室墓顶残留星相图。①

已发现的北周壁画墓主要有陕西咸阳底张湾建德元年墓、咸阳底张湾建德五年王德衡墓、宣政元年孤独藏墓、西安北郊炕底寨大象元年同州萨保安伽墓，宁夏回族自治区固原王涝坝村保定五年大将军大都督宇文猛墓、固原大堡村建德四年柱国大将军田弘墓、固原深沟村天和四年李贤墓，等等。其中很多壁画保存得不是非常好，只有李贤、田弘、安伽等人的壁画墓保存较为完善，具体壁画内容见表4-4。在壁画内容上，不像之前的东魏北齐壁画，那种反映墓主"升仙"的主题不见了，也没有表现墓主官威、奢侈生活的内容，此时的壁画主要内容为门楼、武士、侍从伎乐等。

表4-4　北周壁画墓绘画位置及内容

墓葬名	绘画位置及内容
李贤墓	墓室四壁有壁画，用白色灰浆打底。在第一过洞和甬道口外上方绘双层门楼，第二、三过洞口外上方绘单层门楼。在墓道和天井两壁上部绘一红色条带，其下墓道、过洞和天井东西两壁各绘一武士图，现存18幅。墓室四壁绘侍从伎乐，共20人，其中西壁南端第一人手执拂尘，第二人手执团扇，南壁东端绘击鼓的伎乐女工，东壁南端绘一女工击腰鼓
田弘墓	墓道未发现壁画，墓室多处发现壁画，但毁坏较为严重。主室北壁通往后室的门两侧各绘两门吏，面向中央。东壁残存两文官形象，面向甬道。后室东西两壁用红色绘纵向条带。侧室也有红色条带的痕迹
安伽墓	墓道第三、四天井东西两壁均绘有壁画，四周有暗红色边框，正中均以墨线绘戴兜鍪的挎剑武士。第四过洞入口上方残留有忍冬花，石门半圆形的门额上装饰彩绘贴金的减地浅浮雕，刻有骆驼载火坛、半人半鹰的祭司、伎乐飞天和各种供品等。门楣、门框装饰线刻贴金图案，门楣中央为一兽面，两侧及门框为葡萄纹，门环表面鎏金。墓室四壁有红色条纹带，原来可能绘有壁画。墓室内发现围屏石榻一具，边缘正面和两侧为彩绘贴金浅浮雕图案，在连珠纹内雕刻各种禽兽面部，榻足刻力士。围屏正面所装饰彩绘贴金减地浅浮雕画面分为12扇，表现出行、狩猎、宴饮、歌舞、商旅、燕居、庖厨等胡人生活的内容

资料来源：宁夏回族自治区博物馆、宁夏固原博物馆《宁夏固原北周李贤夫妇墓发掘简报》，《文物》1985年第11期；原州联合考古队编著《北周田弘墓》，文物出版社，2009，第125~128页；陕西省考古研究所《西安北郊北周安伽墓》，《文物》1965年第9期。

二　东北地区

现有研究表明，东北地区的魏晋南北朝壁画墓主要集中在辽东的辽阳和辽西的大凌河流域朝阳、北票等地区，多为曹魏十六国墓葬。②

---

① 参见咸阳市文管会、咸阳博物馆《咸阳市胡家沟西魏侯义墓清理简报》，《文物》1987年第12期。
② 郑岩：《魏晋南北朝壁画墓》，文物出版社，2001，第25页。

（一）东汉魏晋壁画墓

曹魏时期，辽阳地区受到公孙氏政权的影响，局势稳定，所以此时的壁画墓在继承传统中不断发展。故而，在讨论此地的壁画墓时我们不可避免地要涉及一些汉末的壁画墓内容。辽阳地区发掘的墓葬千余座，但发布的资料并不多，墓葬大多分布于辽阳城北部。汉魏时期，此地盛行石板墓，形制较为复杂，有的在棺室两端砌出横室，使整个墓葬如工字；有的在棺室两侧砌出廊道，与两端的横室一道构成回廊，此类墓葬中多壁画。具有代表性的墓葬主要有鹅房1号墓、棒子台1号墓、北园1号墓等。此时的墓葬保存了较早的回廊式木椁墓的形制，一般在墓门内两侧绘卒和守门犬，前壁绘伎乐百戏，耳室和小室绘墓主宴饮图，棺室和左右廊绘墓主出行图，后壁绘深宅高阁。稍晚一些时候出现的墓葬中，大型回廊墓逐渐消失，工字形、丁字形、长方形墓葬较为流行。较为典型的壁画墓主要有迎水寺墓，北园1号墓，棒子台1号墓，南林子墓，三道壕第四窑场墓，三道壕窑业工厂第二取土区令支令张氏墓，三道壕窑业工厂第二取土区1、2号墓，上王家村墓，北园2号墓，三道壕3号墓，鹅房1号墓，东门里墓和南环街墓，等等。这些墓室建筑材料大多用石板和石条，以白灰将缝隙堵上，壁画集中在平滑的石面上，多用黑、白、绿、朱、赭、黄等颜色。壁画的布局大致与之前的回廊式墓类似，内容多以墓主画像、车马出行、庖厨、百戏、树木楼阁、门卒、日月云气天象等东汉以来的传统题材为主。

（二）三燕壁画墓

辽西朝阳地区已经发现的壁画墓主要是慕容三燕政权的遗存。此地已经发表的壁画墓材料有北票西官营子北燕冯素弗及其妻属的墓、朝阳太平房村1号墓、朝阳北庙村1号墓和朝阳袁台子壁画墓等。总的来说，三燕墓葬的数量不多。墓葬全部为石室墓，大多在石壁表面涂上一层黄草泥，泥外再抹一层白灰面，壁画绘在白灰面上。此地的壁画墓是鲜卑人和鲜卑人汉化之后的遗存，有较多的文化交融因素特征。其壁画的题材与辽东墓葬壁画的题材类似，多为墓主画像、庖厨等现实生活的表现，当然也出现了一些特殊的四神、黑犬等内容。

（三）高句丽壁画

现今发现的高句丽壁画墓有二十余座，用石块砌筑，封以黄土，均为大、中型墓室。墓主身份大多为高句丽贵族或王室成员。壁画有的绘在原石面上，有的在石面上平涂一层白灰，再施以彩绘。壁画内容有反映墓主家居宴饮、出行、狩猎的；也有日月星云、四神、奇珍异兽等。罗宗真将高句丽壁画墓分为三期："前期：多绘与白垩壁面上，以描绘贵族生活的内容为主。中期：在描绘贵族生活的同时，出现四神图。另外，还有宴饮、狩猎、攻城、出行图等。晚期：壁画直接绘制在平整的石面上。如五盔坟5号墓四壁除绘四神外，还衬以莲花火焰网状图案，四隅有人身怪兽，藻井有伏羲、女娲、羽人、伎乐天等。"[1]

总的来说，东北地区的壁画墓继承了较多的东汉壁画墓的特征，比如说在墓室中多出现墓主画像、车马出行、庖厨、树木、星象等题材，较具地方特色。

三 西北地区

西北地区的壁画墓集中在河西走廊一带，新疆地区也有，年代在曹魏和十六国之间。河西地区的壁画墓主要发现于酒泉和敦煌两地，数量都较大。在酒泉地区发现的较具代表性的是新城墓群和丁家闸墓群。新城墓群有上千座墓，在已发掘的10余座墓葬群中，有8座壁画墓，分别是新城1、3、4、5、6、7、12、13号墓。据现有考古材料，其年代大约在汉魏时期，最迟不晚于4世纪初。丁家闸墓群分为七处小墓群，总数有110多座，其中1977年发掘的五号墓是规模较大的壁画墓，年代在西凉或北凉。此外，资料已经发表的壁画墓还有酒泉下河清1号墓，下河清5坝河墓，嘉峪关牌坊梁墓，崔家南湾1、2号墓，石庙子滩墓，西沟5、7号墓，等等。另外，在敦煌城东南的佛爷庙湾古墓群有发现瞿宗盈等壁画墓，后又在敦煌祁家湾发现三块画像砖。1987年在佛爷庙湾发掘出133号壁画墓，1995年再次进行发掘，又发现了西晋五座壁画墓。此外，在永昌县东四沟、武威旱滩坡、高台县骆驼城也发现壁画墓。在上述发现中，嘉峪关新城墓地、酒泉丁家闸五号墓和敦煌佛爷庙湾墓地墓葬最具有代表性。这些壁画墓大多聚族葬在戈壁滩上，地表多留有院墙，为沙砾堆积而成，学者将这种独具鲜明特色的茔域称为"坟院式茔域"。这些墓葬大多是双室或者三室墓，墓葬基本上有长斜坡形的墓道，在墓门外拱券以上建门楼照墙，在照墙上用仿木质结构的砖雕画和彩绘的画像砖作为装饰。其绘画内容题材与中原地区有区别，更加接近中下层民众的现实生活状况，大多数墓主身份较高。墓内多有画像砖和壁画，画的周围常勾以红褐色的边框，门楼上多绘奇珍异兽的图形以及一些建筑性质的装饰图，墓室中的壁画内容多以表现墓主生活状况为主。整体上看，墓室壁画的安排有一定的规律，即后室代表居室，常画有婢女等；前室绘有

---

[1] 罗宗真：《魏晋南北朝考古》，第125页。

图4-24 墓主燕居
(十六国，甘肃酒泉丁家闸五号墓)

资料来源：贺西林、郑岩主编《中国墓室壁画全集·汉魏晋南北朝》，第99页。

图4-25 庖厨宴饮（西晋，甘肃嘉峪关新城六号墓）

资料来源：贺西林、郑岩主编《中国墓室壁画全集·汉魏晋南北朝》，第94页。

墓主宴饮和庄园经济图。墓室中绘的宴饮生活图包括男女主人在侍从侍奉下进食、宴饮奏乐、屠羊宰牛等画面。而庄园经济图多有耕种、收获、放牧、采桑、饲养等生活状态，此外还可能有兵屯、营垒等。新城1号墓中墓葬前后室均装饰壁画。在墓葬前室南壁东侧、东壁和北壁东侧绘有庖厨等内容。墓室南壁的西边、西壁和北壁西侧都有宾主宴饮图，还有女主人出游、耕种、收获、畜牧等内容。墓室后室南

图4-26 犁地（曹魏，甘肃嘉峪关新城五号墓）

资料来源：贺西林、郑岩主编《中国墓室壁画全集·汉魏晋南北朝》，第91页。

图4-27 放牧（曹魏，甘肃嘉峪关新城五号墓）

资料来源：贺西林、郑岩主编《中国墓室壁画全集·汉魏晋南北朝》，第91页。

壁画有侍女、蚕茧、绢帛等图像。此外后室还放置两具棺，一男一女，棺盖内均绘有朱绘人首蛇身的伏羲女娲像，以云气纹为饰。在墓葬照壁下部有砖雕门阙和守门的牛首人身和鸡首人身神、雷公、力士等形象。照壁中部有五层斗拱，上面雕刻有四排圆形凸出，顶部用两层砖雕砌成横"人"字形。[①] 佛爷庙湾133号墓的壁画较少，只有前墓室西壁南北两端画有仓廪和表现丰收的绘画，前室墓顶藻井绘有莲花纹。北壁画帷帐，以鹦鹉装饰在帷帐上脊，底部两端各有一龟，帐下无人像。此墓的照墙画面丰富，有砖雕立柱与斗拱。砖雕周围集中画有四神、兽面、俞伯牙、钟子期等画像。照墙中有画像砖，以祥瑞花纹为装饰，在上有一扇假门，门扉上画双虎，

[①] 参见甘肃省文物队、甘肃省博物馆、嘉峪关市文物管理所《嘉峪关壁画墓发掘报告》，文物出版社，1985。

图4-28　伏羲女娲
（魏晋，甘肃高台骆驼城墓群苦水口一号墓）

资料来源：贺西林、郑岩主编《中国墓室壁画全集·汉魏晋南北朝》，第95页。

图4-29　帷帐
（西晋，甘肃敦煌佛爷庙湾133号墓）

资料来源：贺西林、郑岩主编《中国墓室壁画全集·汉魏晋南北朝》，第104页。

门上有一个菱形小窗，两侧绘兽面人身的神怪。在照墙外侧有一对阙，左右阙身上分别画拥篲的男子和执勺的女子。[1]酒泉丁家闸5号墓绘画风格略有不同，前室上出现东王公与日象、西王母与月象、神马、羽人等有中原传统特色的绘画。[2]从以上的壁画内容可以看到，魏晋时期河西地区的经济发展以及中原文化的影响。

四　南方地区

整个南方地区在三国时期属吴蜀统治，经过西晋的统一之后，又被东晋、宋、齐、梁、陈统治。据现有考古发现，南方地区的墓葬主要集中在长江中下游以及闽广、川黔滇等地。墓葬形式主要以砖室墓为主，受到地域气候特征的影响，在砖室墓中出现大量的拼贴砖画，又称画像砖，彩绘的壁画较少。

（一）长江下游地区的东晋南朝壁画墓

长江下游地区的壁画墓主要集中在江苏南京一带，主要为砖块拼接的壁画砖墓。据不完全统计，江苏地区的魏晋六朝画像砖墓数量有两千余座，集中分布在南京镇江

---

[1] 参见戴春阳主编《敦煌佛爷庙湾西晋画像砖》，文物出版社，1998。
[2] 参见甘肃省文物管理委员会《酒泉十六国壁画》，文物出版社，1989。

一带。在这些墓葬之中，很多大型的墓葬都装饰有大型画像砖，其中比较重要的有南京西善桥油坊村墓，南京万寿村东晋墓，南京西善桥宫山墓，丹阳鹤仙坳墓，丹阳建山金家村墓，丹阳胡桥吴家村墓，南京铁心桥王家洼墓，常州戚家村墓，镇江南郊畜牧场二七大队东晋墓，邗江1号、2号墓，常州田舍村墓，南京油坊桥贾家凹墓，六合樊集墓，等等。

发现的东晋时期画像砖墓主要有南京万寿村东晋墓、镇江南郊畜牧场二七大队东晋隆安二年墓等。该类墓葬大多为砖券单室墓，平面呈"凸"字形，墓室形制为中型墓，墓内装饰有画像砖和花纹砖，基本为一砖一画，只有少数画像拼镶而成。如镇江南郊畜牧场二七大队东晋隆安二年墓，"吕"字形双室墓，前墓室墓壁被严重破坏，留有三幅画像砖，墓室后室的画像砖较多，约有51幅。画像砖的内容主要有玄武、朱雀、青龙、白虎等四神，兽首鸟身和人首鸟身画像，等等。[①] 此类墓室中出现了小型拼镶画像砖，可视为后期墓室中出现大型画像砖的先声。

南朝前期，此地出现了大规模的拼镶画像砖墓。这些墓葬选址考究，大多"背倚山峰，面临平原"，聚族而葬，墓室多为单室砖室墓，平面呈"凸"字形。在墓葬的甬道和墓室两壁装饰有大型画像砖，在拼镶砖以外的壁面多装饰有莲花纹以及几何纹的花纹砖。有的墓葬在墓室仅装饰内容为竹林七贤与荣启期的画像砖，如南京西善桥宫山墓，墓室内部南北两壁装饰大幅的竹林七贤和荣启其拼镶砖画。"根

图4-30　"竹林七贤与荣启期"壁画拓本部分a
（南朝，西善桥宫山大墓出土）

资料来源：张学锋编著《中国墓葬史》，第284页。

图4-31　"竹林七贤与荣启期"壁画拓本部分b
（南朝，西善桥宫山大墓出土）

资料来源：张学锋编著《中国墓葬史》，第285页。

---

① 参见陆九皋、刘兴《镇江东晋画像砖墓》，《文物》1973年第4期。

图4-32 骑马乐队壁画（南朝，丹阳建山金家村大墓出土）
资料来源：张学锋编著《中国墓葬史》，第283页。

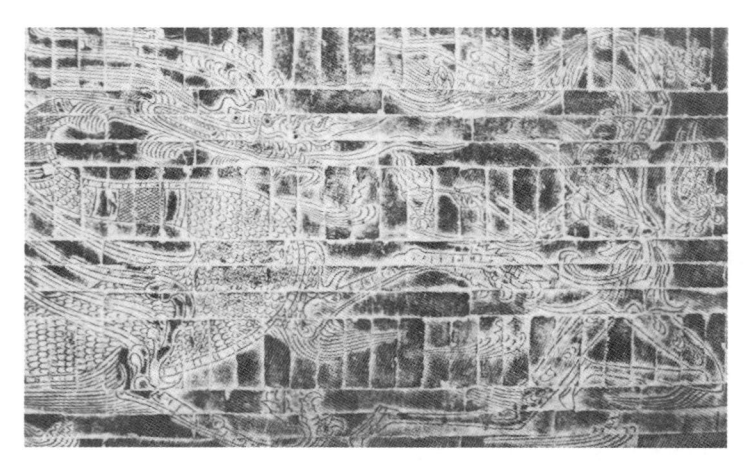

图4-33 羽人戏龙壁画（南朝，丹阳胡桥吴家村大墓出土）
资料来源：张学锋编著《中国墓葬史》，第282页。

据该墓壁题记来看，南壁所画的由外而内依次为嵇康、阮籍、山涛、王戎等四人，北壁所画的自外而内依次为向秀、刘伶（灵）、阮咸、荣启期等四人，两壁画面的两边和每个人物之间均画有一树。"①但更多的墓葬除了装饰竹林七贤画像砖之外，还装饰有很多其他内容的画像砖。如丹阳建山金家村墓，据考古学家判断应为南朝帝陵，该墓葬内发现较多的画像砖。甬道两壁画有蹲伏的狮子和手执长刀的披铠武士，甬道顶部绘有含着三足乌的太阳与中有桂树和玉兔的月亮。墓室两壁砖画分上下两栏，上栏前段东侧为青龙，西侧为白虎。上栏后段为竹林七贤和荣启期画像。两壁下栏每侧画有甲骑具装，持戟侍卫和持伞盖的仪仗。②丹阳胡桥吴家村墓，形制与金家村墓相似，墓门门额"人"字栱周围阴刻龙凤图案，墓内有较多画像砖。在甬道口和第一重石门之间两壁壁面上画有蹲伏的狮子。两重石门之间的两壁绘有执长刀披铠甲的武士。墓室两壁砖画分上下两栏，上栏前段东侧为青龙，西侧为白虎，在龙虎前面各有一个手持仙草的仙人，上方则各有3位手捧仙果或丹鼎的飞翔的"天人"；上栏后段为竹林七贤与荣启期画像，每壁

---

① 参见南京博物院、南京文物保管委员会《南京西善桥南朝墓及其砖刻壁画》，《文物》1960年第8、9期合刊。
② 参见南京博物院《江苏丹阳县胡桥、建山两座南朝墓葬》，《文物》1980年第2期。

四人。东壁由外向内分别为向秀、刘伶、阮咸、荣启期；西壁由外向内的第一、二画像被破坏，第三、第四分别为山涛、王戎，但其题记均有误。两壁下栏每侧各有甲骑具装，持戟侍卫，持伞盖的仪仗，骑马鼓吹的画像。① 这两个墓葬的画像砖内容在一定程度上体现了南朝早期帝陵制度对墓室装饰内容的规定。

南朝后期，拼镶砖画开始衰落，墓室中较少见大型的拼镶画像砖，只在甬道中出现，亦不再流行竹林七贤与荣启期等壁画题材。如南京西善桥油坊村墓②，为南朝陈宣帝显宁陵，平面呈椭圆形，墓室内无竹林七贤画像，仅在第一重石门外的甬道两壁中部各有一大幅狮子砖画。此时还发现一些平面呈"凸"字形的中型墓葬，如江苏邗江2号墓，在墓室的甬道、壁面和棺床上有大量的画像砖，题材有四神朱雀、小佛像、人首鸟身和娃身兽首的神怪，以及各种莲花图像。江苏常州田舍村墓，甬道和墓室左右两壁装饰有画像砖和花纹砖。甬道墓室两壁拼接有飞仙、狮子、牛车与鞍马出行等画像砖，墓室左右壁拼接有仙女、飞仙、凤鸟、出行等画像砖，其后多以莲花和忍冬花纹装饰。在墓室中仅有一些小型的拼镶画像砖。③

（二）长江中游地区的东晋南朝壁画墓

长江中游地区东晋南朝时期的壁画墓集中于湖北地区，其中比较重要的墓葬主要有湖北武昌莲溪东吴墓、江陵黄山南朝墓、襄阳贾家冲南朝墓、武昌东湖三官殿梁代墓、新洲旧街镇两座西晋墓、鄂州市泽林南朝墓、黄陂横店南朝墓、湖南安乡西晋刘弘墓等。这些墓葬多为方形单室墓，墓内多有形制简单的花纹砖以及小型画像砖作为装饰。

（三）其他地区的东晋南朝壁画墓

除了上述江苏南京和湖北地区较为集中的画像砖墓之外，南方其他地区还发现有少许画像砖墓，但较为分散，主要在河南、浙江、福建、云南、两广地区。

1. 河南地区

河南地区已公布的资料仅有邓州市学庄南朝墓是一座彩绘壁画和模印画像砖并用的砖室墓，坐北朝南，由甬道和墓室构成，在甬道"门外壁装饰有彩绘的壁画，其中央绘一兽面，左右各一飞仙，门两侧各有一挂仪刀的武士。在甬道和墓室内的每一个砖柱的下部，由上下两块砖的正面和中间三块砖的侧面拼镶成一个画面，为一柱仪刀

---

① 参见南京博物院《江苏丹阳县胡桥、建山两座南朝墓葬》，《文物》1980 年第 2 期。
② 罗宗真：《南京西善桥油坊村南朝大墓的发掘》，《考古》1963 年第 6 期。
③ 参见骆振华、陈晶《常州南郊戚家村画像砖墓》，《文物》1979 年第 3 期。

的武士。甬道两壁的砖柱中部还发现狮子画像砖。墓室砖柱中部砌有出行仪仗性质的画像砖，包括第一对砖柱上的乘马两匹、第二对砖柱上的执棒武士和鼓吹四人、第三对砖柱上的鞍马、第五对砖柱上的牛车画像砖，第六对砖柱上的鼓吹五人、第七对砖柱上的捧物侍从，以及位置不详的步辇一乘、出游的侍女等。第一对砖柱上方还发现有麒麟画像砖。第七对砖柱上方砌有郭巨和老莱子孝子故事画像砖两种。墓室后壁中部还发现有玄武画像砖。此外，还出土有南山四皓、王子乔与浮丘公、飞仙、千秋万岁、青龙、白虎、凤凰、天马、麒麟等内容的画像砖，原在墓内的位置不明"[1]。

2. 福建、两广地区

福建、两广地区发现的画像砖墓主要有福建闽侯南屿南齐墓、福建杜武南朝墓、福建南安丰州南朝墓群、福建闽侯关口桥头南朝墓、广东新兴南朝墓、广西融安南朝墓等。墓室内多花纹砖和小型画像砖。

3. 四川、重庆、云南等地区

四川、重庆、云南等地的墓葬比较分散，在该地区发现少量蜀汉、南朝画像砖墓，其画风独具当地特色。此地的画像砖主要有四川大邑董家村蜀汉墓、云南昭通霍承嗣墓等。云南昭通霍承嗣墓，方形单室墓，墓室四壁均有彩绘壁画。"北壁正中绘墓主人正面端坐在一榻上，手执麈尾；墓主像东侧绘一侍从和仪仗架，架上插华盖、幢、扇、幡、矛、戟等，仪仗架下绘七名形体较小的侍从；最东端有一雁。墓主像西侧绘4名侍从，侍从下部又绘6名形体较小的侍从。"[2] "东壁上方绘13人执幡的仪仗队列，面向南；下方绘甲骑具装的队列。西壁上方绘三排曲，第一排为手执刀的汉族部曲13人，第二排绘梳类似彝族'天菩萨'发式的少数民族部曲13人，下排绘部曲14人，形象与第二排部曲相同。下方绘骑马的汉族部曲4人。南壁石门上方绘一屋宇，西侧有一执环首刀带盔甲的武士。"[3] "最西段有两红色符号。墓室四壁上边以花纹带与墓顶部分的壁画相间隔。墓顶藻井有浮雕莲花。北坡绘云气、莲花、莲蕊、玄武、人骑马射一动物。"[4] 东坡上方绘云气，下方中部绘白虎，白虎上下方各绘一鸟，前方有一圆形，有光芒，最南端绘一鸟，北端绘一双层阙。阙和白虎之间有一鹿和双层楼阁，西坡上方绘云气，下方中部绘一女子持草逗引青龙，青龙尾上绘一鸟，下方有二鹿，北端绘二层楼阁，檐上栖一鸟。楼与青龙之间还绘有一人面虎身怪物和一三

---

[1] 姚义斌：《六朝画像砖研究》，江苏大学出版社，2010，第66～67页。
[2] 郑岩：《魏晋南北朝壁画墓研究》，第89页。
[3] 郑岩：《魏晋南北朝壁画墓研究》，第90页。
[4] 郑岩：《魏晋南北朝壁画墓研究》，第90～91页。

足乌。女子南侧画有一鹿和莲蕊。南坡上方有云气，下方绘朱雀，朱雀下有一兔，两侧以莲花装饰。

魏晋南北朝时期的壁画墓在打上深刻时代烙印的同时，还反映了不同地区、不同民族的文化和习俗，尤其反映了当地的信仰等具体形态，是我们观察、研究民间社会生活的重要材料，也是墓葬研究中反映当时人们对天、地、人的认知和对另一个世界想象与建构的一种形象而又真实的写照。它对后来的壁画墓主题形成了直接而巨大的影响。

第五章
葬具与随葬品

葬具与随葬品是魏晋南北朝在历史发展过程中，根据自己的历史和文化，包括民族历史和文化而传承与创造的具有一定历史特征、时代特征和区域民族特征的殡葬文化。一方面，它继承了秦汉的棺椁形态和制度，是对传统的认可；另一方面，它又融入了时代和民族的特征，在传承中发展了传统，从而造就了魏晋南北朝具有自己特色的葬具与随葬品文化。

第一节　棺椁

棺椁是用来盛殓死者尸体的葬具，意图为死者提供在另一个世界的居所。《说文解字》曰："棺，关也，所以掩尸；椁，葬有木郭也。"清段玉裁注："木郭者，以木为之，周于棺，如城之有郭也。"[①]这是古人对棺椁的生动描述。

棺椁的材料多种多样，有石质、木质、陶质、皮质、竹质和金属质等。其中石质和陶质葬具出现最早，在新石器时代早期已使用石棺葬和瓮棺葬。石质葬具和陶质葬具虽然在各个时期都有使用，但缺乏使用的普遍性和连续性。木质葬具使用最为普遍，使用时间也最长，具有普遍性和连续性，在各种葬具中居于主流地位。

魏晋南北朝时期，因为社会环境的变化以及少数民族入主中原等原因，盛行已久的厚葬之风彻底退出了历史舞台。魏晋南北朝时期葬具的材质、形式都与之前有极大的不同。

棺椁制度在西汉时达到一个顶峰，特别是两汉皇族盛行黄肠题凑，即在"椁室四

[①] 许慎撰、段玉裁注《说文解字注》，上海古籍出版社，1981，第270、496页。

周构筑黄肠题凑，东、南、北三边各垒三层黄肠木，通墓道的西边只垒二层，题凑内有二层椁，外椁紧贴题凑墙垒砌"①，更使木棺椁的豪奢达到了前所未有的高度。盛行薄葬的魏晋南北朝在木质葬具方面没有超过汉代，但是在石质葬具上却独树一帜，取得了非凡的成就。

笔者将魏晋南北朝时期划分为三国、两晋、南朝、北朝四个部分分别论述。

一 三国时期

三国时期，历史上大多指220年曹丕废掉汉献帝开始，到280年东吴投降西晋，这一时期主要有曹魏、蜀汉和东吴三个政权。

关于三国墓葬的考古挖掘，迄今为止没有发现很有价值的线索。三国时期的丧葬史料相对于其他时期来说是较少的，从仅有的史料中发现介绍棺椁的材料是少之又少，只能从有关文献中略找一二。

两汉时期葬具流行"必欲江南檽梓，豫章梗楠"，然江南、豫章路途遥远，交通不便，劳财伤民，不利于国家社稷。三国时期，曹魏认为："骨无痛痒之知，冢非栖神之宅，礼不墓祭，欲存亡之不黩也，为棺椁足以朽骨，衣衾足以朽肉而已。"②于是，曹操父子下令实行薄葬改革，其措施之一就是简化棺木的制作。如《晋书·帝纪第一》中记载："及魏武薨于洛阳，朝野危惧。帝纲纪丧事，内外肃然。乃奉梓宫还邺。"③这里"梓宫"专指皇帝、皇后或重臣的棺材。曹丕在其《终制》中明确交代"棺但漆际会三过"，即只在接缝处油漆三遍。

二 两晋时期

这个时期的葬具与汉魏时期没有大的区别，主要由棺与椁两部分组成，其中墓室建筑在平民的墓葬中具有椁的作用。同时还有以河西地区代表的尸床与尸罩形态，它也由两部分构成，下半部分称尸床，用于放置尸体；上半部分称尸罩，罩在尸床上。两部分合在一起起到棺椁的作用。④

(一) 尸床

这里的尸床是墓室内放置尸体的平台，是仿照人们日常使用的寝具造就，按其建

---

① 高崇文：《试论先秦两汉丧葬礼俗的演变》，《考古学报》2006年第4期。
② 《三国志》卷2《文帝纪》，第60页。
③ 《晋书》卷1《帝纪第一》，第2页。
④ 戴春阳、张珑：《敦煌祁家湾——西晋十六国墓葬发掘报告》，文物出版社，1994，第13页。

筑结构可以分为框架式和层叠式。框架式尸床先用砖或土坯垒成一个长方形框架，然后向里面填入沙土做成平台；层叠式制作简单，应用较为广泛，制作时不需烧砖或打制土坯而是直接使用沙砾、黄土及草木灰等材料分层堆砌而成。有些尸床表面用树枝或植物秆茎隔成菱形或三角形，可能是代表一种席子。有些比较讲究的尸床还仿照生活中的寝具铺设头枕和脚垫，以供死者枕卧。条形头枕较常见，还有少量的"凹"形头枕；脚垫主要有条形、波浪形和"山"形。因尸床是被罩入尸罩内的，所以尺寸较狭小、低矮。一般来说，尸床长 1.7~2.2 米、宽 0.54~0.6 米、高 0.02~0.07 米。[①]

（二）尸罩

尸罩与近现代使用的棺木造型非常接近，两者都是木质的组合体，都有左右侧板、前后两端挡板和上盖板，区别在于尸罩没有底板，尸体放在尸床上；而现代棺木是有底板的，尸体直接放在棺木的底板上。尸罩是一种全木质结构，其结合方式使用的是我国古代人独特发明的榫合法。因此我们可以按其拼装榫合的方法将尸罩分为以下几种。[②]

（1）铆销法尸罩。由三部分组成，在上下两块木板对接的平面上凿出数个排成一线的不穿透木板的小圆孔，然后将与小圆孔相同直径且相同深度的圆柱形木销插入圆孔内（见图 5-1-3）。

（2）搭边榫加蝴蝶榫固定法尸罩。蝴蝶榫因其形似蝴蝶的两片翅膀而得名。由三部分组成，在相连的两块木板之间上下相对位置凿刻短边相对的等腰梯形卯槽，两块木板相连接就呈现"亚腰形"的凹槽形状，再将大小和厚薄与凹槽一样的蝴蝶榫嵌入就形成蝴蝶榫。搭边榫，由两部分组成，在上下两板的相接处做相错开的阶梯形使两板其缝咬合（见图 5-1-2）。蝴蝶榫可以限制左右移动而搭边榫可以限制前后移动，因此常将蝴蝶榫和搭边榫结合使用。这是最主要、最普遍的榫合法。

（3）细腰嵌榫尸罩。与铆销法尸罩相同，都由两块欲结合的木板和固定榫三部分组成。首先在相接的两块木板上凿出长方形盲孔，将与长方形孔相同形状的长方形细腰榫分别插入两端木板的孔内，这样两块木板就连在一起了（见图 5-1-1）。

（4）穿榫尸罩。由两部分组成，结合处木板一面加工成方形或三角形榫头，另一面加工成方形或三角形凹槽，组装时将榫头插入榫槽两块木板就结合在一起了。（见

---

① 戴春阳、张珑:《敦煌祁家湾——西晋十六国墓葬发掘报告》，第 13 页。
② 戴春阳、张珑:《敦煌祁家湾——西晋十六国墓葬发掘报告》，第 13~15 页。

图 5-1-4）

（5）透榫尸罩。由两部分组成，在两头的挡板上分别凿出正方形榫栓，在两侧木板上凿出与榫栓相同尺寸的正方形通孔，组装时将榫栓插进榫孔里。这样，两头的木板就和两侧的木板连接起来了（见图 5-1-5）。

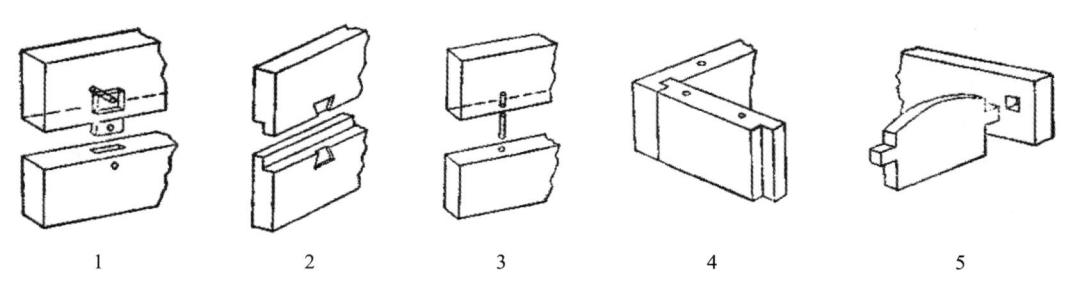

1. 细腰嵌榫　2. 搭边榫加蝴蝶榫　3. 铆销榫　4. 穿榫　5. 透榫

图5-1　尸罩主要榫合方法

资料来源：戴春阳、张珑《敦煌祁家湾——西晋十六国墓葬发掘报告》，第14页。

三　南朝

南朝的葬具多有棺无椁，木棺下使用砖棺床或石质棺床。

（一）木棺

南朝葬具使用最多的还是木棺，但木质棺椁易腐烂，加上气候等原因，极难长期保存，所以研究起来难度相对较大。据考证，木棺使用的木材主要是杉木和松木。还有少量木板上残留漆皮，漆皮的颜色为红黑两种，木板内侧是红色，外侧是黑色。这就证明棺外刷过漆。[①]

（二）棺床

南朝的墓中普遍使用棺床来放置木棺。棺床的类型有砖砌成的长方形砖棺床和石板拼成的石棺床两种，有时也将两种棺床合并使用。[②]

四　北朝

石头自汉代以来便与永恒联系，这一思想在北魏继续发展。因此，北朝石质葬具

---

① 李蔚然：《南京六朝墓葬的发现与研究》，四川大学出版社，1998，第38页。
② 李蔚然：《南京六朝墓葬的发现与研究》，第33页。

得到广泛的使用，出现多种形式的石质葬具，并形成使用石质葬具的第一次高峰。

（一）石质葬具的分类

按照石质葬具的性质将其划分为三类：房型石椁、石棺床、梯形石棺。[①]

1. 房型石椁

顾名思义，石椁是以石材为材料，雕刻而成的仿木椁的葬具。南北朝以前仅发现在四川地区使用，到了南北朝时期，这种葬具已在中原等地使用，说明石椁已得到广泛的运用。

目前出土的石椁有大同北魏尉迟定州墓石椁（北朝最早的房型石椁）、山西大同北魏宋绍祖墓石椁、大同智家堡北魏墓石椁、洛阳北魏宁懋石椁、西安北周史君石椁等。

（1）北魏尉迟定州墓石椁。"石椁位于墓室东北部，石椁内置石棺床。石椁为砂岩质，仿木结构。面阔三间，进深三间，前出廊式，单檐悬山顶。由56块石构件拼装组合而成，通高1.85米。石椁顶板东西长2.4米、南北宽2.1米，由14块石板拼合而成。每两块石板拼接处均各自阴刻文字记号。石椁前廊有截面呈八角形的廊柱四根，上圆下方覆盆式的柱础等。"[②]

（2）宋绍祖墓石椁。"石椁置于墓室中央，由百余件雕刻精美的石构件拼装组合而成，外观呈木构三开间单檐悬山顶前廊后室式殿堂建筑。东西长3.48米，南北宽3.38米，通高2.34~2.40米，顶部塌陷。前廊有平面呈八角形廊柱四根，柱础上圆下方，雕刻盘龙和覆莲。后室四根方形角柱和椁壁石板以榫卯相合，围成了房屋之墙体。明间设石门两扇，门上浮雕门钉、铺首等。顶部正脊为'山'字形。在清理墓室过程中不见棺木痕迹。由于盗扰，骨架散乱于椁顶及墓室，另外有两个石灰枕直接放在内置的石棺床上。"[③]

（3）大同智家堡北魏石椁。"石椁为仿木构建筑式，单檐人字坡悬山顶，整个椁室由砂岩料石材拼合而成。椁门外侧两边石板上各镶嵌有一枚鎏金铁门环，椁门未与板墙铆合，而是一块单独的石板，无门轴之类结构构件，清理前已倒在椁外。墓室内东西宽2.11米、南北进深1.13米，两根三角梁将墓室内侧隔为三间，西梢间与明间等宽，为0.735米，东梢间略窄，为0.64米，加上石板壁厚0.10米左右，可知椁室东

[①] 曹鹏：《北朝出土石质葬具研究》，硕士学位论文，内蒙古大学，2013，第9页。
[②] 大同市考古研究所：《山西大同阳高北魏尉迟定州墓发掘简报》，《文物》2011年第12期。
[③] 山西省考古研究所、大同市考古研究所：《大同市北魏宋绍祖墓发掘简报》，《文物》2011年第7期。

西长 2.30 米左右，南北宽 1.30 米左右。"①

（4）洛阳宁懋石室。"由八块石灰岩青石雕琢拼合而成单檐悬山顶式建筑结构，分为屋顶、围墙（椁壁）、底板（基座）三部分。高1.38、长（面阔）2、进深0.78米，与上面智家堡墓石椁大小相近。前壁设门，无门框、门扉等设施。门两侧竖立的两块石板上减地刻出人字栱，其上承托屋顶前檐。后墙与两山墙类似，山墙上端也减地刻出三角形叉手，中间的山花刻出悬鱼。"②该石室出土于洛阳北邙山北魏陵墓区，现藏于美国波士顿艺术博物馆。

（5）西安北周史君石椁。"石椁位于墓室中部偏北，坐北朝南。由雕刻精美的石块以榫卯结构拼合成底座、四壁、椁顶三部分，呈歇山顶殿堂式建筑式样，面阔五间、进深三间。东西长2.46米、南北宽1.55米、通高1.58米。在石堂（自名）南壁门楣上，刻有粟特文、汉文双语题名。石椁四角由曲尺形整石雕成。各石板接缝处上面扣有铁质'细腰'，即银锭隼，其他处用直榫相连。石椁内置石棺床一具。"③

因古人"事死如事生，事亡如事存"的观念，墓葬中的石椁是仿照活人居住的房子建造的，其最大的区别在于建造屋顶时采用的形式不同。归纳起来，屋顶的形状主要有两种形式：一种是单檐悬山顶式石椁；另一种是单檐歇山顶式石椁。从某种意义上说，这两种形式都反映了死者生前的身份。

除了前面提及的身份以外，建造石椁的形制还与当时的建筑风格有关。上述几件石质葬具跨越了北魏、北周等不同时期，分布于山西、陕西、河南等不同地域，这在一定程度上也影响了墓葬形制。

2. 石棺床

石棺床是汉末墓葬中常见的一种葬具，那时期的棺床大多简单地用砖垒砌成长方形的台子，相对而言较简陋，充其量只能被称为棺台。魏晋后才开始使用造型逼真的石雕棺床，有的棺床上还发现石棺座和石枕，棺床性质与活人睡觉的床相近，供死者躺卧。

目前已出土的石棺床有：北魏司马金龙墓石棺床、宋绍祖石椁内石棺床、宣武帝景陵石棺床、洛阳石棺床、洛阳古代艺术馆藏北魏石棺床等。

（1）司马金龙墓石棺床。司马金龙墓的石棺床呈南北向置于墓后室西部，长2.41

---

① 王银田、刘俊喜：《大同智家堡北魏石椁壁画像》，《文物》2001年第7期。
② 郭建邦：《北魏宁懋石室的建筑艺术》，《古建园林技术》1992年第1期。
③ 西安市文物保护考古研究所：《西安市北周史君石椁墓》，《考古》2004年第7期。

图5-2 石棺座（三国吴，上坊孙吴墓）

资料来源：张学锋编著《中国墓葬史》，第255页。

米，宽1.33米，高0.51米。由六块浅灰色细砂岩石板组成（前、后、左、右各一块，上面两块）。①

（2）大同南郊北魏墓群M112出土的石棺床。石棺床放置在墓室北侧，棺床前面为倒立"山"字形，由2块石板拼接，接缝处有暗榫卯。床面用4块不太规则的石板平铺，总长2.1米。棺床内填黄土，周围散存一些烧土和灰土。棺床上未见木质葬具，人骨架保存较完整。②

（3）大同南郊区田村北魏墓石棺床。石棺床位于墓室北侧，棺床四周用6块石板搭成床框，上面由3块石板拼成床榻，石板间有榫卯相连，南侧前立两块石板。另外，石棺床上部墓室里发现残彩木绘杆，因此推测当初下葬时在石棺床之上设有幔帐，彩绘木杆则为支撑幔帐之用。棺床总长2.28米，宽1.26米，高0.25米。石棺床上的西侧置一石灰枕。③

（4）北魏宣武帝石棺床。石棺床位于墓室的西侧，长3.86米，宽2.2米，高0.16米，用十五块方形石块拼砌而成。棺床石面平整，四边整齐。④

（5）洛阳沁阳西向石棺床。该墓室坐北朝南。石棺床位于北墙壁下，高0.51米，宽1.12米，长2.23米。四周腿床五条，前三后二。床上有三块石板并列平铺，床上

---

① 山西省大同市博物馆、山西省文物工作委员会：《山西大同石家寨北魏司马金龙墓》，《文物》1972年第3期。
② 山西省考古研究所、大同市博物馆：《大同南郊北魏墓群发掘简报》，《文物》1992年第8期。
③ 大同市考古研究所：《山西大同南郊区田村北魏墓发掘简报》，《文物》2010年第5期。
④ 中国社会科学院考古研究所洛阳汉魏城队：《北魏宣武帝景陵发掘报告》，《考古》1994年第9期。

左右及后面均有厚 0.90 米、高 0.43 米的石板围堵。①

（6）磁县湾漳墓石棺床。石棺床位于墓室的西侧，长 5.82 米，宽 3～3.8 米，高 0.615 米。棺床用青石围边，内铺白色或灰白色石板。棺床上为一棺一椁，人骨已无存。棺椁板散于水中。②

（7）安伽围屏石棺床。青石灰石质，由榻面、七条榻腿和三面围屏组成，长 2.28 米，宽 1.03 米，高 1.17 米。榻面由一整块石板制成，厚 0.14 米。榻腿高 0.34 米，顶上雕出榫与榻面下的卯相套合。整榻除四角各有一腿外，正面有两腿，背面有一腿③。

（8）康业石棺床。围屏石榻位于墓室北侧中部，紧靠北壁，东西方向，由围屏、榻板和榻腿构成。围屏由 4 块长方形石板构成，左、右两侧各 1 块，长 93.5 厘米，宽为 82 厘米，厚 7～8.5 厘米。正面 2 块，长 106～111 厘米，宽 82～83.5 厘米，厚 9～10 厘米。榻板长方形，长 2.38 米，宽 1.07 米，厚 0.16 米，正面及两侧线刻辅以减地浅浮雕图案。榻腿 5 个，正面 3 个为蹲踞状狮子，背面 2 个略呈靴形，高 0.34 米。④

除了以上无椁的石棺床外，还有些石棺床是与石椁一起使用的。例如尉迟定州石椁石棺床、宋绍祖石椁石棺床、史君石椁石棺床等。

尉迟定州石椁石棺床。石棺床位于石椁内，为砂岩质。平面呈长方形，长 2.04

图5-3　围屏石榻（北周，安伽墓出土）
资料来源：张学锋编著《中国墓葬史》，第236页。

图5-4　围屏石榻（北周，康业墓）
资料来源：张学锋编著《中国墓葬史》，第234页。

---

① 邓宏里、蔡全法：《沁阳县西向发现北朝墓及画像石棺床》，《中原文物》1983 年第 1 期。
② 中国社会科学院考古研究所、河北省文物研究所：《河北磁县湾漳北朝墓》，《考古》1990 年第 7 期。
③ 陕西省考古研究所：《西安北郊北周安伽墓发掘简报》，《考古与文物》2000 年第 6 期。
④ 西安市文物保护考古所：《西安北周康业墓发掘简报》，《文物》2008 年第 6 期。

米，宽 0.91 米，高 0.3 米。由 4 块盖板石、2 块前挡板石和 3 块顶石拼接而成。3 块顶石呈南北向支撑盖板石，棺床内中空。2 块前挡板石以凹凸榫卯相接，上面雕刻有连续水波纹。①

宋绍祖墓石椁石棺床。石棺床长 2.39 米，宽 1.88 米，高 0.31 米，中心宽 1.03 米。前立面中部由两块石板搭成，整体呈倒立山字形。棺床中部两侧又各垂直顺置一块石板。②

安阳固岸北齐冯僧晖石棺床。围屏石榻上平放两具骨架，未见棺木等其他葬具。榻东、北、西三面围以石屏，石屏内壁雕刻有精美壁画。③

在北朝，使用石棺床葬具是较普遍的现象，上至帝王，下至入华粟特人。主要集中于北魏的平城地区（今山西境内）、洛阳地区（今河南境内），东魏北齐的邺城地区（今陕西境内）、晋阳地区（今河北境内）、青州地区（今山东境内），西魏北周的关陇地区（今甘肃境内）等。

按照石棺床的结构，可分为以下几种。④

第一种是简单石棺床。如宣武帝石棺床由 15 方素面石块严密堆合而成，北周史君石椁内石棺床则由一整块石板直接与椁四壁相接。

第二种是组合石棺床。这类石棺床较多，又可分为两类：一类是石棺床单独作为直接盛放尸体的葬具，如司马金龙墓石棺床、大同南郊北魏墓 M112 石棺床、田村石棺床；另一类是石棺床与石椁一起用作葬具，如尉迟定州石椁石棺床、宋绍祖石椁石棺床等。

第三种是带屏风（围栏、栏板）的石棺床。这一种石棺床是在组合石棺床基础上，床板上设置竖立的石板，比组合石棺床稍微复杂些，如洛阳古代艺术馆藏石棺床、沁阳西向石棺床、安伽石棺床等。

第四种是带阙带围屏石棺床，又称"双阙围屏式石棺床"，即在前两者床板前部增加建筑式门阙。这种也是最为复杂的，如安阳固安带阙石棺床、北齐石棺床等。

以上这些石棺床有些是盛放棺木的，棺木之中再盛敛尸体；有些则直接盛放尸体。多种类型石棺床的出现，说明石质葬具在此时得到了长足的发展和广泛的应用。

---

① 大同市考古研究所：《山西大同阳高北魏尉迟定州墓发掘简报》，《文物》2011 年第 12 期。
② 王雁卿：《山西大同出土的北魏石棺床》，《文物世界》2008 年第 2 期。
③ 河南省文物考古研究所：《河南安阳固岸墓地考古发掘收获》，《华夏考古》2009 年第 3 期。
④ 曹鹏：《北朝出土石质葬具研究》，硕士学位论文，内蒙古大学，2013，第 18~19 页。

3. 梯形石棺

从考古史料中，我们可以知道木棺从新石器时代晚期一直沿用至今，并且占据主流地位。但这并不说是不存在石棺，只是出现的时间相对晚一些。秦汉时期石棺开始进入中原地区。在北朝，中原地区的大家族墓葬中出现了石质葬具。到目前为止，已出土的北朝的石棺量最多，主要位于北魏都城洛阳及其附近地区。

在北朝石棺形制中，以源自鲜卑梯形木棺的梯形棺为主。梯形棺按照其形状可分为平面呈梯形（头部宽，尾部窄）和平剖面呈梯形（头部高宽、尾部低窄），平剖面呈梯形较多。其实石质梯形棺只是在早期木质梯形棺的基础上，把材料由木质换成石质而已。[1]

目前出土的北朝石棺主要有以下几个。

（1）偃师前杜楼北魏墓石棺。石棺位于墓室西侧，青石质，素面，表面磨制光滑，头朝墓道，由盖、左帮、右帮、前挡、后挡及底板组成。通高 0.82～1.08 米，通长 2.51 米[2]。图像及其相关数据都证明是典型梯形棺。

（2）元谧石棺。1930 年出土于洛阳城西李家凹村南[3]，现藏于美国明尼苏达阿波利斯美术馆。

（3）孝子石棺。现仅存两帮和后挡，棺盖、板底和前挡已遗失。[4]现藏于美国堪萨斯纳尔逊·阿特肯斯艺术博物馆。

（4）龙虎升仙画像棺。邹清泉据与石棺出土相同地望的元详墓志以及其与元谧石棺雕刻技法、内容的相似性，初步判断此石棺为北海王元详石棺。[5]

在中原以外的地区也发现了一些石棺，如在山西榆社县发掘北魏时期的方兴石棺、河北四神浮雕石棺等。

方兴石棺。棺石帮板两块，碣一块，帮板长 2.2 米，宽 0.8 米，厚 0.1 米。前宽后窄，大头呈蹄形，为灰白石质。碣高 0.9 米，宽 0.66 米，厚 0.08 米。上宽下窄，上呈半圆形。[6]

河北四神浮雕石棺。该棺为青灰石质，由四周及盖、底共 6 块石板拼合而成。前棺板高 0.89 米，宽 0.65 米，厚 0.045 米；后棺板高 0.45 米，宽 0.38 米，厚 0.035 米。

---

[1] 曹鹏：《北朝出土石质葬具研究》，硕士学位论文，内蒙古大学，2013，第 22 页。
[2] 洛阳市第二文物工作队：《偃师前杜楼北魏石棺墓发掘简报》，《文物》2006 年第 12 期。
[3] 郭玉堂：《洛阳出土石刻时地记》，大象出版社，2005，第 26 页。
[4] 邹清泉：《北魏孝子画像研究》，北京大学出版社，2015；黄明兰：《北魏孝子棺线刻画》，人民美术出版社，1985。
[5] 邹清泉：《北魏孝子画像研究》，硕士学位论文，中央美术学院，2006，第 12 页。
[6] 王太明、贾文亮：《山西榆社县发现北魏画像石棺》，《考古》1993 年第 8 期。

左侧板长 2.12 米，前端高 0.73 米，后端高 0.35 米，板厚 0.08～0.09 米。底边近内侧刻凿凸出的榫边，左右两边平齐，上边呈外低内高的坡状。右侧板与左侧板一样，因后端稍残而较短，长为 2.06 米。盖板为圆拱形，通长 2.22 米，前端宽 0.9 米，后端宽 0.65 米，厚 0.10 米，断为两块。底板亦断为两块，通长 2.11 米，前宽 0.88 米，后宽 0.58 米，厚 0.16 米，底部前端有高约 0.1 米的支脚。①

李诞墓石棺。东西向放置于墓室中部，大端朝西，由底座、两侧帮板、两端挡板及盖板组成。石棺内有 2 具骨架，保存完好。②

北魏入主中原后，中原地区才逐渐出现梯形棺，如大同南郊发掘的北魏墓群中绝大部分为梯形棺，只是这些梯形棺都以木质为主，已腐朽。北魏后期，洛阳及其附近地区出现梯形石棺已经能全面展示梯形棺的形制结构，如前面提到的孝子画像石棺、升仙石棺、偃师前杜楼墓石棺等。北朝晚期的西魏北周都城西安出土的石棺说明梯形葬具已被民众接受并且成为主要的葬具，如北周郭生石棺、李诞石棺等。③

（二）北朝石质葬具的艺术成就

北朝石质葬具除了形制多样性突出外，在装饰上也有长足的进步，取得了很高的艺术成就。葬具的刻画在继承前朝的基础上，又发展出了新的内容，而且还融合了外族的风格。北朝石质葬具的刻画主要有孝子、升仙、墓主的生活场景、商旅图、祭祀图等。

1. 孝子内容刻绘图案

北魏都城及文化发达区的墓葬中出土了雕刻孝子故事的画像石棺（床）包括三种类型。石棺：孝子画像石棺、元谧石棺等；石棺床：洛阳古代艺术馆藏北魏石棺床、河南安阳固岸出土东魏石棺床、北魏石围屏（今分别藏于华盛顿弗里尔艺术馆、波士顿艺术博物馆、巴黎吉美艺术馆和科隆艺术博物馆）等；石椁：仅见于宁懋石室。④

（1）石棺孝子图

石棺刻绘最典型的是孝子。石棺两帮分别是：右帮第一组孝子"舜"两个场面，第二组孝子"郭巨"两个场面，第三组孝孙"原谷"孝行场面；左帮第一组孝子"董永"孝行场面，第二组孝子"蔡顺"孝行场面，第三组孝子"尉"孝行场面。⑤

---

① 张丽敏：《北朝四神浮雕石棺》，《文物春秋》2009 年第 4 期。
② 原建军、陈景聪：《北周时期婆罗门后裔墓葬西安》，《西安日报》2005 年 10 月 29 日。
③ 曹鹏：《北朝出土石质葬具研究》，硕士学位论文，内蒙古大学，2013，第 25～26 页。
④ 曹鹏：《北朝出土石质葬具研究》，硕士学位论文，内蒙古大学，2013，第 28 页。
⑤ 宫大中：《邙洛北魏孝子画像石棺考释》，《中原文物》1984 年第 2 期。

（2）石棺床孝子图

"石棺床床头围板刻郭巨、丁兰、原谷，后围板刻老莱子和眉间赤。"①安阳固岸东魏石棺床，"北壁中间两幅为墓主人夫妇画像，它们两边为孝子图，其西为'郭巨夫妻埋儿'，其东为'丁兰刻木事亲'，东西两壁为出行图"。②

（3）石椁孝子图

目前只发现于宁懋石室，其图刻据郭玉堂的《洛阳出土石刻时地记》、郭建邦的《北魏宁懋石室和墓志》，石椁"门上（左侧）刻'孝子宁万寿'，右侧'孝子弟宁双寿造'。左山墙外侧上部刻有'丁兰事木母'图。中间以横直线分界，下部刻'舜从东家井中出去时'图；右山墙外侧上部刻'董永看父助时'图，表现的是董永与父共同劳作田间，父亲却向董永告辞，两人对望的场景。中间横直线分界，下刻'董晏母供王寄母语时'图"。后墙外壁刻庖厨场景，椁室内部左右壁刻车马出行的仪仗场面，后壁（正壁）刻墓主夫妇像。门道外左右两侧刻执剑武士像，上方刻花朵、云纹，隐以山峰。③

2. 升仙内容刻绘

除了东汉中晚期出现的四神为主的石棺图案外，北朝又出现了墓主死后御龙升仙场面的神仙题材。北朝石葬具升仙的主要形式是以上两种形式外加伏羲女娲、日月形成一起刻于棺身。北朝时期出现的升仙石棺主要有：洛阳瀍河公社上窑大队石棺、沁阳西向石棺床、榆社方兴石棺、蠡县四神浮雕石棺、西安北周婆罗门种李诞石棺、潼关税村石棺等。④

3. 反映现实生活场景的刻绘

现实生活场景的刻绘主要出现在来华西域胡人的葬具上。最常见的四种图刻是宴饮图、仪仗图、狩猎图、商旅图。⑤

"宴饮图一般包括墓主夫妇居家、坐床、宴饮、奏乐、舞蹈等场面。最常见是以墓主夫妇坐像为中心，周围有站立、手持器具的侍者，弹奏各种乐器的演奏者及跳胡腾舞的舞者，有些还有宾客的参与，人物众多，场面恢宏，表现了墓主生前的奢华生活，

---

① 邹清泉：《北魏孝子画像研究》，硕士学位论文，中央美术学院，2003，第2页。
② 河南省文物考古研究所：《河南安阳固岸墓地考古发掘收获》，《华夏考古》2009年第3期。
③ 曹鹏：《北朝出土石质葬具研究》，硕士学位论文，内蒙古大学，2013，第30页。转引自郭建邦《北魏宁懋石室和墓志》，《中原文物》1980年第2期。
④ 曹鹏：《北朝出土石质葬具研究》，硕士学位论文，内蒙古大学，2013，第31~32页。
⑤ 曹鹏：《北朝出土石质葬具研究》，硕士学位论文，内蒙古大学，2013，第39~41页。

体现其高贵的身份级别。仪仗图主要以墓主出行所凭车具、马匹图、骑马出行场面、侍从列队仪仗场面为主。狩猎图一般以主人骑马或骑驼等。商旅图一般以背负重荷的驼队为主。"① 北朝出土的石质葬具中主要有宋绍祖石椁内壁乐舞图、大同智家堡石椁内壁坐床图及车马图、安阳石棺床围屏宴饮图及仪仗图、安伽石棺床围屏刻绘等。

"中原北魏墓葬文化，既远承魏晋，又华夷糅杂，中原传统文化经过近二百年的辗转变迁之后，以新的面貌集结于北魏。"② 石质葬具中蕴含丰富的文化就可以说明这一点。无论是葬具采用的形式，还是葬具上刻绘的内容，都反映了逝者甚至是逝者所生活的那个朝代的社会面貌。

总之，魏晋南北朝时期的葬具仍以木棺为主流，但是形式更加多样化。如棺床的作用不再局限于放置棺椁，而可以直接放置尸体；石质葬具得到长足发展，仿木石椁、石棺床大为流行；后期画像石棺、画像石椁的发展更使北朝石质葬具达到了我国石质葬具的顶峰。

第二节　随葬品

随葬品是墓中放置的生活实用物或仿照生活实用物而制的明器，供死者在另一世界使用。相对两汉时期奢华的随葬品而言，魏晋南北朝时期在随葬品使用上发生了巨大的转变，由于统治阶级提倡简葬、薄葬，陶器、瓷器成为这一时期主要的随葬品，金银器等贵重器皿的使用减少。

一　三国时期的随葬品

（一）曹魏的随葬品

1. 帝王的随葬品

魏武帝曹操身体力行推行薄葬，就随葬品而言，他明确要求在其身死之后不用金银珠宝陪葬。具体内容见其《遗令》："天下尚未安定，未得遵古也。葬毕，皆除服。其将兵屯戍者，皆不得离屯部。有司各率乃职。敛以时服，无藏金玉珍宝。"③ 在《宋书》中对曹操的简葬还有更详细的记载："魏武以送终制衣服四箧，题识其上，春秋

---

① 曹鹏：《北朝出土石质葬具研究》，硕士学位论文，内蒙古大学，2013，第41页。
② 李梅田：《中原魏晋北朝墓葬文化的阶段性》，《华夏考古》2004年第1期。
③ 《三国志》卷1《武帝纪第一》，第38页。

冬夏日有不讳，随时以敛。金珥珠玉铜铁之物，一不得送。文帝遵奉，无所增加。及受禅，刻金玺，追加尊号。不敢开埏，乃为石室，藏玺埏首，示陵中无金银诸物也。汉礼明器甚多，自是皆省矣。"①突出的是只随殓四时衣服，要求金银珠宝等一律不得随葬。

魏文帝曹丕继承其父的遗志，将简葬之风继续发扬光大。曹丕在《终制》中对于自己的葬礼是这样要求的：

> 寿陵因山为体，无为封树，无立寝殿，造园邑，通神道。夫葬也者，藏也，欲人之不得见也。骨无痛痒之知，冢非栖神之宅，礼不墓祭，欲存亡之不黩也。为棺椁足以朽骨，衣衾足以朽肉而已。故吾营此丘墟不食之地，欲使易代之后不知其处。无施苇炭，无藏金银铜铁，一以瓦器，合古涂车、刍灵之义。棺但漆际会三过，饭含无以珠玉，无施珠襦玉匣，诸愚俗所为也。②

其实，曹丕的终制突出地要表达的就是打破旧有的一些规定，实行几乎没有随葬品的简葬。这是他本人基于对汉末帝陵及社会上高坟大墓大量被盗挖等现实认识的一种权衡利弊后做出的决定，这一决定对后来包括晋代随葬品使用都有着巨大的影响。

2. 大臣的随葬

《三国志·韩暨传》注引《楚国先贤传》，（韩）暨临终遗言曰："夫俗奢者，示之以俭，俭则节之以礼。历见前代送终过制，失之甚矣。若尔曹敬听吾言，敛以时服，葬以土藏，穿毕便葬，送以瓦器，慎勿有增益。"③其实要求的就是简葬，随葬品以瓦器为主。

大司马、清阳亭侯裴潜也遗令俭葬："墓中惟置一坐，瓦器数枚，其余一无所设。"④说明随葬品非常简陋。

2009年4月，河南洛阳孟津发现曹休墓。虽然曾遭盗掘，墓葬中仍然出土了极为丰富的随葬品，主要有陶器、铜器、铁器等。陶器有四系罐、碗、盘、尊、耳杯等；铜器有铜印、铺首、鎏金铜带钩、泡钉；铁器有铁蒺藜、钩、镜、刀削等。⑤

据《洛阳曹魏正始八年墓发掘报告》，1950年在洛阳地区发现一座曹魏正始

---

① 《宋书》卷15《礼制二》，第272页。
② 《三国志》卷2《文帝传》，第60页。
③ 《三国志》卷24《韩暨传》，第505~506页。
④ 《三国志》卷23《裴潜传》，第499页。
⑤ 李亚楠、汪平：《洛阳发现曹休墓》，《解放日报》2010年5月18日。

八年（247）的墓，墓葬同样被盗掘。墓中出土的随葬品有 65 件，绝大多数为陶器，有少量铜器、铁器、玉器等。①具体发掘情况如下：陶器，共 48 件，材质是泥质灰陶，包括陶罐、陶奁、陶盆、陶盘、陶案、陶碗、陶耳杯、陶灯、陶井、陶磨、陶灶等生活用品和陶猪圈、陶鸡、陶狗、陶俑等家禽家畜；铜器，3 件，包括铜博山炉、铜饰、铜铺；铁器，9 件，铁帷帐架；玉杯，1 件；石板，1 块。

1951 年，山东东阿曹植墓出土玉璜 4 件，均为青色，其形制、质地一般素面无纹，均与汉代玉璜相同。②1956 年，河南洛阳魏墓出土玉杯 1 件，玉器形规整，抛光细润，素面无纹，制作精致。③

综合史书资料和曹魏时期墓葬出土的随葬品，鉴于汉代陵墓多被盗掘、墓主尸骸暴尸荒野的教训，以及频繁的战乱对社会经济造成的巨大破坏，曹魏时期人们对随葬的态度发生了巨大的变化，汉代葬具豪华、随葬品众多的风尚不再被人们推崇，曹操家族及王公大臣多要求在死后随葬瓦器和陶器。因此与两汉相比，曹魏时期的随葬品在数量和质量上都大幅下降。曹魏时期的墓葬中，上至王侯将相下至平民百姓主要使用陶质随葬品。但是，我们不能说此时仅有陶质随葬品，金银器、玉器、铜铁器依然存在，只是使用量大大减少了。

（二）蜀汉的随葬品

在刘备的遗诏里，我们没有看到关于随葬品的具体规定，现在也没有这方面的发掘资料，所以我们无从知晓。不过作为蜀汉丞相的诸葛亮死后使用的随葬品有详细的记载。诸葛亮"遗命葬汉中定军山，因山为坟，冢足容棺，敛以时服，不须器物"。④与曹操一样，诸葛亮要求墓葬里只用当时生活中的服饰装敛而不要其他的随葬品。

2001 年，重庆万州晒网坝发掘了一座蜀汉墓。墓内出土陶器 30 件、银钗 1 件、80 枚铜钱，另外在墓室内发现了一些红色和黑色漆皮，均已看不出器型。陶器以红陶为主，火候较低，很多应是明器，有的施釉，主要器形有钵、罐、壶、甑、魁、杯、熏炉等。⑤

1981 年，四川崇州市发掘了一座蜀汉墓。墓内出土铜器 4 件，器形有釜、锅、灯

---

① 洛阳市文物工作队：《洛阳曹魏征始八年墓发掘报告》，《考古》1989 年第 4 期。
② 东阿县文化馆：《山东东阿县鱼山曹植墓发现一铭文砖》，《文物》1979 年第 5 期；群萍：《"曹植墓"》，《中国文物报》1993 年 12 月 19 日，第 4 版。
③ 国家文物局：《中国文物精华大辞典·玉器篇》，上海辞书出版社，1996，第 58 页；中国美术全集编辑委员会：《中国美术全集·工艺美术篇 9·玉器》，文物出版社，1993。
④ 《三国志》卷 35《诸葛亮传》，第 689 页。
⑤ 山东省博物馆：《重庆晒网坝一座蜀汉墓发掘简报》，《江汉考古》2007 年第 4 期。

座、马等，以及数量较多的铜钱。陶器2件，器形有灯、罐等；银笄1件；铁锄1件。还出了土大量陶片，原器形有碗、罐、钵等。①

从诸葛亮临终遗言和对蜀汉墓的发掘报告中我们可以看出，曹魏和蜀汉在随葬品使用方面十分相近，那就是更多地使用简陋的陶器而较少使用金银器。这说明在统治阶级的倡导下有识之士已经认识到，厚葬于生者无益，于死者无加，所以简葬开始流行。

（三）孙吴的随葬品

孙皓夫人张氏死，孙皓哀愍思念，"葬于苑中，大作冢，使工匠刻柏作木人，内冢中以为兵卫，以金银珍玩之物送葬，不可称计"。②孙皓给其夫人张氏大量金银珍玩作为陪葬品。

1979年，江西南昌发掘了东吴高荣墓。该墓出土器物比较丰富，且大多完好。有陶器21件，器形有灶、臼、井、炉、灯、盘、罐、盆、仓等。青瓷器17件，器形有罐、钵、盅、壶等。漆器15件，器形有槅、耳杯、盘、钵、碗、奁盒、圆盖、洗等。金银器23件，器形有金手镯、金发钗、金挖耳、金帽花饰、银发钗、银小刀等。铜铁器的器形有洗、炉、镜、釜、钱、刀等。竹木器，器形有竹尺、木梳、木圭、木简、木方、木屐等。其他还有石臼、石黛砚、墨等。青瓷器和漆器等实用器物放置在左耳室，陶器等明器则放置在右耳室。③

图5-5 魂瓶（三国吴，金坛唐王吴墓出土）

资料来源：张学锋编著《中国墓葬史》，第311页。

1984年，安徽省马鞍山市发掘了东吴朱然墓。朱然为东吴右军师、左大司马。该墓已被盗。墓内共残存随葬器物140多件，有漆木器、瓷器、陶器、铜器等，其中漆木器约占57%。随葬品中的漆木器、瓷器、铜器大部分分布在后室和过道内，许多器物被压在翻倒的棺下，陶器集中分布在前室的东南角。漆木器约80件，器形有案、盘、羽觞、槅、盒、壶、樽、奁、匕、勺、凭几、砚、虎子、屐、扇、梳、刺、谒等。青瓷器33件，器形有碗、盘、盏、盆、罐、壶、熏、灯、勺、困等。陶器18件，有罐、盆、井、磨、鸭、猪、厕圈等。其他还有铜币约6000枚。④

---

① 四川省文物管理委员会、崇庆县文化馆：《四川崇庆县五道渠蜀汉墓》，《文物》1984年第8期。
② 《三国志》卷15《何姬传》，《妃嫔传》注引《江表传》，第887~888页。
③ 江西省历史博物馆：《江西南昌市东吴高荣墓的发掘》，《考古》1980年第3期。
④ 安徽省文物考古研究所、马鞍山市文化局：《安徽马鞍山东吴朱然墓发掘简报》，《文物》1986年第3期。

从以上皇帝妃子随葬品的记载和两位大臣墓葬中出土的丰富随葬品，我们可以看出相对于曹魏和蜀汉的简葬，吴国实行的是穷奢极欲的厚葬制度。孙吴墓葬中随葬品不仅式样繁多，而且材质多种多样，大量使用贵重的金银器及青瓷器、漆木器，与魏蜀墓中多使用简陋陶器形成了鲜明的对比。

图5-6　釉陶鸽（三国吴，南京光华门外赵岗出土）

资料来源：金维诺总主编《中国美术全集·墓葬及其他雕塑》，第187页。

图5-7　青瓷翼羊（三国吴，南京草场门出土）

资料来源：金维诺总主编《中国美术全集·墓葬及其他雕塑》，第187页。

二　西晋随葬

西晋的随葬品与曹魏相似，都是以陶器为主。统治者都要求死后薄葬，因此西晋时的随葬品也比较简朴。

图5-8　陶骑马俑（西晋，长沙金盆岭9号墓出土）

资料来源：金维诺总主编《中国美术全集·墓葬及其他雕塑》，第194页。

晋宣帝司马懿关于随葬品在其《顾命终制》中有明确的说明："预作终制，于首阳山为土藏，不坟不树；作顾命三篇，敛以时服，不设明器，后终者不得合葬。一如遗命。"①

晋张华的武帝《哀策文》曰："终制尚俭，率由典度，华幕弗陈，器必陶素，不封不树，所在惟固，贻法来世，是则是慕，大隧既启。"②

西晋名臣司徒石苞，生前《终制》云：

延陵薄葬，孔子以为达礼；华元厚葬，《春秋》以为不臣，古之明义也。自今死亡者，皆敛以时服，不得兼重。又不得饭含，为愚俗所为。又不得设床帐明器也。定窆之后，复土满坎，一不得起坟种树。昔王孙裸葬矫时，其子奉命，君子不讥，况于合理典者耶？③

皇甫谧"著论为葬送之制"，那就是他著名的《笃终》。

自古及今，未有不死之人，又无不发之墓也。故张释之曰："使其中有欲，虽固南山犹有隙；使其中无欲，虽无石椁，又何戚焉！"斯言达矣，吾之师也。夫赠终加厚，非厚死也，生者自为也。遂生意于无益，弃死者之所属，知者所不行也。《易》称："古之葬者，衣之以薪，藏之中野，不封不树"。是以死得归真，亡不损生。故吾欲朝死夕葬，夕死朝葬，不设棺椁，不加缠敛，不修沐浴，不造新服，殡啥之物，一皆绝之。吾本欲露形入坑，以身亲土，或恐人情染俗来久，顿革理难，今故觕为之制。奢不石椁，俭不露形。气绝之后，便即时服，幅巾故衣，以籧篨裹尸，麻约二头，置尸床上。择不毛之地，穿坑深十尺，长一丈五尺，广六尺，坑讫，举床就坑，去床下尸。平生之物，皆无自随，唯赍《孝经》一卷，示不忘孝道。籧篨之外，便以亲土。土与地平，还其故草，使生其上，无种树木、削除，使生迹无处，自求不知。④

---

① 《晋书》卷1《宣帝记》，第13页。
② 欧阳询：《艺文类聚》，第247页。
③ 《晋书》卷33《石苞传》，第654页。
④ 《晋书》卷51《皇普谧传》，第938~939页。

皇甫谧对简葬有着更深的理解，认识到丰厚的随葬品只能引起人们的贪欲，崇尚古代的朝死夕葬、不封不树的做法，因此他连陶器都不用，随葬品只有《孝经》一卷而已。

《笃终》的成书说明时人对薄葬的认识达到了相当高的程度，认识到厚葬不仅对死者没有好处反而会招致盗墓者的觊觎。

1962 年，北京西郊发现两座西晋砖室墓。这两座墓出土随葬品共 24 件，除铜镜、钱币之外，大多为陶制明器。陶制明器主要有牛车、牛俑、车夫俑、马俑、鸡、灶、盘、勺、壶、罐、盆、井等。[①]

1965 年，在北京发现华芳墓，此墓在发掘前已经盗挖过，但依然出土了许多器物，其中骨尺 1 件，漆盘 2 件，铜熏炉 1 件，铜炉盖 1 件，铜弩机 1 件，银铃 1 件，料盘 1 件，铜钱 200 余枚，陶罐 2 件等。[②]

1991 年，310 国道孟津段发掘一座西晋墓。该墓出土随葬品残存 34 件。计有陶质生活用具、模型明器、俑等。其中生活用具有三足盘、兽首灯、耳杯、帐座、砖饼等 11 件；模型明器有水斗、车、磨、井、釜等 8 件；陶俑有女侍俑、武士俑、俑头、猪、马头等 8 件；其他还有铜镜、铜花饰、铜钱等。[③]

综上，我们可以看出西晋延续着前朝的简葬制度，皇帝本人对身后之事要求极尽节俭，此时使用的随葬品仍然以陶器为主。不过我们也应当认识到，此时的随葬陶器种类开始有所增加，对金属陪葬品的使用也开始增加。

三 东晋随葬品

穆帝崩，山陵将用宝器，（江）逌谏曰："以宣皇顾命终制，山陵不设明器，以贻后则。景帝奉遵遗制。逮文明皇后崩，武皇帝亦承前制，无所施设，惟脯糒之奠，瓦器而已。昔康皇帝玄宫始用宝剑金舄，此盖太妃罔已之情，实违先旨累世之法。今外欲以为故事，臣请述先旨，停此二物。"书奏，从之。[④]

据此，我们至少可以说晋朝穆帝及前诸帝对随葬品要求并不尚奢。从江逌的奏书里我们可以看到，晋朝皇帝随葬物中的明器从无到瓦器再到宝剑金舄逐渐呈现上升的趋势。这也就为之后的大量使用埋下伏笔。

---

① 北京市文物工作队：《北京西郊发现两座西晋墓》，《考古》1964 年第 4 期。
② 北京市文物工作队：《北京西郊西晋王俊妻华芳墓清理简报》，《文物》1965 年第 12 期。
③ 310 国道孟津考古队：《洛阳孟津邙山西晋北魏墓发掘报告》，《华夏考古》1993 年第 1 期。
④ 《晋书》卷 83《江逌传》，第 1448 页。

1982、1985 年，南京幕府山南麓发掘了两座东晋墓。两座墓的编号分别为幕府山 3、4 号墓。3 号墓早期被盗，残存的随葬品如下：青瓷器 17 件，器形有鸡首壶、碗等；陶器 7 件，有帷帐座、案、凭几、仓等；滑石猪 2 件。4 号墓内随葬品较丰富：青瓷器 4 件，器形有盘口壶、碗、洗等；陶器 12 件，有帷帐座、香熏、托盘、圆盘、耳杯等；石黛板 1 件；金器 20 件，有钗、花、丝球、饰件等；银器 2 件，器形有链等；琥珀、炭精、石饰 5 件；玻璃饰件 1 件；珠饰 10 件。① 说明随葬已经开始逐渐地丰厚起来。

1964 年，南京富贵山发掘了一座东晋墓。墓葬破坏严重，随葬遗物多散失，经修复后共有 71 件随葬品：青瓷器 17 件，器形有鸡首壶、鸟形水盂、钵、盅、碗等；陶俑 4 件；陶器 18 件，器形有箱、座、果盒、钵、三足器等；铜器 27 件，器形有阴井盖、鎏金帽钉、鎏金环、棺钉等；还有玉佩 1 件，残玉饰 1 件，金钉 5 枚，琉璃珠 3 件，角质圆珠 2 件，石珠 1 件，石刻小兽饰 1 件，铁棺钉 1 枚。② 随葬品同样是比较丰厚的。

图5-9 陶男侍俑（东晋，南京幕府山墓出土）

资料来源：金维诺总主编《中国美术全集·墓葬及其他雕塑》，第203页。

由以上可以看出，东晋厚葬又开始兴盛起来，上层社会的厚葬思想开始抬头。陪葬的物品不再满足于少量的陶器，而是使用种类繁多、功能细化的各种材质随葬品，这也是上层社会逐渐腐朽的生活写照。

四 南朝随葬品

南朝各个朝代存在的时间都相对较短，其中最长的宋立国不过 59 年，最短的齐存世仅有 23 年，是我国历史上朝代更迭较快的一段时间。每个朝代存续的时间过短，加上战争不断，国家财力有限，统治者又不是出身世家大族，因此南朝帝王大都推行简葬。此时南朝的随葬品仍然是以生活用品为主，装饰品较少，陶、青瓷器被大量使用。其中青瓷器是具有南方特色的随葬品。

---

① 南京市博物馆：《南京幕府山东晋墓》，《文物》1990 年第 8 期。
② 南京博物院：《南京富贵山东晋墓发掘报告》，《考古》1966 年第 4 期。

齐武帝萧赜的遗诏对于自己随葬品的要求如下：

> 我识灭之后，身上著夏衣画天衣，纯乌犀导，应诸器悉不得用宝物及织成等，唯装复袷衣各一通。常所服身刀长短二口铁环者，随我入梓宫。祭敬之典，本在因心，东邻杀牛，不如西家禴祭。我灵上慎勿以牲为祭，唯设饼、茶饮、干饭、酒脯而已。天下贵贱，咸同此制。未山陵前，朔望设菜食。陵墓万世所宅，意尝恨休安陵未称，今可用东三处地最东边以葬我，名为景安陵。丧礼每存省约，不须烦民。①

图5-10 陶男侍俑（南朝，南京尧化门墓出土）

资料来源：金维诺总主编《中国美术全集·墓葬及其他雕塑》，第212页。

据《南齐书·豫章文献王传》载，豫章文献王萧嶷对自己死后的随葬物品提出了如下要求。

> 三日施灵，唯香火、盘水、干饭、酒脯、槟榔而已。朔望菜食一盘，加以甘果，此外悉省。葬后除灵，可施吾常所乘舆扇伞。……棺器及墓中，勿用馀物为后患也，朝服之外，唯下铁镮刀一口。作家勿令深，一一依格，莫过度也。②

1977年，新昌县发现一座南朝齐墓。此墓早年被盗，仅发现一些青瓷碎片，经整理，能复原的有盘口壶1件，钵2件，碗2件，石雕小猪2件。③

1978年，新昌县发现一座南朝宋墓。此墓早年被盗，出土文物只有一件青瓷小碗较完整，其余均为青瓷碎片。经修复，有青瓷钵1件，青瓷盘口壶1件，青瓷小碗2件，古钱数枚。④

1980年，江西赣县发现一座南朝齐墓。该墓已被盗，随葬品中的大件器物已被打碎，墓室中部台阶下有22件器形较小的青瓷器，后部有1件小铜镜。这22件青瓷器均为青灰色胎，包括碗4件，杯2件，盘8件，托盘2件，格盘1件，三足炉1件，灶1件，砚2件，水盂1件，铜镜1面。⑤

---

① 《南齐书》卷3《萧赜纪》，第41页。
② 《南齐书》卷22《萧嶷传》，第277页。
③ 新昌县文管会：《浙江新昌十九号南齐墓》，《文物》1983年第10期。
④ 潘表惠：《浙江新昌南朝宋墓》，《文物》1983年第10期。
⑤ 赣州市博物馆：《江西赣县南齐墓》，《考古》1984年第4期。

2008年，南京灵山发现梁代萧子恪墓。该墓早年屡经盗毁，出土遗物多脱离原有位置且残损不堪，经清理，能够分辨器形的尚有陶碟1件，陶钵1件，陶盘1件，陶果盒1件，陶托盘3件，陶唾壶2件，陶灯2件，陶奁盒2件，陶香熏2件，陶凭几2件，陶井1件，陶女俑4件，陶男俑4件，陶仓2件，陶马1件，陶牛车2件，青瓷盘口壶2件，铜钱30枚，铜泡钉7枚，铁钱50枚，铁钉若干，滑石猪1件，石墓志1件。①

1988年，南京发现梁朝桂阳王萧象墓。此墓早年受到破坏，随葬品大多被毁坏，墓内所获完整器、可复原或可辨认器形的遗物仅有陶瓷器、铜器、石器33件，出土时多散布于石门后的甬道内和墓室前部西侧。少数完整器，如滑石猪和瓷盏发现于甬道部分的排水沟中。瓷器4件，器形有唾壶、盏、碟、鸡首壶把；陶器16件，器形有女俑、马、杯、魁、托盘、盘、灯、砚、凭几、香熏盖、屋等；铜钱7枚；石器6件，器形有滑石猪、祭台、门臼、器足、墓志等。②

关于陈宣帝之葬，《陈书》本纪遗诏云："朕爰自遘疾，曾未浃旬，医药不瘳，便属大渐，终始定分，夫复奚言。……凡厥终制，事从省约。金银之饰，不须入圹，明器之具，皆令用瓦。唯使俭而合礼，勿得奢而乖度。以日易月，既有通规，公除之制，悉依旧准。"③要求是简葬，但又说要"俭而合礼，勿得奢而乖度"，这就可能为操办者提供了发挥的空间，从而随俗使随葬品逐渐丰厚。

五 十六国、北朝随葬品

（一）十六国随葬品

304～439年，匈奴、羯、鲜卑、羌及氐为主的少数民族进入中原建立政权，统称十六国。十六国时期是中国历史上最黑暗的时期，"胡人"是当时对北方一些民族的统称，对华夏文明造成了巨大的冲击，因此关于十六国时期的史料相当稀少。我们对这一时期随葬品的研究主要从发掘的十六国陵墓中做出判断。

甘肃玉门发现24座十六国墓葬。这24座墓葬大都被盗，随葬品也基本洗劫一空，共出土随葬品171件。陶器数量较多，大多完整，部分可修复。器型主要有罐、灶、钵、盆、井、甑、仓、器盖、壶、樽、盘等；铜器数量较少，且保存较差，完整者较少，器型有镜、环、叉、钱等；铁器仅见铁镜1件；木器数量有限，器型有簪、

---

① 邵磊：《南京灵山梁代萧子恪墓的发现与研究》，《南京晓庄学院学报》2012年第5期。
② 南京博物院：《梁朝桂阳王萧象墓》，《文物》1990年第8期。
③ 《陈书》卷5《陈宣帝传》，第66页。

梳、笔、刀、𫓹钩、牍、衣物疏等；砖分刻画砖、文字砖；其他还有香包、粉扑、山羊角、云母片、丝织品等。①

2001年，陕西咸阳发现一座十六国时期的墓葬。该墓随葬器物共60余件，大多分布于墓室东、西两侧及棺内。墓室东侧摆放骑马鼓吹乐俑16件，乐俑分前、后两排，每排8骑，面向均朝西，南北排列。前排有击鼓俑5骑，吹角俑3骑，以击鼓为主；后排有吹角俑5骑，击鼓俑2骑，吹排箫俑1骑，以吹角为主。在后排骑马俑的北部、靠近棺木处放有两匹铠马，一匹通体施黄褐色釉，形体比较高大；一匹遍施彩绘，形体略小。在骑马乐俑的后面紧靠东壁处发现一件铁矛。墓室西部以两组牛车和一组辎车为中心，两侧摆放女侍俑和伎乐俑六件；其南侧和前面放置有陶仓、灶、壶、罐、井等日用器模型，陶鸡、狗、猪类禽兽俑及铜□斗、铜釜等实用器。墓室中部放置有铜吊灯和陶连枝灯各一，可惜保存极差，形状不明。棺内主要为墓主随身的装饰品，在其头部发现银钗、铜铃各一，手臂附近发现银镯、指环等，棺底发现大量铜钱币。另外在棺外紧贴墓室北壁中部放置一釉陶虎子。虎子口部残缺，可能是有意打碎，属于一件实用器。②

上述事例说明，十六国的随葬品主要沿承魏晋的简葬用陶制度，但也有少数统治者营建高陵大墓，使用奢侈的随葬品。

（二）北朝随葬品

北朝随葬品大量使用陶俑，陶俑的功能细化有镇墓兽俑、武士俑、文吏俑、女官俑女侍俑、女侍跪俑、女仆俑、役夫俑、骑马武士俑、骑马文吏俑、甲骑具装俑、鼓乐俑、舞蹈俑、骑俑、骑马乐俑、执物骑俑、骑马仪仗俑、驮物骑俑、镇墓俑等。陶俑是这一时期最具特色的随葬品。

关于北魏文成文明皇后冯氏的随葬，《魏书·文成文明皇后冯氏传》中详细交代了。

> 又山陵之节，亦有成命，内则方丈，外裁掩坎，脱于孝子之心有所不尽者，室中可二丈，坟不得过三十余步。今以山陵万世所仰，复广为六十步。辜负遗旨，益以痛绝。其幽房大小，棺椁质约，不设明器。至于素帐、缦茵、瓷瓦之物，亦皆不置。③

---

① 甘肃省文物考古研究所：《甘肃玉门金鸡梁十六国墓葬发掘简报》，《文物》2011年第2期。
② 咸阳市文物考古研究所：《咸阳平陵十六国墓清理简报》，《文物》2004年第8期。
③ 《魏书》卷13《文明文成皇后冯氏传》，第221页。

图5-11 镇墓兽（北朝，河北省磁县湾漳壁画墓出土）

资料来源：中国社会科学院考古研究所编著《考古中华——中国社会科学院考古研究所成立六十年成果荟萃》，第246页。

图5-12 武士俑（北朝，临淄崔氏墓地10号墓出土）

资料来源：张学锋编著《中国墓葬史》，第216页。

图5-13 甲骑具装俑（北朝，河北省磁县湾漳壁画墓出土）

资料来源：中国社会科学院考古研究所编著《考古中华——中国社会科学院考古研究所成立六十年成果荟萃》，第244页。

图5-14 鼓乐俑（北朝，河北省磁县湾漳壁画墓出土）

资料来源：中国社会科学院考古研究所编著《考古中华——中国社会科学院考古研究所成立六十年成果荟萃》，第246页。

图5-15 舞蹈俑（北朝，河北省磁县湾漳壁画墓出土）

资料来源：中国社会科学院考古研究所编著《考古中华——中国社会科学院考古研究所成立六十年成果荟萃》，第245页。

图5-16 骑马仪仗俑（北朝，河北省磁县湾漳壁画墓出土）

资料来源：中国社会科学院考古研究所编著《考古中华——中国社会科学院考古研究所成立六十年成果荟萃》，第245页。

这种既有简葬要求，同时在现实的墓葬中要有所突破的现象还是很常见的。1965年，在洛阳老城盘龙冢村南的邙山半坡发现了北魏元邵（孝文帝之孙）墓。该墓出土陶俑115件，皆为泥质青灰陶，头和身躯分别模制后，插合成整体。全身施粉彩，服饰、甲胄等又加涂朱彩；还有一些陶动物模型，如马、骆驼、驴、牛、猪和镇墓兽等；陶器器形有碗、盘、灯、盒等。[1]

---

[1] 洛阳博物馆：《洛阳北魏元邵墓》，《考古》1973年第4期。

图5-17　彩绘陶俑（北魏，河南洛阳市盘龙冢村元邵墓出土）
资料来源：金维诺总主编《中国美术全集·墓葬及其他雕塑》，第228~229页。

1993年，大同市博物馆发掘了一座北魏时期的墓葬。墓内出土金、银、铜、铁、陶、石、土等各种质地器物195件以及谷物少许。具体情况如下：2件釉陶壶；铜器器形有铺首衔环、泡钉、货币、钏等；金银器器形有金铃、金饰片、银笄、银指环、银环等；铁器器形有棺环、铁镜等；土器器形有泥饼等；还有项链、谷子等。[①]

2000年，山西大同发掘了北魏宋绍祖墓。此墓随葬品达170余件。在雕饰精美的石椁前廊摆放有形貌奇伟的镇墓兽以及全装甲胄的镇墓武士。更多的彩绘陶俑由前廊南侧一直延续摆放到石椁两侧，组成规模盛大的出行队伍。人马有披铠的重装骑兵"甲骑具装"，也有战马不披铠甲、战士帽形作鸡冠状的轻装骑兵，他们护卫的是象征墓主人乘坐的陶制牛车模型。另外，还有数量众多的步兵、侍仆、伎乐俑和动物以及一些生活模型。随葬品主要有镇墓兽、陶俑（镇墓武士俑、甲骑具装俑、鸡冠帽武士俑、男俑、女俑、胡俑等）、动物模型（马、驮粮驴、牛、陶车、猪、羊、狗等）、实物模型（碓、井、灶、磨等）、陶器（罐）、墓铭砖、石供桌、石板、银镯、小镜、琥珀饰件、漆盘等。[②]

1991年，在陕西咸阳发现西魏谢婆仁墓。该墓出土墓志砖1块，五铢钱1枚。[③]

---

① 王银田、韩生存：《大同市齐家坡北魏墓发掘简报》，《文物季刊》1995年第1期。
② 山西省考古研究所、大同市考古研究所：《大同市北魏宋绍祖墓发掘简报》，《文物》2001年第7期。
③ 刘卫鹏：《咸阳西魏谢婆仁墓清理简报》，《考古与文物》2003年第1期。

关于北周明帝宇文毓的随葬品，《周书》本纪有如下的记载：

> 朕禀生俭素，非能力行菲薄，每寝大布之被，服大帛之衣，凡是器用，皆无雕刻。身终之日，岂容违弃此好。丧事所须，务从俭约。敛以时服，勿使有金玉之饰。若以礼不可阙，皆令用瓦。①

北周平阳县伯李彦临终遗诫其子等曰："昔人以橤木为椟，葛藟为缄，下不乱泉，上不泄臭。此实吾平生之志也。但事既矫枉，恐为世士所讥。今可敛以时服，葬于堭塉之地，勿用明器、刍涂及仪卫等。尔其念之。"②朝廷嘉奖赞许李彦的这种行为，遵从其遗愿。

北齐薛琡临终敕其子敛以时服，逾月便葬，不听干求赠官。自制丧车，不加雕饰，但用麻为流苏，绳用网络而已，明器等物并不令置。③

1972年，沁阳西向乡发现北朝墓葬1座。该墓早年被盗，残存随葬品有鸡首壶、瓷碗、瓷盅、铁冠饰。④

1971年，安阳洪河屯村发现北齐武平六年（575）的范粹墓。随葬品丰富，并出土墓志一合。墓内出土陶俑67件，有武士俑，有头戴尖顶或圆顶风帽、外披套衣的鲜卑侍吏俑，还有仪仗俑、男女侍俑、骑马俑以及陶动物模型和镇墓兽等。⑤

2005～2008年，安阳固安发掘了北朝时期的墓葬150余座。东魏墓葬80余座，北齐墓葬50座左右。东魏墓葬和北齐墓葬的随葬物基本上相同。随葬品有白瓷、青瓷、酱釉瓷、黑瓷。其中青瓷有盘口龙柄鸡首壶、四系莲花罐、碗、罐、高足盘、盏。白瓷有白釉绿彩双系罐；酱釉瓷器形有盘口壶、四系罐、盘口束颈鼓腹罐和小盘口罐；黑瓷有瓷碗等。⑥

1979年，山西太原发现北齐娄叡墓。娄叡墓虽遭破坏，但仍保留相当数量的随葬品，经初步整理，尚有870余件。现存随葬遗物中，三百余件放置于墓门外、甬道及墓道两侧。墓门外左右放置镇墓兽，正中有一陶马，在封门砖前有陶罐、壶等。在

---

① 《周书》卷4《明帝纪》，第41页。
② 《周书》卷37《李彦传》，第449页。
③ 《北齐书》卷26《薛琡传》，第371页。
④ 邓宏里、蔡全法：《沁阳县西白发现北朝墓及画像石棺床》，《中原文物》1983年第1期。
⑤ 河南博物馆：《河南安阳北齐范粹墓发掘简报》，《文物》1972年第1期。
⑥ 河南省文物考古研究所：《河南安阳固安墓地考古发掘收获》，《华夏考古》2009年第3期。

图5-18 陶镇墓神兽（北齐，山西太原市王郭村娄叡墓出土）

资料来源：金维诺总主编《中国美术全集·墓葬及其他雕塑》，第261页。

图5-19 陶牛（北齐，山西太原市王郭村娄叡墓出土）

资料来源：金维诺总主编《中国美术全集·墓葬及其他雕塑》，第255页。

图5-20 彩绘陶骆驼（北齐，山西太原市王郭村娄叡墓出土）

资料来源：金维诺总主编《中国美术全集·墓葬及其他雕塑》，第258页。

图5-21 青瓷灯（北齐，娄叡墓出土）

资料来源：张学锋编著《中国墓葬史》，第229页。

图5-22 彩绘陶镇墓俑（北齐，山西太原市王郭村娄叡墓出土）

资料来源：金维诺总主编《中国美术全集·墓葬及其他雕塑》，第261页。

墓道北端和甬道两侧放置武士俑137件、文吏俑107件、女俑53件、骑俑6件和役夫俑1件，并有陶厕1件。墓室内的随葬品在砖砌棺床上有玉佩、陶俑、瓷灯和盘等。棺床以东放置一组8件石柱础和石狮，从其位置和造型看，可能为帷幔、屏风或布障的支撑物。东南部有生活用具中的瓷盘、碗、罐、灯；陶俑类有武士俑、文吏俑、女俑、骑马武士俑、骑马乐俑等；陶牲畜有马、驮马、牛、骆驼、猪、羊、鸡、狗；陶模型器有井、仓、臼、磨；装饰品有料珠和玉佩。

西南角和西南根有瓷灯、陶仓、陶灶、陶厕、牲畜和武士俑、文吏俑、女俑、骑俑等。金饰出土在北墙根盗洞下。现分类介绍：陶俑610件，器形有镇墓武俑、武士俑、文吏俑、女官俑、女侍俑、女侍跪俑、女仆俑、役夫俑、骑马武士俑、骑马文吏俑、骑俑、骑马乐俑、执物骑俑、驮物骑俑、镇墓俑等。陶牲畜 42 件，器形有马、驮马、骆驼、牛、猪、卧羊、卧狗、鸡等。陶模型 16 件，器形有仓、碓、磨、灶、井、厕等。瓷器 76 件，器形有二彩盂、灯、盘、贴花瓶、罐、螭柄鸡首壶、托杯、扣盒、碗等。陶器 13 件，器形有罐、瓶、壶、碗等。装饰品 85 件，器形有金饰、琥珀兽、蚌人、蚌饰、玉璜、玉佩、珠、残银饰、残铜饰、铁饰等。石刻 17 件，器形有石狮、石柱础。其他随葬品还有瓦当、汞、丝织品、墓志等。[①]

北周宇文俭墓位于陕西咸阳。宇文俭墓共出土文物 166 件，其中陶器 156 件，器形有武士俑、镇墓兽、骑马俑、风帽俑、骑马乐俑、仪仗俑、笼冠俑、陶狗、陶鸡、陶仓、陶灶、陶罐、陶碓等。玉器（玉璧）2 件；铜镜 1 件；铁器 6 件，器形有锁、门钉、门环等；墓志 1 盒。[②]

1983 年，宁夏固原发掘北周柱国大将军大都督李贤夫妇合葬墓，此墓被严重盗掘。置于甬道西部的陶俑及墓室门口的墓志均被移动，许多陶俑被损坏，现存随葬品多集中在甬道、墓室门口及墓室东南角、西南角。甬道内密集排列彩绘陶俑，已被塌土压倒倾斜，但从甬道东部的陶俑看，排列位置大致清楚。从甬道门限处开始，前面左右各放置 1 件独角镇墓兽。西侧的较大，涂红彩；东侧的较小，涂黑彩。其后各置镇墓武士俑 1 件，西侧的头戴尖顶兜鍪，东侧的戴平顶盔。以后依次排列具装甲骑俑、风帽俑、武官俑、女官俑、文吏俑各一排，骑马俑两排，间置男胡俑、女侍俑。在甬道口和墓门东侧发现散置的墓志两合，墓门东侧的志石压在装有谷物的灰陶罐及陶俑之上。墓室东南角主要放置陶制的井、磨、灶、碓、房屋、鸡、马、骆驼等，西南角放置陶制的盆、钵、罐、马、牛等。在墓室西壁下部与女棺之间，有被早年塌土掩埋而未被盗走的鎏金银壶、玻璃碗各 1 件。女棺内中部左侧有金戒指 1 枚。男棺内相当死者胸腹处有玉璜 1 件，稍下右侧有玉佩 1 对，左右两侧各有蛋形石珠 2 枚，上百枚玛瑙珠分散在棺内前半部。棺椁间右侧有带鞘铁刀 1 把。墓室东半部几乎被盗掘一空，只是在后部出土银提梁小壶 1 件，银匙 1 件，银筷 1 双，小陶盆 1 件。全部随葬品共计 300 余件。[③]

北朝也有多位君主明确提出死后实行简葬，不得使用金银珠宝。这一时期墓葬中普遍使用陶器，尤其是作为礼仪用品的各类型陶俑极具特色。北朝时的随葬品具有少数民族特色但是总体上仍是延续魏晋的随葬制度，使用廉价陶器陪葬是当时的社

---

① 山西省考古研究所、太原市文物管理委员会：《太原市北齐娄叡墓发掘简报》，《文物》1983 年第 10 期。
② 陕西省考古研究所：《北周宇文俭墓清理发掘简报》，《考古与文物》2001 年第 3 期。
③ 宁夏回族自治区博物馆、宁县固原博物馆：《宁夏固原北周李贤夫妇墓发掘简报》，《文物》1985 年第 11 期。

会风气。

与汉朝相比，魏晋南北朝时期在随葬品使用上无论是在数量上还是在贵重程度上都大幅下降，墓葬整体呈简葬、薄葬的特点。之所以会出现这种重大转折：一方面是因为汉朝的厚葬坟墓大多被盗，促使统治者放弃厚葬采取薄葬；另一方面是因为长时间的分裂与战争导致社会混乱不堪和经济衰退，致使统治者没有精力和财力营造庞大的陵墓。这一时期除孙吴的随葬品繁多奢华外，其他大都提倡简葬，因此这一时期的随葬品普遍使用陶器、瓷器等廉价的物品，而金银玉器及铜铁器等使用较少，甚至只用四时衣物。

第三节 赙物与赠官

一 赙物

赙物是指王公大臣死后，统治者为示恩宠而给予死者的葬具及治丧财物上的赏赐。魏晋南北朝时期，官员死后最常得到的赏赐是棺椁、钱、布帛。棺椁供死者使用，钱和布帛用于治丧的费用。

（一）三国时期

1. 曹魏

曹操提倡薄葬，此时给予大臣赙物的例子不常见于史料。但从以下史料可知，魏国的赙物也是给予葬具和治丧费用。

史书关于恭王曹衮记载："其年薨。诏沛王（曹）林留讫葬，使大鸿胪持节典护丧事，宗正吊祭，赠赗甚厚。"[①] 具体赠什么我们不知道，但可以肯定是有赙物的，并且应该不会太少。

《魏志·韩暨传》注引《楚国先贤传》：

> 暨临终遗言曰："夫俗奢者，示之以俭，俭则节之以礼。历见前代送终过制，失之甚矣。若尔曹敬听吾言，敛以时服，葬以土藏，穿毕便葬，送以瓦器，慎勿有增益！"又上疏曰："生有益于民，死犹不害于民。况臣备位台司，在职

[①]《三国志》卷20《曹衮传》，第436页。

日浅，未能宣扬圣德以广益黎庶。寝疾弥留，奄即幽冥。方今百姓农务，不宜劳役，乞不令洛阳吏民供设丧具。惧国典有常，使臣私愿不得展从，谨冒以闻，惟蒙哀许。"帝得表嗟叹，乃诏曰："……曾参临没，易箦以礼；晏婴尚俭，遣车降制。今司徒知命，遗言恤民，必欲崇约，可谓善始令终者也。其丧礼所设，皆如故事，勿有所阙。特赐温明、秘器，衣一称，五时朝服，玉具剑佩。"①

魏明帝虽然赞赏韩暨要求简葬的这种行为，却赠给他秘器、衣服、剑佩等物品。帝王的行为在按照所谓的"故事"进行，而个人的意愿虽然会被尊重，但由于与现实规定有一定的差异，往往会受到不同程度的影响。

2. 蜀汉

蜀国丞相诸葛亮遗命葬汉中定军山，因山为坟，冢足容棺，敛以时服，不须器物。后主刘禅诏策曰："今使使持节左中郎将杜琼，赠君丞相武乡侯印绶，谥君为忠武侯。"②后主刘禅对视之如父的诸葛亮尚且只是赠送印绶和给予谥号，并没有赏赐其他的物品。从这里我们看以看出，蜀国或者因为当时确实希望实行简葬，或者还有其他原因而不盛行赗物之风。

3. 孙吴

出身江东大族的东吴孙氏对待丧葬的态度与魏蜀不同，孙吴盛行厚葬之风，因此朝廷给予大臣的赗物较为丰厚。

周瑜，官至都督、偏将军、南郡太守。"时年三十六。权素服举哀，感动左右。丧当还吾，又迎之芜湖，众事费度，一为供给。"③这是孙权政权对周瑜去世的最高礼遇，即周瑜去世的"赗物"是由国家供给丧事的一切费用。

董袭，官至偏将军。"袭死，权改服临殡，供给甚厚。"④说的是同样的情况，即由政府来保障去世重臣的丧事费用。

相对于曹魏和蜀汉来说，孙吴赗物应该说是非常丰厚的。这与孙吴政权依靠江东世家大族的力量有着一定的关系。

(二) 两晋

西晋时，皇帝给大臣赠予的赗物是棺椁、衣服、绯练、绢布、钱、谷等。与三

---

① 《三国志》卷24《韩暨传》，第505～506页。
② 《三国志》卷35《诸葛亮传》，第689页。
③ 《三国志》卷54《周瑜传》，第935页。
④ 《三国志》卷55《董袭传》，第955页。

国相比,晋朝赗物更加丰厚,动辄给钱百万;赗物的种类有了详细的规定,给予葬具与钱基本是有定例的。其中朝廷就曾经规定后死的诸侯王相关赗物都参照司马孚的故事,说明此时的礼仪制度逐渐成熟。

晋安平献王司马孚泰始八年(272)薨。皇帝于太极东堂举哀三日,诏曰:"王勋德超世,尊宠无二,期颐在位,朕之所倚。庶永百龄,谘仰训导,奄忽殂陨,哀慕感切。其以东园温明秘器、朝服一具、衣一袭、绯练百匹、绢布各五百匹、钱百万、谷千斛以供丧事。"①这为后来的等级制赗赠定下规矩的同时,也树立了一个标杆,后来一些相同等级的人去世后都达到甚至超过了这一标杆。

王是这样,大臣也是这样,要给予与其身份等级相符的赗赠。王祥是晋武帝时的重臣,官至太保,封爵为公。他本人提倡薄葬,但"泰始五年薨,诏赐东园秘器,朝服一具,衣一袭,钱三十万,布帛百匹"。②也就是说,晋武帝给予了相当优渥的赗赠。只是王祥死后所受赗赠比司马孚等诸侯王要少,可见朝廷大臣的赗赠是要略低于诸侯王的。

当然也有一些特殊人物会受到特殊的待遇。东晋名臣王导,"咸康五年薨,时年六十四。帝举哀于朝堂三日,遣大鸿胪持节监护丧事,赗襚之礼,一依汉博陆侯及安平献王故事。及葬,给九游辒辌车、黄屋左纛、前后羽葆鼓吹、武贲班剑百人,中兴名臣莫与为比"。③可以说,这种待遇是其他大臣无法比拟的。我们知道,王导作为一名大臣,皇帝赠予他的赗物与宗室安平献王司马孚的相差无几。这不仅因为王导是东晋始创的重要人物,而且还因为王氏家族在东晋的地位极为显赫。

两晋其他宗室与大臣的赗物,详见表5-1、表5-2。

表5-1 两晋宗室赗物

人物	爵位	卒前官职	赗物	在位皇帝	出处
司马孚	安平王	太宰、持节、都督中外诸军事	东园温明秘器,朝服一具,衣一袭,绯练百匹,绢布各五百匹,钱百万,谷千斛以供丧事	晋武帝	《晋书》卷37《司马孚传》
司马望	义阳王	大司马	赗赠有加	晋武帝	《晋书》卷37《司马望传》
司马亮	汝南王	太宰、录尚书事	东园温明秘器,朝服一袭,钱三百万,布绢三百匹	晋惠帝	《晋书》卷59《司马亮传》

---

① 《晋书》卷37《司马孚传》,第711页。
② 《晋书》卷33《王祥传》,第645页。
③ 《晋书》卷65《王导传》,第1162页。

表5-2 两晋大臣赙物

人物	爵位	卒前官职	赙物	在位帝王	出处
王祥	睢陵公	太保	东园秘器，朝服一具，衣一袭，钱三十万。布帛百匹	晋武帝	《晋书》卷33《王祥传》
郑冲	寿光公	太傅	秘器，朝服，衣一袭，钱三十万，布百匹	晋武帝	《晋书》卷33《郑冲传》
何曾	朗陵公	大司马、侍中、太傅	东园秘器，朝服一具，衣一袭，钱三十万。布百匹	晋武帝	《晋书》卷33《何曾传》
石苞	乐陵郡公	司徒	秘器，朝服一具，衣一袭，钱三十万。布百匹	晋武帝	《晋书》卷33《石苞传》
羊祜	关内侯	征南大将军	东园秘器，朝服一袭，钱三十万。布百匹	晋武帝	《晋书》卷34《羊祜传》
裴秀	钜鹿郡公	司空	秘器，朝服一具，衣一袭，钱三十万，布百匹	晋武帝	《晋书》卷35《裴秀传》
王沈	博陵郡公	散骑常侍、统城外诸军事	秘器，朝服一具，衣一袭，钱三十万，布百匹，葬田一顷	晋武帝	《晋书》卷39《王沈传》
荀𫖮	临淮公	太子太傅、侍中、太尉	温明秘器，朝服一具，衣一袭	晋武帝	《晋书》卷39《荀𫖮传》
荀勖	济北郡侯	尚书令	东园秘器，朝服一具，钱五十万，布百匹	晋武帝	《晋书》卷39《荀勖传》
冯紞	*	散骑常侍	钱二十万，床帐一具	晋武帝	《晋书》卷39《冯紞传》
贾充	鲁郡公	使持节、假黄钺、大都督	东园秘器，朝服一具，衣一袭，大鸿胪护丧事，假节钺、前后部羽葆、鼓吹、缇麾，大路、銮路、辒辌车，帐下司马大车，椎斧文衣武贲、轻车介士	晋武帝	《晋书》卷40《贾充传》
魏舒	剧阳子	司徒	赗赙优厚	晋武帝	《晋书》卷41《魏舒传》
唐彬	上庸县侯	使持节、前将军、领西戎校尉、雍州刺史	绢二百匹，钱二十万	晋惠帝	《晋书》卷42《唐彬传》
山涛	新沓伯	司徒	东园秘器，朝服一具，衣一袭，钱五十万，布百匹，（将葬）钱四十万，布百匹	晋武帝	《晋书》卷43《山涛传》
郑袤	密陵侯	仪同三司	秘器、朝服一具，衣一袭，钱三十万，绢布各百匹	晋武帝	《晋书》卷44《郑袤传》
李胤	广陆侯	司徒	赐胤家钱二百万，谷千斛，灌家半之	晋武帝	《晋书》卷44《李胤传》

续表

人物	爵位	卒前官职	赗物	在位帝王	出处
卢钦	大梁侯	尚书仆射、侍中、奉车都尉、领吏部	秘器、朝服一具，衣一袭，布五十匹，钱三十万	晋武帝	《晋书》卷44《卢钦传》
华表	观阳伯	太中大夫	朝服	晋武帝	《晋书》卷44《华表传》
刘颂	梁郡县侯	光禄大夫	钱二十万，朝服一具	晋武帝	《晋书》卷46《刘颂传》
侯史光	临海侯	少府	朝服一具，衣一袭，钱三十万，布百匹（家钱五十万）	*	《晋书》卷45《侯史光传》
王导	始兴郡公	丞相	赗襚之礼，一依汉博陆侯及安平献王故事	晋成帝	《晋书》卷65《王导》
庾峻	关中侯	侍中、谏议大夫	诏赐朝服一具，衣一袭，钱三十万	*	《晋书》卷50《庾峻传》
温峤	始安郡公	骠骑将军、开府仪同三司、散骑常侍	钱百万，布千匹	晋成帝	《晋书》卷67《温峤传》
荀崧	平乐伯	右光禄大夫、开府仪同三司、录尚书事	钱百万，布五千匹（因改葬赐钱）	晋成帝	《晋书》卷75《荀崧传》
蔡谟	济阳男	光禄大夫、开府仪同三司	赗赠之礼（一依太尉陆玩故事）	晋穆帝	《晋书》卷77《蔡谟传》
诸葛恢	建安伯	侍中、金紫光禄大夫	赗赠之礼（一依太尉兴平伯故事）	晋穆帝	《晋书》卷77《诸葛恢传》
鲁芝	阴平侯	光禄大夫、位特进、给吏卒	赗赠有加，赐茔田百亩	晋武帝	《晋书》卷90《鲁芝传》
羊琇	甘露亭侯	中护军、散骑常侍	东园秘器，朝服一袭，钱三十万，布百匹	晋武帝	《晋书》卷93《羊琇传》

说明：*为情况不明。

（三）南朝

南朝的四个朝代存亡时间都较短、政治局面混乱、社会经济衰退，加上统治者大都勤俭克己等原因，因此当时的赗物无论是种类还是数量都比两晋要少。

1. 宋朝

宋朝时，赗物之风不兴盛，无论是宗室还是大臣死后能获得赗物的人都是稀少的。宋与两晋相比，赗物极为简薄，连宗室死后得到的赏赐都极少。

刘义真，宋武帝刘裕的次子。景平二年（424）六月癸未，徐羡之等派遣使者杀死刘义真。皇帝诏曰："乃者权臣陵纵，兆乱基祸，故吉阳令张约之抗疏矢言，至诚慷慨，遂事屈群丑，殒命遐疆，志节不申，感焉兼至。昔关老奏书，见纪汉策，阎纂献规，荷荣晋代。考其忠概，参迹前踪，宜加旌显，式扬义烈。可赠以一郡，赐钱十万，布百匹。"①身份显赫，但死后只有赐钱十万，布百匹，与东晋时的同等级人物相比是相当寒酸的。

刘延孙，官至侍中、尚书左仆射、护军将军。死后皇帝诏曰："故司徒文穆公延孙，居身寡约，家素贫虚，每念清美，良深凄叹。葬送资调，固当阙乏，可赐钱三十万，米千斛。"②皇帝念刘延孙清廉、家贫，故赐钱和米来资助办丧事。应该说这属于特例之类，如果不是家贫，则不可能得到皇帝如此多的赗赠。

刘秀之，官至使持节，散骑常侍，都督雍、梁、南北秦四州、郢州之竟陵、随二郡诸军事，安北将军，宁蛮校尉，雍州刺史。大明八年（464）卒，"上以其莅官清洁，家无余财，赐钱二十万，布三百匹"。③同样是因为为官清廉，家无积财而得到皇帝的特别眷顾。

徐豁，元嘉五年（428）卒，宋太祖下诏曰："豁廉清勤恪，著称所司，故擢授南服，申其才志。不幸丧殒，朕甚悼之。可赐钱十万，布百匹，以营丧事。"④也是以清廉之名而得到赗赠。

以上四人既有皇族也有普通大臣，他们所获得赗物只是钱、米、布帛等。其他官员的情况也大致如此，如袁淑去世后，说是"赐赗甚厚"，但具体不详。陆徽做过持节、督益宁二州诸军事、宁朔将军、益州刺史等，死后也是被赐"钱十万、米二百斛"。

2. 南齐

南齐的赗物也很简薄，并且种类也不齐全，很多大臣只是获得治丧费用而没有被赐予葬具。南齐赗物的特别之处是朝廷开始赐蜡。

豫章文献王萧嶷，南齐高帝萧道成第二子，永明十年（492）薨。当时在位皇帝萧赜诏曰：

> 嶷明哲至亲，勋高业始，德懋王朝，道光区县，奄至薨逝，痛酷抽割，不能自胜，奈何奈何！今便临哭。九命之礼，宜备其制。敛以衮冕之服，温明秘器，

---

① 《宋书》卷61《刘义真传》，第1083页。
② 《宋书》卷78《刘延孙传》，第1335页。
③ 《宋书》卷81《刘秀之传》，第1375页。
④ 《宋书》卷92《徐豁传》，第1509页。

命服一具，衣一袭，丧事一依汉东平王故事，大鸿胪持节护丧事，大官朝夕送奠。大司马、太傅二府文武悉停过葬。①

萧嶷的赗物在南齐是规格很高的，棺木、寿衣齐全，理论上是按东汉时的"东平王故事"。

大臣则要逊色一些，却出现了赐蜡的现象。褚渊，官至司空、骠骑将军、侍中、录尚书。死时，家无余财，负债数十万，诏曰："司徒奄至薨逝，痛怛恸怀，比虽尫瘵，便力出临哭。给东园秘器，朝服一具，衣一袭，钱二十万，布二百匹，蜡二百斤。"②赐给其他宗室和大臣的赗赠当中同样有送蜡的，如萧赤斧、褚渊、柳世隆等。南齐其他宗室、大臣的赗物情况，详见表5-3、表5-4。

表5-3　南齐宗室赗物

人物	爵位	卒前官职	赗物	出处
萧昭文	海陵王	*	温明秘器，衣一袭，敛以衮冕之服。大鸿胪监护丧事，辒辌车，九旒大辂，黄屋左纛，前后部羽葆鼓吹，挽歌二部	《南齐书》卷5《萧昭文传》
萧嶷	豫章郡王	大司马	敛以衮冕之服，温明秘器，命服一具，衣一袭，大鸿胪持节护丧失	《南齐书》卷22《萧嶷传》
萧映	临川王	开府仪同三司、侍中、骠骑将军	东园秘器，朝服一具，衣一袭	《南齐书》卷35《萧映传》
萧晃	长沙王	车骑将军、侍中	东园秘器，朝服一具，衣一袭	《南齐书》卷35《萧晃传》
萧晔	武陵王	卫将军、开府仪同三司	东园秘器，朝服	《南齐书》卷35《萧晔传》
萧景先	新吴县侯	征虏将军、丹阳尹	钱十万、布二百匹	《南齐书》卷38《萧景先传》
萧赤斧	南丰县伯	事中、太子詹事	钱五万，上材一具，布百匹，蜡二百斤	《南齐书》卷38《萧赤斧传》
萧子良	竟陵王	太傅、尚书令，督南徐州	东园温明秘器、敛以衮冕之服	《南齐书》卷40《萧子良传》
萧缅	安陆王	使持节、都督雍梁南北秦四州荆州之竟陵司州之随郡军事、左将军、宁蛮校尉、雍州刺史	赗钱十万、布二百匹	《南齐书》卷45《萧缅传》

说明：*表示情况不明。

---

① 《南齐书》卷22《萧嶷》，第276页。
② 《南齐书》卷23《褚渊传》，第287页。

表5-4　南齐大臣赙物

人物	爵位	卒前官职	赙物	出处
褚渊	*	司空、骠骑将军、侍中、录尚书如故	东园秘器，朝服一具，衣一袭，钱二十万，布二百匹，蜡二百斤	《南齐书》卷23《褚渊传》
柳世隆	贞阳县侯	左光禄大夫、侍中	东园秘器，朝服一具，衣一袭，钱一十万，布三百匹，蜡三百斤	《南齐书》卷24《柳世隆传》
李安民	康乐侯	安东将军、吴兴太守、散骑常侍	钱十万，布百匹	《南齐书》卷27《李安民传》
崔祖思	*	镇虏将军、假节、督青冀二州刺史	钱三万，布五十匹	《南齐书》卷28《崔祖思传》
刘善明	新淦伯	征虏将军、淮南宣城二郡太守	钱三万，布五十匹	《南齐书》卷28《刘善明传》
周山图	广晋县男	竟陵王镇北司马、南平昌太守、将军	朝服一具，衣一袭	《南齐书》卷29《周山图传》
薛渊	竟陵侯	持节、督司州军事、司州刺史、右将军、平北将军	钱五万，布五百匹	《南齐书》卷30《薛渊传》
戴僧静	兴平县侯	庐陵王中军司马、高平太守、将军	钱五万，布百匹	《南齐书》卷30《戴僧静传》
江斅	*	秘书监、晋安王师	钱三万，布百匹	《南齐书》卷43《江斅传》

说明：*表示情况不明。

3. 梁朝

梁朝的赙物主要是葬具和钱物。这一时期的赙物数量上不是太多，但被给予棺木和钱物的大臣还是比较多的（见表5-5）。如开国侯柳庆远所得赙物就是钱和布，萧宏、萧伟等人得到的就是葬具和象征身份地位的衮服等物。萧宏曾官至使持节、都督扬、南徐州诸军事、太尉、扬州刺史、侍中等，而萧伟做过中书令、大司马，地位都不低。

云杜侯柳庆远，官至使持节，都督雍、梁、南、北秦四州郢州之竟陵司州之随郡诸军事，安北将军，宁蛮校尉，雍州刺史。时年五十七卒，诏曰："器识渊旷，思怀通雅。爰初草昧，预属经纶；远自升平，契阔禁旅。重牧四藩，方弘治道，奄至殒丧，伤恸于怀。宜追荣命，以彰茂勋。可赠侍中、中军将军、开府仪同三司，鼓吹、侯如故。谥曰忠惠。赙钱二十万，布二百匹。"[①] 已经非常丰厚，其他官员则从赐钱三万到二十万不等，未有超过二十万的。

---

① 《梁书》卷9《柳庆远传》，第124页。

表5-5 梁朝大臣赗物

人物	卒前官职	赗物	出处
王骞	度支尚书、加给事中、领射声校尉	赗钱三十万，布三百匹	《南史》卷22《王骞传》
王茂	使持节、散骑常侍、骠骑将军、开府同三司之仪、都督江州诸军事、江州刺史	钱三十万、布三百匹	《梁书》卷9《王茂传》
曹景宗	侍中、中卫将军、江州刺史	赗钱二十万，布三百匹	《梁书》卷9《曹景宗传》
柳庆远	使持节、都督雍、梁、南、北秦四州郢州之竟陵司州之随郡诸军事，安北将军，宁蛮校尉，雍州刺史	赗钱二十万，布二百匹	《梁书》卷9《柳庆远传》
萧颖达	信威将军、右卫将军	东园秘器，朝服一具，衣一袭，钱二十万，布二百匹	《梁书》卷10《萧颖达传》
蔡道恭	平北将军、持节、都督司州诸军事、司州刺史、汉寿县伯	丧榇（棺材），随宜资给	《梁书》卷10《蔡道恭传》
郑绍叔	左将军，加通直散骑常侍，领司、豫二州大中正	东园秘器，朝服一具，衣一袭，凶事所须，随由资给	《梁书》卷11《郑绍叔传》
吕僧珍	散骑常侍、领军将军、平固县开国侯	东园秘器，朝服一具，衣一袭，丧事所须，随由备办	《梁书》卷11《吕僧珍传》
席阐文	出为东阳太守，又改封湘西	赗钱三万，布五十匹	《梁书》卷12《席阐文传》
韦叡	散骑常侍、护军将军、鼓吹一部	东园秘器，朝服一具，衣一袭，钱十万，布二百匹，丧事取给于官	《梁书》卷12《韦叡传》
沈约	特进，光禄、侍中、少傅	钱五万，布百匹	《梁书》卷13《沈约传》
江淹	散骑常侍、左卫将军、临沮县开国伯、金紫光禄大夫、醴陵侯	钱三万，布五十匹	《梁书》卷14《江淹传》
谢朓	侍中、司徒、中书监、卫将军	东园秘器，朝服一具，衣一袭，钱十万，布百万，蜡百斤	《梁书》卷15《谢朓传》
王亮	中书监、散骑常侍	钱三万，布五十匹	《梁书》卷16《王亮传》

由以上宋、齐、梁三个朝代的大臣赗物赗赠可知，"刘宋萧齐梁朝诸侯王之下朝廷重臣死后，朝廷追赠官谥、赗赠与葬送之仪确实基本相同"[①]应该是可信的。

4. 陈朝

陈朝赗赠没有成熟的制度。不管是对宗室还是对大臣，此时赐予钱物大多没有提到具体数目，只提到由皇家承担王公大臣的治丧费用以替代赗物的形式。

---

① 陈戍国：《中国礼制史·魏晋南北朝卷》，第294页。

陈拟是宗室，官至丹阳尹、散骑常侍。"天嘉元年卒，时年五十八。赠领军将军，凶事所须，并官资给。"①没有东园或温明秘器，只是官方把丧事给办了。陈昌的情况有所不同，他被赐赠"东园温明秘器"，但同时则有"宾送所须，随由备办"，②即全部由皇家承担丧事费用。

大臣的情况也是这样，除了大部分由皇家承担丧事费用外，还有赐赠东园秘器等一般只有皇家成员才能享受的待遇。司马申，官至散骑常侍、右卫将军、东宫通事舍人。至德四年（586）卒，后主嗟悼久之，下诏曰："慎终追远，钦若旧则，阖棺定谥，抑乃前典。故散骑常侍、右卫将军、文招县开国伯申，忠肃在公，清正立己，治繁处约，投躯殉义。朕任寄情深，方康庶绩，奄然化往，伤恻于怀。可赠侍中、护军将军、进爵为侯，增邑为五百户，谥曰忠。给朝服一具，衣一袭，克日举哀，丧事所须，随由资给。"③一应费用由皇家负担。侯瑱做过使持节，都督湘、桂、郢、巴、武、沅六州诸军事，湘州刺史等官，最后封零陵郡公，他的丧事得到"东园秘器"的赐赠。沈恪也是在全部丧事费用由国家负担之后，被赐赠"东园秘器"。陈朝大臣的赐物，见表5-6。

表5-6　陈朝大臣赐物

人物	卒前官职	赐物	出处
侯瑱	使持节，都督湘、桂、郢、巴、武、沅六州诸军事，湘州刺史，零陵郡公	东园秘器	《陈书》卷8《侯瑱传》
侯安都	都督江吴二州诸军事、征南大将军、江州刺史	丧事所须，务加资给	《陈书》卷9《侯安都传》
杜棱	侍中、右光禄大夫、鼓吹一部，将军、佐史、扶并如故	丧事所须，并令资给	《陈书》卷12《杜棱传》
沈恪	散骑常侍、特进、金紫光禄大夫	东园秘器，丧事所须，并令资给	《陈书》卷12《沈恪传》
王通	左仆射、侍中、安右将军、左光禄大夫	鼓吹一部	《陈书》卷17《王通传》
王固	太中大夫、太常卿、南徐州大中正	丧事所须，随由资给	《陈书》卷21《王固传》
沈君理	尚书右仆射、领吏部、侍中	丧事所须，随由资给	《陈书》卷23《沈君理传》
王瑒	侍中、左仆射、参掌选事、侍中	丧事随所资给	《陈书》卷23《王瑒传》
陆缮	左仆射、领扬州大中正、别敕令	丧事所须，量加资给	《陈书》卷23《陆缮传》
孙瑒	五兵尚书、领右军将军、侍中	朝服一具，衣一袭，丧事量加资给	《陈书》卷25《孙瑒传》

---

① 《陈书》卷15《陈拟传》，第150页。
② 《陈书》卷14《陈昌传》。
③ 《陈书》卷29《司马申传》，第269页。

续表

人物	卒前官职	赗物	出处
徐陵	侍中、安右将军、左光禄大夫、太子少傅、南徐州大中正	丧事所须，量加资给	《陈书》卷26《徐陵传》
宗元饶	尚书左丞、御史中丞、左民尚书、右卫将军、领前将军、吏部尚书	官给丧事	《陈书》卷29《宗元饶传》
司马申	散骑常侍、右卫将军、东宫通事舍人	朝服一具，衣一袭，丧事所须，随由资给	《陈书》卷29《司马申传》
萧济	仁威将军、扬州刺史	官给丧事	《陈书》卷30《萧济传》
陆琼	度支尚书	官给丧事	《陈书》卷30《陆琼传》
谢贞	招远将军	米一百斛，布三十匹	《陈书》卷32《谢贞传》
杜之伟	大匠卿、太中大夫	钱五万，布五十匹，棺一具	《陈书》卷34《杜之伟传》
颜晃	员外散骑常侍、中书舍人	墓地	《陈书》卷34《颜晃传》
岑之敬	鄱阳王中卫府记室、镇北府中录事参军、南台治书侍御史、征南府谘议参军	赗赠甚厚	《陈书》卷34《岑之敬传》

从以上各表的赗赠人数来看，相对来说，宋朝获得赗赠的人数是最少的，齐、梁有所增加，而陈朝是最多的。再从四个朝代赗物的内容来看，宋是最简单的，主要是钱布或米；齐和梁两个国家给予东园秘器、衣服、钱、布和蜡，在这四个朝代中算是较丰盛的；陈朝大多实行的是由朝廷承担治丧费用作为赗物的一种形式，同时还有一些赗赠，是几个朝代中最丰厚的。

（四）北朝

1. 北魏

"北魏文成帝以前，诏赠赗物的现象并非突出。据统计，道武帝时期并无其例，明元帝时期6例，太武帝时期3例，文成帝时期3例，在内容上，明元帝时，'大臣及宠幸贵臣'薨，常见的赗赠品是温明秘器。"[①]《魏书》卷34《王洛儿传》载："永兴五年卒。赠太尉、建平王，赐温明秘器，载以辒辌车。"[②]"太武、文成时期，朝廷予亲贵功臣的赗物在种类上有所增加。"[③]《魏书》卷31《于栗䃢传》载："卒，年七十五。赐东园秘器、朝服一具、衣一袭。"[④]可以看出，此期的赗赠是比较简单的。

---

① 谢宝富：《北朝婚丧礼俗研究》，第113页。
② 《魏书》卷34《王洛儿传》，第539页。
③ 谢宝富：《北朝婚丧礼俗研究》，第113页。
④ 《魏书》卷31《于栗䃢传》，第496页。

谢宝富认为，"北魏孝文帝至孝明帝世是北魏诏赠赙物的鼎盛时期。在史例上，据统计，孝文帝世30例，宣武帝世17例，孝明帝世24例；在赙赐的种类上包括温明、祕器、命服、朝服、衣、帛、绢、锦布、彩、谷物、钱、蜡、黄金、冰等15种之多；在规模上，王公阶层死后，所赙的帛、绢、布、谷、钱、蜡等动辄即有千匹或十万之多。无论在史例数量，还是在赙赐的种类及规模上皆远远地超过了孝文帝以前的时期，这是此时期厚葬习俗盛行的见证"。①他的观点是比较可信的。

元勰，献文帝子，孝文帝元宏的弟弟。元勰得到孝文帝信任，官至尚书、侍中、辅政王，孝文帝死后辅佐宣武帝元恪。但因受到宣武帝及宣武帝舅舅高肇的怀疑，被迫在508年自杀。"世宗为举哀于东堂，给东园第一秘器、朝服一袭、赙钱八十万、布二千匹、蜡五百斤，大鸿胪护丧事。"②死后赙赠极丰，待遇极高。

尉元，官至司徒。"八月，元薨，时年八十一。诏曰：'元至行宽纯，仁风美富，内秉越群之武，外挺温懿之容。自少暨长，勋勤备至，历奉五朝，美隆四叶，南曜河淮之功，北光燕然之效，鲁宋怀仁，中铉载德。所谓立身备于本末，行道著于终始，勋书玉牒，惠结民志者也。爰及五福攸集，悬车归老。谦损既彰，远近流咏，陟兹父事，仪我万方。谓极眉寿，弥赞王业。天不遗老，奄尔薨逝。念功惟善，抽怛于怀。但戎事致夺，恨不尽礼耳。可赐布帛彩物二千匹、温明秘器、朝衣一袭，并为营造坟域。'谥曰景桓公。葬以殊礼，给羽葆鼓吹、假黄钺、班剑四十人，赐帛一千匹。"③可见当时的赙赠已经非常丰厚。

北魏其他宗室和大臣的赙物，详见表5-7、表5-8。

表5-7　北魏宗室赙物

人物	爵位	卒前官职	赙物	出处
拓跋熙	阳平王	*	温明秘器、礼物备焉	《魏书》卷16《拓跋熙传》
拓跋桢	南安王	镇北大将军、相州刺史	赠帛一千匹。及葬，又赐帛千匹	《魏书》卷19《拓跋桢传》
拓跋幹	赵郡王	都督中外诸军事	东园秘器、敛服十五称、帛三千匹	《魏书》卷21《拓跋幹传》
元勰	彭城王	辅政王	东园第一秘器、朝服一具、钱八十万、布二千匹、蜡五百斤	《魏书》卷21《元勰传》

---

① 谢宝富：《北朝婚丧礼俗研究》，第114页。
② 《魏书》卷21《元勰传》，第391页。
③ 《魏书》卷50《尉元传》，第753页。

表5-8 北魏大臣赗物

人物	爵位	卒前官职	赗物	出处
车尹洛	前部王	上将军	绵绢杂彩五百匹，衣二十七袭	《魏书》卷30《车尹洛传》
于栗䃅	新安公	使持节、都督衮相二州诸军事、镇南将军、枋头都将、外都大官	东园秘器，朝服一具，衣一袭	《魏书》卷31《于栗䃅传》
李先	寿春侯	内都大官	金缕命服一袭	《魏书》卷33《李先传》
王洛儿	新息公	直意将军	温明秘器	《魏书》卷34《王洛儿传》
卢鲁元	襄城公	太保、录尚书事	赠送有加	《魏书》卷34《卢鲁元传》
刁雍	东安侯	特进、将军	命服一具，赗帛五百匹	《魏书》卷38《刁雍传》
李宝	*	镇北将军	命服一袭	《魏书》卷39《李宝传》
源贺	陇西王	太尉	杂彩五百匹，命服，温明秘器	《魏书》卷41《源贺传》
尧暄	平阳伯	安南将军、大司农卿	帛七百匹	《魏书》卷42《尧暄传》
苟颓	河东王	征北大将军、司空公	赠赗有加	《魏书》卷44《苟颓传》
尉元	山阳郡开国公	司徒	布帛彩物二千匹，温明秘器，朝衣一袭，帛一千匹	《魏书》卷50《尉元传》
皮豹子	*	内都大官	命服一袭	《魏书》卷51《皮豹子传》
吕罗汉	山阳公	内都大官	命服一袭	《魏书》卷51《吕罗汉传》
李冲	清渊县开国侯	尚书仆射	东园秘器，朝服一具，衣一袭，钱三十万，布五百匹，蜡二百斤	《魏书》卷53《李冲传》
高闾	安乐侯	迁尚书、中书监	赗帛四百匹	《魏书》卷54《高闾传》
游明根	新泰伯	大鸿胪卿、河南王幹师、尚书	赗钱一十万，绢三百匹，布二百匹	《魏书》卷55《游明根传》
刘芳	*	太常卿	帛四百匹	《魏书》卷55《刘芳传》
郑羲	荥阳侯	秘书监	帛五百匹	《魏书》卷56《郑羲传》
刘昶	齐郡开国公	使持节、都督吴越楚彭城诸军事、大将军	温明秘器，钱百万，布五百匹，蜡三百斤，朝服一具，衣一袭	《魏书》卷59《刘昶传》
程骏	安丰男	秘书令	东园秘器，朝服一称，帛三百匹	《魏书》卷60《程骏传》
毕众敬	东平公	兖州刺史，将军如故	兖州赐绢一千匹，以供葬事	《魏书》卷61《毕众敬传》
高道悦	肥如子	太子中庶子	赐帛五百匹	《魏书》卷62《高道悦传》
王肃	昌国县开国侯	散骑常侍、都督淮南诸军事、扬州刺史、持节	东园秘器，朝服一袭，钱三十万，帛一千匹，布五百匹，蜡三百斤	《魏书》卷63《王肃传》
宋弁	*	散骑常侍，右卫将军，领黄门	赐钱十万，布三百匹	《魏书》卷63《宋弁传》
邢峦	*	殿中尚书，抚军将军	帛四百匹，朝服一袭	《魏书》卷65《邢峦传》
李平	武邑郡开国公	尚书右仆射，散骑常侍，将军	东园秘器，朝服一具，衣一袭，帛七百匹	《魏书》卷65《李平传》

续表

人物	爵位	卒前官职	赗物	出处
崔亮	*	散骑常侍、尚书仆射	东园秘器,朝服一袭,赗物七百段、蜡三百斤	《魏书》卷66《崔亮传》
崔光	博平县开国公	司徒,侍中、国子祭酒、领著作如故	东园温明秘器,朝服一具,衣一袭,钱六十万,布一千匹,蜡四百斤	《魏书》卷67《崔光传》
甄琛	*	车骑将军、特进、侍中	东园秘器,朝服一具,衣一袭,钱十万,物七百段,蜡三百斤	《魏书》卷68《甄琛传》
高聪	*	安北将军	布帛三百匹,冰一车	《魏书》卷68《高聪传》
崔休	*	抚军将军、殿中尚书	帛五百匹	《魏书》卷69《崔休传》
刘藻	易阳子	太尉司马	赠钱六万	《魏书》卷70《刘藻传》
裴叔业	兰陵郡开国公	使持节、散骑常侍、都督豫雍衮徐司五州诸军事、征南将军、豫州刺史	东园温明秘器,朝服一袭,钱三十万,绢一千匹,布五百匹,蜡三百斤	《魏书》卷71《裴叔业传》
夏侯道迁	濮阳县开国侯	散骑常侍、平西将军、华州刺史,安东将军、瀛州刺史,常侍	帛五百匹	《魏书》卷71《夏侯道迁传》
席法友	苞信县开国伯	光禄大夫	帛三百匹	《魏书》卷71《席法友传》
李苗	河阳县开国侯	太府少卿,龙骧将军	赠帛五百匹,粟五百石	《魏书》卷71《李苗传》
卢同	章武县开国伯	骠骑将军、左光禄大夫	帛四百匹	《魏书》卷76《卢同传》
冯熙	京兆郡公	车骑大将军、开府、都督、洛州刺史,侍中、太师	凡所营送,皆公家为备。彩帛前后六千匹,以供凶用	《魏书》卷83《冯熙传》
胡国珍	安定郡公	司徒公、侍中	给东园温明秘器,五时朝服各一具,衣一袭,赠布五千匹,钱一百万,蜡千斤。	《魏书》卷83《胡国珍传》
孙惠蔚	枣强县开国男	国子祭酒、秘书监	帛五百匹	《魏书》卷84《孙惠蔚传》
李同轨	*	齐献武王引同轨在馆教诸公子	赠襚甚厚	《魏书》卷84《李同轨传》
刘渴侯	*	徐州后军	赐绢千匹,谷千斛	《魏书》卷87《刘渴侯传》

说明:*表示情况不明。

北魏大臣赗物的人数可以说是魏晋南北朝时期最多的,这一时期的赗物达到了南北朝时期的鼎盛。

2．北齐

北齐得到赗物的大臣比南朝要少，而且赐予的多是布帛和辒辌车，不同于南朝及两晋给予的棺椁葬具和钱物。

库狄干，生前爵位是章武郡公，官至太宰，位至一品，还是驸马，死后朝廷也只是给予辒辌车，没有其他的赏赐。①

陈元康，散骑常侍、中军将军，官至大丞相机要。因为有人谋杀世宗，以身体来遮挡世宗而受重伤，当天夜里去世，时年43岁。诏曰："元康识超往哲，才极时英，千仞莫窥，万顷难测。综核戎政，弥纶霸道，草昧邺陵之谋，翼赞河阳之会，运筹定策，尽力尽心，进忠补过，亡家徇国。扫平逋寇，廓清荆楚，申、甫之在隆周，子房之处盛汉，旷世同规，殊年共美。大业未融，山隤奄及，悼伤既切，宜崇茂典。赠使持节、都督冀定瀛殷沧五州诸军事、骠骑大将军、司空公、冀州刺史，追封武邑县一千户，旧封并如故，谥曰文穆。赗物一千二百段。大鸿胪监丧事。凶礼所须，随由公给。"②

陈元康为保护世宗而死，皇帝赏赐的是"赗物一千二百段。凶礼所须，随由公给"。仅从赏赐看，陈元康的赗物与南朝特别是陈朝相差无几，但这位为皇帝献出生命的大臣死后得到的赏赐也不过如此，这已是北齐最丰厚的赏赐了，其他大臣的赗物自然更少。这说明此时国力开始衰退了。

北齐其他大臣的赗物详见表5-9。

表5-9　北齐大臣赗物

人物	爵位	卒前官职	赗物	出处
库狄干	章武郡公	太宰	给辒辌车	《北齐书》卷15《库狄干传》
薛脩义	平乡男、蓝田县公	太子太保	赠物三百段	《北齐书》卷20《薛脩义传》
封隆之	安德郡公	梁州事、济州事、尚书右仆射、齐州刺史	赠物五百段	《北齐书》卷21《封隆之传》
李元忠	晋阳县伯	骠骑大将军、仪同三司	诏赠缣布五百匹	《北齐书》卷22《李元忠传》
陈元康	昌国县公	散骑常侍、中军将军	赗物一千二百段。大鸿胪监丧事。凶礼所须，随由公给	《北齐书》卷24《陈元康传》
王琳	巴陵郡王	特进、侍中	给辒辌车	《北齐书》卷32《王琳传》

---

① 《北齐书》卷15《库狄干传》，第134页。
② 《北齐书》卷24《陈元康传》，第344~345页。

3. 北周

北周大臣的赗物情况较少见于史册，从仅有的资料来看，应与北齐相差不大，多被赐予布帛等物。

于谨，南北朝时期北魏、西魏、北周著名将领和战略家，八柱国之一，为北周立下赫赫战功，官至太傅、大司徒、雍州牧。"天和三年，薨于位，年七十六。高祖亲临，诏谯王俭监护丧事，赐缯彩千段，粟麦五千斛，赠本官，加使持节、太师、雍恒等二十州诸军事、雍州刺史，谥曰文。"①死后的待遇应该算是很不错的。

韦夐，"弱冠，被召拜雍州中从事，非其好也，遂谢疾去职。前后十见征辟，皆不应命"，②但后来受到北周太祖、明帝、武帝三朝皇帝的礼敬。"宣政元年二月，卒于家，时年七十七。武帝遣使祭，赗赠有加。"③但没有具体说明得到什么赗物。

从《周书》记载来看，北周只有于谨和韦夐两位大臣去世后有赗物，更多的大臣死后仅仅是被追赠官爵、谥号，而不是赗物。

魏晋南北朝时期是一个大变革时期，此时朝代更替频繁。由出身庶族的统治者建立的政权，赗物并不是很受重视，也没有形成成熟的制度，赗物较简薄；而由世家大族占据统治地位的政权里，统治阶级生前生活奢靡，死后赗物繁多。但是我们也要认识到越是社会安定、国家富强，赗物之风越是盛行，这说明一个时期的风俗与当时的社会状况是紧密相连的。

二 追谥和谥号

谥号是生者给予死者一生功过评价的特殊称号。《逸周书·谥法解》："谥者，行之迹也；号者，功之表也……是以大行受大名，细行受细名。行出于己，名生于人。"通俗的定义是："帝王将相等死后，朝廷根据他生前事迹，给予一个褒贬善恶的称号。"④"有关给谥号的规定和原则就是谥法。"⑤

谥号，"既反映死者生前的所作所为及社会对他的看法，又反映生者的衡量善恶标准；既是死者的盖棺之论，又是政治舆论的时代导向"，⑥因此就拥有了引导社会风气，给予善行大德者褒扬激励，给予恶行者惩戒警示的作用。给谥号成为封建统治者

---

① 《周书》卷15《于谨传》，第171页。
② 《周书》卷31《韦夐传》，第367页。
③ 《周书》卷31《韦夐传》，第368页。
④ 汪受宽:《谥法研究》，序言，第1页。
⑤ 张献:《帝王庙号谥号年号》，《中学历史教学参考》1999年第7期。
⑥ 汪受宽:《谥法研究》，序言，第4页。

笼络人心、巩固统治的重要武器。

"谥号用字，有其特定解释，什么样人给予何字作谥号，有严格规定。按当时的善恶标准来评议，有善德美行的，用褒奖之字；丑恶暴戾的，用贬斥之字；忧难早夭的，用怜悯之字，分别称为上谥、下谥、中谥。"①

"帝王最美之谥，大体是文、武、高、大等字，'经纬天地为文'，'克定祸乱曰武'，'德覆万物为高'，'则天法尧曰大'。各开国之主，中兴之君，多以文武高大等字为谥，且称文不用武，言大不用高。"②魏晋南北朝时代，称呼某一皇帝多称呼该皇帝的谥号，开国皇帝称文称武。如曹魏的开创者曹操，谥号为武，历史上称为魏武帝；西晋奠基人之一的司马昭，谥号是文，历史上称为晋文帝；北魏中兴之君拓跋宏的谥号为孝文，历史上称为孝文帝。三国、两晋、南朝给谥严格，有褒奖、有惩戒；北朝、十六国比较泛滥，多为美谥。

这一时期无爵无谥的制度被打破，没有爵位的大臣开始获得谥号，僧道及饱学之士也开始被授予谥号。

（一）三国追谥

靠镇压黄巾起义发迹的世族豪强为了在争夺地盘的角斗中压倒对方，纷纷采用各种手段来强化自己政权的形象和招揽人才，给谥就是他们赖以利用的重要手段之一。③

1. 曹魏追谥

"开国皇帝追尊父祖，始于三国之曹魏。"④魏武帝曹操最初谥号为武王，曹丕称帝后，追尊为武皇帝。谥号武的意义是"克定祸乱曰武"。⑤武字客观地总结了曹操一生的功绩：用武力结束了北方的混乱，统一了北方地区。

曹魏共有 5 位皇帝有，谥号分别是武、文、明、元、厉。除了曹芳死后的谥号厉公是恶谥外，其余都是美谥，如曹操谥为"武"皇帝、曹叡谥为"明"皇帝等。据史载，魏文帝曹丕死后谥号为文，文的意义是"经纬天地为文"。⑥曹芳多次谋划从司马氏手中夺回权力，受到司马家的忌恨，在其死后给予了"厉"的恶谥。

封建社会的妇女遵从的是"未嫁从父，既嫁从夫，夫死从子"。妇女终身依附于

---

① 汪受宽：《谥法研究》，序言，第 1 页。
② 汪受宽：《谥法研究》，第 54 页。
③ 汪受宽：《谥法研究》，第 28 页。
④ 汪受宽：《谥法研究》，第 63 页。
⑤ 汪受宽：《谥法研究》，第 339 页。
⑥ 汪受宽：《谥法研究》，第 290 页。

男人，反映在皇后谥号里就是，皇后的谥号前先加皇帝的谥号，然后才是根据自己生平不同的情况所获得的谥号。

曹魏时期有 5 位皇后得到谥号。曹操的皇后卞氏生魏文帝曹丕，她的谥号是"武宣"。根据谥法，"武"是魏武帝曹操的谥号，宣则"能布令德曰宣"、"哲惠昭布曰宣"、"善闻式布曰宣"。① 另外，曹丕的皇后甄氏谥为文昭皇后、曹叡的皇后郭氏谥为文德皇后、曹芳的皇后毛氏谥为明元皇后、曹奂的皇后郭氏谥为明悼皇后。

曹魏时确定了"得谥者秩品之限"，规定"五等列侯以上，尝为郡国太守、内史、郡尉、牙门将、骑督以上薨者，皆赐谥"。② 根据历史记载，曹魏时期的大臣，包括夏侯惇、张郃、郭淮、张鲁等共有 64 位死后获得谥号，谥号主要是贞（郭淮、桓阶、裴潜等）、壮（张郃、徐晃、文聘、许褚等）、敬（荀彧、卫觊、卫臻等）、景（王肃、蒋济、孙礼、满宠等）、肃（贾诩、张既、贾逵等）、穆（陈泰、赵俨等）、威（乐进）、元（曹真、傅嘏、高柔等）、成（钟繇、王朗、卢毓等）、悼（夏侯尚）、愍（乐綝）、厉（于禁）等字。大臣的追谥大多是美谥，如忠、贞、壮、敬、景、肃、穆、威、元、成等；有平谥，如悼、愍；有恶谥，如厉等。

魏朝开国元勋高安乡侯夏侯惇一生戎马，追随曹操南征北战，在战争中失去一只眼睛，可谓劳苦功高、功勋卓著，死后追谥为忠侯。③ 根据谥法，"危身奉上曰忠"、"虑国忘家曰忠"、"廉方公正曰忠"。

昌陵乡侯夏侯尚，官至征南大将军、荆州牧，一生远征乌桓，攻击蜀国上庸，击败吴将诸葛瑾，算得上魏国的元老功臣。但因他宠幸一个爱妾超过了正妻，而恰好正妻是公主，所以文帝下令绞死他的爱妾。夏侯尚伤心欲绝，一年后病逝。文帝念及夏侯尚以前的功劳，赐平谥悼侯。④

左将军、安远将军于禁是曹操非常赏识的名将，一生驰骋沙场，多次立下大功。219 年在襄樊之战中败给关羽，被俘投降，后返回魏国，但已被皇帝所恶。于禁死后，魏文帝曹丕追加的谥号是恶谥——厉侯。⑤

2. 蜀汉追谥

蜀汉先帝刘备，谥昭烈皇帝，取谥法"昭德有劳曰昭，有安民功曰烈"之

---

① 《三国志》卷 5《卞氏传》，第 117～119 页。
② 《通典》卷 104《诸侯卿大夫谥议》，第 2717 页。
③ 《三国志》卷 9《夏侯惇传》，第 201～202 页。
④ 《三国志》卷 9《夏侯尚传》，第 220～221 页。
⑤ 《三国志》卷 17《于禁传》，第 392～394 页。

意。① 刘备是蜀汉唯一一位有谥号的皇帝。

蜀汉皇后有3位死后有谥号，分别是刘备的甘夫人谥为昭烈，吴氏谥为昭穆，后主刘禅的皇后张氏被谥中敬哀皇后。

昭穆皇后吴氏也是昭烈皇帝刘备的皇后。根据谥法，昭是刘备的谥号，穆则是"德化肃和曰穆、粹德深远曰穆、肃容持敬曰穆、容仪肃静曰穆"。

与曹魏相比，蜀汉大臣去世后得谥者较少，只有12个人。皇帝赏赐大臣的谥号有忠武侯（诸葛亮）、壮缪侯（关羽）、桓侯（张飞）、靖侯（庞统）、威侯（马超）、刚侯（黄忠）、顺平侯（赵云）、翼侯（法正）、忠候（陈祗）、景侯（黄权）、恭侯（蒋琬）、敬侯（费祎）。

蜀汉丞相诸葛亮因其特殊的功绩得到"忠武"谥号。后主刘禅在谥策中说：

> 惟君体资文武，明睿笃诚，受遗托孤，匡辅朕躬，继绝兴微，志存靖乱；爰整六师，无岁不征，神武赫然，威镇八荒，将建殊功于季汉，参伊、周之巨勋。如何不吊，事临垂克，遘疾陨丧！……今使使持节左中郎将杜琼，赠君丞相武乡侯印绶，谥君为忠武侯。魂而有灵，嘉兹宠荣。呜呼哀哉！呜呼哀哉！②

汉寿亭侯关羽，武功显赫但大意失荆州并因之而死，死后被追谥为壮缪，这是一个好坏参半的谥号。根据谥法，"武而不遂曰壮，名与实爽曰缪"。

3. 孙吴追谥

孙吴皇帝的谥号有武烈皇帝（孙坚）、大皇帝（孙权）、景皇帝（孙休），都是美谥。

大皇帝孙权占据江东地区，联合刘备北拒曹魏，成为一方诸侯，谥号大皇帝，根据谥法，"则天法尧曰大。"显然有很高的夸耀成分，一方诸侯是远远不能与上古明君尧舜相提并论的。

除皇帝处，太子孙登死后谥曰"宣"。孙登是孙权的长子，孙权称帝时被立为皇太子，多次劝谏孙权，临终前提出了几条富有建设性的意见。孙权在他死后痛哭流涕。孙登的谥号为宣，根据谥法，"圣善周闻曰宣、善问周达曰宣"。

孙吴只有两位皇后有谥号，都是孙权的皇后。两位皇后都为王氏，其一死后被谥

---

① 汪受宽:《谥法研究》，第367、395页。
② 《三国志》卷35《诸葛亮传》，第689页。

为大懿皇后，生皇太子孙和。谥号为大懿，根据谥法，大是孙权的谥号，懿是王夫人自己的谥号，"温柔贤善曰懿"、"贤善著美曰懿"。其二死后被谥为敬怀皇后。

孙吴时，对大臣去世大都不兴追加谥号，采用为死者服丧服的方式表示哀悼，而不是赠予官爵或谥号。还通过追封逝者后代以爵位，如程普，孙权称尊号时，追论程普之功，封其子程咨为亭侯；黄盖，孙权称帝时，追论黄盖之功，赐其子黄柄为关内侯。目前仅发现三例大臣有追谥，且都是美谥，分别是昭侯（陆逊，生前为江陵侯，丞相）、文侯（张昭，生前为娄侯，辅吴将军、班亚三司）、肃侯（顾雍，生前为醴陵侯，丞相、平尚书事、太常）。

顾雍比较特殊，他先在地方任职，政绩显著，治理有方，后被孙权重用，担任丞相19年，赤乌六年（243）去世。孙权身穿素色丧服亲自吊唁，赐他谥号为肃侯。[①]根据谥法，"刚德克就曰肃"、"执心决断曰肃"、"貌敬行祗曰肃"、"好德不怠曰肃"。[②]

（二）两晋追谥

晋朝共有17位皇帝有谥号，分别是宣（高祖司马懿）、景（世宗司马师）、文（太祖司马昭）、武（世祖司马炎）、孝惠（司马衷）、孝怀（仁祖司马炽）、孝愍（哀宗司马邺）、元（中宗司马睿）、明（肃宗司马绍）、成（显宗司马衍）、康（司马岳）、穆（孝宗司马聃）、哀（司马丕）、简文（太宗司马昱）、孝武（烈宗司马曜）、安（成宗司马德宗）、恭（司马德文）。皇帝大多得美谥，只有极少数的皇帝得平谥。在这17个谥号里有15个谥号是美谥，2人为平谥即孝愍、哀。

司马邺在位时西晋亡国，得谥号愍，根据谥法，"在国遭忧曰愍、在国逢艰曰愍、使民悲伤曰愍"。司马邺使西晋遭忧亡国，因此被谥为"愍"。

"有些末代君主，所得之恭、顺、睿、思等谥，虽归之于美谥，其实也是平谥。如东晋司马德文禅位于南朝宋刘裕，谥为恭皇帝。按谥法'敬事供上曰恭'，'尊贤敬让曰恭'，"既过能改曰恭"，这一谥对臣子来讲是美谥，但对至高无上的皇帝来讲，敬事供上，尊贤敬让，既过能改，乃肯定其对夺国之主的恭让，岂不是含有极大的讥讽或怜悯吗！"[③]"不获令终者，多谥为哀、悼、隐、声、怀等。……西晋皇帝司马炽，为刘聪俘虏，受尽侮辱后杀死，谥孝怀皇帝。前赵皇帝刘粲因权臣靳准作乱被杀，谥隐皇帝。"[④]

---

① 《三国志》卷52《顾雍传》，第905～906页。
② 汪受宽：《谥法研究》，第358～359页。
③ 汪受宽：《谥法研究》，第53页。
④ 汪受宽：《谥法研究》，第53页。

两晋有 16 位皇后或妃嫔有谥号，分别是穆（宣皇帝司马懿之张氏为宣穆皇后）、怀（景皇帝司马师之夏侯徽为景怀皇后）、献（景皇帝司马师之羊徽瑜为景献皇后）、明（文皇帝司马昭之王元姬为文明皇后）、元（武皇帝司马炎之杨艳为武元皇后）、悼（武皇帝司马炎之杨芷为武悼皇后）、敬（元皇帝司马睿之虞孟母为元敬皇后）、穆（明皇帝司马绍之庾文君为明穆皇后）、恭（成皇帝司马衍之杜陵阳为成恭皇后）、献（康皇帝司马岳之褚蒜子为康献皇后）、章（穆皇帝司马聃之何法倪为穆章皇后）、靖（哀皇帝司马丕之王穆之为哀靖皇后）、文顺（简文帝司马昱之王简姬为简文顺皇后）、武定（孝武帝司马曜之王法慧为孝武定皇后）、僖（安皇帝司马德宗之王神爱为安僖皇后）、思（恭皇帝司马德文之褚灵媛为恭思皇后）等。大多也是美谥，只有悼、僖是平谥。

晋武帝司马炎的皇后杨氏在惠帝继位后被尊为皇太后，惠帝贾后诬陷"皇太后阴渐奸谋，图危社稷"，迫使惠帝废皇太后为庶人，又不给膳食而将其饿死。怀帝继位，为其昭雪，追复其皇后尊号，谥悼，称武悼皇后。根据谥法，"武"是晋武帝的谥号，"中年早夭曰悼"、"年中早夭曰悼"。[①]

帝王妃嫔有谥，始于东晋哀帝司马丕之母周氏。

章太妃周氏以选入成帝宫，有宠，生哀帝及海西公，始拜为贵人。哀帝即位，诏有司议贵人位号，太尉桓温议宜称夫人，尚书仆射江彪议应曰太夫人，诏崇为皇太妃，仪服与太后同。死后，谥为章，称章皇太妃。[②]

两晋有 14 位宗室皇亲有谥号，分别是献（司马孚）、成（司马望）、平（司马洪）、烈（司马瑰）、元（司马珪）、孝（司马衡、司马略）、穆（司马权）、文献（司马泰、司马柬）、武哀（司马腾）、烈（司马无忌）、楚隐（司马玮）。其中献、孝、烈谥号使用得比较多。

安平献王司马孚，三国曹魏及西晋时重臣，司马懿的弟弟。他为人谨小慎微，性格温和谦让，从未参与司马氏的几次废立之事，不恃宠而骄。官至太宰、持节、都督中外诸军事。泰始八年（272）卒，诏曰："王勋德超世，尊宠无二，期颐在位，朕之所倚。庶永百龄，诸仰训导，奄忽殂陨，哀穆感切。其以东园温明秘器、朝服一具、衣一袭、绯练百匹、绢布各五百匹、钱百万、谷千斛以供丧事。诸所施行，皆依汉东

[①]《晋书》卷 31《后妃传》，第 622 页。
[②]《晋书》卷 32《后妃传》，第 634~635 页。

平献王苍故事。"①司马孚的葬礼具有典型意义，为以后各朝所参照。

两晋大臣逝后获得追谥，赠予的谥号有以下几种。

元（太保王祥；大司马、司徒、侍中、太傅何曾；散骑常侍、统城外诸军事王沈；太尉刘寔；录尚书事王浑；司徒王戎；光禄大夫、仪同三司郑袤；太尉石鉴；左光禄大夫、开府、司徒温羡）、成（太傅郑冲；征南将军羊祜；司隶校尉杜预；太保、录尚书事卫瓘；尚书令、太尉、行太子太保、录尚书事荀勖；金紫光禄大夫、特进光禄大夫李憙；司徒李胤；讨虏将军、平阳太守李重）、武（司徒石苞；大司马陈骞；使持节、假黄钺、大都督、总统六师贾充；抚军大将军、开府仪同三司、散骑常侍、后军将军王濬）、康（太子太傅、侍中、太尉荀顗）、襄（持节、前将军、西戎校尉、雍州刺史唐彬；太中大夫华表）、定（左仆射、左光禄大夫、开府仪同三司武陔）、简（尚书郭奕；散骑常侍、宣城内史桓彝；散骑常侍、卫将军谢尚）、贞（光禄大夫刘颂；光禄大夫鲁芝）、刚（司隶校尉傅玄）、烈（陵江将军、监巴东军事、使持节、武陵太守罗宪；前将军、监青州诸军事、青州刺史胡威）、敬（武昌太守赵诱；右光禄大夫、开府仪同三司、录尚书荀崧；侍中、金紫光禄大夫诸葛恢）、壮（安南将军、持节、都督、刺史周访）、庄（使持节、监洛城诸军事、游击将军索靖）、文献（丞相王导）、忠武（骠骑将军、开府仪同三司、散骑常侍温峤）、文成（太尉郗鉴）、忠（右卫将军刘超）、文康（征西将军庾亮）、穆（都督徐兖青冀四州扬州之晋陵诸军事、安北将军、徐兖二州刺史、假节范汪；卫将军左光禄大夫、开府仪同三司、常侍陆晔；左光禄大夫、散骑常侍、尚书令顾和）、孝烈（右光禄大夫、开府仪同三司、侍中虞潭）、靖（尚书仆射顾众）、文穆（宰相何充；光禄大夫、开府仪同三司蔡谟）、威（护军将军、散骑常侍、征虏将军陶回；特进散骑常侍羊琇）、文靖（太保、都督十五州军事、假黄钺谢安）、恭（国子祭酒、散骑常侍袁瑰）、武公（凉州牧、侍中、太尉、西平公张轨）、元穆（征讨都督褚裒）、节愍侯（大都督、骠骑将军麹允）等。其中元、成、武、穆等字使用比较多。

尚书郭奕，"太康八年卒，太常上谥为景。有司议以贵贱不同号，谥与景皇同，不可，请谥曰穆。诏曰：'谥所以旌德表行，按谥法一德不懈为简。奕忠毅清直，立德不渝。'于是遂赐谥曰简"。②太常认为郭奕按照谥法，应该得谥景；但有司认为景与皇帝司马师的谥号相同，对臣子来说这是僭越，因此不可以。最后皇帝下诏曰给谥是

---

① 《晋书》卷37《司马孚传》，第711~712页。
② 《晋书》卷45《郭奕传》，第849页。

用来表扬德行的，按照郭奕的品德追谥为简。

西晋太康年间，曾任青州大中正的刘毅去世，"羽林左监北海王宫上疏曰：'中诏以毅忠允匪躬，赠班台司，斯诚圣朝考绩以毅著勋之美事也。臣谨按，谥者行之迹，而号者功之表。今毅功德并立，而有号无谥，于义不体。臣窃以春秋之事求之，谥法主于行而不系爵。然汉魏相承，爵非列侯，则皆没而高行，不加之谥，至使三事之贤臣，不如野战之将。铭迹所殊，臣愿圣世举春秋之远制，改列爵之旧限，使夫功行之实不相掩替，则莫不率赖。若以革旧毁制，非所仓卒，则毅之忠益，虽不攻城略地，论德进爵，亦应在例。臣敢惟行甫请周之义，谨牒毅功行如右。'"①武帝把王宫的奏表交八坐议论，多数赞同其议。但刘毅生前过于耿直，曾将晋武帝比作汉桓帝、灵帝，触逆了龙鳞，晋武帝怀恨在心，故"奏寝不报"，使此事不了了之。②所以，刘毅去世后本来可以有谥号，最后却没有。

汉代和曹魏实行的给谥标准是无爵位的大臣死后不追赠谥号。即使官做得再大，没有爵位，死后也不可能追加谥号。两晋时期，士族们就想改变无爵无谥的给谥方式，将给谥条件放宽。

卫瓘是平定蜀汉的功臣，在晋武帝和惠帝两朝任太保、尚书令加侍中，为辅政重臣。"惠帝即位，复瓘千兵，及杨骏诛，以瓘录尚书事，加绿綟绶，剑履上殿，入朝不趋，给骑司马，与汝南王亮共辅朝政。亮奏遣诸王还藩，与朝臣廷议，无敢应者，唯瓘赞其事，楚王玮由是憾焉。贾后素怨瓘，且忌其方直，不得骋己淫虐；又闻瓘与玮有隙，遂谤瓘与亮欲为伊霍之事，启帝作手诏，使玮免瓘等官。黄门赍诏授玮，玮性轻险，欲聘私怨，夜使清河王遐收瓘。……瓘不从，遂与子恒、岳、裔及孙等九人同被害……"③"楚王玮之伏诛也。瓘女与国臣书曰：'先公名谥未显，无异凡人，每怪一国蔑然无言。春秋之失，其咎安在？悲愤感慨，故以示意。'"④"朝廷以瓘举门无辜受祸，乃追瓘伐蜀勋，封兰陵郡公，增邑三千户，谥曰成，赠假黄钺。"⑤根据谥法，安民立政曰成。

东晋时打破了无爵无谥的给谥标准。"东晋元帝太兴三年诏：'古者皆谥，名实相称。顷来有爵乃谥，非圣贤本意。通议之。'有司表云：'刘毅宜谥，以申毅忠允匪躬。

---

① 《晋书》卷45《刘毅传》，第842~843页。
② 汪受宽：《谥法研究》，第122页。
③ 《晋书》卷36《卫瓘传》，第694页。
④ 《晋书》卷36《卫瓘传》，第694页。
⑤ 《晋书》卷36《卫瓘传》，第695页。

赠右光禄大夫、仪同三司，斯诚圣朝考绩以著勋之美事也。按谥者行之迹，而号者功之表。今毅功德并立，而有号无谥，于义不体。窃以《春秋》之事求之，谥主于行而不系爵。然汉魏相承，爵非列侯，则皆没其高行而不加之谥，致使三世之贤臣，不如野战之将士。臣愿圣代举春秋之远制，改近代之旧服。'"①

"中兴书曰：中宗即尊号也时赐谥多由封爵不考德行。王导曰：'近代以来，唯爵得谥。武官牙门，有爵必谥；卿校常伯，无爵悉不赐谥，甚失制谥之本。今中兴肇建，勋德兼备，宜深体前训，使行以谥彰。'中宗纳焉。自后公卿无爵而谥，自导始也。"②

"东晋时并没有明确规定，什么品级的公卿可以赐谥。根据东晋南北朝给谥的情况看，百官一般须为侍中以上方可赐谥。"③"据《隋书·百官志中》，侍中与吏部尚书、中书令、列曹尚书、太常卿、三等上州刺史、左右卫将军等，同属第三品。就是说，当时百官给谥资格限于三品以上。"④这个规定对后代影响深远。

东晋谢石，淝水之战任征讨大都督，统领其侄谢玄、谢琰，一战而击溃了前秦苻坚号称百万的大军，奠定了南北朝长期对峙的局面。但居尚书令后，贪敛无厌，生活奢靡。去世后，"礼官议谥，博士范弘之议谥曰襄墨公，语在弘之传。朝议不从，单谥曰襄"。⑤根据谥法，"因事有功曰襄"、"贪以败官曰墨"，⑥应取为"襄墨"，但追加谥号时主要看优点，所以谢石死后，追加谥号襄。

通过谢石的追谥，我们可以看出大臣也是以取上谥（美谥）为主。

（三）南朝追谥

南朝承接汉晋之风，开国皇帝也多谥文、武等；皇后的谥号由两部分构成：帝王谥号和自己的谥号；无爵的大臣得谥号较为普遍，在谥号后加子，如"贞子"。

1. 宋朝追谥

刘宋共有 7 位皇帝死后有谥号，分别是武（高祖刘裕）、营阳王（刘义符）、文（太祖刘义隆，初之庙号为中宗，初谥景）、孝武（世祖刘骏）、明（太宗刘彧）、苍梧王（刘昱）、顺（刘准）。

明皇帝刘彧，即位初任贤用能，故能平定四方叛乱。根据谥法，"任贤使能曰明"。⑦

---

① 杜佑：《通典》，第 550 页。
② 欧阳询：《艺文类聚》，第 726 页。
③ 汪受宽：《谥法研究》，第 122~123 页。
④ 汪受宽：《谥法研究》，第 123 页。
⑤ 《晋书》卷 79《谢石传》，中华书局，1999，第 1390 页。
⑥ 汪受宽：《谥法研究》，第 448、441 页。
⑦ 《宋书》卷 8《刘彧传》，第 101~113 页。

刘宋一共有6位皇后有谥号，分别是元（文帝刘义隆之袁齐妫）、昭（文帝刘义隆之路惠男）、文穆（孝武帝刘骏之王宪嫄）、献（废帝刘昱之何令婉）、宣（文帝刘义隆之沈容姬）、恭（明帝刘彧之王贞风），都是美谥。这一时期皇后开始有2字的谥号——文穆。

明恭皇后王贞风是宋明帝刘彧的皇后，敢于直谏皇上的德行。根据谥法，"责难于君曰恭"，①因此死后谥曰"恭"。

宋朝宗室有10位拥有谥号，长沙王刘道怜做过太尉、持节、侍中、都督、刺史，死后谥"景"；长沙王刘义欣官至镇军将军、都督，死后谥"成"；新渝县侯、侍中、太子詹事、散骑常侍、征虏将军、南兖州刺史刘称宗死后谥"惠"；征西大将军、开府仪同三司、散骑常侍刘道规死后谥"烈武"；都督南兖徐兖青冀幽六州诸军事、南兖州刺史、开府仪同三司刘义庆死后谥"康"；尚书左仆射、侍中、兼任崇宪太仆、常侍、左光禄大夫刘遵考死后谥"元公"；中书监、太尉刘义恭死后谥"文宪"；卫将军、中书监、尚书令刘宏死后谥"宣简"；侍中刘铄死后谥"穆"；都督南徐、南兖、徐、兖、青、冀六州诸军事、南徐州刺史，加侍中、持节、将军刘休祐死后谥"剌"等。

宋朝较有名的大臣得谥者47位，他们的谥号有文宣（左仆射、前将军、丹阳尹并领监军、中军二府军司、将军、尹、领选如故刘穆之）、文昭（进位太保，领中书监王弘）、文成（中书令、护军、仆射殷景仁）、忠简公（侍中、本州大中正、左卫将军、吏部尚书江湛）、忠烈（尚书仆射、护军将军徐湛之）、愍侯（吏部尚书王僧绰）、肃（骁骑将军、御史中丞、吴兴太守王谦之等）、穆（都督郢湘二州诸军事、镇西将军、郢州刺史、持节、常侍萧思话）等，其中一部分是赠官，而大部分是谥号。

这时大臣得谥并不都给予美谥，如尚书仆射颜师伯："世祖临崩，师伯受遗诏辅幼主，尚书中事，专以委之。废帝即位，复还即真，领卫尉。师伯居权日久，天下辐辏，游其门者，爵位莫不逾分。多纳货贿，家产丰积，伎妾声乐，尽天下之选，园池第宅，冠绝当时，骄奢淫恣，为衣冠所嫉。……寻与太宰江夏王义恭、柳元景同诛，……太宗即位，诏曰：'故散骑常侍、仆射、领丹阳尹、平都县子师伯，昔逢代运，豫班荣赏。遭罹厄会，陨命淫刑，宗嗣殄绝，良用矜悼。但其心渎货，宜贬赠典，可绍封社，以慰冤魂。谥曰荒子。'"②由其生平所为而给予"荒子"谥号，也是非常贴切的。

---

① 《宋书》卷41《后妃传》，第849页。
② 《宋书》卷77《颜师伯传》，第1318页。

2. 齐朝追谥

齐朝共有 7 位皇帝有谥号，分别是高（太祖萧道成）、武（世祖萧赜）、郁林王（萧昭业）、海陵恭王（萧昭文）、明（高宗萧鸾）、炀（萧宝卷）和（萧宝融）。

齐明帝萧鸾即位后，猜忌他的同宗，并且大肆屠杀同宗，萧道成与萧赜的子孙都被萧鸾诛灭。《南齐书》赞曰："高宗傍起，宗国之庆。慕名俭德，垂文法令。兢兢小心，察察吏政。沔阳失土，南风不竞。"① 去世后，谥号为"明"，根据谥法，"察色见情曰明"、"无幽不察曰明"。②

南齐有 4 位皇后有谥号，分别是昭（萧道成之刘氏）、穆（萧赜之裴工）、安（文惠太子萧长懋之王氏）、敬（萧鸾之刘氏）。

高昭皇后刘智容，"年十余岁，归太祖，严正有礼法，家庭肃然。……建元元年，尊谥昭皇后"。③ 根据谥法，高是齐高帝萧道成的谥号，昭是刘皇后自己本身的谥号，"德礼不愆曰昭"、"德辉内蕴曰昭"、"柔德有光曰昭"。④

南齐宗室的谥号主要有文献（大司马萧嶷）、献（侍中、骠骑将军萧映）、威（车骑将军、侍中萧晃）、昭（卫将军、开府仪同三司萧晔）、恭（散骑常侍、秘书监，领石头戍事萧皓）、简（散骑常侍、秘书监、领石头戍事萧鉴）等，以美谥为主。

南齐大臣共有 27 位大臣有谥号和赠官，且谥号多是敬（相国右司马、左卫将军、散骑常侍、平西将军假节刘怀珍）、壮（持节、都督南兖徐青冀五州军事、平北将军、南兖州刺史、护军将军、散骑常侍王玄邈）、肃（度支尚书、领卫尉胡谐之）、贞（散骑常侍、吴兴太守张岱）、忠武（使持节、都督湘州诸军事、镇南将军、湘州刺史、尚书令、侍中如故、左光禄大夫柳世隆）、简（中书令、左光禄大夫、本州大中正、左仆射王延之）、懿（左将军、吴兴太守何戢）、靖（给事中、中正如故，国子祭酒陆澄）、烈（持节监兖州缘淮诸军事、平北将军、兖州刺史王玄载）、文宪（侍中、尚书令、太子少傅、领国子祭酒、卫军将军、参掌选事、开府仪同三司王俭）、文简（司空、骠骑将军、侍中、录尚书如故褚渊）、忠宪（镇军将军、置府、侍中、仆射如故沈文季），等等。

---

① 《南齐书》卷 6《萧鸾传》，第 63 页。
② 汪受宽：《谥法研究》，第 345 页。
③ 《南齐书》卷 20《妃嫔传》，第 258 页。
④ 汪受宽：《谥法研究》，第 369 页。

庐陵王中军司马、高平太守戴僧静建元九年（483）卒，诏曰："僧静志怀贞果，诚著艰难。克殄西埔，勋彰运始。奄致殒丧，恻怆伤怀……谥壮侯。"① 根据谥法，"威德刚武曰壮"，"胜敌克乱曰壮"，"屡行征伐曰壮"，"武德刚毅曰壮"。②

吏部尚书王晏与尚书令王俭因争权夺利而互相嫉妒。王俭死后，礼官拟谥"文献"。王晏对齐武帝说："文献是东晋王导的谥号，刘宋至今，从来没有素族得此称号的。"于是，齐武帝只得给王俭谥为文宪公。③

3. 梁朝追谥

梁朝皇帝、宗室的谥号情况与其他朝代基本相同，只是得谥号者不多，如皇帝只有4人有谥号，武（高祖萧衍）、简文（太宗萧纲）、孝元（世祖萧绎）和敬（萧方智）。宗室则有14位拥有谥号，"靖惠"是使持节、都督扬、南徐州诸军事、太尉、扬州刺史、侍中如故萧宏的谥号；"元襄"是中书令、大司马萧伟的谥号；"康"是使持节、都督雍、梁、南、北秦四州郢州之竟陵司州之随郡诸军事、镇北将军、宁蛮校尉、雍州刺史萧秀的谥号；"忠武"是侍中、中抚将军，开府仪同三司，领军将军萧憺的谥号，"忠烈"是使持节、散骑常侍、骠骑大将军、开府仪同三司、荆州刺史，都督荆、宁等八州诸军事萧恢的谥号。另外，还有元、恭、敦、考、忠、简、威等谥号，都是美谥，同时有忠壮世子（萧方等）、贞惠世子（萧方诸）等很有个性的谥号。

梁朝大臣有谥号的有61人，同样遵循的是生前为人和功业等为前提的原则，如使持节、散骑常侍、骠骑将军、开府同三司之仪、都督江州诸军事、江州刺史王茂病死于江州刺史任上，死后谥"忠烈"。

尚书、侍中、特进、史学家、文坛领袖沈约，曾两次违忤梁武帝意旨。

> 初，高祖有憾于张稷，及稷卒，因与约言之。约曰："尚书左仆射出作边州刺史，已往之事，何足复论。"帝以为婚家相为，大怒曰："卿言如此，是忠臣邪！"乃辇归内殿。……先此，约尝侍宴，值豫州献栗，径寸半，帝奇之，问曰："栗事多少？"与约各疏所忆，少帝三事。出谓人曰："此公护前，不让即羞死。"帝以其言不逊，欲抵其罪，徐勉固谏乃止。及闻赤章事，大怒，中使谴责者数焉，约惧遂卒。有司谥曰文，帝曰："怀情不尽曰隐。"故改为隐云。④

---

① 《南齐书》卷30《戴僧静传》，第375页。
② 汪受宽：《谥法研究》，第321页。
③ 汪受宽：《谥法研究》，第136~137页。
④ 《梁书》卷13《沈约传》，中华书局，1974，第242~243页。

沈约本来可以得美谥文,但由于他两次得罪梁武帝而得恶谥"隐"。所以,非常明确,皇帝对于大臣的谥号具有最终的决定权,皇帝不喜欢,就得不到美谥。

4. 陈朝追谥

陈朝的给谥与宋齐没有很大的变化。其中有4位皇帝分别被谥为武(高祖陈霸先)、文(世祖陈蒨)、孝宣(高祖陈顼)和炀(陈叔宝)。同时,只有一位皇后有谥号,是高祖陈霸先的皇后章氏,谥曰"宣"。而陈朝的宗室也只有3人的谥号是明确的,使持节、散骑常侍、都督湘州诸军事、骠骑将军、湘州牧、衡阳郡王陈昌谥为"献";中书侍郎、监南徐州陈昙郎谥为"愍";散骑常侍、军师将军、都督南徐州诸军事、南徐州刺史陈叔献谥为"康简"。

陈朝的大臣大约有39人死后获得谥号,除了成、元、壮、定、忠、质、威、肃、简等之外,还有一些特殊的谥号出现,如忠愍(使持节、散骑常侍、镇南将军、开府仪同三司、寿昌县公周文育)、壮肃(使持节、都督湘、桂、郢、巴、武、沅六州诸军事、湘州刺史、零陵郡公侯瑱)、忠肃(使持节、车骑将军、总督步兵徐度)、脱(使持节、散骑常侍、都督南豫北江二州诸军事、镇南将军、南豫州刺史周敷)、靖德(太常卿、散骑常侍、金紫光禄大夫、特进袁敬)等。此时没有爵位的大臣开始获得谥号,而且数量还不少,如通直散骑常侍、太府卿、都官尚书王质谥安子,通直散骑常侍、御史、中丞、明威将军沈炯谥恭子,领大著作、东扬扬州二州大中正、太子中庶子虞荔谥德子,明威将军、中书令谢哲谥康子,五兵尚书萧乾谥静子,中书令、豫州大中正、都官尚书、领羽林监谢嘏谥光子等。这为后来谥号的发展和演变提供了一种文化和习惯上的支持。

(四)北朝追谥

北朝的谥号授予非常泛滥,不仅对统治者忠心可嘉的臣子可以获得谥号,就连一直以来受到大力打压的乱臣贼子也可以获得美谥。

第一,大肆追封父祖,使用极美之谥。北魏拓跋珪即位后不仅追封其父拓跋寔为献明皇帝,还追封21代28位祖宗为皇帝,实在是令人叹为观止。[①]北齐高洋追尊其父高欢为神武皇帝,开创了用"神"字为谥号的先例。[②]

第二,大臣极易得谥号,连一些穷凶极恶之徒都得到美谥。历史上背负骂名、被归入奸雄行列的尔朱荣,在河阴之变中,纵兵大杀群臣,死难朝臣人数极多,《魏

---

① 汪受宽:《谥法研究》,第63页。
② 汪受宽:《谥法研究》,第54页。

书》记载有 1300 多人，《资治通鉴》记载有 2000 多人，反正是上至丞相高阳王元雍、司空元钦、义阳王元略，下至正居丧在家的黄门郎王遵业兄弟，不分良奸，全部刀劈斧砍，杀个精光；同时，把迁到洛阳的汉化鲜卑贵族和出仕北魏政权的汉人大族消灭殆尽。这样一个丧心病狂的屠夫死后竟然被谥为武王。①

第三，僧人、道人、隐士、学者等无官之人也可得到谥号。僧人得谥始于北魏的法果。法果是北魏僧人，"初，皇始中，赵郡有沙门法果，诫行精至，开演法籍。太祖闻其名，诏以礼征赴京师。后以为道人统，绾摄僧徒。每与帝言，多所惬允，供施甚厚。至太宗，弥加崇敬，永兴中，前后授以辅国、宜城子、忠信侯、安成公之号，皆固辞。帝常亲幸其居，以门小狭，不容舆辇，更广大之。年八十余，泰常中卒。未殡，帝三临其丧，追赠老寿将军、赵胡灵公"。②死后被追赠了特别的封号。还有一个特别的事例是石祖兴，据《魏书》记载："石祖兴，常山九门人也。太守田文彪、县令和真等丧亡，祖兴自出家绢二百余匹，营护丧事。州郡表列，高祖嘉之，赐爵二级，为上造。后拜宁陵令，卒。吏部尚书李韶奏其节义，请加赠谥，以奖来者，灵太后令如所奏。有司谥曰恭。"③石祖兴因出资做了"营护丧事"而被旌表并得爵得官，死后受谥曰"恭"。

北朝的追谥情况大致与其他朝代相同，具体包括以下四个内容。

第一，十六国的帝王谥号大都以美谥为主，武、文、景、明等非常常见（如表 5-10）。

表5-10 十六国帝王谥号

国号	姓名	在位时间	谥号	庙号
汉（前赵）	刘渊	304~310	光文皇帝	高祖
汉（前赵）	刘聪	310~318	昭武皇帝	烈宗
汉（前赵）	刘粲	318	隐皇帝	*
后赵	石勒	319~333	明皇帝	高祖
后赵	石虎	349	武皇帝	太祖
成汉	李雄	304~334	武皇帝	太宗
成汉	李寿	338~343	昭文皇帝	中宗
前燕	慕容皝	337—348	文明王→文明皇帝	太祖

① 《魏书》卷 74《尔朱荣传》，第 1111~1120 页。
② 《魏书》卷 114《释老志》，第 2014~2015 页。
③ 《魏书》卷 87《石祖兴传》，第 1282 页。

续表

国号	姓名	在位时间	谥号	庙号
前燕	慕容俊	349~360	景昭皇帝	烈祖
前燕	慕容暐	360—370	幽皇帝	*
前秦	苻健	351~355	明皇帝	高祖
前秦	苻生	355~357	厉王	*
前秦	苻坚	357~385	宣昭皇帝	世祖
前秦	苻丕	385~386	哀平皇帝	*
前秦	苻登	386~394	高皇帝	太宗
前凉	张寔	314~320	昭王	高祖
前凉	张茂	320~324	成王	太宗
前凉	张骏	324~346	文王	世祖
前凉	张重华	346~353	桓王	*
前凉	张耀灵	353	哀公	*
前凉	张祚	354~355	威王	*
前凉	张玄靓	355~363	冲公	*
前凉	张天锡	363~376	悼公	*
后燕	慕容垂	384~396	武成皇帝	世祖
后燕	慕容宝	396~398	惠愍皇帝	烈宗
后燕	慕容盛	398~401	昭武皇帝	中宗
后燕	慕容熙	401~407	昭文皇帝	*
前燕	慕容德	398~405	献武皇帝	世宗
北燕	高云	407~409	惠懿皇帝	*
北燕	冯跋	409~430	文成皇帝	太祖
北燕	冯弘	431~436	昭成皇帝	*
后秦	姚苌	384~394	武昭皇帝	太祖
后秦	姚兴	394~416	文桓皇帝	高祖
后凉	吕光	386~399	懿武皇帝	太祖
后凉	吕绍	399	隐王	*
后凉	吕纂	399~401	灵皇帝	*
夏	赫连勃勃	407~425	武烈皇帝	世祖
西秦	乞伏国仁	385~388	宣烈王	烈祖
西秦	乞伏乾归	388~412	武元王	高祖
西秦	乞伏炽磐	412~428	文昭王	太祖
南凉	秃发乌孤	397~399	武王	列祖

续表

国号	姓名	在位时间	谥号	庙号
南凉	秃发利鹿孤	400~402	康王	*
南凉	秃发傉檀	402~414	景王	*
西凉	李皓	400~417	武昭王	太祖
北凉	沮渠蒙逊	401~433	武宣王	太祖
北凉	沮渠牧犍	433~439	哀王	*

说明：* 表示无。
资料来源：陈羡：《纵横十六国》，重庆出版社，2006，第222~226页。

第二，北魏的封谥。有谥号的皇帝共有13位，12位有庙号。太祖拓跋珪谥号宣武后改为道武，太宗拓跋嗣谥明元，世祖拓跋焘谥太武，恭宗拓跋晃谥景穆，高宗拓跋濬谥文成显祖拓跋弘谥献文，高祖拓跋宏谥孝文等，所有的谥号都是美谥。北魏的皇后谥号也是全为美谥，如拓跋珪称帝后，追尊鲜卑头人拓跋力微为神元皇帝，其妻窦氏为神元皇后。其他谥与夫同的还有平文帝之平文皇后、献明帝之献明皇后、道武帝之道武皇后，但同为道武帝的皇后刘氏则谥为宣穆。之后，每个皇帝的皇后都有自己的谥号，如文成帝冯氏（太后）为文明皇后，李氏为元皇后等。北魏宗室的谥号大都以简（殿中尚书拓跋郁）、明（拓跋翰）、敬（内都大官拓跋齐）、成（迁使持节、车骑大将军、统万镇都大将拓跋提）、康（持节、都督陕西诸军事、征南大将军、长安镇都大将、雍州刺史拓跋云）、庄（中都大官拓跋略）等为主，但也有多个如戾（拜车骑大将军拓跋丕）、殇（拓跋弥）、厉（定州刺史拓跋长乐）等特殊的谥号。

北魏的大臣谥号大都采用美谥。如文（安远将军许谦）、武（镇远将军、兖州刺史长孙肥）、昭（万骑大将军奚斤）、恭（征东大将军、冀青二州刺史安同）、庄（征北大将军、巡抚六镇来大千）、康（散骑常侍、吏部尚书、北中道都大将宿石）、敬（宁西将军、凉州镇都大将高潮）、贞（假节、侍中、镇西大将军、开府仪同三司、云中镇大将、朔州刺史司马楚之）等，115个有谥号的大臣没有一个是恶谥或贬义的。

第三，北齐的谥号。北齐7位皇帝有谥号，与生前的境遇和事业相一致的有高欢谥号神武、高澄谥文襄，高湛谥武成，也有两个谥号的，如高纬谥惠烈和安。北刘宗室的谥号全为美谥，如青州刺史高浚死后谥简平，司徒高湜死后谥康穆，中书令、司州牧高孝瑜死后谥康舒，北豫州刺史高永乐死后谥武昭，长乐太守高灵山死后谥文宣等。北齐大臣死后的封谥也全为美谥，如武贞（御史中尉窦泰）、威武（扬州刺史蔡俊）、武壮（车骑大将军，都督西燕、幽、沧、瀛四州诸军事，幽州刺史尉长命）、忠武（御史中尉、肆州大中正、行台仆射刘贵）、文昭（使持节、都督三徐诸军事、开府仪同三司、徐州刺史高乾）、宣懿（梁州事、济州事、尚书右仆射、齐州刺史封隆之）、敬惠（骠骑大将军、仪同三司、卫尉卿李元忠）等，而且所得美谥从单字向两个字发展，形成了具有一定的特征。

第四，北周的谥号。北周有5位皇帝有谥号，其中一位是太祖宇文泰，谥文。有3位皇后有谥号，其中两位是文皇帝的皇后，一曰元氏，谥号为元，另一曰叱奴氏，谥号为宣。孝闵皇帝宇文觉之胡摩氏同样谥为元。北周宗室只有10人有谥号，全为单字谥，宇文颢谥惠，宇文什肥谥景，宇文导谥孝，宇文连谥简，于文元宝谥烈，于文洛生谥庄等。有两位给了恶谥，宇文护谥荡，宇文宪谥炀。北周的大臣有34人获谥号，大都是单字谥，如文（太傅、雍州牧于谨）、武（侍中、华州刺史寇洛）、安（凉州总管于寔）等，也有武壮（都督二雍二华二岐豳四梁三益巴二夏蔚宁泾二十州诸军事、大都督贺拔岳）、贞献（太师、中军大都督贺拔胜）、武昭（东雍州刺史梁御）等两字谥的，基本上是美谥。

三 赠官

所谓赠官是指朝廷对王公贵族或大臣死后追封官职或荣誉称号。刘长旭认为："赠官，是指官员或者平民去世后，朝廷（甚至个别地方官）赠予死者的文官号或军号。……对于符合赠谥标准的官员来说，赠官大多与赠谥同时进行。"① 唐代韩愈《元和圣德诗》："哀怜阵殁，廪给孤寡，赠官封墓，周匝宏溥。"② 一般来说，赠官品阶相较逝者生前所担任的官职上升1~2级；也有文职官赠同级将军称号和有特殊功勋者超赠的现象。

赠官的目的：一是"表扬往行，所以崇贤垂训，慎终纪远，厚德兴教也"；③ 二是"爵以显德，谥以表行，所以崇明轨迹，丕扬徽勋。……魂而有灵，嘉兹宠荣"；④ 三是"明事君之道，厉为臣之节"。⑤ 总之，赠官是统治者笼络人心和教化社会的工具。

---

① 刘长旭：《两晋南朝赠官研究》，博士学位论文，北京师范大学，2002，第7页。
② 周啸天主编《唐诗鉴赏辞典补编》，四川文艺出版社，1991，第453页。
③ 《晋书》卷39《王沈传》，第750页。
④ 《晋书》卷67《郗鉴传》，第1196页。
⑤ 《晋书》卷69《刁协传》，第1225页。

(一)三国赠官

三国时期赠予的官职主要有三公(如太尉、司空)、将军(如大将军、车骑将军、卫将军、骠骑将军、征北将军)、太常、光禄勋等官职。这一时期的官员大多生前以军功被赠予爵位(如某某侯、某某乡侯、某某亭侯等),而死后赠予爵位的相对较少,在《三国志》中只有建成乡侯、阳陵亭侯两例。

与历史上其他时期相比,三国时期的赠官是比较稀少的。根据《三国志·魏志》,曹魏官员死后大多被赠予谥号,而赠予官职的比较少,赠予爵位的更是少之又少。

曹魏于乱世中崛起,因此军事最受重视,官员生前多兼武职,死后也以赠予武职官为荣耀。因此官员多被赠予将军号,如阳曲侯郭淮是三国时期魏国名将,官至车骑将军,封阳曲侯。因屡立战功,官职升至车骑将军、仪同三司、持节、都督,官品是二品;进封爵位阳曲侯。正元二年(255)卒,被追赠为大将军,官品是一品。[①]荀彧,曹操统一北方的首席谋臣和功臣。因多次为曹操制定军事战略、战术方针、推荐大量人才等功劳官至侍中、尚书令,官品是三品,封万岁亭侯。东汉建安十七年(212)卒,被追赠为太尉,官品是一品。[②]

曹魏有些官员死后获赠爵位,如刘靖被追赠建成乡侯;胡质被追赠阳陵亭侯。

刘靖,扬州刺史刘馥之子。历任黄门侍郎、尚书、卫尉等,为百姓谋福利,兴修水利,开疆屯守。嘉平六年(254)卒,朝廷追赠他为征北将军,并晋封建成乡侯爵。根据魏文帝黄初年间定的九等爵制:王、公、侯、伯、子、男、县侯、乡侯、关内侯,刘靖为第八等乡侯。[③]胡质,三国时魏荆州刺史、征东将军。他屡建功勋,重视农业。嘉平二年(250)卒,被追封阳陵亭侯。[④]

(二)两晋赠官

"两晋时期的赠官制度还处在发展之中,尚未规定专门用作赠官的官职,有时虽比照一些特殊时期形成的格式来作为确定赠官品阶高低的依据,但并未出现专门明确如何进行官爵褒赠的律令格式,大量存在的仍然只是一些准例。尽管如此,其对南北朝时期逐渐完善发展起来的赠官制度的影响还是非常显著的。"[⑤]

从两晋的赠官情况来看,宗室成员或大臣大多是被赠予如三公、三司、特进、侍

---

① 《三国志》卷26《郭淮传》,第545~547页。
② 《三国志》卷10《荀彧传》,第231~239页。
③ 《三国志》卷15《刘靖传》,第349~350页。
④ 《三国志》卷27《胡质传》,第550~551页。
⑤ 张兴成:《两晋宗室赠官略论》,《浙江学刊》2002年第3期。

中、光禄大夫、开府仪同三司、将军之类的中央官。

1. 宗室赠官

"两晋时期,宗室成员死后,曾经任职者按照通例也要给予追赠,有爵位者还要赠谥。"① "自汉魏以来,赠谥多由封爵,虽位通德重,先无爵者,例不加谥。导乃上疏,称'武官有爵必谥,卿校常伯无爵不谥,甚失制度之本意也'。从之。自后公卿无爵而谥,导所议也。"②

从某种程度上说,两晋宗室左右当时政局的发展态势,所以在论述这一时期的赠官时不得不提及宗室成员。宗室成员共有17个人死后获赠官,7人死后没有谥号。这17位获得赠官的宗室,爵位为王者(一品)15人,世子(三品)2人。赠官官品一品者8人,二品者5人,三品者4人。其赠官官品大都为一品,最低者为三品。赠官官品高于卒前最终官职高一品者7人;品秩相同、官阶稍高者10人。晋武帝时期获赠官者7人,晋惠帝时期获赠官者5人,晋怀帝时期获赠官者4人,获赠官时期不明者8人。晋武帝、晋惠帝、晋怀帝是西晋的前三位皇帝,据此推测可能是西晋初期为了政局的稳定,统治者大量分封宗室子弟并且让他们担任要职。

由此可见,两晋宗室成员任职者死后一般加赠予卒前最终官职品秩相同、官阶略高之官,拔擢一品、二品的例子也有不少,两者之间没有严格的对应关系,受赠者生前爵位与赠官官品之间也无对应关系。

2. 大臣赠官

对大臣死后赠官也是常态。从《晋书》大臣本传中得到40例赠官的案例,以此作为样本进行分析,赠官一品者27人,二品者5人,三品者8人。因此,获赠官官品大都为一品,最低者为三品。赠官官品高于卒前最终官品二品者12人,高一品者9人,品秩相同、官阶稍高者19人(见表5–11)。

表5–11 两晋大臣死后赠官表

人物	爵位	卒前官职	官级	赠官	官级	在位帝王	出处
郑冲	寿光公	太傅	一品	太傅	一品	晋武帝	《晋书》卷33《郑冲传》
羊祜	南城侯	征南大将军、开府仪同三司	二品	侍中、太傅、持节	一品	晋武帝	《晋书》卷34《羊祜传》

---

① 张兴成:《两晋宗室赠官略论》,《浙江学刊》2002年第3期。
② 《晋书》卷65《王导传》,第1160页。

续表

人物	爵位	卒前官职	官级	赠官	官级	在位帝王	出处
杜预	当阳县侯	司隶校尉、特进	二品	征南大将军、开府仪同三司	一品	晋武帝	《晋书》卷34《杜预传》
陈骞	高平公	大司马	一品	太傅	一品	晋武帝	《晋书》卷35《陈骞传》
卫瓘	菑阳公	太保	一品	伐蜀勋、假黄钺、兰陵郡公	一品	晋惠帝	《晋书》卷36《卫瓘传》
王沈	博陵县公	散骑常侍、统城外诸军事	三品	司空公	一品	晋武帝	《晋书》卷39《王沈传》
荀勖	济北郡侯	尚书令	三品	司徒	一品	晋武帝	《晋书》卷39《荀勖传》
贾充	鲁郡公	使持节、假黄钺、大都督，总统六师	一品	太宰	一品	晋武帝	《晋书》卷40《贾充传》
李憙	祁侯	金紫光禄大夫	三品	太保	一品	*	《晋书》卷41《李憙传》
高光	延陵县公	尚书令、光禄大夫金章紫绶	三品	司空、侍中	一品	晋怀帝	《晋书》卷41《高光传》
山涛	新沓伯	司徒	一品	司徒	一品	晋武帝	《晋书》卷43《山涛传》
温羡	大陵县公	左光禄大夫、开府、司徒	一品	司徒	一品	晋怀帝	《晋书》卷44《温羡传》
刘颂	*	吏部尚书光禄大夫	三品	梁邹县侯	三品	晋武帝、晋惠帝	《晋书》卷46《刘颂传》
李重	*	讨房护军、平阳太守	五品	散骑常侍	三品	晋惠帝	《晋书》卷46《李重传》
傅玄	鹑觚子	司隶校尉	三品	清泉侯	二品	晋武帝	《晋书》卷47《傅玄传》
罗宪	*	陵江将军、监巴东军事、使持节、武陵太守	五品	使持节、安南将军、武陵太守、西鄂侯	三品	晋武帝	《晋书》卷57《罗宪传》
赵诱	平阿县侯	武昌太守	五品	征房将军、秦州刺史	三品	晋愍帝	《晋书》卷57《赵诱传》
周访	寻阳县侯	安南将军、持节、都督、梁州刺史	三品	征西将军	三品	晋愍帝	《晋书》卷58《周访传》
魏浚	*	河南尹	三品	平西将军	三品	晋怀帝	《晋书》卷63《魏浚传》
温峤	始安郡公	骠骑将军、开府仪同三司、散骑常侍	一品	侍中、大将军、持节、都督、刺史，公如故	一品	晋成帝	《晋书》卷67《温峤传》
郗鉴	南昌县公	太尉	一品	太宰	一品	晋成帝	《晋书》卷67《郗鉴传》
刘超	零陵伯	右卫将军	四品	卫尉	三品	晋成帝	《晋书》卷70《刘超传》
钟雅	*	侍中	三品	光禄勋	三品	晋成帝	《晋书》卷70《钟雅传》
庾亮	*	安西将军	三品	太尉	一品	晋成帝	《晋书》卷73《庾亮传》

续表

人物	爵位	卒前官职	官级	赠官	官级	在位帝王	出处
桓彝	万宁县男	散骑常侍，宣城内史	三品	廷尉—太常	二品	晋成文帝	《晋书》卷74《桓彝传》
虞潭	武昌县侯	右光禄大夫、开府仪同三司、侍中	一品	左光禄大夫、开府、侍中	一品	晋成帝	《晋书》卷76《虞潭传》
顾众	鄱阳县伯	尚书仆射	二品	特进、光禄大夫	二品	晋穆帝	《晋书》卷76《顾众传》
陆晔	江陵公	卫将军	二品	侍中、车骑大将军	一品	晋成帝	《晋书》卷77《陆晔传》
何充	都乡侯	宰相	一品	司空	一品	晋穆帝	《晋书》卷77《何充传》
蔡谟	济阳男	光禄大夫、开府仪同三司	一品	侍中、司空	一品	晋穆帝	《晋书》卷77《蔡谟传》
诸葛恢	建安伯	侍中、金紫光禄大夫	三品	左光禄大夫、仪同三司	一品	晋穆帝	《晋书》卷77《诸葛恢传》
谢尚	咸亭侯	散骑常侍、卫将军	二品	散骑常侍、卫将军、开府仪同三司	一品	晋穆帝	《晋书》卷79《谢尚传》
谢安	建昌县公	太保、都督，杨、江、荆、司、豫等十五州军事、假黄钺	一品	太傅	一品	晋孝武帝	《晋书》卷79《谢安传》
顾和	*	左光禄大夫、仪同三司、散骑常侍、尚书令	一品	侍中、司空	一品	晋穆帝	《晋书》卷83《顾和传》
王雅	*	左仆射	三品	光禄大夫、仪同三司	一品	晋安帝	《晋书》卷83《王雅传》
麹允	*	大都督、骠骑将军	二品	车骑将军	二品	晋愍帝	《晋书》卷89《麹允传》
丁绍	*	宁北将军、假节、监冀州诸军事	三品	车骑将军	二品	晋怀帝	《晋书》卷90《丁绍传》
羊琇	甘露亭侯	特进、散骑常侍	二品	辅国大将军开府仪同三司	一品	晋武帝	《晋书》卷93《羊琇传》
羊玄之	兴晋公	尚书右仆射、侍中	三品	车骑将军、开府仪同三司	一品	晋惠帝	《晋书》卷93《羊玄之传》
王蕴	建昌县侯	都督浙江东五郡、镇军将军、会稽内史、散骑常侍	三品	左光禄大夫、开府仪同三司	一品	晋孝武帝	《晋书》卷93《王蕴传》

说明：*表示情况不明。

由表5-11可见，两晋大臣死后一般加赠予卒前最终官品秩相同、官阶略高之官，拔擢一品、两品的例子也有不少。朝廷追赠去世官员的赠官都是不低于官员生前的最终官职。

(三)南朝赠官

1. 宋朝赠官

刘宋朝承接两晋,赠官特别多。宗室赠官主要有散骑常侍、开府仪同三司、将军(征西将军、平北将军)等;大臣赠官主要有散骑常侍、将军(如前将军、冠军将军、左将军、平南将军、征虏将军)、刺史(如冀州刺史、豫州刺史等)、太常等。

(1)宗室赠官

刘义庆,南朝宋武帝刘裕之侄,长沙景王刘道怜之次子,其叔临川王刘道规无子,即以刘义庆为嗣,袭封临川王赠任荆州刺史等官职。官至都督南兖、徐兖、青、冀、幽六州诸军事、南兖州刺史、开府仪同三司,官品是二品。"元嘉二十一年卒,被赠予侍中、司空。"① 获赠官品是一品。

刘遵考,宋武帝刘裕的族弟。孝武帝大明年间位至尚书左仆射,兼任崇宪太仆,官品是三品。"元徽元年卒,时年八十二。赠左光禄大夫、开府仪同三司,侍中如故。谥号元公。"② 获赠官品是一品。

南朝宋室有 11 位宗室成员死后获得赠官,他们的官职大多升了一级或平级,个别下降,而赠予的官则大多是三公和散骑常侍、侍中等中央官。

(2)大臣赠官

刘宋的大臣赠官以中央官及将军号为主,除此以外也有赠予地方官的。刘穆之获赠的是三公官。

刘穆之,东晋末年政治人物,官至尚书左仆射。宋武帝刘裕视刘穆之为心腹,凡事都询其意见,并且在宋武帝外出打仗期间多次留守国都建康,总揽朝廷事务。义熙十三年(407)卒,朝廷追赠散骑常侍、卫将军、开府仪同三司,后改赠侍中、司徒,追封南昌县侯。永初元年(420),刘裕篡晋称帝,又追封刘穆之为南康郡公。刘穆之生前的最高官品是三品,死后朝廷初期追赠的官品是从一品,后改赠为正一品。③

臧焘,宋武敬皇后的兄长,年少时喜爱学习,善三礼,贫约自立,操行被乡里人所称赞。虽是外戚贵显,而能自我约束,居住饮食一如既往,所得俸禄与亲戚共同分享。官拜光禄大夫,加金章紫绶,卒时被追赠左光禄大夫。生前最高官品和卒后追赠

---

① 《宋书》卷 51《刘义宗传》,第 975 页。
② 《宋书》卷 51《刘遵考传》,第 977 页。
③ 《宋书》卷 42《刘穆之传》,第 855~858 页。

的官职都是同一类型、品秩相同，只是官阶略高而已。①

从南朝宋的 58 个死后获得赠官的案例可知，这一时期的赠官已增多。除去一些死后无赠官或赠官不明的官员外，大多数官员获赠的官品比卒前官品升一品或两品，即使没有品秩的官员死后获赠的官职也会比卒前官职显赫。

2. 南齐赠官

萧齐官制与刘宋大体相同。《南齐书·百官志》载："齐受宋禅，事遵常典，既有司存，无所偏废。"②因此它们在赠官上也极为相近。

（1）宗室赠官

南齐宗室赠官主要有散骑常侍、开府仪同三司、将军（骠骑将军、车骑将军、宁朔将军、抚军将军、中军将军）、侍中等；大臣赠官主要有侍中、散骑常侍、将军（如骠骑将军、镇北将军、镇房将军、左卫将军、镇军将军、征房将军等）、光禄大夫、刺史（徐州、梁秦二州、兖州等）等。

萧晔为萧道成第五子，卒前最高官职是卫将军，开府仪同三司，官一品。隆昌元年（494）薨，追赠司空，侍中如故，官品是一品。③

萧子良，竟陵文宣王，齐武帝萧赜之次子。官至太傅、尚书令，督南徐州，官一品。与萧昭业争夺帝位，萧昭业夺得皇位后作为辅政大臣终日郁郁寡欢，于隆昌元年（494）卒，被追赠为太宰、中书监、领大将军、扬州牧，官品是一品。④

齐之宗室除去一些死后无赠官或赠官不明的外，大多数卒前官品与赠官的官品大多是同一品秩，不过赠官的官位更显赫。

（2）大臣赠官

南齐大臣的赠官很多为中央官 + 将军号 + 地方官号，如刘怀珍获赠散骑常侍、镇北将军、雍州刺史。刘怀珍，汉胶东康王后，官至相国右司马、左卫将军、敬骑常侍、平西将军。隆昌元年（494）卒，追赠散骑常侍、镇北将军、雍州刺史。⑤褚渊助萧道成代宋建齐，受齐高帝宠幸，官至司空、骠骑将军、侍中、录尚书如故。薨时，家无余财，负债至数十万，追赠太宰、侍中、录尚书。⑥

---

① 《宋书》卷 55《臧焘传》，第 1017~1019 页。
② 《南齐书》卷 16《百官志》，第 207 页。
③ 《南齐书》卷 35《萧晔传》，第 421~422 页。
④ 《南齐书》卷 40《萧子良传》，第 469~476 页。
⑤ 《南齐书》卷 27《刘怀珍传》，第 335~338 页。
⑥ 《南齐书》卷 23《褚渊传》，第 283~287 页。

从南齐获得赠官的 22 个案例来看，大臣的赠官与卒前官职，部分品秩相同，但大多提升了一至二品，而品秩相同的其赠官的地位也更大、更高。

3. 梁朝赠官

萧梁官制，初行九品制，大体如宋、齐。《隋书·百官志》说："梁武受命之初，官班多同宋、齐之旧，有丞相、太宰、太傅、太保、大将军、大司马、太尉、司徒、司空、开府仪同三司等官。"①至梁武帝天监七年（508），定十八班之制，以班多为贵，同班者，以居下为劣。天监年间，又重定九品与秩禄之制，规定一品之秩为万石，二三品为中二千石，四五品为二千石。两种制度同时并行。②为了方便与萧齐对比，下文按九品中正制划分梁朝的官职。

（1）宗室赠官

梁朝时，宗室赠官主要有司徒、司空、开府仪同三司、将军（骠骑将军、大将军、中军将军）侍中等。萧宏，梁武帝六弟，官至太尉、骠骑大将军、扬州刺史、侍中，官品是一品，去世时 54 岁。自疾至于薨，舆驾七出临视。及葬，诏曰："侍中、太尉临川王宏器宇冲贵，雅量弘通。爰初弱龄，行彰素覆；逮于应务，嘉猷载缉。自皇业启基，地惟介弟，久司神甸，历位台阶，论道登朝，物无异议。朕友于之至，家国兼情，方弘燮赞，仪刑列辟。天不慭遗，奄焉不永，哀痛抽切，震恸于厥心。宜增峻礼秩，式昭懋典。可赠侍中、大将军、扬州牧、假黄钺、王如故。并给羽葆鼓吹一部，增班剑为六十人。给温明秘器，敛以衮服。谥曰靖惠。"③萧宏去世前后的官品都是一品。

萧续，高祖第五子，官至使持节，都督荆、郢、司、雍、南、北秦、梁、巴、华九州诸军事，荆州刺史，官品是二品。中大同二年（547），薨于州，时年 44，赠司空、散骑常侍、骠骑大将军，鼓吹一部，官品是一品。④

梁朝有 15 位宗室成员在死后获得赠官，其中生前已经是一品的，品秩一般不升，但班剑鼓吹会有提高，所得官衔则更为显赫。其他不是一品的官员，死后大多赠一品。如萧秀原来是三品的使持节，都督雍、梁、南、北秦四州郢州之竟陵司州之随郡诸军事，镇北将军，宁蛮校尉，雍州刺史，死后赠侍中、司空，为一品官；萧业生前是三品的侍中金紫光禄大夫，死后获赠一品；萧景曾任使持节，散骑常侍，都督郢、

---

① 《隋书》卷 26《百官志》，第 488 页。
② 陈茂同：《中国历代职官沿革史》，百花文艺出版社，2004，第 177 页。
③ 《梁书》卷 22《萧宏传》，第 231～232 页。
④ 《梁书》卷 29《萧续传》，第 295～296 页。

司、霍三州诸军事，安西将军，郢州刺史，三品官，死后获赠侍中、中抚军，开府仪同三司的一品官；萧绩也由原来的安右将军、领石头戍军事，护军的三品赠为侍中、中军将军、开府仪同三司一品；萧敷则由宁朔将军，庐陵王谘议参军四品官获赠侍中、司空一品官。

（2）大臣赠官

大臣赠官主要有侍中、散骑常侍、将军（骠骑将军、中军将军等）、光禄大夫、刺史（徐州、梁秦二州、兖州等）等。从品级情况来看，《梁书》中61个获赠官的案例，品级未变的如王謇、王茂等有33个，品级上升的如曹景宗由三品赠一品、萧颖由四品赠三品等有17个，品级下降的有两个，康绚由三品赠四品、冯道根由三品赠四品，品级升降不详的有9个。由此可知，死后赠官并不都是升，也有不升不降或下降的。

4. 陈朝赠官

（1）宗室赠官

由于战乱、入隋朝等原因，陈朝死后有赠官、赠爵的成员并不多，但赠官官职的种类非常齐全，中央官号+将军号+地方官号。可以说最高官都赠，几乎到了赠无可赠的地步。

陈昌是陈高祖陈霸先第六子，官至使持节、散骑常侍、都督湘州诸军事、骠骑将军、湘州牧，官品是二品。天嘉元年（560）卒，赠官侍中、假黄钺、都督中外诸军事、太宰、扬州牧，官品是一品。①

陈叔献是高宗陈顼第九子，官至散骑常侍、军师将军、都督南徐州诸军事、南徐州刺史。太建十二年（580）薨，赠侍中、中抚将军、司空。②而陈昙郎则在其死后由中书侍郎、监南徐州的四品官获赠侍中、安东将军、开府仪同三司、南徐州刺史的一品官。

（2）大臣赠官

陈朝的大臣赠官也非常有特点，从《陈书》中得到的54个案例可知，品秩升的有16位，如杜僧明生前为四品直接赠一品，侯瑱等由二品赠一品等；不升不降的有30位，其中有许多人如周文育、淳于量等生前原本就是一品的大员，当然也有三品、四品而不升的，如胡颖、徐世谱等三品赠三品，谢岐、谢道载等四品赠四品的；降的

---

① 《陈书》卷14《陈昌传》，第143~144页。
② 《陈书》卷29《陈叔献传》，第256页。

有 4 位，如沈恪、王通由二品赠三品等；不详的也有 4 位。与宗室中的所有死者获赠一品官的情况不同，大臣的升降则没有规律可言。

（四）北朝赠官

1. 北魏赠官

北魏时期打破了中央官不赠地方官号的旧例，刺史为赠官最常用的官号之一。北魏官员多被赠予将军号＋刺史号，一些大臣除获得将军号、刺史号外还被授予三公号。

高邑子李灵，"高宗践受，除平南将军、洛州刺史而卒，时年三十六。帝追悼之，赠散骑常侍、平东将军、定州刺史、钜鹿公，谥曰贞"。[①]

孟威，"普泰中，除大鸿胪卿，寻加骠骑大将军、左光禄大夫。天平三年卒。赠使持节、侍中、本将军、都督冀瀛沧三州诸军事、司空公、冀州刺史"。[②]

《魏书》中记载的北魏大臣死后赠官共 135 例，升的有 51 例；不升不降的有 45 例，但其中 2 例生前就是一品官，品秩上再赠也只能是一品，无法突破了；降的只有一例；不详的有 38 例。还有一种情况值得注意，在北魏，不管是中央官还是地方官，被赠予将军号＋刺史号几乎是一种定例。

北魏得到赠官的人数是魏晋南北朝时期最多的，原因可能是统治者既要安抚好本族的贵族，又要拉拢汉族地主阶级，而赠官是统治者笼络人心最有效也是最省事的手段。

2. 北齐、北周赠官

北齐、北周继承了北魏的赠官方式，赠官较为泛滥，极尽尊崇，将军号、地方刺史号、三公号及中央官号组合赠给。

北齐姑臧县侯段荣为北齐开国功臣，家族地位显赫，官至山东大行台、大都督、仪同三司，死后被赠予使持节，定、冀、沧、瀛四州诸军事，定州刺史，太尉，尚书左仆射。皇建二年（561），重新追赠大司马、尚书令、武威王。[③]

北齐咸阳郡王斛律金，朔州（今山西朔州）人，敕勒族，北魏、东魏、北齐三朝将领。高祖父倍侯利是敕勒部落首领，祖父幡地斤、父亲大那瑰都在北魏政府中任很高的官职，屡立战功。斛律金性格耿直，善于骑射，长于用兵。曾被北魏政府任命为"第二领民酋长"，号称"雁臣"，官拜左丞相。死后赐假黄钺，使持节，都督朔、定、

[①] 《魏书》卷 49《李灵传》，第 741 页。
[②] 《魏书》卷 44《孟威传》，第 679 页。
[③] 《北齐书》卷 16《段荣传》，第 141 页。

冀、并、瀛、青、齐、沧、幽、肆、晋、汾十二州诸军事，相国，太尉公，录尚书，朔州刺史，酋长，咸阳郡王等。①

北周龙城侯贺拔岳出身于鲜卑豪门。他的祖父贺拔尔头为武州（今内蒙古武川西）镇将，因为御寇有功，赐爵龙城侯。父为边镇镇将贺拔度拔。贺拔岳兄弟都继承了家族尚武的精神，官拜关中大行台，死后赠侍中、太傅、录尚书、都督关中三十州诸军事、大将军、雍州刺史。②

北朝时期地方割据、战乱频繁和少数民族入主中原，使原有的两汉赠官体制受到了极大的冲击。但由汉族建立的三国、两晋及南朝政权仍然延续着两汉之风，而由少数民族建立的北朝政权则遵循着截然不同的体制。

三国时期政局混乱、地方割据，军事实力最受统治者重视，大臣的功勋多是因立下赫赫军功或做出有利于军事斗争的贡献而获得，因此武官职衔更受重视，官员去世后多被赠予将军号。两晋及南朝时世族影响力巨大，文人地位尊崇，此时赠官以中央官为主，官员多被赠予侍中、三公等官职。北朝由少数民族建立，赠官体制有所不同，赠官也比较泛滥，官员赠官以将军号＋刺史号＋三公的形式为主。

---

① 《北齐书》卷17《斛律金传》，第149～151页。
② 《周书》卷14《贺拔岳传》，第151～154页。

第六章
殡葬风水

　　风水又名阴阳、堪舆、青乌术、青囊术、地理等，最早关于风水的记载见于晋代署名郭璞的《葬书》。"葬者，乘生气也。……气乘风则散，界水则止。古人聚之使不散，行之使有止，故谓之风水。"① 风水的信仰和风水术的应用是我国传统殡葬文化的重要组成部分。魏晋南北朝时期殡葬风水得到了长足发展，这一时期殡葬风水逐步形成完整体系，从民间到上层士大夫及皇家，在殡葬中风水理论都得到了广泛应用和实践，由此出现了一批专门从事风水的术士，关于殡葬风水的专门著作也随之问世。这些都标志着我国殡葬风水理论在此期基本趋于成熟。

　　根据史料记载，先秦时期风水观念就已经出现，至两汉时期，风水实践在生活中已经渐成雏形，但当时的所谓风水主要以人的住宅即阳宅为主。到了东汉的中后期，下葬时要选择墓地即讲究"风水宝地"的观念开始盛行，社会上相信墓地的好坏能直接决定子孙后代的命运。

　　魏晋南北朝时期，殡葬风水在前期发展的基础上逐渐吸收了阴阳、五行、八卦等易学理论，以及汉代儒家的"天人感应"思想，并开始与当时的释道等宗教思想相融合，在殡葬文化上得到大量的实践。这一时期的风水文化从阳宅的营建向以殡葬风水为核心转移，殡葬风水体系得到了完善。《改葬崇宪太后诏》的颁布，标志着殡葬风水文化得到皇家的正式认可。此期风水术的成熟和实践不仅奠定了它在中国殡葬文化中的地位，还对后来各个历史时期的殡葬文化产生了巨大而直接的影响。

---

① 刘晓明：《风水与中国社会》，附录《葬书》，江西高校出版社，1994，第263页。

第一节　殡葬风水理论的成熟

魏晋南北朝时期的动乱和频繁的战争及政权的更迭导致民不聊生，人们深感难以把握自己的命运，试图通过风水来改变自己和家庭命运的理论和实践由此乘虚而入，逐渐成为人们抗衡命运的利器。这一时期的殡葬风水继承了阴阳、五行、八卦的时间和空间世界观，在此基础上形成了一套完整的相墓、择日以及镇墓文化相结合的挑选吉穴、吉时、吉日的殡葬风水文化体系。

一　风水信仰的文化生态

当代诸多风水研究者认为风水信仰本质是追求人与自然的和谐统一。王其亨认为："风水就是审慎周密地考察自然环境，顺应自然，有节制地利用和改造自然，创造良好的居住环境而臻于天时、地利、人和诸吉皆备，达于天人合一的至善境界。"[1] 的确，在考察历史上著名风水宝地的时候，不难发现这些地方的自然构造都非常特殊，风水非常巧妙地利用了这种自然环境，有时还进行适当改造，以达到所谓"天人合一"的境界。但我们从风水形成到发展的历史脉络来看，风水信仰的核心很大程度还是囿于人们"趋吉避凶"的心理需求以及道家、儒家等思想观念影响。

在魏晋南北朝这个动乱的年代，人们普遍感到自己的命运无法把握，于是殡葬风水这一神秘而又无法验证的文化在各种神奇传说和上层人士推崇的影响下悄然而入，成为人们追求改变命运的心理依托。而殡葬风水赋予坟墓"趋吉避凶"、子孙后代命运陡变的功能，正好与人们试图改变自己命运的心理需要相一致。王充就认为人们推崇时日禁忌是因为："凡人在世，不能不作事，作事之后，不能不有吉凶。见吉则指以为前时择日之福，见凶则以为往者触犯之祸。"从王充的分析看来，人们在做任何事情前都会挑选时日，事后的成败也归因于时日的好坏，这种择日的禁忌在殡葬中也是如此。魏晋南北朝时期就有选择墓地影响后世命运的记载，《相冢书》中称："葬龙之角，暴富贵，后当灭门。"[2] 另有"山望之如却月形，或如覆舟，葬之出富贵；山望

---

[1] 王其亨：《风水理论研究》，天津大学出版社，1992，第3页。
[2] 余嘉锡笺疏《世说新语笺疏》，中华书局，2007，第706页。

之如鸡栖，葬之灭门；山有重叠，望之如鼓吹楼，葬之连州二千石。"①《相冢书》所提出的吉凶判断是当时殡葬选择墓地的一个重要标准，明确告诉人们选择好的墓地，可以让后代迅速发达起来，这等于给人们描绘了通过埋葬祖先来迅速发达的可操作性方法。事实上，三国魏晋时期人们确实已经相信祖上选择好的墓地是可以影响子孙后代的发展。《建康实录》记有孙钟葬父的事情。

> 案《祥瑞志》：钟家于富春，早失父，幼与母居，性至孝。遭岁荒，俭以种瓜自业。忽有三少年诣钟乞瓜，钟厚待之。三人曰："此山下善，可藏，当出天子。君望山下百步许，顾见我等去，即可葬处也。"钟去三四十步便返顾，见三人并成白鹤而飞去。钟记之，后死葬其地。地在县城东，冢上常有光怪，云气五色，上属于天。②

这个典故在《三国志》裴松之注引中也有记载。

> 坚世仕吴，家于富春，葬于城东。冢上数有光怪，云气五色，上属于天，蔓延数里。众皆往观视。父老相谓曰："是非凡气，孙氏其兴矣。"③

孙家祖上孙钟孝顺、善良，于是得到了仙人的指点，死后葬在一个可出天子的墓穴，在他墓上有五色云气出现，人们都说孙家要开始兴盛起来了。这则记载是否确切，我们不得而知，但是当时人们把孙家的兴旺发达归根于他们祖上孙钟的墓穴风水好，说明在那个时候人们相信风水能够改变后世命运的观念的确已经确立。

在《晋书·周访传》中也有类似记载：

> 初，陶侃微时，丁艰，将葬，家中忽失牛而不知所在。遇一老父。谓曰："前冈见一牛眠山汙中，其地若葬，位极人臣矣。"又指一山云："此亦其次，当世出二千石。"言讫不见，侃寻牛得之，因葬其处，以所指别山与访。访父死，

---

① 欧阳询：《艺文类聚》，第 123 页。
② 许嵩：《建康实录》，第 3~4 页。
③ 《三国志》卷 46《孙破虏讨逆传》，第 809 页。

葬焉，果为刺史，著称宁益，自访以下，三世为益州四十一年，如其所言云。①

周访出身于平民阶层，在这个门阀制度严格的社会能从平民做到刺史及后人"三世为益州四十一年"的大官，一方面是由于他及后代自身的努力，另一方面是当时社会的动荡不安急需人才，也给他们施展才华提供了很好的条件。但在时人看来，周访的成功不是因为他及其后代的努力和付出，而是因为他们先人墓地选择得当、风水极佳。这也反映出当时民众对殡葬风水的认可和信仰，这种观念也是殡葬风水得以壮大的社会与群众基础。

另外，儒家观念与风水的结合也是殡葬风水迅速发展的一个重要原因。自西汉以来，"天人感应"观以及孝道等儒家思想被统治者接受并广为推广，风水主动去靠近并迎合这种社会思潮以壮大自己的影响。

儒家讲究孝道，风水文化宣扬的好的墓穴将直接决定子孙后人命运的"葬先荫后"的殡葬观迎合并助长了孝道观念。一方面，选择好的墓地厚葬先人是一种孝；另一方面，这种"孝"又会得到回报，从而使子孙富贵荣华。即便到了今日，还有人认为选择一处吉地，风光地下葬逝去的亲人是一种孝顺的行为。另外，在魏晋南北朝以及后世诸多殡葬风水典籍中都能见到引用孔子、孟子的论述来宣扬风水文化并置它于正统地位。在《地理新书》中，孙季邕《葬范》引唐人吕才奏请废伪滥者一百二十家，其中《孔子葬经》、《子夏金门诀》、《马融葬经》、《孟子葬经》、《郑康成葬经》被认为都是明显托儒家之名的风水著作，以此提高自己的身价。②

实际上，将孝道和殡葬风水结合的思想在这一时期已经非常流行，例如《陈书》就有记载。

> 吴明彻，字通昭，秦郡人也。祖景安，齐南谯太守。父树，梁右军将军。明彻幼孤，性至孝，年十四，感坟茔未备，家贫无以取给，乃勤力耕种。时天下亢旱，苗稼焦枯，明彻哀愤，每之田中，号泣，仰天自诉。居数日，有自田还者，云苗已更生。明彻疑之，谓为绐己，及往田所，竟如其言。秋而大获，足充葬用。时有伊氏者，善占墓，谓其兄曰："君葬之日，必有乘白马逐鹿者来经坟所，

---

① 《晋书》卷58《周访传》，第1050页。
② 《重校正地理新书》，上海古籍出版社，1985，第122~123页。

此是最小孝子大贵之征。"至时果有此应，明彻即树之最小子也。①

从这篇记载可知，吴明彻幼时家贫，出于孝心努力耕种赚钱以筹办父母坟茔之费，这种孝心感动天地，使他的庄稼经受严重旱情后神奇复活，相墓者尹氏预示下葬之时会出现一个特殊的征兆，得到应验，吴明彻这个家中的幼子和善子果然大富大贵。

魏晋南北朝以来的家族门阀观念十分看重整个家族共同体的命运，而殡葬风水一直强调殡葬时所选的墓地对家族的祸福影响，所以门阀士族都非常重视殡葬风水文化，从而成为推动风水发展的一个重要动力。沈麟士在《沈氏述祖德碑》中记载说：

葬乡之金鳌山，时有金鹅飞集，三鸣而去。童谣曰："金鹅鸣，沈氏兴，代代出公卿。"遂更名其山曰金鹅。夫天发物祥，人应歌咏，繇来之数，厥非偶然。盖由沈氏积善累行，肇基既远，而戎祖盛德大业，足以缵先绪，光祖宗，感天祐，昌后嗣，故吉祥之事，动而先见耳。②

从沈麟士碑文中我们可以发现，沈氏认为他们祖上世代行善，所以祖坟上出现了金鹅飞集的祥瑞之兆，正是这种祥瑞之兆使得整个沈氏家族兴起，看来这种祥瑞之兆是风水好的表现。

张澄的事例也非常具有典型性。据《南史》记载，张澄为了家族后代的兴盛，自己选择较差的墓穴，从而使自己的寿命变短、官位也不高，却换来了家族的隆盛和兴旺。

初，裕曾祖澄当葬父，郭璞为占墓地，曰："葬某处，年过百岁，位至三司，而子孙不蕃。某处年几减半，位裁卿校，而累世显贵。"澄乃葬其劣处。位光禄，年六十四而亡，其子孙遂昌云。③

这些事例说明，家族的发展比个人的得失更为重要，因此门阀世族为了家庭的利

---

① 《陈书》卷9《吴明彻传》，第60页。
② 严可均：《全上古三代秦汉三国六朝文》，中华书局，1958，第3179页。
③ 《南史》卷31《张裕传》，第534页。

益，总是希望通过获得风水吉地保证家庭的兴旺，甚至大富大贵。

与此相反的事例也存在，有人为个人的富贵而追求风水吉地。《南齐书·荀伯玉传》记载："善相墓者见伯玉家墓，谓其父曰：'当出暴贵而不久也。'伯玉后闻之，曰：'朝闻道，夕死可矣。'死时年五十。"① 荀伯玉为了自己一时的升官发财，不顾"暴富贵不久"，借用孔子的"朝闻道，夕死可矣"来掩饰自己追求一时富贵的风水梦。当然，他富贵了，却不长命，死时年仅 50。根据本纪记载，荀伯玉善于占卜，早年深得萧道成的信任，曾官至刑狱参军。但萧道成死后，齐武帝萧赜忌惮他多知军国秘事，很快就杀了他。应该说荀伯玉是政治斗争的牺牲品，但这里归咎于风水，又一次说明当时人们相信风水的社会观念，风水成为一种民间信仰。

此外，随着社会动荡，皇家对百姓思想控制有所放松，风水术士等开始活跃起来，为推动殡葬风水的发展和普及起到很大的作用。当时出现了风水占墓之士的身份从江湖术士向士族阶层上移的倾向，由于作用特殊，很多风水师进入朝廷，担任官职，如被公认的风水界祖师爷郭璞与当时的王导、庾亮等政治人物都有交往。

总之，魏晋南北朝时期的殡葬风水信仰是在民众趋吉避害心理的基础上，结合了汉代以来讲究孝道的儒家思想，在宣扬"葬先荫后"的殡葬观念下逐渐成熟的，尤其是通过风水吉地安葬先人能够给后代带来福祉的"死生相联系"理论，极大地促进了殡葬风水文化的盛行和发展。

二 魏晋南北朝殡葬风水体系

殡葬风水经过前期的酝酿和发展，到了三国魏晋南北朝时期逐渐形成了一个完整的体系，具体表现在墓地选择的方法、殡葬凶吉的解释等方面。此期，由于社会上对殡葬风水文化的认同度逐渐升高，社会需求不断增长，产生了专门从事殡葬风水的术士，出现了殡葬风水的专著，形成了当时盛行并对后世影响非常巨大的殡葬风水三原则，即注重墓地所在地的形势、强调墓地建造中的方位和重视下葬时的吉日时辰。

（一）魏晋南北朝墓地选择原则

在古人的观念中，人死后将到达另一个世界，而且可以通过某种联系影响活着的人。人们常说"气感而应，鬼福及人"，若是死者在另一个世界过得好，他的后人也会过得好，坟墓则成了死者与生者联系的重要中介，选择吉祥的墓地，既是保证死

---

① 《南齐书》卷 31《荀伯玉传》，第 574 页。

者在另一个世界过得安稳的重要因素，也是活着的人能过得平安吉祥甚至大富大贵的联系纽带，因此时人特别重视墓地选择。随着殡葬风水的不断发展，在魏晋南北朝时期，人们选择墓地形成了一套严格的标准。

1. 讲究地形，推崇四灵

我们说风水追求的就是人与自然的和谐统一，落实到具体操作上就是在选择墓地时，依据的是地形与走势，依据风水中的吉凶原则挑选吉穴。囿于资料佚失以及相隔年代久远，我们只能从历史资料中寻找出一些蛛丝马迹和片段，对这时候的殡葬风水操作手法做一些了解。

我们先来看一篇考古出土的魏晋时期名为《晋故宣威将军赵君墓中之表》的墓志。

> 君讳汜，字叔伯，河南人也。惟君先裔，奕世高宗。昔汉室失统，九州分崩，遂绝先绪，湮没韬光。君性恢伟，虽险涂炭，志节难尚，处于忧愍，劝务坟典，贵义尚和，谦己冲人。诚世范之清模，积德之遗彦也。少挺灵曜之美质，明盛随侯之晖光。客观琰茂，仪表堂堂。钦明之素，令豫应骋，庶勋绩允成，如昊天不惠。昔年卅有一，厥命陨阻。于时遗类，幼弱孤微，丧柩假瘗，遂迄于今。今卜筮良辰，更造灵馆，北营陵阳之高敞，南临伊洛之洪川，右带缠谷，坐乘首山。游谠夷叔，熙会高原。廓据崇庸，亿载安安。灵魄永昧，子孙惋恋。攀悼号绝，泣血崩伤。实寮来奔，莫不哀酸。①

此表出土地方不详，表中记载的赵汜，正史中并无记录，生平亦不详。根据表文，该墓表制于元康八年（298）。罗新在书中认为赵汜墓地应在河南偃师境内，表文中"缠谷"应是瀍谷，"首山"即首阳山，因此所载之择墓之法当是确有其实的。墓志提到"北营陵阳之高敞"的择墓方法。所谓"高敞"地就是地势开阔、四通八达，最早出现在《史记·淮阴侯列传》，"其（韩信）母死，贫无以葬，然乃行营高敞地，令其旁可置万家……"②。司马迁认为韩信从布衣到封侯的一个重要原因就是其先母墓地形势非常好，换句话说，他的墓在风水宝地上。由此我们可推断，选择"高敞"地从西汉到西晋时期都是一个重要的择墓标准。

这一选择墓地的方法在《葬书》中也有类似的记载："土厚水深，郁草茂林。贵

---

① 罗新、叶炜：《新出魏晋南北朝墓志疏证》，中华书局，2005，第 3 页。
② 《史记》卷 92《淮阴侯列传》，中华书局，2000，第 2038 页。

如千乘，富如万金。"①意为选择地水深沉、土壤高厚的地势高敞之地作为葬地是大富大贵的风水宝地。

此外，把"四灵"运用到殡葬风水中是此期的一大创举。所谓"四灵"，即人们经常所说的青龙、白虎、朱雀、玄武四种神兽，也称四象或四神。战国时期人们就开始以四灵配合四方，形成左青龙、右白虎、前朱雀、后玄武的方位格局。到了汉代，四灵备受推崇，被人们奉为镇卫四房、驱除邪恶的神奇动物，常用于表示建筑的东南西北四个方位。"四灵"信仰的盛行，除被用作家宅的镇物外，也被丧葬择墓所应用，并成为中国风水信仰中的核心要素。在郭璞的《葬书》中记载："故葬以左为青龙，右为白虎，前为朱雀，后为玄武。玄武垂头、朱雀翔舞，青龙蜿蜒，玄武驯頫。形势反此，法当破死。故虎蹲谓之衔尸，龙踞谓之嫉生，玄武不垂者谓之拒尸，朱雀不舞者腾去。"②可以看出，理想的墓穴四侧地形应该是左侧如青龙向内蜿蜒盘旋、右侧如白虎盘踞、前面的地形要峰砂秀丽并有水曲弯环、后面如玄武低头而向外的形状。这种形状后来成为墓葬风水的标准式，在人们的殡葬实践中得到最普遍的运用。

《三国志·管辂传》中也有关于四象的记载。

> 辂随军西行，过毌丘俭墓下，依树哀吟，精神不乐。人问其故，辂曰：林木虽茂，无形可久；碑诔虽美，无后可守。玄武藏头，苍龙无足，白虎衔尸，朱雀悲哭。四危以备，法当灭族。不过二载，其应至矣。③

此记载是最早把"四灵"学说运用于殡葬风水实践的。管辂以毌丘俭家人墓地"玄武藏头，苍龙无足，白虎衔尸，朱雀悲哭"四种危险的形势来判定其有灭族之祸，且此事在《三国志》中有相互佐证资料。"二年春正月乙丑，镇东将军毌丘俭、扬州刺史文钦反"，④全家受到牵连。当然，管辂也可能是根据当时政治形势做出的判断，但把这归功于看墓地风水推演出毌丘俭的命运，是以增加殡葬风水的灵验或神秘性，提高它的影响力。

此外，"四灵"择墓的方法在道家著作《真诰》中也有记载。

---

① 刘晓明：《风水与中国社会》，附录《葬书》，第 263 ~ 264 页。
② 刘晓明：《风水与中国社会》，附录《葬书》，第 265 ~ 266 页。
③ 《三国志》卷 29《管辂传》，第 613 页。
④ 《三国志》卷 4《三少帝纪》，第 100 页。

范幼冲，汉时尚书郎（缺失一字），解地理，乃以冢宅为意。魏末，得来在此童初中。其言云："我今墓有青龙乘气，上玄辟非，玄武延驱，虎啸八垂，殆神仙之兵窟，炼形之所归，乃上吉冢也。"其言如此（此犹是前所服三气之范监也。四灵虽同墓法，而形相莫辩。又以朱鸟为上玄，亦所未详也）。积善憩德，慈心在物，兼修长存之方，洞守形中之宝者。虽有此墓，为以示始终之观耳。至于神全得会，熙镜玄开，亦何时永为朽物，不复生出耶？此墓之人，斯可谓应运矣。①

从上面引文我们知道汉魏时的范幼冲善于图相"冢宅"之术，以"青龙、白虎、朱雀、玄武"为依据，认为墓的上吉是四灵"炼形之所归"的地形之势。而且陶弘景也在其注中明确指出"四灵"与传世的相墓之法相同，又认为范幼冲说的"上玄"应该是"朱鸟"，"四相"则和《葬书》中记载的"青龙、白虎、朱雀、玄武"一致。

三国魏晋南北朝的许多记载都以"四灵"来比喻地形。《建康实录》引《江表传》言：

案，《江表传》：汉建安中，刘备尝宿于秣陵，观江山之秀，劝帝居之。初，张纮谓帝曰："秣陵，楚威王所置，名金陵，地势岗阜连石头。古老云，昔秦始皇东巡会稽经此县，望气者云，金陵地形有王者都邑之气，因掘断连岗，故名秣陵。今据所见存，地有其气，象天之所会，今宜为都邑。"帝深善之。后闻刘备语曰："智者意同。"故即帝位闻谣言，而思张纮议，乃下都之。又案，吴语：刘备曾使诸葛亮至京，因观秣陵山阜，曰："钟山龙盘，石头虎踞，此乃帝王之宅也。"②

除了诸葛亮以龙来形容秣陵山的地形外，这一时期还有孝武帝也用龙来形容此山。《宋书·孝武帝纪》记载，孝武帝"葬丹阳秣陵县岩山景宁陵"，③《元和郡县志图》中也有相似的记载："孝武帝骏景宁陵在县西南四十里岩山。"④另外，《景定建康志》引山谦之《丹阳记》记载："秣陵县南有岩山，……宋孝武帝改曰龙山。"⑤非常明确，他自己把此山改为龙山，同时营造陵墓，原因是此处风水形胜俱佳。

---

① 陶弘景：《真诰》卷10《协昌期第二》，赵益点校，中华书局，2011，第180页。
② 许嵩：《建康实录》，第38页。
③ 《宋书》卷6《孝武帝纪》，第90页。
④ 李吉甫：《元和郡县图志》，中华书局，1983，第597页。
⑤ 《景定建康志》，《宋元方志丛刊》本，中华书局，1990，第1567页。

第六章 殡葬风水

因此，诸葛亮在形容秣陵山地形的时候便运用了"龙盘"、"虎踞"的术语。这种叫法在《晋书·郭璞传》中也有记载。

> 璞尝为人葬，帝微服往观之，因问主人："何以葬龙角，此法当灭族。"主人曰："郭璞云，此乃葬龙耳，不出三年当致天子也。"帝曰："出天子耶？"答曰："能致天子问耳。"帝甚异之。①

从墓主人和皇帝的对话中可看出，他们是以"龙角"、"龙耳"来比喻墓地的地形，说明皇帝本人懂得风水的基本知识，而且相信风水与家庭有一种内在的联系。关于"龙角"、"龙耳"，在六朝时期的相墓书中有所记载。《世说新语》刘孝标注引青乌子《相冢书》说道："青乌子《相冢书》曰：'葬之龙角，暴富贵，后当灭门'。"②在徐坚的《初学记》中也有引用《相冢书》的记载："凡葬龙耳者，当贵出五侯。"③

由上可见，以"龙角"、"龙耳"来比喻墓地的吉凶是魏晋南北朝时期"四灵"模式一个重要的延伸。关于"龙角"、"龙耳"的具体介绍在《葬书》中有所解释："经曰：势止形昂，前涧后冈，龙首之藏。鼻颡吉昌，角目灭亡。耳致侯王，唇死兵伤。"④非常明白，葬龙角会带来大难，而葬龙耳则可以让天子或侯王前来过问。

"龙角"、"龙耳"是对"四灵"择墓模式的一种延伸而形成的吉凶判断理念，实际上，在这一时期以"四灵"模式挑选墓地是最重要的理论和实践。除此之外，以其他事物、动物的形状来比喻山势形状的说法也开始出现。如《艺文类聚》引《相冢书》佚文：

> 青乌子称："山望之如却月形，或如覆舟，葬之出富贵；山望之如鸡栖，葬之灭门；山有重叠，望之如鼓吹楼，葬之连州二千石。"⑤

上文中所称"却月形"、"覆舟"、"鸡栖"、"鼓吹楼"等都是用来形容山的形状，并通过此种形状判断墓穴的吉凶。此外，在《晋书·周访传》中也有关于《葬书》提到

---

① 《晋书》卷72《郭璞传》，第1267页。
② 余嘉锡笺疏《世说新语笺疏》，第706页。
③ 徐坚：《初学记》，中华书局，1962，第360页。
④ 刘晓明：《风水与中国社会》，附录《葬书》，第266页。
⑤ 欧阳询：《艺文类聚》，第123页。

的吉穴——"牛卧马驰"之地的记载。根据上文述及的陶侃故事,人们很容易得出结论,陶侃之所以能"位极人臣",是因为得到一神秘老父的指点将其父亲葬于牛眠之地。反过来的思维则是,如果没有这样的风水宝地,陶侃及其家族就不可能有后来的巨大成就和大富大贵,周访的情况也同样如此。这类故事的流传极大地助推了人们对于风水文化的认同和实践,通过观地形选择墓地吉穴的方法越来越多样,也越来越普遍。

从以上零散的记载,我们能看到这一时期选择开阔高敞的地方是择墓的手法,加上运用"四灵"模式来推断墓地的凶吉,可以证明这一时期已经形成了通过勘察地形选择墓址的方法,这也是后来殡葬风水形法流派的基础。

2. 勘山望气,以断吉凶

通过"四灵"形状的山势等来选择墓地仅仅是殡葬风水的一种方式,而通过望气这种几乎是形而上的神秘方式来择墓也是当时殡葬风水中一个非常重要的手段。《葬书》开篇首句讲到"葬者,乘生气也",也就是说选择墓地时要选择生气之地;而"丘垅之骨头,冈阜之气,气之所随",也就是说丘垅和冈阜是生气的集中处。

为什么要选择气之特殊者为葬地?《葬书》说得非常明白:"夫阴阳之气噫而为风,升而为云,降而为雨,行乎地中而为生气。生气行平地中,发而生乎万物,人受体于父母,本骸得气,遗体受荫。盖生者气之聚,凝结者成骨,死而独留,故葬者反气内骨以荫所生之道也。"[①] 用通俗的话说,气是一种很特殊的现象,它因父母而得,且人与父母死后的联结也因为这种生气,所以葬个好地方,其父母之气与生者之气依然是贯穿相连的。这实际上也是风水成为许多人追求的根本原因。正是有这种理论指导,人们在实践中形成了许多非常神秘的故事,这种故事反过来又推动风水信仰向着更加普及的方向发展。

根据《三国志·吴书》裴松之注引《汉晋春秋》记载:

> 初望气者云,荆州有王气破扬州而建业宫不利,故皓徙武昌,遣使者发民掘荆州界大臣名家冢与山冈连者以厌之,既闻但反,自以为徙土得计也。[②]

此处说得非常明白,孙皓因为望气者说荆州有"王气"不利于吴国家天下之建业

---

① 刘晓明:《风水与中国社会》,附录《葬书》,第 263 页。
② 《三国志》卷 48《孙皓传》,第 862 页。

宫，所以迁都到武昌去了。从文中叙述我们还可以看到，通过"掘荆州界大臣名家冢山与山冈连者"而破坏这些人家的"王气"以达到毁坏风水的目的，说明勘山望气选择风水与通过某种方式毁坏风水都是殡葬风水文化的一种手段。

事实上，如果选择的墓穴正好与山冈相连接，那么肯定就会有各种诸如黄紫之气等自然现象出现。只是风水把这种特殊的自然现象称为"王气"或"瑞气"，认为有这种"气"的地方就是大吉之地，甚至是影响在位者命运的大事。葬于此地的人希望自己家族兴旺发达，甚至获得"天下"；而主有天下者，则希望通过破坏或毁坏这种"气"或气生存的环境来延续自己的好命运。此时，殡葬风水文化就成了一种国家政治，一种影响王国的力量。

关于根据观看墓穴上的气之颜色来判定吉凶的记载还有很多。

《太平御览》中引晋周处的《风土记》记载说：乌程县下山，望气云有黄气紫云，大吴故该葬焉。①《三国志·吴书·孙破虏讨逆传》裴松之注引记载，坚世仕吴，家于富春，葬于城东，冢上数有光怪，云气五色，上属于天，蔓延数里。众皆往观视。父老相谓曰："是非凡气，孙氏其兴矣。"②这两则史料都是突出叙述孙吴的发家是因为他们祖宗的墓地选择得好，坟墓上方有黄紫之气弥漫。于此我们可知，三国北方重视山形地势，而南方则重视望气，并以此判定葬地的吉凶。

同一时期关于帝王墓上有吉祥之气记载的史料还有《太平御览》引王智深《宋纪》记载：齐宣帝坟茔在武进，常有云气氤氲入天。故元嘉中望气者称此地有天子气。③

又据《宋书·符瑞志》记载：

> 泰始四年十一月辛未，崇宁陵令上书言，自大明八年至今四年二月，宣太后陵明堂前后数有光及五色云，又芳香四满，又五彩云在松下，状如车盖。④

这事发生在泰始四年（468），宋明帝宣太后崇宁陵上有五色运气，陵令以墓上有五色云气为祥瑞，以此来向皇帝讨好，祝贺皇帝获得风水宝地，迎合皇帝。为什么会上这样的书？原因是皇帝本人就有这样的癖好。据《宋书》记载，宋明帝是一个"好鬼神、多忌讳"的天子。当然，所谓五彩云气背后的潜台词是皇家风水好，能保江山永固。

---

① 《太平御览》，中华书局，1960，第39页。
② 《三国志》卷46《孙破虏讨逆传》，第809页。
③ 《太平御览》，第3251页。
④ 《宋书》卷29《符瑞志》，第559页。

根据气的颜色来判断吉凶应是当时人望气的评判标准。"云气五色"、"黄气紫云"是十分吉祥的征兆，每一种气都可能对应着不同的效果。《太平御览》引《相冢书》佚文称："青气郁郁，出二千石；赤气出公卿；白气初刑戮；黄气出封侯。"①非常明白，坟墓上方有青气，墓主人后人会出两千石的大官；坟墓上方有赤气，墓主人后人要出位列公卿的大官；坟墓上出黄气，墓主人的后人会封侯；而要是坟墓上方有白气，这家后人则要遭受刑戮之灾了。

以上种种都证明，通过望气来选择墓地是魏晋南北朝时期殡葬风水的一个重要内容和影响极其广泛的信仰。

3. 五音图墓法

所谓五音图墓法，简单说就是根据人的姓氏分为"宫、商、角、徵、羽"五音，②归为五行，并与八卦中的乾、艮、坤、巽相配合组成 24 个方位不同属性的体系，用来判断墓地吉凶。

将"五音"用于相墓应该出现于魏晋南北朝时期，根据《隋书·经籍志》记载：

《五姓墓图》一卷，……《五音相墓书》五卷，《五音图墓书》九十一卷，《五姓图山龙》及《科墓葬不传》各一卷，《杂相墓书》四十五卷，亡。③

正是大量相关图书的亡佚，证明在隋朝之前相关的风水文化是明确存在的。梁朝任孝恭的《祭杂坟文》也说："帷尔冥然往代，求圆石而无名。邈矣遐年，讨方砖而不记，封树遭殄。谁别羽商之家，坟垅倾回，终迷庚癸之向。"④说明民间存在通过这种方式确定的墓葬做法。

最早记载五音相墓方法的文献应该是道家典藏《真诰》。在《真诰·协昌期云第二》中有这样的叙述："'墓之东北为徵，绝命，西北为九㝢，此皆冢讼之凶地。若见亡者其间，益其验也。'（陶弘景）注：此应令以受长史也，但许姓羽音，今云东北，徵，绝命，是为不同，又九㝢之名，墓书无法。"⑤明确徵位是绝命，为凶地，不祥。引文同一卷"建吉冢法"中，陶弘景也标注说："但辟非应是朱鸟，而云冢后，若徵家甲向，朱鸟在西南，

---

① 《太平御览》，第 2532 页。
② 古人辨别五音，以舌为徵、齿为商、牙为角、喉为宫、唇为羽。
③ 《隋书》卷 34《经籍志》，第 695 页。
④ 严可均：《全上古三代秦汉三国六朝文》，第 3351 页。
⑤ 陶弘景：《真诰》，第 177 页。

羽家庚向，朱鸟在东北，所不论耳。"①也是用五音图墓法来确定墓地的吉凶。

根据陶弘景的解释，他认为许姓为羽音，五行属水，归属北方，但仙真说东北为徵，绝命，所以陶弘景认为仙真说的和世上相传的相墓法不一样。陶弘景将《真诰》中的记载与当时相传的相墓之家进行比较，证明在当时世上的确存在着用五音来相墓的方法。

另外，我们还应该注意到，陶弘景注中提到的"若徵家甲向，朱鸟在西南，羽家庚姓，朱鸟在东北"应该是"五音"与"四灵"相结合的一种相墓方法，说明此时的殡葬风水理论与实践已经越来越复杂，除了专业人士，一般的人已经很难对一些特别的现象做出解释。

事实上确实如此，《隋书》有关于萧吉用望气和五音定向法为独孤皇后相墓的记载。

> 及献皇后崩，上令吉卜择葬所，吉历筮山原，至一处，云"卜年二千，卜世二百"，具图而奏之。上曰："吉凶由人，不在于地。高纬父葬，岂不卜乎？国寻灭亡。正如我家墓田，若云不吉，朕不当为天子；若云不凶，我弟不当战没。"然竟从吉言。吉表曰："去月十六日，皇后山陵西北，鸡未鸣前，有黑云方圆五六百步，从地属天。东南又有旌旗车马帐幕，布满七八里，并有人往来检校，部伍甚整，日出乃灭，同见者十余人。谨案《葬书》云：'气王与姓相生，大吉。'今黑气当冬王，与姓相生，是大吉利，子孙无疆之候也。"上大悦。②

根据萧吉所言，我们且用五音的方法来进行分析。隋文帝姓杨，五音属"商"，五行属"金"。而"黑气"为"水"属北方。根据五行生克可知金生水，所以萧吉说："与姓相生，是大吉利。"由此，我们能判断萧吉引用《葬书》"气王与姓相生，大吉"之说的确是运用了"五音"和望气之法，它又是对殡葬相墓风水的一种发展。

4. 时日禁忌

考虑时日也是殡葬风水中的一个重要方面。魏晋南北朝时期人们十分注重下葬的吉日、吉时以及忌讳。

颜之推在《颜氏家训》卷6《风操》中写道：

---

① 陶弘景：《真诰》，第181页。
② 《隋书》卷78《萧吉传》，第695页。

>阴阳说云："辰为水墓，又为土墓，故不得哭。"王充《论衡》云："辰日不哭，哭必重丧。"今无教者，辰日有丧，不问轻重，举家清谧，不敢发声，以辞吊客。"①

可见"辰日有丧不哭"是汉魏晋南北朝时期重要的禁忌。

魏晋南北朝时期讲求殡葬的时日禁忌十分普遍，官方一度公开干涉。《晋书·贺循传》记载："循少婴家难，流放海隅，吴平，乃还本郡。操尚高厉，童龀不群，言行进止，必以礼让。国相丁乂请为五官掾。刺史嵇喜举秀才，除阳羡令，以宽惠为本，不求课最。后为武康令，俗多厚葬，及有拘忌回避岁月，停丧不葬者，循皆禁焉。"②说的是民间遵行禁忌习俗，在一些特殊的日子死者会被停丧不葬，而贺循则通过政府的政令加以禁绝。我们从政府禁止这一现象来看，当时对于选择或回避一些特殊日子而停丧不葬是非常普遍的现象，也说明民众对此信仰的认同。

《晋书·殷仲堪传》也记载："（仲堪）领晋陵太守，居郡禁产子不举，久丧不葬，录父母以质亡叛者，所下条教甚有义理。"③虽然表面上看是对殷仲堪行政有方的表彰，实际上却透出这样的信息：当时晋陵（今江苏常州一带）有产子不举，久丧不葬的习俗，而久丧不葬除了可能是因为家贫外，主要还是因为存在诸多禁忌。殷仲堪通过自己的政令试图改变这一习俗。虽然我们不知道这一习俗是否很快被彻底禁绝，但从中透露出的信息却是民间存在时日禁忌等与风水或家庭、家族今后发展息息相关的殡葬禁忌。今天依然存在这种死的日子不好或挑不到好日子而久丧不葬的文化，应该说都与当时的相关信仰或文化，尤其是与殡葬风水文化存在直接的相关性。

从上面的论述我们可知，选择地势高长开阔、符合"四灵"模式、望气断凶吉、确定墓室朝向、五音相墓和选择下葬时日等都是魏晋南北朝时期在坟墓风水选择时指导实践的法则或理论。而选择地势高敞开阔之地、推崇"四灵"以及观山望气的择墓方法构成了隋唐以后逐渐完善起来的"形法"流派的主要元素，五音相墓法则是墓地选择中确定墓门朝向的具体方法。

（二）厌胜之法与墓葬镇物

首先，古人在寻找墓穴时十分重视所选墓地是否为理想的风水宝地。其次，殡葬风水还提供一个在墓地原本不太符合风水情况下进行改良的手段。最后，殡葬风水

---

① 颜之推：《颜氏家训集解》，第96页。
② 《晋书》卷68《贺循传》，第1212页。
③ 《晋书》卷84《殷仲堪传》，第2194页。

还存在通过人为的方式毁坏墓地吉利风水的方法,这应该说是中国在风水文化发展过程中形成的一种和谐或平衡。嵇康在与阮侃关于"宅无吉凶"的辩论中曾经这样说:"纵如论宅与卜不同,但能知而不能为,则吉凶已成,虽知何益?卜与不卜,了无所在。"① 认为能知风水好坏但不能改造利用,也不是好的风水师。由此可见,通过改变原本风水格局以达到趋吉或嫁祸目的也是殡葬风水很重要的组成部分。在具体的风水实践中做到趋吉避凶应该包括两方面:一是选择我们前面已经阐述的符合地形地势、特别的朝向、合适的时日等原则的墓地即风水宝地,这是在具体实践中必须遵守的原则;二是针对已经形成的墓地,则可以通过厌胜术和镇物法来改变风水,这是另外一个非常重要的原则。有时,后者的实践甚至超过前者。

一般意义上说,厌胜、镇物之法基本上是为了镇邪与祛凶,但也有人为了达到某种目的而用来营造一种"凶"或祛除一种"吉"。

1. 厌胜之法

厌胜本为驱鬼除邪的巫术。古代方士认为通过厌胜之术可以制服人或物,达到某种人为的目的。殡葬风水中的厌胜之法可以理解为:通过特殊手段镇压、破除、改变墓葬内质,使之与原来的风水状态产生错位或异化,从而达到祛"凶"或除"吉"的目的。

随着殡葬风水在魏晋南北朝的兴盛,墓葬的厌胜之法也大量出现并繁杂多样。主要包括破坏坟墓、改葬、埋藏厌胜物等方法。

(1) 破坏坟墓

我们说殡葬风水的核心是死者与生者间建立某种联系,以达"葬先荫后"的目的。正是这种吉凶关联模式,使希望通过风水而获得吉的人可以通过一些特殊的方式达到目的;而一些希望破坏别人或对手好风水的人则可以通过破坏坟墓等,达除吉致凶的目的。破坏风水手段时常被运用,尤其是为了某种政治目的而破坏别人家坟墓,史料记载非常多。

《三国志·吴书》裴松之注引《汉晋春秋》中就有关于孙皓为了自己的王位在迁徙到武昌的同时,发掘"荆州界大臣名家冢与山冈连者以厌之"② 的行为,属于典型的以破坏坟墓来达到政治目的。这种方式,东晋的桓温也曾使用过。据记载:"武昌戴熙,家道贫陋,墓在樊山南。占者云:有王气。桓温仗钺西下,停武昌,凿之。得

---

① 嵇康:《嵇康集校注》,戴明扬校注,人民文学出版社,1962,第279页。
② 《三国志》卷48《孙皓传》,第862页。

一物，大如水牛。青色，无头脚，时亦动摇，斫刺不陷，乃纵著江中，得水，便有声如雷。向发长川，熙后嗣沦胥殆尽。"① 仅仅听信术士说戴熙家墓有王气，桓温便破坏他的坟墓。当然，可怕的不是这种行为，而是这种行为的后果，破坏坟墓得逞后，戴熙家整个家族后代相继潦倒灭亡。王气是否断了无法应验，但这个家族却陷入了灾难。

也有为了避免不必要的麻烦而自断王气的，《晋书·羊祜传》记载："有善相墓者，言祜祖墓所有帝王气，若凿之则无后。祜遂凿之，相者见曰：'犹出折臂三公。'而祜竟坠马折臂，位至三公而无子。"② 这个故事实在太过神奇：一日羊祜听闻相墓的人说自己祖坟有帝王之气，要是凿了祖坟就要无后了，羊祜还是果断地刨了自家祖坟，相墓师说，即便挖掉了祖坟仍然能出断胳膊的三公，果然没多久羊祜就从马上摔下来折断了胳膊，官做到三公却一直没有子嗣。《幽明录》中也记载了羊祜挖掉自家祖坟破坏王气的事："羊祜工骑乘，有一儿，五六岁，端明可善，掘墓之后，儿即亡，羊时为襄阳都督，因乘马落地，遂折臂，于时士林咸叹其忠诚。"③ 当然，这个故事除了传达墓葬风水的神奇之外，突出要表达的是臣子对皇帝的忠诚，羊祜就是用这种破坏坟墓方式向自己的主子表达忠心。

这类破坏坟墓的记载还有宋明帝掘崇宪太后陵墓。史载"先是晋安王子勋未平，巫者谓宜开昭太后陵以为厌胜"④，但是为了战胜对手，破坏坟墓仅仅是一种厌胜之术。由于听到太多的关于破坏坟墓而使自己得利的故事，每每在一些特殊的时候，总有一些人在使用破坏坟墓的方式以获利。《南史》中就有关于刘宋时期宋废帝曾想挖开其父孝武帝陵墓的记载，幸好太史言利用风水理论，指称不利于皇帝而终止。⑤ 当然，宋废帝并不是要改变风水，而仅仅是因为自己小时太过调皮捣蛋而时常受到父亲的责骂，于是当了皇帝后就公报私仇。太史虽然阻止了他破坏陵墓，却没法阻止他给他父亲的坟上泼大粪，还抓住其父的酒糟鼻不放，大骂"齇奴"。多行不义必自毙，宋废帝在位仅一年多便引来杀身之祸，被他的叔父刘彧所杀，结束了17年短暂的生命。

从上面多则事例可以看出，破坏陵墓在这一时期的风水文化中较为常见，但目的

---

① 李昉：《太平广记》，中华书局，1961，第3104页。
② 《晋书》卷34《羊祜传》，第668页。
③ 李昉：《太平广记》，3105页。
④ 《宋书》卷41《后妃传》，第844页。
⑤ 《南史》卷2《前废帝纪》载："帝自以为昔在东宫，不为孝武所爱，及即位，将掘景宁陵，太史言于帝不利而止。乃纵粪于陵，肆骂孝武帝为'齇奴'，又遣发殷贵嫔墓，忿其为孝武所宠。"第44页。

基本上都在于改变原来的风水状态，置对手于不利的地位，并使自己获利。

（2）改葬

如果说，上述破坏坟墓是为了断掉好风水，那么改葬则是为了追求吉利。人们通过改葬，重新选择一处风水宝地，以达到自己或家族发达的目的。

有学者曾对两晋皇族及朝廷官员举行改葬之事的文献进行了统计，《晋书》17例，《通典》9例，晋何法盛《中兴书》2例，两晋墓志2例，除去文献重复记载者，总共有26例。[①]由此可见魏晋南北朝时期改葬十分盛行。当然这里统计的改葬不全是为了达到厌胜之目的而进行的，除了厌胜，大部分是为了改变风水影响。

《三国志》记载曹丕曾为其母亲改葬，史载："四年十一月，以后旧陵庳下，使像兼太尉，持节诣邺，昭告后土，十二月，改葬朝阳陵。"[②]公开是认为其母之陵太过矮小，与身份地位不相符，实际上是与曹丕的身份地位不相符，所以要进行改葬。

更著名的事例是宋明帝为了风水和自己的身份，以当时自己母亲的陵墓修建仓促为由进行大规模改葬。《宋书》之《改葬崇宪太后诏》非常明白地讲出了改葬的过程和目的。

> 泰始四年夏，诏有司曰：崇宪昭太后修宁陵地，大明之世，久所考卜。前岁遭诸蕃之难，礼从权宜。奉营仓卒，未暇营改。而茔隧之所，山原卑陋。顷年颓坏，日有滋甚，恒费修整，终无永固。且详考地形，殊乖相势。朕蚤蒙慈遇，情礼兼常，思使终始之义，载彰幽显。史官可就岩山左右，更宅吉地。明审龟筮，须选令辰，式遵旧典，以礼创制。今中宇虽宁，边虏未息，营就之功，务在从简。举言寻悲，情如切割。[③]

宋明帝在诏书中明确提出要挑选"吉地"，意思是在改葬时墓地要挑选风水宝地。宋明帝是历史上有名的相信风水学说的人物，因此他的这一行为符合他所具有的知识，从内心深处还是希望通过改葬其母之墓以改变仓促选择和营造的陵墓，最终用风水更佳的墓葬荫护自己和子孙。这种改葬以追求更好风水的文化不仅皇家有，民间也同样存在。《汉魏南北朝墓志汇编》引用《北京图书馆历代石刻拓本》一篇碑文记载

---

① 邹远志：《两晋改葬服议题所见礼家对郑王之学的超越》，《衡阳师范学院学报》2011年第2期。
② 《三国志》卷5《后妃传》，第122页。
③ 《宋书》卷41《后妃传》，第844页。

"卜吉改葬"之事。文曰："元康八年十月庚午朔廿六日，晋故东莱庐乡新乐里徐君讳文□，年九十七，不禄薨。其子其女卜吉改葬。西去旧墓七有一，□国治卅有五，西南去县治十。"① 卜吉改葬就是为了追求更好的墓地和风水，相信这种改葬有一些特殊的原因，如家庭或家族出现疾病、不顺等，于是通过改葬这一方式来达到改变风水和家族命运的目的。

（3）坟墓厌胜

除了破坏坟墓、改葬，还有在墓里面埋藏实物的方法达到厌胜的目的。文献记载和考古发掘出来的魏晋南北朝时期墓地中有着诸多的厌胜之物。

敦煌祁家湾西晋十六国墓葬考古挖掘的 M208、M313、M206:3 墓地斗瓶内均装有铅人，其中 M206:3 斗瓶中镇墓文写 14 行 62 字：

□宫年华，薄命早终，相注而死今。送铅人一双，斗瓶五谷，用赎生人，魂魄须铅，人膺□五谷，死生乃当，死生死各，异路不得更，相注□仵除，重复便利生人，如律令。②

这篇镇墓文写到该墓葬主人薄命早终，随葬铅人、五谷让死者在阴间也能享受阳间般生活，目的是为了避免死者祸害人间。铅人以及人参、雄黄等都是当时非常流行的镇墓之物，除此之外，还有埋石头、埋铁钉等坟墓厌胜的方法。

《南史·齐本纪》有关于宋明帝令人在萧道成坟墓实行厌胜术的记载。

始帝年十七时，尝梦乘青龙上天，西行逐日。帝旧茔在武进彭山，冈阜相属，数百里不绝，其上常有五色云，又有龙出焉。上时已贵矣，宋明帝甚恶之，遣善占墓者高灵文往墓所占相。灵文先给事太祖，还，诡答曰："不过出方伯耳。"密白太祖曰："贵不可言。"明帝意犹不已，遣人践藉，以左道厌之。③

萧道成祖坟所在地彭山"冈阜相属，数百里不绝，其上常有五色云，又有龙出焉"，这是典型的风水佳地。大约这种说法传到了宋明帝那儿，怕王位有可能被人

---

① 赵超：《汉魏南北朝墓志汇编》，第 8 页。
② 戴春阳、张珑：《敦煌祁家湾西晋十六国墓葬发掘报告》，第 108~109 页。
③ 《南史》卷 4《齐本纪》，第 211 页。

替代，宋明帝于是就派遣特别善于相墓的高灵文前往占视。但高灵文与萧道成之子萧赜关系密切，骗宋明帝说："不过出方伯耳"，宋明帝仍然不相信，还是派人直接"以左道厌之"。这"左道"具体是哪一个东西？《南齐书》卷18《祥瑞志》中有记载："（宋明）帝意不已，遣人于墓左右校猎，以大铁钉长五六尺钉墓四维，以为厌胜。"① 非常明确，用大铁钉去钉墓之四周，这大铁钉不仅具有厌胜之效，同时是一种镇物。宋明帝除了将此镇物厌胜之法用于萧道成，还用在政敌身上。《南史·后妃传》记载："泰始初，晋安王子勋谋逆未平，就有巫者向明帝建议'宜开昭太后陵，毁去梓宫以厌胜'。"② 其实这已经不只是厌胜或镇物，而是毁墓以彻底改变风水了。

宫廷之中也有为了达到目的而去改变别人陵墓风水的厌胜之事，历史上有名的昭明太子听信道士之言为了对自己有利，在贵嫔坟墓埋藏厌胜之物的"鹅蜡事件"。根据《南史·昭明太子统传》记载：

> 初，丁贵嫔薨，太子遣人求得善墓地，将斩草，有卖地者因阉人俞三副求市，若得三百万，许以百万与之。三副密启武帝，言太子所得地不如今所得地于帝吉，帝末年多忌，便命市之。葬毕，有道士善图墓，云'地不利长子，若厌伏或可申延'。乃为蜡鹅及诸物埋墓侧长子位。有宫监鲍邈之、魏雅者，二人初并为太子所爱，邈之晚见疏于雅，密启武帝云：'雅为太子厌祷。'帝密遣检掘，果得鹅等物。大惊，将穷其事。徐勉固谏得止，于是唯诛道士，由是太子迄终以此惭慨，故其嗣不立。③

萧统因为听信他人风水不足以镇物厌之的传言，而最终得罪也深信风水的父亲，并由此（这可能是值得讨论的）抑郁而终，"其嗣不立"。说明当时对于厌胜之法非常崇信，而采用镇物是普遍的方法。

2. 镇墓习俗

镇墓习俗也是殡葬风水文化的组成部分。在原始社会时期，人们就认为人死后进入另一个鬼神世界，鬼神对人有着超强的作用力，所以人们为了安慰死者，会随葬一些具

---

① 《南齐书》卷18《祥瑞志》，第352页。
② 《南史》卷11《孝昭武太后传》，第321页。
③ 《南史》卷53《昭明太子统传》，第1313页。

有镇墓作用的斗瓶、镇墓兽、木板等，有在斗瓶壁上或者直接用纸张或木板书写一段告慰死者的文字，希望死者在阴间也能平平安安不要来祸害人间，如同保护好坟墓的平安免受邪物的侵扰。魏晋南北朝坟墓有很多镇墓文和买地券出土。

（1）镇墓文

我们说的镇墓文是包括写在斗瓶、铅板或纸张上用来告慰、劝诫死者的文字。这种兴起于汉代的写镇墓文殡葬习俗在这一时期与道家文化相互融合，很多镇墓文都以道家法令"如律令"结尾，说明道教文化已经进入民间殡葬习俗，甚至有些镇墓文直接来自道家经典《真诰》、《抱朴子》、《赤松子章历》等。说明人们通过镇墓文或希望能镇压死者不回人间作祟，并保佑子孙后代；或希望帮助死者解除灾祸，使死者在冥界过得平安，是一种美好的信仰追求。

据贾小军的研究，保存较完好的魏晋十六国河西镇墓文的格式大体如下：

> 死者去世时间与建除十二直（年号+具体年份+朔日天干地支+具体日期+某日天干地支+某直）+死者生前所在郡县乡里（某郡+某县+某乡+某里）+沟通人鬼的神灵以及代替死者承受殃咎、罚作的承负之物（"今下斗瓶、五谷、铅人，用当复……"+"青乌子、北辰，诏令……"）+解注辞与隔绝生死辞（"某注+某注+某注"+"乐莫想念、苦莫相思、生人前行、死人却步"）①

通俗地说，内容与格式主要包括五个方面：一是死者去世时间及建除十二直信息；二是死者生前所在郡县乡里信息；三是死者姓名及相关信息；四是沟通人鬼的神灵以及代替死者承受殃咎、罚作的承负之物；五是解注辞与隔绝生死辞。②

镇墓文一方面像死者的行状，包含丰富的死者信息，但更重要的是通过对死者有关另一个世界的劝解达到抚慰死者隔绝生死，让生者得到平安与福佑的目的。而解注是最为重要的，有的人甚至把镇墓文称为"解注文"。"解注是指解除死者的邪气对生者的危害，东汉镇墓文中就已经出现。"③虽然汉代时已经存在解注的现象，但到魏晋南北朝时已经成为无所不包的文化，并与道教存在直接的关系。储晓军认为，"'注'的内容有了大幅度的增加，有天注、地注、岁注、月注、日注、时注，还有生注、

---

① 贾小军：《事死如生：魏晋十六国河西镇墓文解读》，《简牍学研究》第5辑，甘肃人民出版社，2014，第244~245页。
② 贾小军：《事死如生：魏晋十六国河西镇墓文解读》，《简牍学研究》第5辑，第243~244页。
③ 储晓军：《敦煌魏晋镇墓文研究》，《敦煌研究》2009年第1期。

死注、人注、鬼注、氾注、玄注、獨注、风注、火注，等等。姜伯勤已经指出'注'数量大幅度上升与道教在敦煌地区的传播有很大的关系"。① 这种无所不包的"注"说明当时人们对死者的畏惧，对死者可能带来的各种灾难的想象已经延伸到生活的各个方面，生死完全相通的信仰渗透至民众的心灵深处。

（2）买地券

买地券是指一种虚构的能够在阴间通用的土地买卖契约，是死者在阴间拥有自己坟墓所在之地和其他土地的凭据。鲁西奇在《六朝买地券丛考》②中收录魏晋南北朝时期买地券共31种，绝大多数出自南方。说明这一时期买地券十分流行，并且买地券已经从中原地区开始南移。出土的三国时期的买地券多分布在吴国地域内，1955年出土于武昌任家湾113号墓的"孙权黄武六年的铅质郑丑买地券"较为典型。

图6-1 买地券及拓本（三国吴，五凤元年）

资料来源：张学锋编著《中国墓葬史》，第305页。

　　黄武六年十月戊戌，朔十日辛未，吴郡男子郑丑，年七十五，以元年六月□□□江夏沙羡县物故。今从主县买地立冢，□□比东，比西，比南，比北，比合四亩半地，值钱三万，钱即日交毕，立此证。知者东王公、西王母。若后有安□□者，磐□所勒田记□埋穴□□□。③

券文记载了写券时间、死者生辰、死因、买地事件、面积、证人等信息，十分简洁明了，并写明他人不可占穴，确保死者对这个土地的拥有权。

考古发现三国两晋时期的买地券镇墓文都分布在东南和西北地区，中原地区一直没有发现。而在南北朝时期，买地券继续发展，遍及全国大部分地区，北到幽州一

---

① 储晓军：《敦煌魏晋镇墓文研究》，《敦煌研究》2009年第1期。
② 鲁西奇：《六朝买地券丛考》，《文史》2006年第2辑。
③ 程欣人：《武汉出土的两块东吴铅券释文》，《考古》1965年第10期。

带，南抵海南地区，西至高昌，东及朝鲜半岛。而且这一时期的买地券与道教、佛教文化紧密结合在一起。如在长沙出土的南朝徐副买地券，徐副的职位是"祭酒"、"代元治黄书契令"，是一个职位较高的道教人士，纵观整个券文充满着道教术语，具有明显的道教特征，所以死后秉承"太上诸君丈人道法"不可以按照风水四象选择下葬时日、不避讳出殡禁日。但其中提到的"安其尸形，沐浴冠带亡者，开通道理，使无忧患，利护生人"①是明显的殡葬风水中"葬先荫后"的死生观念。

又端方《陶斋藏石记》卷13记载的《北齐武平四年七月高侨为妻王江妃造衣物券》券文。

> 武平四年岁次癸巳七月乙丑六日庚子，释迦文佛弟子高侨敢告：滆湾里地振坦国土高侨元出冀州渤海郡，因宦仍居青州齐郡益都县滆湾里。其妻王江妃，年七十七，遇患积稔，医疗无损，忽以今月六日命过寿终。上辞三光，下归蒿里。江妃生时十善持心，五戒坚志，岁三月六，斋戒不阙。今为戒师藏公、山公等所使，与佛取花，往知不返。江妃命终之时，天帝抱花，候迎精神，大权□往，接侍灵魂。敕汝地下女青诏书、五道大神、司坡之官，江妃所赉衣资杂物、随身之具，所迳之处，不得诃留。若有留诘，沙河楼陁碎汝身首如阿梨树枝。来时念念，不知书读是谁。书者观世音，读者维摩大士。故移，急急如律令。②

此券文写到高侨妻遵守"十善持心，五戒坚志"的佛教戒律，又出现"书者观世音，读者维摩大士"道家中的人物。因此，这篇券文带有明显的佛道合流的味道，反映出当时丧葬文化中所包含的民间信仰情况。

如上所述，三国魏晋南北朝时期出现了与宗教形态相结合的趋势，尤其是道释两教的影响十分明显。在出土的诸多镇墓文和买地券中都有"若有争宅，当诣土伯"、"安冢墓，利子孙"的文字，这正是通过安家以保死者在另一个世界平安，并由此保佑和降福生者的风水观念。

赋予坟墓"趋吉避凶"的功能和以《葬书》所说的"气感而应，鬼福及人"为中心的生死相连观念是殡葬风水兴起的重要原因，这也与魏晋南北朝时期社会主流思想

---

① 长沙文物工作队：《长沙出土南朝徐副买地券》，《湖南考古辑刊》第1辑，第117~119页。
② 端方辑《陶斋藏石记》卷13，第6~8页；刘安志：《吐鲁番所出衣物疏研究二题》，《魏晋南北朝隋唐史资料》2005年第12期。此处主要参考刘安志先生文章的引用。

观念、意识形态相一致。

殡葬风水观念的盛行及其实践在地形、形势、时日禁忌、厌胜等具体的操作方面已经形成一个基本可操作模式和指导方法，这些都显示了魏晋南北朝时期我国殡葬风水理论和实践体系已经达到了一个比较完整的程度。

第二节 殡葬风水实践的盛行

殡葬风水体系的成熟与社会上殡葬风水实践是分不开的。一方面，殡葬风水实践促进了殡葬风水理论的发展；另一方面，殡葬风水理论的发展又进一步带动了殡葬风水实践的盛行。这一时期，从地方百姓到上层士大夫以至帝王都崇尚殡葬风水，这在诸多历史文献和墓葬考古中都有体现。此外，这一时期从事风水实践的风水术士遍布各个阶层，满足各阶层殡葬需求。同时，关于殡葬风水的专著开始出现。

一 出现从事殡葬风水的专职人员

魏晋南北朝时期是风水术或者说风水信仰的初步完善时期，并且形成了以殡葬为核心的风水体系。风水的发展离不开风水术士们的努力，而一个体系的形成离不开系列性的著作。魏晋南北朝时期不仅风水信仰得到壮大，而且风水术士和风水专著也开始出现。其中郭璞和管辂两位风水大师在史书和各种资料记载中都被奉为风水界的祖师爷，托他们名而著的《葬书》和《管氏地理指蒙》成为后世风水界的经典著作，书中所记载的具体原则和方法对后世的风水实践仍有很大的指导作用。

（一）风水大师

到了魏晋南北朝时期，随着殡葬风水的发展和盛行，专门从事殡葬风水的人员——图墓者或相墓者，我们称他们为风水术士，也开始大量出现，逐渐形成一个行业。风水术士的大量出现有力地推动了风水信仰和风水实践的发展和繁荣。其中风水大师的出现是这个时期风水理论成熟，尤其是殡葬风水实践盛行非常重要的象征。

郭璞是风水界的象征性人物，从事风水工作者无人不知郭璞，被尊为风水行业祖师爷。可以说从他开始风水术才真正走上系统化的道路。

郭璞（276~324），字景纯，河东闻喜（今山西省闻喜县）人。晋代著名文学家、训诂学家，曾给《尔雅》、《方言》、《山海经》等古籍注释，当然他闻名于后世还是因为在风水领域的贡献。关于他的生平在《晋书》中有记载："父，瑷，尚书都令史，时尚书杜预,有所增损,瑗多驳正之,以公方著称。终于建平太守。"①由此可见,郭璞出生于官宦家庭,父亲为人正直。郭璞本人也是"好经书,博学有高才,而讷于言论。词赋为中兴之冠。好古文奇字,妙于阴阳算历"②。看来郭璞是一个博学多才、善于阴阳之术,但比较木讷、不善言辞的人。那么他是如何习得风水之术的呢?在《晋书》中有颇为神奇的记载:"有郭公者,客居河东,精于卜筮,璞从之受业。公以《青囊中书》九卷与之,由是遂洞五行、天文、卜筮之术,攘灾转祸,通致无方,虽京房、管辂不能过也。"③随着西晋末年中原战乱的开始,郭璞避灾到江南地区,曾任宣城、丹阳参军职务。晋元帝时期,升为著作佐郎,迁尚书郎。324 年,因力阻当时驻守荆州的王敦谋反而被杀害,终年 49 岁。

单就《晋书》的记载,郭璞生平事迹中就有颇多关于他占卜、相墓、选址等神奇的事迹,如郭璞葬母的事情。他在给母亲选择墓地时,相中暨阳的"去水百步许"的一块宝地,人们以为这个地方太靠近水,很容易被水淹没,郭璞却说很快就会成为一大片陆地了,果然"其后沙涨,去墓数十里皆为桑田"。

记载郭璞这个风水大师神奇之处的历史文献资料还有很多,值得注意的一点是,他的很多传奇故事发生在南方,说明这个时候风水文化在南方已经开始流行。

管辂是三国时期魏国著名的风水大师,略早于郭璞。据《三国志》记载,管辂(209~256),字公明,平原(今山东德州平原县)人。管辂"年八九岁,便喜仰视星辰,得人辄问其名,夜不肯寐。父母常禁之,犹不可止。自言'我年虽小,然眼中喜视天文。'"④管辂通过他的占卜预测之术与当时多名高官交好,在短短一生中先后为安平太守王基、江夏太守王经、安德县令刘长仁、渤海太守王弘直、新兴太守诸葛原等人卜筮。上文我们已经提到管辂通过观地形预测毌丘俭起兵失败的事情,"辂随军西行,过毌丘俭墓下,依树哀吟,精神不乐。人问其故,辂曰:林木虽茂,无形可久;碑谏虽美,无后可守。玄武藏头,藏龙无足,白虎衔尸,朱雀悲哭。四危已备,法当灭族。不过二载,其应至矣"⑤。管辂通过观察毌丘俭祖墓地四周地形,认为这是大凶之地,其后人有灭族的危险,果然毌丘俭起兵失败,身首异处。这里的"朱雀"、"玄武"、"青龙"、"白虎"四灵也是风水实践中遵从的一个原则。

---

① 《晋书》卷 72《郭璞传》,第 1261 页。
② 《晋书》卷 72《郭璞传》,第 1261 页。
③ 《晋书》卷 72《郭璞传》,第 1261 页。
④ 《三国志》卷 29《管辂传》,第 602 页。
⑤ 《三国志》卷 29《管辂传》,第 613 页。

(二)图墓者

风水大师建构了风水理论并推动殡葬风水实践在社会各阶层,尤其是从上层到下层的垂直影响。正是由于风水大师的作用,带动并形成了魏晋南北朝时期大量殡葬风水的实践者或从业者,当时称相墓者或图墓者。这些生存于民间或中下层官员、士大夫之间的风水实践者此时出现了职业化的倾向。《宋书·郭原平传》记载,郭原平是一个靠给人们相墓为生从业者,"本性智巧,即学构冢,尤善其事,每至吉岁,求者盈门。原平所赴,必自贫始,既取贱价,又以夫日助之"。①非常明确地说,郭原平善于相墓所以"求者盈门",因此我们可以知道当时的民间非常推崇殡葬风水,实践盛行。郭原平不仅看风水的好坏,而且帮助人选择好日子,也就难怪"求者盈门"了。

《南齐书·沈文季传》记载了另一个"图墓"者唐寓之。他不仅自己以相墓为业,而且还是祖传,是父祖就已经以相墓作为职业,所谓"富阳人唐寓之侨居桐庐,父祖相传图墓为业"。②唐寓之是富阳人,他侨居桐庐,三代以图墓为业。说明相墓确实已经是职业化、家族化的一种行业。

这一时期,在一些政治斗争中出现了风水术士的身影,乃至影响了对当时政治时局的发展。据记载,郭璞就是因为反对王敦起兵造反而被杀害,前文提到的高灵文、孔恭、萧吉也都是风水界参与政治的代表。尤其是到了南朝时期,风水信仰逐渐上移,帝王们都十分相信风水,以至于朝代更迭都离不开风水师的手笔。如《南齐书·祥瑞志》中记载,高灵文对萧道成祖坟占测并为之辩解,暗示萧道成"贵不可言",③直接刺激、蛊惑了萧道成的野心,让其认为自身有帝王之相,也提供了改朝换代的舆论基础,让民众认为他当皇帝是上天的旨意。

更有甚者,直接利用风水为自己起兵造反制造舆论。唐寓之在南齐永明三年(485)发动的大规模起义就是宣称他家祖坟有帝王之气,蛊惑民众参与。由于唐寓之自己本人就是专门的风水术士,且是三代为业,在当地甚至远近地方一定有着许多信众。借助风水的神奇现象来号召民众,应该说是一种不错的方式。《南齐书》载:"(唐)寓之自云其家墓有王气,山中得金印,转相诳惑。三年冬,寓之聚党四百人。于新城水断商旅,党羽分布近县。新城令陆赤奋、桐庐令王天愍弃县走。寓之向富

---

① 《宋书》卷91《郭原平传》,第1493页。
② 《南齐书》卷44《沈文季传》,第527页。
③ 《南齐书》卷18《祥瑞志》,第233页:"武进县彭山,旧茔在焉。其山冈阜相属数百里,上有五色云气,有龙出焉。宋明帝恶之,遣相墓工高灵文占视,灵文先与世祖善,还,诡答云:'不过方伯。'退谓世祖曰:'贵不可言。'"。

阳，抄略人民，县令何洵告鱼浦子逻主从系公，发鱼浦村男丁防县。"①说明从者众，数县危殆，一时声势非常壮大。结果如何？《南史·虞玩之传》记载得更详细："富阳人唐寓之侨居桐庐，父祖相传图墓为业。寓之自云其家墓有王气。山中得金印，转相诳惑。永明二年冬，寓之聚党，遂陷富阳。至钱唐僭号，置太子。贼遂据郡，又遣伪会稽太守孙泓取山阴。时会稽太守王敬则朝正，故寓之谓可乘虚而袭。泓至浦阳江，而郡丞张思祖遣浃口戍主杨休武拒战，大破之。朝廷遣禁兵东讨，至钱唐，一战便散，禽斩寓之。"②看来风水不仅没有让他做成王，还断送了性命。

图墓为业者在此时期还有不少，仅就所查阅到的资料，汇总做成表6-1。

表6-1 文献所见图墓为业者

姓名	生平事迹记载	资料出处
戴洋	戴洋，字国流，吴兴长城人也。……为人短陋，无风望，然好道术，妙解占候卜数。……侃薨，征西将军庾亮代镇武昌，复引洋问气候。洋曰："天有白气，丧必东行，不过数年必应。"	《晋书》卷95《戴洋传》
韩友	韩友，字景先，庐江舒人也。为书生，受《易》于会稽伍振，善占卜，能图宅相冢，亦行京费厌胜之术	《晋书》卷95《韩友传》
孔恭	皇考墓在丹徒之候山，其地秦史所谓曲阿、丹徒间有天子气者也。时有孔恭者，妙善占墓，帝尝与经墓，欺之曰："此墓何如？"孔恭曰："非常地也。"	《南史》卷1《武帝纪》
高灵文	始帝年十七时，尝梦乘青龙上天，西行逐日。帝旧茔在武进彭山，冈阜相属，数百里不绝，其上常有五色云，又有龙出焉。上时已贵矣，宋明帝甚恶之，遣善占墓者高灵文往墓所占相。灵文先собственное事太祖，还，诡答曰："不过出方伯耳。"密白太祖曰："贵不可言。"明帝意犹不已，遣人践藉，以左道厌之	《南史》卷4《齐本纪》
唐寓之	富阳人唐寓之侨居桐庐，父祖相传图墓为业	《南齐书》卷44《沈文季传》
道士	初，丁贵妃薨，……有道士善图墓，云："地不利长子，若厌伏或可申延。"	《南史》卷53《明昭太子统传》
柳世隆	世隆晓数术，于倪塘创墓，与宾客践履，十往五往，常坐一处。及卒，墓正取其坐处焉	《南齐书》卷24《柳世隆传》
伊氏	有伊氏者，善占墓，谓其兄曰："君葬之日，必有乘白马逐鹿者来经坟所，此时最小孝子大贵之征。"	《陈书》卷9《吴明彻传》
萧吉	萧吉，本为萧梁宗室，入周为"仪同"隋时受命考订"古今阴阳书"，其颇精于风水之术，并撰有《宅经》八卷，《葬经》六卷。孤独皇后崩，隋文帝命萧吉负责选择墓地	《北史》卷89《萧吉传》
陆法和	为人置宅图墓	《北齐书》卷33《陆法和传》

---

① 《南齐书》卷44《沈文季传》，第527页。
② 《南史》卷47《虞玩之传》，第784页。

二 殡葬风水理论著作面世

(一)《葬书》①

郭璞被风水界尊为祖师爷,其殡葬风水系统专著《葬书》也备受推崇,成为殡葬风水文化的指导手册。《葬书》分"内篇"和"外篇",全书不足两千字,言简意赅,内容十分丰富。

虽然人们认为《葬书》是郭璞写的,但很早就有学者提出质疑,并加以考证和否定。《四库全书总目·葬书题解》认为:"考璞本传,载璞从河东郭公受《青囊中书》九卷,遂洞天文、五行,卜筮之术。……不言其尝著《葬书》。《唐志》有《葬书地脉经》一卷,《葬书五阴》一卷,又不言为璞所作。"②

清人丁芮朴在《风水祛惑》中也提出质疑。他认为:"《葬书》非郭璞之书也,盖其伪有显然著者。《晋书·郭璞传》具载其著述而不言有《葬经》,其伪一;葛洪《神仙传》亦具载郭璞著述并无《葬经》,其伪二;《隋书·经籍志》不著录,其伪三;《旧唐书·经籍志》、《新唐书·艺文志》俱不著录,其伪四;六朝以后相墓书盛行者则有青乌子,相家书又有五姓相墓,不闻郭璞《葬经》之学,其伪五;《撼龙经》、《疑龙经》,谢文节公以为杨救贫所著,书中绝不言及郭璞,亦不引及《葬经》,则为杨所未见,其伪六。"③

类似的考证从古至今还有很多,都认为《葬书》非晋代的郭璞所写。他们否定的原因是通过考据文献,从晋代文献到唐代文献都没有确切记载,直到《宋志》中才明确提到。当代学者王玉德的观点具有代表性。他说:"郭璞在相地术方面是以阴阳学说为指导,采用卦占方法,从来不谈形势,更没谈龙穴。……《葬书》,几乎不讲星卦、宗庙,多讲形势、生气。这与郭璞生前擅长以八卦预测事物的行为不合。一个特别尊崇易理、星象的人,怎么会在自己的著作中避而不谈自己的所好呢?"④

我们且不论《葬书》到底为谁所写,但此书作为殡葬风水实践的经典著作,在殡葬风水发展史中的基石作用是不可否认的。《葬书》所提出的关于殡葬风水的原则可以说奠定了后世风水的根基。现将书中内容做一简要概括。

(1)殡葬风水的根源

书中第一句就是"葬者,乘生气也",应该说选择葬地都是围绕着"生气"这一

---

① 《葬书》,伊犁人民出版社,1999。下文引文不另注出。
② 永瑢等撰《四库全书总目》,中华书局,1965,第921页。
③ 丁宝书:《月河精舍丛钞》,《丛书集成续编》43,新文丰出版公司,1988,第134~136页。
④ 王玉德:《神秘的风水》,广西人民出版社,2004,第87~88页。

根本。古人认为，自然万物都有气，所谓"生气"就是天地宇宙间使万物生长、繁荣之气。紧接着书中又言"气感而应，鬼福及人"，认为身体是父母给的，父母子孙的气都是相关联的，如果父母死后的尸骸葬在一个有"生气"的地方，那么就能荫庇子孙。可以说，这是殡葬风水长盛不衰的根源，也是人们一直推崇风水的心理源泉。

（2）殡葬风水的原则

①得水藏风原则

"气乘风则散，界水则止，古人聚之使不散，行之使有止，故谓之风水，风水之法，得水为上，藏风次之。"这里明确提出了风水的概念，作者的解释也是大有深意。水是万物生长的根源，世界上的四大文明发源地都是靠近河流的，同时古人认为水是"生气"之根源，有水才能使葬地有"生气"，因此下葬的山川周围需要有河流经过，河流长、流量大说明"生气"旺盛。这里的"风"应该是生气幻化而成的风，"藏风"是为了防止"生气"扩散。

②形势之法

"葬山之法，势为难，形次之，方又次之。夫千尺为势，百尺为形……地势原脉，山势原骨，委蛇东西，或为南北，宛委自复，回环重复。……形止气蓄，化生万物，为上地也。"在选择葬地时需要看地形来判断是否适合下葬，远处的山为势，近处的山为形，在寻找风水宝地的时候需要观远山的气势，也要看近山的形状。观看形和势，形止气蓄的形势非常适合下葬。

同时，在选择形势时要避免五种不可下葬的地方。"气以生和，而童山不可葬也；气因形来，而断山不可葬也；气因土行，而石山不可葬也；气以势止，而过山不可葬也；气以垅会，而独山不可葬也。"童山即不长草木的山，因此生气薄弱，不适合下葬；生气是依靠山脉的延伸而发展的，被挖断的山不可以下葬，是因为挖断了龙脉；生气是靠土行动的，石头的山就阻隔了生气的运动变化，也不能下葬；没有气势的山和孤零零的山就形不成风水的"局"，也不适合下葬。用审美的眼光来看，这五种不可葬之地没有群山连绵、起伏浩荡，不符合山清水秀的审美标准。

最后，此书还用道家中的四神兽，即青龙、白虎、朱雀、玄武来比喻山的形势。"夫葬以左为青龙，右为白虎，前为朱雀、后为玄武。玄武垂头，朱雀翔舞，青龙蜿蜒，白虎顺俯。形势反此，法当破死。"选择墓地一定要前后左右都有山，且玄武方位的山要平缓而下，朱雀方位的山要方圆秀丽，青龙方位的山要向内且弯弯曲曲起伏连绵，白虎方位的山则要向内弯曲且头朝外而去。"四灵"地势模式业已成为风水实践中选择阴阳宅的最核心标准。

③方位之法

"经曰：地有四势，气从八方。寅申己亥，四势也。震离坎兑乾坤艮巽，八方也。是故四势之山，生八方之龙，四势行龙，八方施生，一得其宅，吉庆荣贵。"这里用申寅己亥代表四个方位，又以震离坎兑乾坤艮巽代表八方，八龙要的寅申己亥四方的气才能生出气。

《葬书》所记载的内容是为后世殡葬风水实践的指南。王玉德先生在其著作中将《葬书》内容概括如下：葬乘生气；气感而应；谓之风水；风水自成；土形气行；行止气蓄；支葬垄葬；福祸之差；避其所害；若怀万宝；若器之贮；若龙若鸾；朝海拱辰；龙虎抢卫；五山不葬；吉势凶势；四势八方；三吉六凶。①

（二）《管氏地理指蒙》②

《管氏地理指蒙》是略早于《葬书》的一本经典殡葬文化专著。管氏即管辂，是三国魏时期的风水大师。

书前有管辂本人写的一段序言，言明写此书的目的。"人由五土而生，气之用也。气息而死，必归藏于五土，返本还元之道也。赘于五祀，格于五配。五配命之，五祀司之，此子孙祸福之所由也。愿着所闻，以堤其流，庶统三才于一元，以祛天下之惑，遗于后世，不亦博乎。复应之曰：唯然着之成篇，则何以为名。"管辂以五行学说的观点来解释人的生死，并希望通过写此书来指导人们返本还元，达到天地人三气合一的目的。

全书共十卷，一百目。

卷一：有无往来，山岳配天；配祀；相土度地；三奇；四镇十坐；辨正朔；释中；乾流过脉；象物。

卷二：开明堂；支分谊合；释子位；离窠入路；形势异相；朝从异相；三经释微；四势三形；远势近形；应案。

卷三：拟穴；得穴；择向；复向定穴；承祖宗光；五方旗；左右释名；五鬼克应；次舍祥沴；克人成天。

卷四：三道释威；易脉崇势；日者如旅；五行五兽；方圆相胜；诡结；心目圆

---
① 王玉德：《神秘的风水》，第 135 页。
② 《管氏地理指蒙》，中国广播电视出版社，2010。下文引文不另标注。

机；释名；山水会遇；盛衰改变。

卷五：择术；三五释微；山水释微；降势住行；离实亲伪；寻龙经序。

卷六：望势寻行，水城；阳明造作；择日释微；迷徒寡学；饰方售术。

卷七：亨绝动静；师聪师明；贪奇失险；通世之术；三停释微；企脉；凭伪丧真；过脉散气；左右胜负；星辰释微；预定灾福；五行象德。

卷八：阴阳释微；差山认主；五行变动；逾宫越分；五行正要；夷天发地；四穷四应；二气从违；积去归藏；天人交际；夷险同异；形势逆须；盛衰证应；孤奇谲诡；气脉体用。

卷九：贪峰失宜；亲支宜合；因形拟水；得法取穴；四势三形；三吉五凶；会宿朝宗。

卷十：荣谢不同；三家断例不同；回龙顾祖；驱五鬼；纯粹释微；毫厘取穴；阖辟循环；释水势；阴阳交感；五气祥沴；九龙三应；形穴参差；望气寻龙。

通观该书目录，我们发现这是一本体例完整、内容丰富、观点全面的关于相墓术的成熟文献。风水术在曹魏时期并没用达到成熟，也没有形成一个完整的体系，因此管辂不可能写出如此完整体系的理论著作。此外，在正传《三国志·管辂传》中也没有管辂撰写此书的记载。因此，我们断定此书也可能是后人托管辂之名而著的一本风水书籍。

到了魏晋南北朝时期，随着风水的发展和壮大，一批关于殡葬风水术的专著也随之问世。唐人吕才在整理殡葬类的书时，就列有120多本。他说："暨乎近代以来，加之阴阳墓法，或选年月便利，或量墓田远近，一事失所，祸及死生，巫者利其贷贿，莫不擅加妨害。遂使葬书一术，乃有百二十家，各说吉凶，拘而多疑。"[1] 排除短暂的隋朝，以及考虑到殡葬风水兴盛于魏晋南北朝时期，那我们说这百二十家中绝大多数是在魏晋南北朝时期所撰，由此可见这一时期殡葬风水的盛行。

三 皇室的风水实践

魏晋南北朝时期的殡葬风水文化和信仰逐渐呈现上移的趋势，被上层精英乃至皇家贵族所接受，反过来又推动了民间殡葬风水文化的盛行。在三国时期，即使曹操父子及一些士大夫都力求薄葬，但这并不影响殡葬风水实践和发展。到了南北朝时期，尤其是南朝，各国皇帝都十分相信并依赖殡葬风水，甚至有些痴迷的程度。

---

[1] 《旧唐书》卷79《吕才传》，第1840~1841页。

（一）皇室风水观

魏晋南北朝是继秦汉以来风水文化开始盛行的时期，风水核心由"图宅"转为"相墓"，并呈现出由民间向士大夫阶层上移的趋势。但在三国和西晋时期，风水对皇室的影响并不大。

曹操、曹丕父子的皇陵选择没有考虑风水因素。年迈的曹操感到自己身体不适，可能不久于人世，于是，在建安二十三年（218）六月写下《终令》。

> 古之葬者，必居瘠薄之地。其规西门豹祠西原上为寿陵，因高为基，不封不树。周礼冢人掌公墓之地，凡诸侯居左右以前，卿大夫居后，汉制亦谓之陪陵。其公卿大臣列将有功者，宜陪寿陵，其广为兆域，使足相容。①

由此可看出，曹操身前就对自己死后的陵墓做了安排，提出葬于"瘠薄之地"。曹丕同样如此，提出要"不封不树"，葬于"邱墟不食之地"。他在《终制》中写道：

> 故葬于山林，则合乎山林。封树之制，非上古也，吾无取焉。寿陵因山为体，无为封树，无立寝殿、造园邑，通神道。夫葬也者，藏也，欲人之不得见也。骨无痛痒之知，冢非栖神之宅，礼不墓祭，欲存亡之不黩也，为棺椁足以朽骨，衣衾足以朽肉而已。故吾营此邱墟不食之地，欲使易代之后不知其处。无施苇炭，无藏金银铜铁，一以瓦器，合古涂车、刍灵之义。棺但漆际会三过，饭含无以珠玉，无施珠襦玉匣，诸愚俗所为也。季孙以玙璠敛，孔子历级而救之，譬之暴骸中原。宋公厚葬，君子谓华元、乐莒不臣，以为弃君于恶。汉文帝之不发，霸陵无求也；光武之掘，原陵封树也。霸陵之完，功在释之；原陵之掘，罪在明帝。是释之忠以利君，明帝爱以害亲也。忠臣孝子，宜思仲尼、丘明、释之之言，鉴华元、乐莒、明帝之戒，存于所以安君定亲，使魂灵万载无危，斯则贤圣之忠孝矣。自古及今，未有不亡之国，亦无不掘之墓也。丧乱以来，汉氏诸陵，无不发掘，至乃烧取玉匣金缕，骸骨并尽，是焚如之刑，岂不重痛哉！祸由乎厚葬封树。②

非常明确，不仅没有所谓风水的影响和选择，而且还在尸体的处理上简化世俗文

---

① 《三国志》卷1《武帝纪》，第41页。
② 《三国志》卷2《文帝纪》，第60页。

化。但同一时期的孙吴是相信风水的，在王朝的政治、兴衰和选择陵墓葬地时注重并考虑风水因素。《三国志·吴书》裴松之注引《汉晋春秋》就有关于吴后主孙皓为了断掉荆州的"王气"而掘掉了荆州界内大臣家祖坟的记载。①陆机的《吴大帝诔》中也有提到孙权选择墓地时称"神庐既考，史臣献贞"②。由此可判断孙权陵墓的选择是经过史臣考卜的。此外，在历史记载中，孙家兴起前就有征兆了，而且认为与他祖上葬到了好风水之墓有着直接的关系，此事在《三国志·吴书·孙破虏讨逆传》裴松之注中有记载。③另外，《建康实录》对相关事例有更详细的记载，④说的是孙坚之父由于孝顺和善良而得到神人的指示获得了一处绝佳的风水胜地，从而让孙家成为帝王之家。说明从民间到史家都相信孙氏之所以称王江东，原因就在于他们祖上葬到了风水佳地。

西晋时，除了晋穆帝的永平陵建了坟丘外，其他十个皇帝的陵墓都是"不封不树"的。到了东晋，在文献中就能直接找到关于东晋皇帝相信殡葬风水的记载。《晋书·郭璞传》中就记录了晋明帝与墓主人关于葬地风水的谈话。

> 璞尝为人葬，帝微服往观之，因问主人："何以葬龙角，此法当灭族。"主人曰："郭璞云，此葬龙耳，不出三年当致天子也。"帝曰："出天子耶？"答曰："能致天子问耳。"帝甚异之。⑤

非常明确，晋明帝对墓葬风水建构及其吉凶有着一般意义上的理解，认为葬在"龙角"之处可招致灭族之祸。当然，郭璞以为那不是龙角而是龙耳，而龙耳没有灭族的危险，却可以招来天子过问，简直神奇极了。

另宋代官修《地理新书》卷9中引《晋纪》记载司马道子父子的事：

> 《晋纪》：会稽王道子妃王氏薨，将营墓，后有大坑，相墓者以为不祥。道子不

---

① 《三国志》卷48《孙皓传》载："初望气者云，荆州有王气破扬州而建业宫不利，故皓徙武昌，遭使者发明掘荆州界大臣名家冢山与山冈连者以厌之，即闻但反，自以为徙土得计也。"第862页。
② 欧阳询：《艺文类聚》，第245页。
③ 《三国志》卷46《孙破虏讨逆传》载："坚世仕吴，家于富春，葬于城东。冢上数有光怪，云气五色，上属于天，蔓延数里。众皆往观视，父老相谓曰：'是非凡之气，孙氏其兴矣。'"第809页。
④ 许嵩《建康实录》："案《祥瑞志》：钟家于富春，早丧父，幼于母居，性至孝。遭岁荒，俭以种瓜自业。忽有三少年诣钟乞瓜，钟厚待之。三人曰：此山下善，可葬，当出天子。君望山下百步许，顾见我等去，即可葬处也。钟去三四十步便返顾，见三人并成白鹤飞去。钟记之，后死葬其地。地在县城东……"第3～4页。
⑤ 《晋书》卷72《郭璞传》，第1267～1268页。

第六章　殡葬风水

从，使夷塞之。世子元显累谏不纳，识者有以知道子将亡，其后卒遇桓氏之祸。①

从引文中我们知道，司马道子在为死去的妃子选择墓地时，相墓者认为陵墓后面有大坑是不祥的征兆。相墓者参与墓地选择、司马道子没有听从世子元显数次相劝，都能证明司马道子父子是相信风水的。

风水术真正的形成，并被官方认可和运用是在南朝时期。当时，风水不仅成为政权频繁更迭的舆论工具，也成为帝王维护政治统治的一种普遍手段。孙吴的兴起已经利用殡葬风水宣扬孙家王天下是得到上天指示和认可的。到南朝，这种现象极其普遍。《南史·武帝纪》就记载了刘裕父亲墓地的风水很好。

> 皇考墓在丹徒之候山，其地秦史所谓曲阿、丹徒间有天子气者也。时有孔恭者也，妙善占墓，帝尝与经墓，欺之曰："此墓何如？"孔恭曰："非常地也。"帝由是益自负。②

整个刘宋皇室都十分相信墓葬分水，尤其是宋明帝。据正史记载，宋明帝时期"宫内禁忌尤甚，移床治壁，必先祭土神，使文士为文词祝策，如大祭飨"。③由此，我们知道宋明帝是十分崇信风水巫道的，而且对王朝政治与风水关系十分敏感，并痴迷其中。《南齐书·祥瑞志》④记载，萧道成祖墓有王气的传言被宋明帝知道后，他便用风水的方法进行反制，派人用大铁钉去钉墓之四周，以达到解除好风水的目的，说明宋明帝极度相信墓葬风水。

这位深信墓葬风水的宋明帝在位期间还做了一件在风水史上具有里程碑意义的事情。他在泰始四年（468）颁布了《改葬崇宪太后诏》，首次以诏书形式初步确立了风水的官方信仰地位。张齐明先生认为这标志着以葬地选择为核心的丧葬风水信仰正式被皇室接受，作为皇权"天命"依据的重要补充，为统治者夺取和维护政权服务。《改葬崇宪太后诏》标志着风水首次得到皇家的公开认可，确立了风水信仰的官方形

---

① 《重校正地理新书》，上海古籍出版社，1986，第68页。
② 《南史》卷1《武帝纪》，第1页。
③ 《宋书》卷8《明帝纪》，第170页。
④ 《南齐书》卷18《祥瑞志》载："武进县彭山，旧茔在焉。其山冈阜相属数百里，上有五色运气，有龙出焉。宋明帝恶之，遣相墓工高灵文占视，灵文先与世祖善，还，诡答曰：'不过方伯。'退谓世祖曰：'贵不可言。'帝意不已，遣人于墓左右校猎，以大铁钉长五六尺钉墓四维，以为厌胜。"第233页。

态。①《宋书》卷41《后妃传》载：

> 泰始四年夏，诏有司曰：崇宪昭太后修宁陵地，大明之世，久所考卜。前岁遭诸蕃之难，礼从权宜。奉营仓卒，未暇营改。而茔隧之所，山原卑陋。顷年颓坏，日有滋甚，恒费修整，终无永固。且详考地形，殊乖相势。朕夙蒙慈遇，情礼兼常，思使终始之义，载彰幽显。史官可就岩山左右，更宅吉地。明审龟筮，须选令辰，式遵旧典，以礼创制。今中宇虽宁，边房未息，营就之功，务在从简。举言寻悲，情如切割。②

宋明帝在解决完朝廷内部问题、统治逐渐稳定后，便下诏改葬崇宪太后。他认为崇宪太后的陵墓"茔隧之所，山原卑陋。顷年颓坏"，不是一个风水宝地，于是要求史官"就岩山左右，更宅吉地。明审龟筮，须选令辰，式遵旧典，以礼创制"。

综上所述，魏晋南北朝时期的皇室风水信仰是一个由不信到崇信的过程，风水信仰围绕殡葬风水，与国家政治息息相关，对国家发展乃至政权更迭都起到了一定作用。

（二）帝王陵寝

1. 薄葬的曹魏陵墓

三国以来的战乱以及挖掘死人坟墓寻找财宝的盗墓之风，使薄葬成为这一时期的主流思潮，曹操父子是其中的典型代表。曹操先后在建安二十三年（218）《终令》中称"古之葬者，必居瘠薄之地。其归西门豹祠西原上为寿陵，因高为基，不封不树"③和建安二十五年（220）《遗令》称"吾死之后，敛以时服，葬于邺之西岗上，与西门豹祠相近，无藏金玉珍宝"④分别对自己的陵寝提出了具体的要求。

自2008年起，河南省文物考古研究所在安阳市安丰乡西高穴村发掘一处墓葬，有人认为是曹操墓。⑤该考古发掘证实："曹操墓"除了对汉代陵墓进行简化外，也出现了一些新的创造，从地面遗迹、随葬品种类和地下墓室结构来看，"曹操墓"无疑是一种薄葬。这种薄葬是针对汉代厚葬所做的变革，是葬制上的简化而不是简陋，代表着一种新埋葬形式的形成，这种新制到西晋时期已经确立下来。曹操父子倡导的薄

---

① 张齐明：《改葬崇宪太后诏与六朝皇室风水信仰》，《历史研究》2008年2期。
② 《宋书》卷41《后妃传》，第844页。
③ 《三国志》卷1《武帝纪》，第36页。
④ 《三国志》卷1《武帝纪》，第38页。
⑤ 河南省文物考古研究所、安阳县文化局：《河南安阳市西高穴曹操高陵》，《考古》2010年第8期。

葬影响了整个魏晋南北朝时期的墓葬。①

曹操的儿子曹丕也跟随父亲主张薄葬。曹丕葬在洛阳故城东的首阳山，后称首阳陵。曹丕彻底继承了曹操的薄葬观念，自己的坟墓修建得如同平民一般，不讲究地形，不装饰墓地，墓地显然是不符合当时的殡葬风水原则。担心自己陵墓被盗而进行薄葬是这一时期的普遍现象。《三国志》记载曹丕郭皇后崇尚薄葬的言论："及孟武母卒，欲厚葬，起祠堂，太后止之曰：'自丧乱以来，坟墓无不发掘，皆由厚葬也；首阳陵可以为法也。'"②

在因薄葬而简化程序和缩小墓葬规模的同时，没有选择风水宝地建造陵墓是三国时期的一个显著特征，说明风水文化此期已经被实用的防止盗墓心理所掩盖。

2. 讲究地形的晋陵

到了西晋时期，虽然仍然沿袭曹魏时期的薄葬，"不封不树"，不注重陵寝制度，但这一时期帝王的陵寝选择都会考虑地形因素。

西晋武帝司马炎、文帝司马昭的坟墓峻阳陵和崇阳陵都在河南偃师境内。峻阳陵在偃师南蔡庄北2.5公里的山坡上，背靠鏊子山，面对伊洛平原，山两端各有一独立山头，分别向南伸出一条较为平缓的山梁，对墓地形成三面环抱之势。崇阳陵在偃师杜楼村一座无名山丘南边，山坡后面隔一条洼地就是枕头山，东边有杨岭坡，西边有无名小山，坡前面是伊洛平原，三面在山的怀抱中，前面的平原视野极其开阔。从枕头山顶俯瞰崇阳陵，它就好比在簸箕中心横身而卧的灵龟（见图6-2）。

峻阳陵和崇阳陵的选择与风水文化相吻合，墓地背后有主峰，东侧和西侧各有小山，中间是平坦地形，面对平原，是典型的风水宝地。

东晋十个皇帝的坟墓都在南京。《建康志·风土志·古陵》记载："元帝永昌元年春葬建平陵（按：实为永昌元年闰十一月殁，明帝太宁元年二月葬）。明帝太宁三年葬武平陵。成帝咸康八年葬兴平陵，哀帝兴宁三年葬安平陵。四陵并在鸡笼山之阳，皆不起坟。"③元帝、明帝、成帝、哀帝葬在鸡笼山的南面，称为西陵，康帝、简帝、孝帝、安帝、恭帝五位皇帝葬在钟山南面，称为东陵，穆帝葬在幕府山南面。这些帝陵已经非常注重风水的选择。

从东晋到南朝，南京成了修建帝王陵寝的大墓场。宋武帝刘裕的初宁陵、陈武帝

---

① 李梅田：《"曹操墓"是否"薄葬"》，《中国社会科学报》2010年1月19日，第4版。
② 《三国志》卷5《后妃传》，第125页。
③ 《建康志·风土志·古陵》，转引自李蔚然《论南京地区六朝墓的葬地选择和排葬方法》，《考古》1983年第4期。

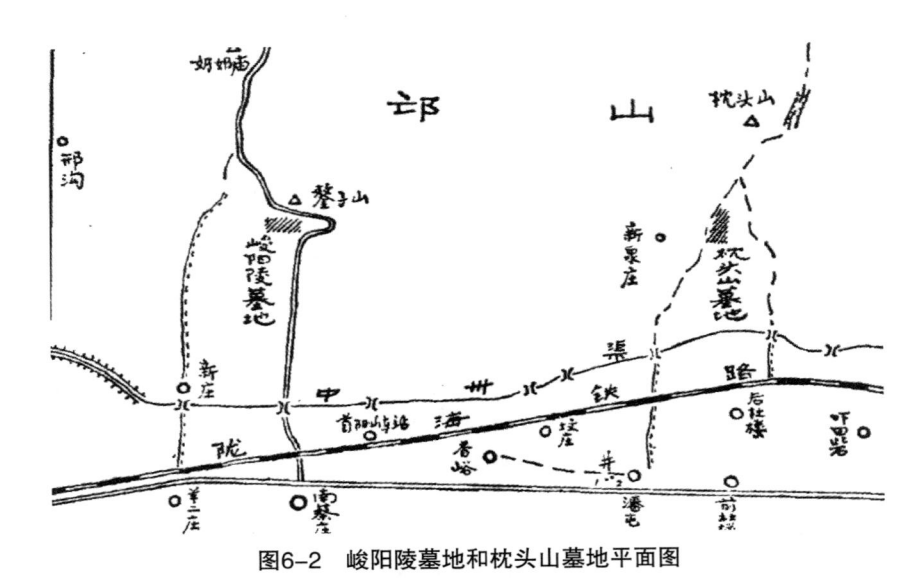

图6-2 峻阳陵墓地和枕头山墓地平面图

说明：枕头山墓地经考古证实确为崇阳陵。
资料来源：中国社会科学院考古研究所、洛阳汉魏故城工作队《西晋帝陵勘察记》，《考古》1984年第12期。

陈霸先的万安陵、陈文帝陈蒨的永宁陵都在南京。南朝士大夫、大族门阀也纷纷在南京建立家族墓群，如老虎山的颜氏墓地、象山的王氏墓地等。

南京地区六朝时期的帝王陵寝，绝大部分位于土山、丘陵的半山腰，其中朝向以向南、向东的居多，而且墓地呈现出族葬的倾向。分析其原因，可能是由于南京处长江下游的丘陵地带，雨量较多，土地潮湿，不利于棺木、尸骨、随葬品等葬物的保存，所以葬地多选择较高的地方。此外，重要的原因还是由于受到当时殡葬风水的影响。

随着风水文化的迅速发展以及以殡葬风水为核心的风水体系的完善，一批以风水为业的术士开始出现。他们为平民、官僚乃至皇家提供服务，社会精英不仅相信风水文化，而且有些还以此为业，推动了殡葬风水文化的发展。此期，殡葬风水的专著不断涌现。虽然不能证明《葬书》就是出于这一时期，但后世把此殡葬风水界的宝典与郭璞相联系，是与当时的风水文化盛行分不开的。此外，虽然这一时期普遍盛行薄葬之风，但总体而言，不管是士大夫、帝王还是平民百姓，他们在陵墓选择、时日禁忌等方面已经开始考虑风水因素。

第三节 宗教与殡葬风水

作为一种影响深远的民间观念，风水与魏晋南北朝时期道教相融合是一个不容忽视的问题。道教与风水的结合早在道教形成之初就已经开始,在道教经典《太平经》中就有风水吉凶说的记载。魏晋南北朝时期的道教典籍《太上洞渊神咒经》、《真诰》、《赤松子章历》等都有关于风水的章节。佛教也有与风水进行融合的现象,《安宅神咒经》、《安墓咒》都是直接关于风水的经文。

一 道教与殡葬风水:以《真诰》为中心

道教在发展过程中吸收了大量传统的风水文化,这种现象在其实践和典籍中都可以找到。《真诰》作为道教上清派的经典,大部分内容为东晋时期杨羲、许谧等人的通灵记录,认为是真人所授,所以取名为《真授》。在杨羲、许谧等人死后,《真授》在江东一带流传,经过顾欢收集整理编成《真迹经》,陶弘景在此基础上进行编注,集成《真诰》。《真诰》一书体现了诸多殡葬风水文化的内容。

第一,《真诰》认为坟墓不好能影响人的健康,相信"风病之所生,生于丘坟阴湿,三泉壅滞,是故地官以水气相激,多作风痹。风痹之重者,举体不授,轻者半身成失手足也"。[①] 这是非常值得注意的观念,认为风病是由坟墓低洼、庳湿导致的,严重者可导致"举体不授"。在《真诰》一书中,陶弘景还通过荀侯之口详细解释坟墓庳湿导致风病的原理和解决的办法。

> 昨具以墓事请问荀侯。荀侯云:……久经坟茔,遂使地官激注,冢灵沉滞,风邪之兴,恒继此而作。然冲气欲散,作考渐歇。镇塞之意,未为急也。不如通妇墓之井,以润乎易迁之途,救渴惠乎路人,阴惠流于四衢。植棠棣于龙川,散松杨以固标,此其所利耶。[②]

荀侯认为,地形原因导致坟茔长期处于"机阴积沍",造成"冲气欲散",风邪由此而生。通过"通妇墓之井"、"植棠棣于龙川,散松杨以固标"就能解决了。非常明确,墓葬风水于低洼之地是不好的,它能导致风病。

第二,《真诰》中有四灵择墓的明确记载。四灵择墓是墓地选择时的一个重要标准,《真诰》记载了范幼聪利用四灵来择墓的事例。[③] 范幼冲称自己的坟墓是"青龙乘

---

① 陶弘景:《真诰》,第177页。
② 陶弘景:《真诰》,第180页。
③ 陶弘景:《真诰》,第180页。

气，上玄辟非，玄武延躯，虎啸八垂"的吉冢。陶弘景的注告诉我们，"上玄"就是朱鸟。所以，能够明确的是范幼冲判断自己墓冢上吉就是以四灵为依据的。

第三，《真诰》中也有改变墓冢的法术和具体的坟墓营建方法。针对坟墓阴湿导致经常做噩梦的不祥征兆，《真诰》记录了通过三琢齿而祝的方法。

> 风病之所生……若每遇此梦者，卧觉，当正向上三琢齿而祝之曰："太元上玄，九都紫天，理魂护命，高素真人。我佩上法，受教太玄，长生久视，神飞体仙，冢墓永安，鬼讼塞奸，魂魄和悦，恶气不烟。游魂罔象，敢干我神，北帝呵制，收气入渊。得箓上皇，谨奏请玉晨。"如此者再祝，得噩梦不祥者，皆可按此法，于是鬼气灭也，邪鬼散形也。①

这段记载其实就是提示墓葬不利于生者时，人们如何破解。说明墓葬风水既可以通过寻找获得，也可以通过人为的方式进行改造或破解。

《真诰》还有关于建造"吉冢"的具体方法。

> 夫欲建吉冢之法，去块后正取九步九尺，名曰上玄辟非，华盖宫王气神赵子都、青龙秉气，冢墓百忌害气之神，尽来属之。能制五土之精，转祸为福。侯王之冢，招摇欲隐，起九尺以石，方圆三尺，题其文，埋之土三尺也。世间愚人，徒复千条万章，上玄辟非，谁能明吉凶四相哉！辟非之下冢墓，由此而成，亦由此而败。非神非圣，难可明也。必能审此术，子孙无复冢墓之患。能知坟墓之法，千禁万忌，一皆厌之，玄武延躯，必反凶为吉。能得此法，永为吉冢，不足宣也。
>
> 员三尺，题其文曰："天帝告土下冢中王气、五方诸神、赵公明等，某国公侯甲乙，年如干岁，生值清真之气，死归神宫，翳身冥乡，潜宁冲虚，辟斥诸禁忌，不得妄为害气。当令子孙昌炽，文咏九功，武备七德，世世贵王，与天地无穷。一如土下九天律令。"
>
> 夫施用此法，慎不可令人知。若云冢墓王相刑害，诸不足者，一以填文厌之，无不厌伏，反凶为吉□。②

---

① 陶弘景：《真诰》，第180页。
② 陶弘景：《真诰》，第181页。

这段话说得非常直白，通过一些特殊的方法，加上道士所念咒文，可以制造甚至把凶地建造成风水宝地。由此可知，道教对墓葬风水不仅重视，而且在实践中有自己一整套的方法，使民众不得不相信他们的灵验。

第四，《真诰》以及这一时期其他的道教典籍中能看到"冢讼"。在《真诰》中"冢讼"一词出现了9次。① 所谓冢讼，简单说就是死者由于生前受到迫害、子孙后代供奉不足或墓地风水不好等在冥界发起的诉讼，从而在活着的人身上表现出疾病、灾祸、噩运、破产等征兆。既然有了冢讼，就得有与之相关的破解之法。

冢讼是这一时期殡葬风水文化的另一个重要内容，是风水与道教鬼神信仰相融合的一个结果。我们在前面提到，殡葬风水文化影响巨大的一个重要原因就是人们相信死者和生者有着某种特殊联系。这种"死生相连"的观念导致人们特别重视先人的墓葬，希望先人在地下平平安安的，以便能更好地庇荫后代。但在实际情况中还可能存在，人死后由于各种原因没有庇荫子孙后代，甚至化成鬼来人间作祟或者通过"死生相连"而作用在死者亲属身上，并通过某种征兆表现出来。

《赤松子章历》卷5《大冢讼经》记载了冢讼的各种情形，共有81种之多。

> 恐某家七祖已来，过去既往，今于三官九府之中，或有溺死之讼，烧死之讼，伤死之讼，绞死之讼，囚死之讼，填迮死之讼，堕坠死之讼，踠蹴死之讼，打扑死之讼，……无棺椁死之讼，有棺无椁之讼，棺椁穿败之讼，尸体不埋之讼，骸骨不全之讼，鸟兽残啄之讼，火烧骨之讼，水渍骨之讼，车马践轹之讼，掘凿污泥之讼，已葬之讼，未葬之讼，葬非本墓之讼，葬犯禁忌之讼，葬不安稳之讼，葬高下东西南北之讼，……②

其中"葬非本墓之讼，葬犯禁忌之讼，葬不安稳之讼，葬高下东西南北之讼"四类都与殡葬风水有着密切关系。关于殡葬导致的冢讼在《赤松子章历》同卷中有补充记载："若某家祖曾已来，先亡后死，男女大小，凡葬埋所在，有犯十二月建破王耗、八将六对、伤绝禁忌、音向不正，哺次不得、左前右后、伏尸故伤妨害男女位坐，诸为刑祸，致不安稳，子孙疾病者，悉为解。"③ 在前面引文《真诰·协昌期第二》记载

---

① 在《甄命受》卷出现6次、《协昌期》卷出现3次。
② 《道藏》第11册，第219~220页。
③ 《道藏》第11册，第218页。

的范幼冲："我今墓有青龙乘气，上玄辟非，玄武延躯，虎啸八垂，殆神仙之兵窟，炼形之所归。乃上吉冢也。"①《赤松子章历》还有关于墓地风水吉凶的操作原则："或墓在龙头，或葬在龙尾，或葬在龙左，或葬在龙右，或葬在龙足，举动缩伸，盘旋禁忌之处，致令亡人魂魄震动，恐怖不安，返害生人。致使生人辗轲，疾病附注。"②此外，文中的"无棺椁死之讼，有棺无椁之讼，棺椁穿败之讼"也都与殡葬棺椁制度有着密切联系，再次证明此期殡葬风水与道教之间的融合。

既然有冢讼，那就必然有与之相对应的解决之道，一般不外乎仪式性的断冢讼之法和埋藏镇墓物这两种方法。人们不仅在冢讼发生后采取各种应对之法，而且在殡葬中采取各种方法来避免冢讼的发生。《颜氏家训》中就有利用厌胜预防冢讼的记载："偏傍之书，死有归杀。子孙逃窜，莫肯在家，画瓦书符，作诸厌胜，丧出之日，门前然火，户外列灰，袚送家鬼，章断注连，凡如此比，不近有情，乃儒雅之罪人，弹议所当加也。"③同时，为了避免冢讼的发生，人们会通过镇墓文、镇墓物等具有镇墓性质的厌胜物作为随葬品与死者一同下葬，厌胜之术在前文已有讨论，在此不再赘述。

通过以《真诰》为中心的讨论可知，道教对于风水文化，尤其是墓葬风水文化已经不再囿于墓葬本身，而延伸至人的生老病等诸多方面，推动并扩大了风水文化的影响。由此也证明，道教在自己的发展时期充分利用传统文化的形式为自己的宗教服务，体现出这一时期道教与风水已经开始相连。

二 道教对殡葬风水的改造

由上可知，道教吸收了风水中的诸多内容。但作为一种自成体系的宗教，不可能没有下限地一味吸收和迎合风水，而是试图进行种种引导、转换或改造，以纳入自己的信仰体系。

一方面，道教宣扬只要信仰、修炼了自己的"无上法力"就可以不用顾忌殡葬中的种种禁忌。比如葛洪在讲到"守一之道"时就宣扬说：

若知守一之道……起工移迁，入新屋舍，皆不复按堪舆星历，而不避太岁太

---

① 陶弘景:《真诰》，第180页。
② 《道藏》第11册，第205页。
③ 颜之推:《颜氏家训》，夏家善等注，天津古籍出版社，1995，第41页。

阴将军、月建煞耗之神，年命之忌，终不复值殃咎也。①

葛洪宣称只要修炼了"守一之道"就不必再避讳时日禁忌、堪舆星历、太岁太阴将军、月建煞耗之神了。这是对道教法力能改变风水之类的自我肯定和宣传，也是对风水文化改造的一种形态。

另一方面，道教对殡葬风水的禁忌不允许教徒和信众在殡葬中运用风水。约成书于南北朝时期的《老君说一百八十戒》中的第77戒就提到"不得为人图山立冢宅起屋"。在《赤松子章历》的《出丧下葬章》中也有相似记载："某奉属清真，委诚道气，不复从师卜问……某为道民，事与俗殊，送终葬死，无所忌讳。"②

综上所述，魏晋南北朝时期道教吸收了风水中的相关内容，并参与了殡葬风水的诸多实践。此外，在吸收基础上进行了转化和融合，种种都表明了风水与道教的融合程度之深、范围之广。

---

① 王明：《抱朴子内篇校释》，中华书局，1980，第298页。
② 《道藏》第24册，第228页。

第七章
居　丧

居丧制度经过秦汉的探索和丰富，在魏晋南北朝又进入一个特殊的调整和变革时期。一方面，承上启下，承袭汉代时的居丧制度、习俗和相关的文化；另一方面，政权动荡、民族融合、门阀士族制度、宗教玄学兴盛和社会变革等情况而形成大量的异化或改造。应该说，魏晋南北朝时期的居丧文化对后世有着极大的影响，这种影响包括因时而变、顺应生活需要、符合人性人情特点、吸纳少数民族文化等。这是一种时代的进步，也是民众适应特殊时代的智慧。

第一节　居丧与丧服

尽管魏晋南北朝的居丧和丧服制度沿袭了两汉习惯，但由于两汉的居丧和丧服文化并不是强制性的制度，为魏晋南北朝这个特殊时代的居丧和丧服制度变革提供了巨大的空间。由于军事和政权上对峙的客观情况，三国时期采取了"葬毕除服"的居丧制度，晋武帝和孝文帝则对"三年之丧"极力提倡并进行恢复。他们虽然在此过程中遭遇了巨大的困难和阻挠，但居丧和丧服制度总体上朝着明细化和法律化的方向发展。魏晋南北朝的丧服制度改革基本革除了此制度沿袭过程中不符合中央集权的部分，使其更加符合社会现实的需要，是后世居丧和丧服制度的一个基本定型阶段。

一　居丧和丧服制度发展和变异的具体原因

居丧和丧服制度在魏晋南北朝的繁荣和发展是有其客观原因的。

首先，是中央集权制在魏晋南北朝的发展和维护封建统治的需要。战国以前，我们认为国家的基本形制为宗法血缘贵族君主制，没有产生中央集权制度。而自秦国建立了中央集权制之后，到魏晋已经发展得比较成熟，皇帝成了国家的最高统治者。由于居丧特别是丧服制度作为"五礼"的一部分，是中国古代等级制度的基础和缩影，对于维持中央集权和社会稳定有极其重要的作用。故而被魏晋南北朝的统治者所重视，并被采纳、拓展、推广。由于建立晋朝的司马氏是儒学大族，但其获取政权的方式却是篡权。这与儒家的忠义之道背道而驰。因此在它得到政权后，司马氏以提倡孝道来掩饰，引导百姓通过孝道来表达对晋室王朝的忠诚就成为非常重要的一种方式。这种偷梁换柱式的改变，对居丧和丧服制度的兴起和繁盛起到了非常巨大的推动作用。

其次，居丧和丧服制度的繁盛是因为门阀制度的兴盛。魏晋南北朝的门阀士族可以看作宗主式的宗族形式。东汉以来以官僚士大夫为核心的宗族群体在魏晋时期逐步演变成了政治权力世袭垄断的门阀制度。同时，在曹魏时期建立的九品中正制度慢慢僵化，使得选拔人才开始不重才能，只重门第，所谓"上品无寒门，下品无势族"。这进一步扭曲了整个社会的政治经济，极大地推动了门阀世族和宗族势力的发展、膨胀。因此，这一时期的宗族势力在一些地方非常强盛。他们在政治上把持朝政和地方治理的话语权，在经济上庇护族众逃避国家的赋税，甚至武装族众与政府对抗，形成宗主至上的观念，宗主甚至成为国家和家庭之间进行联系的唯一纽带。再加上魏晋南北朝政权更替频繁，所以人们主要是仰仗宗族而非政权生活。而居丧和丧服制度是维持宗族血缘等级和宗族关系最根本的制度，所以在魏晋南北朝时期尤其受到人们的重视，居丧和丧服制度因此进一步兴盛起来。

再次，统治者的重视和推动对居丧和丧服制度的繁荣起到了巨大的激励作用。由于居丧和丧服制度有着非常重要的政治等级和宗法血缘等级的意义，并且也是"五礼"的基础礼法构成之一，无论是对其进行集注、演绎还是变异，特别是为符合社会现实需要而进行的变革和推广都需要强大的政治力量作为后盾，所以统治者特别是帝王的提倡和以身作则有着举足轻重的作用。魏晋南北朝时期对居丧和丧服制度起过推动作用的主要有魏武帝曹操、晋武帝司马炎、北魏孝文帝等。能够在居丧和丧服变革中起到关键作用的帝王都是声名显赫的帝王。曹操为魏王时，在其制定的魏律中首先将服叙制度载入了法律。而晋武帝司马炎以其父司马昭病逝为契机，开始了恢复三年之丧的进程，并且扩大了三年"心丧"的范围，使"心丧"成为完备古礼的一个重要组成部分。晋武帝还在其制定《晋律》时继承和发展了曹操服叙入律的传统,制定了"准五服治罪"的原则。北魏提倡汉化改革的孝文帝不但迁都洛阳,在北朝中推行"三年之丧"制度,并且"帝亲讲丧服于清徽堂"①。总体来说,魏晋南北朝的统治者以孝治天下的传统一直都被延续着,居丧和丧服制度的完备和基本定型,不可忽视统治者特别是帝王的重视和推动的力量。

最后,居丧和丧服的改革也是魏晋南北朝少数民族及其建立的政权汉化和统治的需要。魏晋南北朝是一个民族大融合,以汉化为总体趋势的时期。当时著名的"五胡乱华"是指匈奴、鲜卑、羯、氐、羌等五个民族在迁徙和战争的过程中先后进入中原地区,并且在晋朝的统治者内斗的时候趁机建立了自己的政权。整个魏晋南北朝少数民族政权林立,由于其定居的场所一般在原来的汉族聚居地,不可避免地会受到汉族文化的影响。特别是北魏孝文帝的改革,使鲜卑族汉化程度大大提高,而其统治也主要依靠儒家思想,特别是礼教和严密的等级制度来维持。此时,作为"五礼"重要组成部分和基础的居丧和丧服制度就成为影响和变革一些少数民族文化和政权,特别是北魏政权的一种非常重要的制度和文化形态。因此,居丧和丧服制度及其文化在此期得到民族政权的提倡、运用、演绎、推广,也就是自然而然的事了。

综上所述,魏晋南北朝时期居丧和丧服制度作为政治等级和宗法血缘等级的需要得到了极大的提倡和繁荣,加速了其法律化的进程,并且形成了一系列与时代相适应、具有鲜明时代特征、与秦汉居丧和丧服文化有着较大差异的居丧和丧服制度和文化。

二 "丧服学"热潮的兴起

由于时代的需要,"丧服学"在魏晋南北朝成了当时重要的显学之一,无论是在上层社会还是民间都可以找到当时"丧服学"盛行的例子。最典型的就是当时注释礼经的风气非常盛行,其中最热门的就是《丧服》。《丧服》是今本《仪礼》中的第十一篇,所谓"《丧服》一卷,卷不盈握,而争说纷然"。②因为其实用性即"世之要用"③秦汉时即受到重视,魏晋南北朝时对其经注达到一个高潮。在《隋志》记载的丧服类69部著作中,绝大部分都是注解《仪礼·丧服》的,其中明确是汉末三国所著的一共

---

① 《北史》卷19《列传第七》,第460页。
② 《晋书》卷19《志第九》,第374页。
③ 《晋书》卷19《志第九》,第374页。

有 5 部。而在《通典》、《晋书》、《宋书》、《南齐书》、《魏书》的"礼志"中，丧礼记载众多，讨论相当热烈和精辟。根据《隋书·经籍志》记载，魏晋南北朝时期写有丧服专著的学者有曹魏时期的王肃、杜袭，三国蜀的蒋琬、谯周，三国吴的谢慈，晋的卫瓘、杜预、刘兆、刘智、崔游、袁准、刘昌宗、李轨、贺循、蔡谟、葛洪、孔伦、陈铨、范宣、刘逵、环济，刘宋的庾蔚之、裴松之、周续之、费沈、雷次宗、蔡超宋、刘道拔，南齐的王俭、司马宪、楼幼瑜、王俊之、刘瓛、沈麟士，梁的伏曼容、贺玚、何佟之、裴子野、皇侃、庾曼容、明山宾，陈朝的谢峤、顾越、袁宪、沈文阿，北魏的索敞、刘玄达、卢道虔，北齐的张耀，北周的沈重、李公绪，还有众多不知朝代或者名字的作者如谢徽、崔凯和王氏、严氏、卜氏、伊氏、徐氏等。可见在魏晋南北朝这三个半世纪中，各个政权和朝代都有许许多多对丧礼研究的专门人才，并且取得了不小的成就。

此期不但对丧礼经注和研究达到了一个高潮，而且讲授五服学问成为一个人学识渊博与否的标志，也是一种时髦，其中精通礼学的大家和帝王在魏晋南北朝这个时代也特别多。如身体力行恢复三年之丧，并使"准五服入罪"写入《晋律》的晋武帝就曾自称"吾本诸生家，传礼来久"。[①] 刘宋元嘉末年的儒家大学者雷次宗则在种山西岩下为皇太子、诸王传授讲解《丧服》。梁武帝非常崇尚儒学，不但请名儒在京讲授丧礼，而且命令何佟之、严植之、明山宾等人撰写吉凶军宾嘉五礼，共计1176卷，梁武帝亲自"称制断疑"。[②] 北魏孝文帝迁都进行汉化改革，也曾亲自在清徽堂为群臣讲解《丧服》，并且身体力行，为祖母服三年之丧。

除了前文叙述的四点理由之外，魏晋南北朝"丧服学"的兴起还与《丧服》"世之要用"[③]有关。古代丧服制度建立的时代已经非常遥远，其篇章也已经失散难以找到，使丧服制度流传至魏晋南北朝时已经众说纷纭，服叙制度和文化非常混乱。对于《仪礼·丧服》的经注和研究主要是为了结合当时的时代特点，确立一个统一的丧服制度，解决服叙无定制的局面，这种原因可以在挚虞的论述中清楚地感受到。

> 盖冠婚祭会诸吉礼，其制少变；至于丧服，世之要用，而特易失旨。故子张疑高宗谅阴三年，子思不听其子服出母，子游谓异父昆弟大功，而子夏谓之齐

---

① 《晋书》卷20《志第十》，第396页。
② 张焕君:《魏晋南北朝丧服制度研究》，第1页。
③ 《晋书》卷19《志第九》，第374页。

衰，及孔子没而门人疑于所服，此等皆明达习礼，仰读周典，俯师仲尼，渐渍圣训，讲肄积年，及遇丧事，犹尚若此，明丧礼易惑，不可不详也。况自此已来，篇章焚散，去圣弥远，丧制诡谬，固其宜矣。是以丧服一卷，卷不盈握，而争说纷然。三年之丧，郑云二十七月，王云二十五月。改葬之服，郑云服缌三月，王云葬讫而除。继母出嫁，郑云皆服，王云从乎继寄育乃为之服。无服之殇，郑云子生一月哭之一日，王云以哭之日易服之月。如此者甚众。丧服本文省略，必待注解事义乃彰；其传说差详，世称子夏所作。郑王祖经宗传，而各有异同，天下并疑，莫知所定。而颀直书古经文而已，尽除子夏传及先儒注说，其事不可得行。及其行事，故当还颁异说，一彼一此，非所以定制也。臣以为今宜参采礼记，略取传说，补其未备，一其殊义。可依准王景侯所撰丧服变除，使类统明正，以断疑争，然后制无二门，咸同所由。①

挚虞是西晋时著名的学问家，他所叙述的从三国到西晋的丧服制度情况应该是可信的。正是社会动乱导致"礼"失，而求取正统便成了当时学人探微求著的主要原因，因此各种学说形成众说纷纭之态。这就要求在制定相关制度时采取一种说法，以便全国人民，主要还是上层士大夫们去遵行，以便防止乱了礼法、坏了规矩。事实上，三国至西晋是一个由社会动荡到短暂安宁的时期，这才有了正本清源的时代要求。然而，不幸被挚虞言中，西晋之后的社会同样因为社会的动荡、政权的更替而使丧服之礼受到极大的冲击和变革。从而争取正本清源或正宗主流思想成为这一时期学者纷纷经注《丧服》的原因，也是"丧服学"热潮掀起的原因。

三 居丧流变

由于魏晋南北朝中央集权制度和封建制度得到大力发展和成熟，在居丧和丧服制度方面也要求其制度明确清晰、具有可操作性。居丧和丧服制度要突出巩固中央集权和细化社会等级等方面的呼声日渐高涨，目的是为封建社会的稳定和谐服务。

（一）主丧地位的突出和服叙明密化程度提高

主丧就是主持丧事的人，其地位和含义在各个朝代经历了一系列的变化。先秦时

---

① 《晋书》卷19《志第九》，第374~375页。

期的主丧者主要强调需要男子,如果家中没有男子的话,那么族人、邻居和朋友都可以主丧。这主要是为了防止女子特别是妻党主丧,因为在先秦实行的是大宗法制度,要保证和维护男子的统治地位。战国以后,官僚制度逐渐取代了世卿世禄体制,大宗法制开始慢慢瓦解。到了秦朝和汉初,为了加强中央集权制度,封建王朝的统治者采取了各种措施,如强制分户,不得族居,甚至强迫其迁徙和消灭宗族的政策等,开始打击大宗家族,使得原来的大宗族制度开始土崩瓦解,原来的家族谱系体系开始支离破碎,大宗法制度就开始向小宗法即以家庭为核心的单元过渡。而魏晋南北朝是中央集权制发展的一个较成熟的时期和阶段,小宗法制度基本确立,也就需要在居丧和丧服制度中强调家长而非宗子的地位。所以大约在魏晋南北朝时,主丧的原则基本确立,主丧的含义也由单纯的主持丧事的人演变成了死者法定继承人。

　　魏晋南北朝时候的主丧制度主要有三点特征。第一,主丧的人一定是现任或者继任的家长,如妻丧夫主、父丧长子主、长子丧父主,而且如果死者没有后嗣的话,可以采用过继为之立嗣主丧。由于魏晋南北朝政权更替频繁,也会出现特殊情况,如死者死时,其家人不在身边,那么其身边的朋友、吏属可以代为主丧。但是其家人一知道消息之后,一定要重新举丧,这样主丧的真正含义才可以得到体现。第二,丧期是以主丧者变除丧服为标准,就是说主丧者是最后一个变除丧服的人。如妻死夫作为丧主服齐衰杖期,子与未出嫁的女也为母服齐衰杖期,但由于子女并非是主丧者,在大祥祭后就可以变除丧服,但是夫却必须在禫祭后才可以变除丧服。在两汉的时候,因为大宗的瓦解,丧服服制中就没有宗子的服制。到了东汉末年,在戴德和郑玄创三年之丧27个月之说后,将《仪礼·士虞礼》中的"中月而禫"解释为"间月而禫",就是说在大祥祭间隔一个月之后再进行禫祭。这样的话,在25个月之后,非主丧者便可以除服,而主丧者则需要在第26个月单独服大祥受服,第27个月初则服禫服。整整两个月的丧服服制突出了主丧者的地位和特殊性。所以禫祭和禫服的出现都是为了适应中央集权和小宗法制,突出主丧者即家长的形象。另外,为了突出主丧者的地位,在杖的使用上做了明确的规定。主丧者无论男女皆可用杖,非主丧者,即便是在像服斩衰、齐衰、杖期这样的情况下也不能用杖。这样就突出了主丧者的地位和形象,符合当时小宗法和中央集权的需要。第三,女子也可以主丧。实际上女子主丧并非魏晋南北朝独有,在春秋齐国时期就颁布过关于长女主丧的法令,长女主丧即所谓"巫儿"。《汉书·地理志》写道:"始桓公兄襄公淫乱,姑姊妹不嫁,于是令国中民家长女不得嫁,名曰"巫儿",为家主祠,嫁者不利其家,民至今以为俗。"①有时因为家中没有男性继承者又没有立嗣,或者男子年幼不能担当此任,则可有女子主丧。如北魏宣武帝薨,孝明帝即位的时候才五岁,于是当时的宣武灵皇后胡氏"及明帝践阼,尊后为皇太妃,后尊为皇太后。临朝听政,犹曰殿下,下令行事。后改令称诏,群臣上书曰陛下,自称曰朕。太后以明帝冲幼,未堪亲祭,欲傍周礼夫人与君交献之义,代行祭礼……及改葬文昭高后,太后不欲令明帝主事,乃自为丧主。出至终宁陵,亲奠遣事,还哭于太极殿,至于讫事,皆自主焉"。②从中可以看出两点:第一,如果继承的男子年幼,女子是可以主丧的;第二,主丧者就是死者继承人的象征,谁主丧就意味着谁就是死者政治、权力和地位的继承人。所以胡氏主丧实际上也就是她摄政的象征。由于突出主丧者的地位和形象符合中央集权制度和封建等级制的需要,所以被后世延续了下来。

(二)服叙制度明密化

在服叙的明密化方面,因为五服服叙制度是社会等级和血缘宗法等级外在的表现,所以魏晋南北朝中央集权制的进一步发展实际上促成了服叙宗法等级制的进一步明密化。郑玄在注释《仪礼》的时候对五服服叙制度中除了正服以外,又提出了降服和义服的区别。正服和义服是郑玄根据《仪礼·丧服》和《礼记》等资料记载的关于居丧和丧服制度归纳出来的,唯有降服直接承袭自《仪礼·丧服》和《礼记》。正服指的就是为本宗亲属即五服之内的亲属所制定的正规的丧服服制,譬如为父、母齐衰三年,为祖父母、世叔父母、昆弟服齐衰不杖期等就是正服。降服指的就是因为自己的身份、爵位或者父祖地位的影响,从而从高等级服叙降至低等级服叙的丧服服制,要降一等或者数等。如在《丧服·记》中说道:"公子为其母,练冠,麻,麻衣縓缘。为其妻,縓冠、葛绖带、麻衣縓缘。皆既葬除之。《传》曰:'何以不在五服之中也?君之所不服,子亦不敢服也。君之所为服,子亦不敢不服也。'"③公子就是诸侯非正妻所生,庶出的儿子,因为诸侯为其嫡妻和嫡子之妻是有服的,而为庶妻和庶子之妻是无服的,所以公子也不敢有服。但是,因为母亲是其亲生的母亲,而妻子是正妻,不服又不通情理,所以只能在正服之外寻找其他的服制,就是所谓的降服了。这其实是服制原则中"尊尊"对于"亲亲"原则压制的体现,也是社会等级和宗法血缘等级森

---

① 《汉书》卷28《地理志第八下》,第1324页。
② 《北史》卷30《列传第一》,第329页。
③ 郑玄注、贾公彦疏《仪礼注疏》,第390页。

严的体现。再比如出嫁女为本宗服降服,如果女子在宗或者嫁后归宗,其丧服服制与本宗众子相同。但是,一旦出嫁则根据儒家"出嫁从夫"的原则,她已归属夫所在的宗族,为其原宗族降服,譬如出嫁女为父母降服为齐衰不杖期。再如,因殇而降,殇者就是未成年而死亡的人,那么为其服丧的服制较成年人的服制来说也是降服。而义服指的是因为一定的政治或者社会关系,或者间接的亲属关系五服之外的服丧对象所制定的服叙制度,最明显的就是"朋友麻"。"朋友麻"指的是朋友之间吊唁的服制,仅在为朋友吊唁的时候穿,吊唁完毕就脱下了。再比如庶人为国君、妻子为夫的祖父母等都是义服。

总体来说,正服、降服和义服的服叙细分化是中央集权制度进一步成熟,社会等级进一步细分的结果。服叙制度的细分既包含社会政治等级和宗法血缘等级,又包含着人的情感诉求,为后世居丧服制的制定提供了基本的定制模型,产生了长远的影响。

(三)魏晋南北朝出现了"心丧"扩大化的趋势

"心丧"是居丧和丧服制度的有机组成部分。虽然不穿丧服跟五服制度有区别,但由于丧期和居丧仪礼方面又跟五服制度紧紧联系在一起,主要体现在内心和行为方面,所以被称为"心丧"。"心丧"的流行和扩大都在魏晋南北朝时期。心丧起源有两种说法。第一个是商代高宗谅暗三年,后世又写作亮阴、谅阴、梁阴,是帝王居丧专门用语。西晋泰始十年(274),武元杨皇后崩,尚书杜预曾经说:"古者天子诸侯三年之丧始同齐斩,既葬除丧服,谅暗以居,心丧终制,不与士庶同礼……周公不言高宗服丧三年,而云谅暗三年,此释服心丧之文也。"①非常明显,其起源是将帝王的居丧和丧服与其他人的区别开来,以示独特。还有一个说法是在孔子门徒对待孔子的丧事的故事。《礼记·檀弓》记载:"孔子之丧,门人疑所服,子贡曰:'昔者夫子之丧颜渊,若丧子而无服,丧子路亦然。请丧夫子,若丧父而无服。'"②说的是孔子死后,他的弟子们不知道该怎么样为孔子服丧。子贡就说,以前老师为颜渊和子路服丧,就跟为自己的儿子服丧一样,只是不穿丧服而已。那么今天我们为老师服丧,也应该像为父亲服丧一样,只是不穿丧服而已。《礼记·檀弓》还记载:"事师无犯无隐,左右就养无方,服勤至死,心丧三年。"③所以说最初的心丧可能是帝

---

① 《晋书》卷20《志第十》,第399页。
② 杨天宇:《仪礼译注》,上海古籍出版社,2004,第74页。
③ 杨天宇:《仪礼译注》,第54页。

王服丧的一种或者是弟子为师傅服丧的一种，以特殊身份、特殊关系为前提，后者即"实专为无服而恩重者设。非概施与有服之人。盖以外即有服，则内之哀戚所不必言。故凡有服者，皆无心丧之制也"。①三国时期，心丧的实行跟两汉并没有什么太大的区别，仍旧是少数人自愿施行的，直到晋武帝恢复三年之丧之后，心丧才流行开来。

咸熙二年（265）八月，晋武帝司马炎在司马昭病逝之后抓住机会开始了三年之丧制度恢复的进程。"文帝之崩，国内服三日。武帝亦遵汉魏之典，既葬除丧，然犹深衣素冠，降席撤膳。"②实际上仿效的是谅暗之礼。后来"武帝遂以此礼终三年。后居太后之丧亦如之"。③晋武帝自己解释这种行为说："每感念幽冥，而不得终苴绖于草土，以存此痛，况当食稻衣锦，诚诡然激切其心，非所以相解也。吾本诸生家，传礼来久，何心一旦便易此情于所天！相从已多，可试省孔子答宰我之言，无事纷纭也。言及悲剥，奈何！奈何！"④晋武帝之所以这么做是因为他是儒学世家出身，即"吾本诸生家，传礼来久"，再加上浓厚的个人情感，于是便实行三年居丧制。但实际上并非如此，他是希望借居丧以行孝而彰显自己的治国理念。同年，晋武帝下令：诸将吏遭三年丧者，遣宁终丧。⑤泰始三年（267），"三月戊寅，初令二千石得终三年丧"。⑥太康七年（286）十二月"始制大臣听终丧三年"，⑦这样关乎整个朝廷治理的三年之丧制度便由此确定了下来。三年心丧制度一出现，时人就纷纷效仿，比如父亲本来应该为母亲期年除服，现在除服后也心丧到第三年。如"元嘉十七年，元皇后崩。皇太子心丧三年"；⑧再如北朝的彭城王勰，"勰生而母潘氏卒，其年献文崩。及有所知，启求追服，文明太后不许。乃毁容憔悴，心丧三年，不参吉庆"；⑨再如北魏阎元明"母亡服终，心丧积载，每忌日，悲动傍邻"。⑩

魏晋南北朝心丧范围的扩大，第一是因为先秦的大宗法制度被小宗法制度取代之

---

① 徐乾学：《读礼通考》，四库全书本第112册，上海古籍出版社，1987，第588页。
② 《晋书》卷20《志第十》，第395页。
③ 《晋书》卷20《志第十》，第396页。
④ 《晋书》卷20《志第十》，第395~396页。
⑤ 《晋书》卷3《世祖武帝炎》，第35页。
⑥ 《晋书》卷3《世祖武帝炎》，第37页。
⑦ 《晋书》卷3《世祖武帝炎》，第50页。
⑧ 《宋书》卷15《志第五》，第265页。
⑨ 《北史》卷19《列传第七》，第459页。
⑩ 《北史》卷84《列传第七十二》，第1875页。

后，妇女特别是母亲地位提高。因为在大宗法制度下面，母亲是外来的宗族成员，地位还不如子女，但在魏晋南北朝的小宗法制度下面，母亲在小家庭中是第二家长，地位得到了提升，所以在居丧和丧服制度中也必然有所体现。第二是受到魏晋南北朝玄学盛行的影响。道家玄学讲究至情至性，那么原本被儒家的宗法伦理压制的自然情感就被激发了出来。第三是统治者治理的需要。心丧可以有多种表现形式，既可以是外在的，也可以是内存的。官员在心丧期间也可以议政理事，忠孝两全。总之，魏晋南北朝心丧范围的扩大是社会现实和玄学潮流等多重作用的结果，使得被"尊尊"压抑的"亲亲"原则得到了释放，完备了古礼，使其更加符合现实，也更加人性化。

四 居丧状况

因为朝廷的大力提倡，也因为对孝道与清议制度的重视，魏晋南北朝时期出现了很多孝子的典型，他们多数与居丧有关。《晋书·孝友传》中的孝子半数以上因为守孝出名，如"夏方，字文正，会稽永兴人也。家遭疫疠，父母伯叔群从死者十三人。方年十四，夜则号哭，昼则负土，十有七载，葬送得毕，因庐于墓侧，种植松柏，乌鸟猛兽驯扰其旁"。①用17年，从14岁开始埋葬遭瘟疫而亡的亲人，感天动地，这种孝心和亲情之心的表达方式确实非同一般。而少年老成，兄弟情深的谢尚在七岁时就对失去兄长极度悲恸，异于他人。《晋书》载："谢尚，字仁祖，豫章太守鲲之子也。幼有至性。七岁丧兄，哀恸过礼，亲戚异之。"②至于王裒的居丧行为，则几乎无出其右其。据史载："（王）裒少立操尚，行己以礼，身长八尺四寸，容貌绝异，音声清亮，辞气雅正，博学多能，痛父非命，未尝西向而坐。示不臣朝廷也。于是，隐居教授，三征七辟皆不就。庐于墓侧，旦夕常至墓所拜跪，攀柏悲号，涕泪著树，树为之枯。母性畏雷，母没，每雷，辄到墓曰：'裒在此。'及读《诗》至'哀哀父母，生我劬劳'，未尝不三复流涕，门人受业者并废《蓼莪》之篇。"③魏晋南北朝时期不但孝子众多，还有一个最大的特点就是居三年丧的人往往会"致毁己死"，即过哀，超越常礼，所谓的"过礼"或者"逾礼"，是不为儒家所提倡的。在《礼记·丧服四制》中提出："三日而食，三月而沐，期而练，毁不灭性，不以死伤生也。丧不过三年……始死，三日不怠，三月不解，期悲哀，三年忧，恩之杀也。圣人因杀以制节，此丧之所

---

① 《晋书》卷88《列传第五十八》，第1517页。
② 《晋书》卷79《列传第四十九》，第1377页。
③ 《晋书》卷88《列传第五十八》，第1520页。

以三年，贤者不得过，不肖者不得不及。此丧之中庸也，王者之所常行也。"① 儒家制定居丧和丧服制度是从维护社会等级的礼教出发，也是从现实人情出发，要求丧之中庸和立中制节，每一次丧服的变除就意味着距离死者疏远一步，更加靠近尘世生活一步。这样的居丧和丧服制度更加符合人情世故，更加有利于社会的稳定和发展。但是在魏晋南北朝时期，由于当政者的倡导和仕途的需要，也由于玄学的纵情任性，导致了毁伤致死的事情频频发生，并且还受到了社会的认可和褒奖。如梁代的刘览"以所生母忧，庐于墓，再期不尝盐酪，食麦粥而已。隆冬止著单布衣，家人虑不胜丧，中夜窃置炭于床下，览因暖得寐。及觉知之，号恸欧血。梁武帝闻其至性，数使省视。服阕，除尚书左丞"。② 梁武帝派人多次看望，最后还升了他的官。再如梁武帝时候的"司马暠……年十二，丁内艰，哀慕过礼，水浆不入口，殆经一旬。每号恸，必至闷绝，父每喻之，令进粥，然犹毁瘠骨立"。③ 后来，他的父亲也去世了。他依然居丧过礼，因此得到升迁。再如张昭、张乾兄弟也是如此。《南史》载："张昭，字德明，吴郡吴人也。幼有孝性，父穀常患消渴，嗜鲜鱼，昭乃身自结网捕鱼，以供朝夕。弟乾，字玄明，聪敏好学，亦有至性。及父卒，兄弟并不衣绵帛，不食盐酢，日唯食一升麦屑粥。每一感恸，必致欧血，邻里闻之，皆为涕泣。父服未终，母陆氏又卒，兄弟遂六年哀毁，形容骨立。家贫，未得大葬，遂布衣蔬食，十有余年。杜门不出，屏绝人事。时衡阳王伯信临郡，举乾孝廉，固辞不就。"④ 他们因此得到社会和政府的肯定。魏晋南北朝时期，如果父母是死于非命的话，那么居丧孝子的行为会更加极端。如陆襄："襄弱冠遭家祸，释服犹若居忧，终身蔬食布衣，不听音乐，口不言杀害五十年。侯景平，元帝赠侍中，追封余干县侯。"⑤ 再如刘俊父亲在桂阳王刘休范造反的时候死在了朱雀航，"俊兄弟以父死朱雀航，终身不行此路。明帝崩，东昏即位，改授散骑常侍，领骁骑将军，尚书如故。卫送山陵，路经朱雀航感恸，至曲阿而卒"。⑥ 魏晋南北朝时期，孝道达到了一个顶峰和极端，孝子甚至见到先人遗物甚至面貌相近的人都会哀恸不已。如"张敷，字景胤，吴郡人，吴兴太守邵子也。生而母没。年数岁，问母所在，家人告以死生之分，敷虽童蒙，便有思慕之色。年十许岁，求母遗

---

① 杨天宇：《仪礼译注》，第855～857页。
② 《南史》卷39《列传第二十九》，第670页。
③ 《南史》卷74《列传第六十四》，第1236页。
④ 《南史》卷74《列传第六十四》，第1237页。
⑤ 《南史》卷48《列传三十八》，第799页。
⑥ 《南史》卷39《列传第二十九》，第669页。

物,而散施已尽,唯得一画扇,乃缄录之,每至感思,辄开笥流涕。见从母,常悲感哽咽"。①再如"(张)苞四岁而父终,及年六七岁,见诸父常泣。时伯、叔父悛、绘等并显贵,苞母谓其畏惮,怒之。苞对曰:'早孤不及有识,闻诸父多相似,故心中欲悲,无有佗意。'"②

综上所述,魏晋南北朝时期是居丧和丧服制度承前启后的阶段,经过这一时期的传承、发展和变异,改变了汉朝以来居丧无定制的局面。魏晋南北朝的居丧和丧服制度的发展符合封建社会社会等级和宗法血缘关系的需求,为当时社会广泛接受,为后世基本传承,成了后来居丧和丧服制度的一个基本雏形。

第二节 国恤制度与居丧法律化

从秦汉到魏晋南北朝,居丧一直处在从礼到法的过渡阶段,直到唐宋时期居丧制度才全面法律化。魏晋南北朝是居丧制度从礼到法过渡的重要阶段,居丧制度开始了从贵族到官僚、士大夫,然后再到民间的扩大化过程,制度化、法律化趋势明显。由于魏晋南北朝中央集权制度成熟和实行以孝治天下,居丧开始走上了设置审议机构、确定居丧禁忌和居丧违例清议惩罚的道路,不断强制执行居丧制度。政府实行居丧违例与个人的名声、仕途挂钩,部分居丧制度最终被写进了法律,从而使魏晋南北朝居丧和丧服制度朝着法律化方向迈出了一大步,对后世有着巨大的影响。唐宋时期居丧全面法律化的条文基本上承继了魏晋南北朝时期的居丧定制和法律。

一 曹魏时期的国恤演变及对家丧的影响

居丧制度因为其对象不同主要分为国恤和家丧。国恤指的是帝、后之丧,家丧指父母亲属的丧事。我们讨论的居丧制度主要指的是家丧。国恤不仅是居丧制度的一部分,在史料典籍中多有涉及,而且魏晋南北朝时期居丧和丧服制度变革多采用自上而下的形式,所以本节首先对国恤的变革进行简短的介绍。

(一)国恤的沿革

西晋的杜预认为,国恤作为强制的守丧制度开始于中央集权制的秦朝。杜预说

---

① 《宋书》卷62《列传第二十二》,第1098页。
② 《梁书》卷43《列传第四十三》,第476页。

道:"汉氏承秦,率天下为天子修服三年。"①说的是为天子服三年之丧是秦制,汉代不过是继承了这种制度而已。"秦燔书籍,率意而行,亢上抑下。汉祖草创,因而不革。乃至率天下皆终重服,且夕哀临,经罹寒暑,禁塞嫁娶饮酒食肉,制不称情。"②就是说秦朝以及汉初明文规定天下所有人必须为皇帝守孝三年,期间不准饮酒吃肉,也不准婚嫁,这当然是不符合历史现实的。所以,清人万斯同认为杜预所说的是自己臆测的话,他认为秦始皇即位的时候年纪很小,不可能为其父服丧三年,而后秦始皇又不孝顺他的母亲,更加不可能为他母亲服丧三年。况且汉初的高祖、惠帝和吕后连丧服究竟是什么内容都不知道,怎么可能会有三年之丧的说法,所以他认为国恤的丧期应该到汉文帝的时候才制定下来。汉文帝在遗诏中"以日易月",规定了宫里的人和朝廷的大臣国恤 36 天除服,地方官吏和平民百姓只要为皇上守丧三日就可以了。后代国恤基本沿袭了"以日易月"的说法,只是稍有变动。如到唐肃宗时期,宫里的人包括皇室和朝廷大臣改为 27 天,用来符合三年之丧 27 个月的说法。到了宋朝则变成了百姓为皇帝守丧三天,大臣为皇帝守丧 27 天,内宫里面国恤、家丧都是 27 个月。

(二)三国时期从国恤到家丧的法律化

同国恤相比,家丧的演变过程非常缓慢复杂,整个汉魏都处在儒家化与法律化的阶段。换句话说,居丧制度处在从礼教到法律的过渡时期。自汉武帝"罢黜百家,独尊儒术"之后,儒家地位大大上升,成为中央集权的基本思想,儒家提倡的礼制也被广泛用来确定社会阶层和宗法血缘关系。所以,居丧制度首先开始于贵族,到士大夫再到普通百姓,采取"礼以坊民"的做法,从上到下,上行下效。魏晋南北朝居丧制度强制化和法律化的进程是自上而下的,即家丧的变革是先从国恤的变更开始,到贵族、士大夫,再到百姓。

受汉文帝居丧变易影响,曹魏时期基本废除了"三年之丧"的居丧制度。"(建安)二十五年春正月……庚子,王崩于洛阳,年六十六……遗令曰:'天下尚未安定,未得遵古也。葬毕,皆除服。其将兵屯戍者,皆不得离屯部。有司各率乃职。敛以时服,无藏金玉珍宝。'谥曰武王。二月丁卯,葬高陵。"③就是曹操死后 27 天就葬在高陵了。《宋书》载:"(魏武)帝以正月庚子崩,辛丑即殡。是月丁卯葬,葬毕反

---

① 《晋书》卷 20《志第十》,第 399 页。
② 《晋书》卷 20《志第十》,第 400 页。
③ 《三国志》卷 1《武帝纪》,第 38 页。

吉，是为不逾月也。"①自此，停丧不过月而葬，葬毕即脱下丧服成为曹魏丧服定制。关于曹丕，"七年春……丁巳，帝崩于嘉福殿，时年四十。六月戊寅，葬首阳陵。自殡及葬，皆以终制从事"，②即死后21天就葬首阳陵。魏明帝"三年春正月丁亥……即日，帝崩于嘉福殿，时年三十六。癸丑，葬高平陵"，③即死后26天下葬，也不逾月。同样的，三国时蜀国也沿袭了这一丧服制度。先主刘备死后，"百寮发哀，满三日除服，到葬期复如礼；其郡国太守、相、都尉、县令长，三日便除服"，④可见蜀汉也没有实行三年丧。

孙权在孙策死后继任。史载："五年，策薨，以事授权，权哭未及息。策长史张昭谓权曰：'孝廉，此宁哭时邪？且周公立法而伯禽不师，非欲违父，时不得行也。况今奸宄竞逐，豺狼满道，乃欲哀亲戚，顾礼制，是犹开门而揖盗，未可以为仁也。'乃改易权服，扶令上马，使出巡军。"⑤孙权不但没有在孙策死后服三年丧，并且于第二年的正月诏曰：

> 夫三年之丧，天下之达制，人情之极痛也；贤者割哀以从礼，不肖者勉而致之。世治道泰，上下无事，君子不夺人情，故三年不逮孝子之门。至于有事，则杀礼以从宜，要经而处事。故圣人制法，有礼无时则不行。遭丧不奔非古也，盖随时之宜，以义断恩也。前故设科，长吏在官，当须交代，而故犯之，虽随纠坐，犹已废旷。方事之殷，国家多难，凡在官司，宜各尽节，先公后私，而不恭承，甚非谓也。中外群僚，其更平议，务令得中，详为节度。顾谭议，以为"奔丧立科，轻则不足以禁孝子之情，重则本非应死之罪，虽严刑益设，违夺必少。若偶有犯者，加其刑则恩所不忍，有减则法废不行。愚以为长吏在远，苟不告语，势不得知。比选代之间，若有传者，必加大辟，则长吏无废职之负，孝子无犯重之刑。"将军胡综议，以为"丧纪之礼，虽有典制，苟无其时，所不得行。方今戎事军国异容，而长吏遭丧，知有科禁，公敢干突，苟念闻忧不奔之耻，不计为臣犯禁之罪，此由科防本轻所致。忠节在国，孝道立家，出身为臣，焉得兼之？故为忠臣不得为孝子。宜定科文，示以大辟，若故违犯，有罪无赦。以杀止

---

① 《宋书》卷15《志第五》，第260页。
② 《三国志》卷2《文帝纪》，第63页。
③ 《三国志》卷3《明帝纪》，第86页。
④ 《三国志》卷32《先主传二》，第663页。
⑤ 《三国志》卷47《吴主传二》，第825页。

杀，行之一人，其后必绝。"丞相雍奏从大辟。①

孙权下诏让众大臣讨论三年居丧的问题，最后孙权采纳了将军胡综的建议，对私自奔丧采用严刑峻法进行断绝。"其后吴令孟宗丧母奔赴，已而自拘于武昌以听刑。陆逊陈其素行，因为之请，权乃减宗一等，后不得以为比，因此遂绝。"②可见当时孙吴不但把权变演成了定制，并且私自奔丧还会受到严厉的惩罚。

综上所述，三国时代要么取消要么三年之丧，葬毕即除丧服成为定制，如果破坏定制就会受到惩罚。这样就把这种居丧制度以定制化和法律化的方式在三国时期保留了下来。这种"葬毕即除"情况的出现是由于三国时期政权对峙，当政者出于军事方面的考虑，才会对三年之丧进行变革，并且这种变革在曹魏已成必须遵守的法律。

魏文帝曹丕无论是对自己还是对他人都坚守曹操遗诏，唯恐破坏了定制。曹丕在所谓的谅暗之期仍然游猎，有大臣劝阻，但没有听从，主要原因就是他要维护曹操遗诏的权威。史载："文帝将出游猎，勋停车上疏曰：'臣闻五帝三王，靡不明本立教，以孝治天下。陛下仁圣恻隐，有同古烈。臣冀当继踪前代，令万世可则也。如何在谅暗之中，修驰骋之事乎！臣冒死以闻，唯陛下察焉。'帝手毁其表而竟行猎。"③曹丕面对宗室没有遵守葬毕除服的规定，就强制他们执行。"曹休字文烈，太祖族子也……魏书曰：休丧母至孝。帝使侍中夺丧服，使饮酒食肉，休受诏而形体益憔悴。乞归谯葬母，帝复遣越骑校尉薛乔奉诏节其忧哀，使归家治丧，一宿便葬，葬讫诣行在所。"④曹操的儿子曹衮是中山恭王，建安二十一（216）年封平乡侯，衮疾困，敕令官属曰："吾寡德忝宠，大命将尽。吾既好俭，而圣朝著终诰之制，为天下法。吾气绝之日，自殡及葬，务奉诏书。"⑤从曹衮的话中我们可以看出当时曹操的遗诏不但成为曹魏的定制，而且成为天下法。魏明帝的时候已经定下了"吏遭大丧者，百日后皆给役"的法令，不遵守此法令将会受到惩罚。"时制，吏遭大丧者，百日后皆给役。有司徒吏解弘遭父丧，后有军事，受敕当行，以疾病为辞。诏怒曰：'汝非曾、闵，何言毁邪？'促收考竟。柔见弘信甚羸劣，奏陈其事，宜加宽贷。帝乃诏曰："孝哉弘也！

---

① 《三国志》卷47《吴主传二》，第844页。
② 《三国志》卷47《吴主传二》，第8442页。
③ 《三国志》卷12《崔毛徐何邢鲍司马传第十二》，第290页。
④ 《三国志》卷9《诸夏侯曹传第九》，第209~210页。
⑤ 《三国志》卷20《武文世王公传第二十》，第435~436页。

其原之。"① 可以看出如果解弘不是有人为其求情，百日后不服役是有罪要受到惩罚的。自此，葬毕即除成为天下法，直到晋武帝恢复三年之丧。

非常明显，国恤的影响力巨大，对家丧的直接作用就是人们在模仿国恤规定的同时，也在自觉地遵守着这样的规定，内化为自己的居丧习惯。可以说，正是国恤方式的存在才使家丧的居丧方式产生巨大的变化。家丧的法律化是对国恤制度的一种肯定，是自上而下影响的一种证明。

二 西晋之后国恤家丧的法律化演变

西晋统一天下，建立了中央集权的封建制度，作为儒家思想重要内容的居丧和丧服制度重新受到重视。首先是晋武帝对三年之丧的恢复。前文曾讲到咸熙二年（265）八月，司马昭病逝，司马炎抓住机会开始了三年之丧制度恢复的进程。之前的曹魏之所以废除三年之丧，主要是因为对现实政权，包括对军事行动或部署等的考虑，西晋恢复居丧和丧服制度同样是出于现实政权建设的需要。唯有恢复和革新严密的居丧和丧服制度才能理顺君臣、父子等伦常关系，才能使社会等级和血缘宗法等级分明，也才能使社会安定。这就是晋武帝在群臣坚决反对的情况下，坚持要恢复和施行三年之丧的最主要原因。晋武帝不但亲自施行三年之丧，并且要求官僚士大夫也实行。《宋书·礼志二》记载："太康七年，大鸿胪郑默母丧，既葬，当依旧摄职，固陈不起。于是始制大臣得终丧三年。"② 同样，《晋书·武帝纪》中也记载："泰始元年冬十二月……诸将吏遭三年丧者，遣宁终丧……七年春……始制大臣听终丧三年。"③ 可见当时三年之丧不但范围扩大，而且进入强制化和法律化执行的层面。

此时，不但三年之丧的制度得到了恢复，而且为了使居丧和丧服制度有典可依，晋武帝命令挚虞校点《五礼》，其中以《丧服》改动最多。

> 及晋国建，文帝又命荀顗因魏代前事，撰为新礼，参考今古，更其节文，羊祜、任恺、庾峻、应贞并共刊定，成百六十五篇，奏之。太康初，尚书仆射朱整奏付尚书郎挚虞讨论之。虞表所宜损增曰：臣典校故太尉顗所撰《五礼》……又以《丧服》最多疑阙，宜见补定。又以今礼篇卷烦重，宜随类通合。事久不出，

---

① 《三国志》卷24《韩崔高孙王第二十四》，第512页。
② 《宋书》卷15《志第五》，263页。
③ 《晋书》卷3《帝纪第三》，第34~50页。

惧见寝嘿。

　　盖冠婚祭会诸吉礼，其制少变；至于《丧服》，世之要用，而特易失旨。故子张疑高宗谅阴三年，子思不听其子服出母，子游谓异父昆弟大功，而子夏谓之齐衰，及孔子没而门人疑于所服。此等皆明达习礼，仰读周典，俯师仲尼，渐渍圣训，讲肄积年，及遇丧事，尤尚若此，明丧礼易惑，不可不详也。况自此已来，篇章焚散，去圣弥远，丧制诡谬，固其宜矣。是以《丧服》一卷，卷不盈握，而争说纷然。三年之丧，郑云二十七月，王云二十五月。改葬之服，郑云服缌三月，王云葬讫而除。继母出嫁，郑云皆服，王云从乎继寄育乃为之服。无服之殇，郑云子生一月哭之一日，王云以哭之日易服之月。如此者甚众。《丧服》本文省略，必待注解事义乃彰；其传说差详，世称子夏所作。郑王祖《经》宗《传》，而各有异同，天下并疑，莫知所定，而颇直书古《经》文而已，尽除子夏《传》及先儒注说，其事不可得行。及其行事，故当还颁异说，一彼一此，非所以定制也。臣以为今宜参采《礼记》，略取《传》说，补其未备，一其殊义。可依准王景侯所撰《丧服变除》，使类统明正，以断疑争，然后制无二门，咸同所由。①

　　挚虞改定的丧礼在晋惠帝时候得到诏准并且实行，这就为魏晋南北朝居丧和丧服制度的法律化提供了理论依据。

　　魏晋南北朝居丧和丧服制度在法律化的过程中，不但在理论依据方面做了充分的准备，而且在具体机构设置方面也做了相应的准备。魏晋南北朝时期居丧和丧服制度发展较好的都是国祚较长、汉文化盛行的政权。如西晋一统天下后，在晋武帝司马炎率领下三年丧期恢复。由于魏晋南北朝特别是西晋之后的居丧制度已经进入法律化的层面，不能再像两汉那样"自以意为之"，因此，一系列专门审议丧服服制和居丧违制的机构也从中央到地方开始组建。首先从朝廷到民间都有专门的丧服服制审议机构。皇室、诸侯和中央官吏他们在居丧和丧服上面有异议，一般由太常寺来议决，有时候也会由皇帝亲自下诏断绝。而太常寺的礼官议决中如果有明显的违礼之处，也会受到相应的惩罚。地方上的官吏和平民在居丧和丧服方面有异议的话，一般由地方长官来议决。这种制度的形成居丧和丧服在士大夫中的盛行提供了最好的基础，也为它的发展，尤其是在平民百姓中的发展提供了最好的平台。

---

① 《晋书》卷19《志第九》，第374~375页。

三 纳礼入法和清议制度

在推行三年之丧和修订五礼特别是丧服制度的同时，魏晋南北朝的统治者开始了纳礼入法和采用清议的手段打击居丧违制行为的进程。西晋时，《丧葬令》的公布体现了居丧制度由礼制向法律转化的过程。值得我们注意的是，魏晋南北朝时期居丧制度由礼教到法律的转化过程始终是和居丧违例的清议制度融合在一起的。魏晋南北朝时因为清议被降品、降官、免官、终身禁锢、断绝仕途的人非常多。

所谓清议，原是指东汉末年以来乡里形成的对于某个人的批评舆论。清议以儒家提倡的伦理道德规范为标准，来评判一个人的优缺点。曹魏时期建立的九品中正制，所谓中正即由政府设立的中正官负责品评和他同籍的士人，包括本州和散居其他各郡的士人，品评的内容包括家世、行状和定品，为吏部的官员任免、提升和贬低提供依据。到了西晋，清议的内容发生了变化，它主要针对违反儒家名教言行，尤其重视对违反孝道行为的揭发，包括居丧婚嫁、居丧宴乐、违反丧服服制等。因此，清议变成了一种道德惩罚的手段，还关乎仕途升迁进退，具有类似的法律效应。

晋代清议处罚非常严格，从居丧文化或制度来看，涉及各个层面，如居丧婚嫁、居丧宴乐、服制失当、奔丧和丧服变除违礼等。《晋书·陈寿传》载："遭父丧，有疾，使婢丸药，客往见之，乡党以为贬议。及蜀平，坐是沉滞者累年。"①后来陈寿在杜预的推荐下"授御史治书"，②但又因"母遗言令葬洛阳，寿遵其志。又坐不以母归葬，竟被贬议"。③由此可见当时居丧违制在遭到清议之后对其仕途影响重大。

在处理居丧违例的机构人员设置上，晋武帝对曹魏时期的司徒府典选进行改革，在此基础上新加了"司徒左长史"这个职位，完善了中正管理制度。司徒府权力巨大，作为中正的上级部门和主管机构，它可以发动大规模的清议活动，并且两晋时期的其他官员如御史中丞、尚书省官吏、国子学、太学博士等都可以参加清议，从而在机构上为居丧违礼进行清议提供了保障。与两汉不同的是，两晋公开鼓励文官甚至武将、士兵要为其父母守三年之丧，晋之后中的前秦受到影响也鼓励三年之丧。晋代可以说是历史上在提倡守丧制度上力度最大和最全面的朝代。当然，晋代也出现过夺服的情况，如傅咸因为其继母去世而丁忧，朝廷以议郎长兼司隶校尉的官职要求其夺服

---

① 《晋书》卷82《列传第五十二》，第1425页。
② 《晋书》卷82《列传第五十二》，第1424页。
③ 《晋书》卷82《列传第五十二》，第1425页。

为官，傅咸以身无兄弟、丧祭无主固辞，最后朝廷为其在官舍建立起继母的灵堂，他才起复。再如山涛因为母丧而归乡，朝廷以吏部尚书起复。两晋时期的清议主要以上级官员上书奏劾为主要方法，但到了南北朝清议有了更加明确的规定。在南朝，"尤其在梁陈时期，清议已被正式列入法律条文，即已成为具有法律效力的科条"。①而在北朝，北魏三年之丧已经进入了刑律。《魏书·礼志》记载："延昌二年春，偏将军乙龙虎丧父，给假二十七月，而虎并数闰月，诣府求上。领军元珍上言：'案《违制律》，居三年之丧而冒哀求仕，五岁刑。龙虎未尽二十七月而请宿卫，依律结刑五岁。'"②从中我们得知，在南北朝时期，清议之规已经进入了法律层面，不但文官，连武将也要强制服丧三年，并且执法相当严格，时间计算非常精确。乙龙虎在服丧期间遇到了闰月，按照当时礼制的规定，三年之丧应该扣除闰月，也就是说三年之丧应该是 28 个月，而不是 27 个月，所以被奏劾。我们还应该看到，当时的北朝已经深受汉文化的影响，因为晋时三年之丧的丧期是按王肃的主张也就是 25 个月，直到刘宋的时候才改为 27 个月，北朝显然是受到了刘宋的影响。

通过上述文献材料可知，魏晋南北朝时期的居丧和丧服制度已经走到了社会强制和礼制法律化的层面。我们知道，礼制及其作用主要侧重于道德和自省，虽然关涉统治者的意志，但更多的是自觉遵行，并通过道德和舆论的形式进行推广和监督；而法律侧重于实际操作和惩罚，也就是说法律会把礼制中那些难以监督或者标准不清的地方明确化，并且建立惩罚机制，如果有人违反了规定，必定会受到惩处。虽然魏晋南北朝时期居丧和丧服制度的实施或执行首先采取的是清议方式，然后才是法律方式。但严格的清议制度以及后来的惩罚机制和政府的执行机构以及纳礼入法的行为，都可以视作居丧由礼教到法律化的递进过程。因为即便是清议制度，大多也有明确的社会标准，并且在朝廷拥有相应的惩罚机制，这一点与法律是相似的。

四　居丧禁忌和惩处

魏晋南北朝时期的居丧不仅有着种种习俗，而且还有种种朝廷规定，因此形成了一些政府官员和民众需要遵守的基本禁忌。如果违反这些禁忌，会受到不同程度的惩处。

第一，居丧禁止婚嫁。有晋代开始三年丧期的制度之后，禁止三年丧、期亲丧期

---

① 张旭华：《南朝九品中正制的发展演变及作用》，《中国史研究》1998 年第 2 期。
② 《魏书》卷 184《礼志四》，第 1869 页。

间嫁娶,如有违反则会被处罚。现实生活中,居丧婚嫁是最常见的居丧违制的例子,如晋惠帝元康二年(292)进行了一次大规模的丧期内婚嫁违制的清议活动。16个州的大中正把居丧违制,特别是居丧婚嫁的典型往上报,最后由司徒王浑总结上报。司徒王浑奏云:

> 前以冒丧婚娶,伤化悖礼,下十六州推举,今本州中正各有言上。太子家令虞濬有弟丧,嫁女拜时;镇东司马陈湛有弟丧,嫁女拜时;上庸太守王崇有兄丧,嫁女拜时;夏侯俊有弟子丧,为息恒纳妇,恒无服;国子祭酒邹湛有弟妇丧,为息蒙娶妇拜时,蒙有周服;给事王琛有兄丧,为息稜娶妇拜时,并州刺史羊暨有兄丧,为息明娶妇拜时;征西长史牵昌有弟丧,为息彦娶妇拜时。湛职儒官,身虽无服,据为婚主。按礼"大功之末可以嫁子,小功之末可以娶妇"。无齐缞嫁娶之文,亏违典宪,宜加贬黜,以肃王法。请台免官,以正清议。尚书符下国子学处议。国子助教吴商议:"今之拜时,事毕便归,婚礼未成,不得与娶妇者同也。俊、琛、稜并以齐缞娶妇、娶妻,所犯者重。恒虽无服,当不议而不诤,亦礼所讥,然其所犯者犹轻于稜也。湛身既平吉,子虽齐缞,义服之末,又不亲迎,则所犯者轻。濬、暨为子拜时,礼轻当降也。"国子祭酒裴颁议以为:"吉凶之别,礼之大端,子服在凶,而行嘉礼,非所以为训。虽父兄为主,事由己兴,此悉人伦大纲,典章所慎也。"诏曰:"下殇小功,可以嫁娶,俊等简忽丧纪,轻违礼经,皆宜如所正。"①

上述事例非常明确地告诉我们,除非是小功之丧,否则居丧婚嫁都违反规定,通过清议等方式受到朝廷的惩处。再如丞相司直刘隗也曾对居丧婚嫁进行奏劾,《晋书》载,"世子文学王籍之居叔母丧而婚,隗奏之……东阁祭酒颜含在叔父丧嫁女,隗又奏之"。②由此可知,居丧期间婚嫁是一个很严重的违制,当然也是不能碰触的禁忌。

第二,居丧禁止宴客作乐。除了居丧期间不得婚嫁,居丧期间宴客作乐也是很严重的违制,会遭到清议奏劾。史载刘隗曾对周颉等三十余人在除服日宴客等行为进行弹劾,当时"庐江太守梁龛明日当除妇服,今日请客奏伎,丞相长史周颉等三十余人

---

① 杜佑:《通典》,第343页。
② 《晋书》卷69《列传第三十九》,第1219页。

同会"，①而且理由很充足。刘隗是这样说的："夫嫡妻长子皆杖居庐，故周景王有三年之丧，既除而宴，《春秋》犹讥，况尫匹夫，暮宴朝祥，慢服之愆，宜肃丧纪之礼。请免尫官，削侯爵。颎等知尫有丧，吉会非礼，宜各夺俸一月，以肃其违。"②皇帝下诏从之。可见当时在居丧期间宴客作乐是会被弹劾的。

第三，居丧禁止仕宦。居丧期间若非特殊情况依然在官位不动，否则不回家居丧也是要被清议惩处的。如东晋末年，滕恬之子因为父亲战死尸体没有运回而继续做官，遭到清议弹奏。史载："先是，兖州刺史滕恬为丁零、翟辽所没，尸丧不反，恬子羡仕宦不废，议者嫌之。桓玄在荆州，使群僚博议。"③在群僚博议中，郑鲜之举了曹魏末年"文皇帝以东关之役，尸骸不反者，制其子弟，不废婚宦"④和"及至永嘉大乱之后，王敦复申东关之制于中兴，原此是为国之大计，非谓训范人伦"⑤等例子，认为在特殊情况下，像父母尸丧不返，是可以居丧仕宦的。但他同时提出："郤诜葬母后园，而身登宦，所以免责，以其孝也。日磾杀儿无讥，以其忠也。今岂可以二事是忠孝之所为，便可许杀儿葬母后园乎？不可明矣。既其不可，便当究定滕之才行，无所多辩也。"⑥认为以权变从而鼓励居丧仕宦是不对的，唯有"若以滕谋能决敌，才能周用，此自追踪古人，非议所及"⑦才能成为居丧仕宦的特例。也就是说，除非滕羡特别有才，国家不得不用，居丧仕宦才能免除清议。可见在当时居丧不能仕宦是一个普遍认知或共识，是一种文化习惯。若非特殊情况，居丧仕宦是要被清议奏劾，引起轩然大波的。

第四，居丧不得服制失当和丧服变除失礼。除了居丧婚嫁、宴乐和仕宦会被弹劾之外，服制失当和丧服变除失礼也会被清议奏劾。丧服失当是指居丧者不按亲属伦序穿着丧服，无论是服制过轻还是过重，都会被惩罚。史载："时淮南小中正王式继母，前夫终，更适式父。式父终，丧服讫，议还前夫家。前夫家亦有继子，奉养至终，遂合葬于前夫。式自云：'父临终，母求去，父许诺。'于是制出母齐衰期。壸奏曰：'就如式父临终许诺，必也正名，依礼为无所据……式母于夫，生事奉终，非为既绝之妻。夫亡制服，不为无义之妇。自云守节，非为更嫁……继母如母，圣人之教。式为

---

① 《晋书》卷69《列传第三十九》，第1219页。
② 《晋书》卷69《列传第三十九》，第1219页。
③ 《宋书》卷64《郑鲜之传》，第1117页。
④ 《宋书》卷64《郑鲜之传》，第1118页。
⑤ 《宋书》卷64《郑鲜之传》，第1118页。
⑥ 《宋书》卷64《郑鲜之传》，第1119页。
⑦ 《宋书》卷64《郑鲜之传》，第1119页。

国士，闺门之内犯礼违义，开辟未有，于父则无追亡之善，于母则无孝敬之道，存则去留自由，亡则合葬路人，可谓生事不以礼，死葬不以礼者也。亏损世教，不可以居人伦诠正之任。'"①非常明白，王式的父亲死了，他在临死之前已经同意跟继母离婚，所以王式没有"继母如母"为继母服齐衰三年，而是按照出母的规格服丧，服制过轻，从而遭到了卞壶奏劾，以致"废弃终身"。

制服过轻会受到清议奏劾，制服过重与礼不合也会受到清议惩处。如康帝在位的时候，"案汝南王统为庶母居庐服重，江夏公卫崇本由疏属，开国之绪，近丧所生，复行重制，违冒礼度，肆其私情。间阎许其过厚，谈者莫以为非，则政道陵迟由乎礼废，宪章颓替始于容违。若弗纠正无以齐物。皆可下太常夺服。若不祗王命，应加贬黜"，②即汝南王为庶母服制三年，与礼不合而被顾和奏劾，遭到贬黜。

同样的，倘若在丧服变礼中出现违礼也要被奏劾，如"秦王柬薨，含依台仪，葬讫除丧。尚书赵浚有内宠，疾含不事己，遂奏含不应除丧。本州大中正傅祗以名义贬含"。③尽管中丞傅咸上表为李含辩护，但是仍旧"帝不从，含遂被贬，退割为五品"。④但是，我们需要注意的是，尽管居丧制度和文化在魏晋南北朝时期的实行是很严苛的，居丧违礼会被奏劾，对仕途具有毁灭性的打击，甚至终身禁锢、沉废巷间，但面对权势人物的时候也会有例外。如东晋权臣谢安遭遇弟亡，"期丧不废乐。王坦之书喻之，不从，衣冠效之，遂以成俗"。⑤谢安没有受到任何影响，他的这种行为反而影响民众，成为民俗。再如恒玄"其庶母蒸尝，靡有定所，忌日见宾客游宴，唯至亡时一哭而已。期服之内，不废音乐"。⑥实际上这是非常严重的居丧违礼行为，但由于他们身份特殊，也未被奏劾。

居丧禁忌是居丧制度与文化推行过程中由于朝廷的强制执行而形成的对权威的顺从，但从一个侧面说明，魏晋南北朝时期由于社会变化快和政权变更频繁，更需要以礼为核心的伦常文化来维系民众，也包括官员的道德和行为。这是此期特别形成居丧禁忌，并对那些没有遵行有关礼、俗和制度的人进行严厉处罚的根本原因。正是这种

---

① 《晋书》卷70《列传第四十》，第 1240 ~ 1241 页。
② 《晋书》卷83《列传第五十三》，第 1442 ~ 1243 页。
③ 《晋书》卷60《列传第三十》，第 1087 页。
④ 《晋书》卷60《列传第三十》，第 1088 页。
⑤ 《晋书》卷79《谢安传》，第 1381 页。
⑥ 《晋书》卷99《恒玄传》，第 1735 页。

禁忌和处罚规范并形成了有序的居丧文化，对唐宋及后来的居丧文化产生了直接而巨大的影响。

第三节　北朝居丧多样化

魏晋南北朝的北朝居丧呈现出多样化的趋势。北朝的政权为多个民族所建立，居丧和丧服制度同时受到多种民族文化的影响。十六国时期，此区域朝代更迭频繁，政权林立，战乱频仍。自北魏统一北方，北朝经历了北魏、东魏、西魏、北齐、北周等政权，最后才统一于隋。在短短的150多年的时间里，一直处于民族混居、相互影响与融合，使得北朝居丧多样化，与南朝有着较大的差异。

北朝居丧多样化主要体现在不同社会阶层、不同社会时段以及不同的民族上面，总体来说是朝着汉化与儒化的方向发展，但始终保持着部分民族特色和社会变更的特点。

一　国恤居丧多样化

北朝的居丧多样化，首先体现在国恤上面，即包括皇帝、皇后、皇太后、太皇太后等的居丧多样化。在北魏孝文帝改革之前，国恤的丧期基本依照汉魏故事，随葬即吉，为期一月，而非三年。《魏书》记载："魏自太祖至于武泰帝，及太皇太后、皇太后、皇后崩，悉依汉魏既葬公除。唯高祖太和十四年文明太后崩，将营山陵。"[①]说明除了文明太后的丧事之外，北魏的国丧未遵循古礼，都是"即葬公除"，而非三年之丧。但上述记载可能有不符合事实的地方，因为在孝文帝改革之后，三年之丧已经推行开来，所以上文说北魏除了文明太后的丧事之外，其余的都是"即葬公除"是不可靠的。梁满仓在《魏晋南北朝五礼制度考论》中指出：太和二十三年（499）四月，魏孝文帝病逝，其子宣武帝即位之后委政宰辅，自己居谅暗之中，直到景明二年（502）正月才亲政。所以梁满仓根据《通典》记述了"后魏自道武及诸帝，悉依汉魏，既葬公除"和孝文帝实行三年之丧的改革为文明太皇太后服三年之丧的例子，推断北魏在孝文帝三年之丧改革之前是"即葬公除"，其后则是根据孝文帝的改革国恤采用三年之丧的形式。上述结论符合北魏在孝文帝之后自上而下的居丧制度改革，比

[①] 《魏书》卷183《礼志》，第1855页。

较符合历史的事实。①

但是，到了北周、北齐，由于统治者对汉文化的不同态度，居丧制度又出现了不一样的局面。《北史》记载北齐文宣帝"遗诏，凶事一从俭约，丧月之断，限以三十六日。嗣子百僚，内外遐迩，奉制割情，悉从公除。癸卯，发丧，敛于宣德殿。十一月辛未，梓宫还邺。十二月乙酉，殡于太极前殿。乾明元年二月丙申，葬于武宁陵，谥曰文宣帝，庙号显祖"。② 再如北齐的孝昭帝也曾"'诏曰……其丧纪之礼，一同汉文，三十六日，悉从公除。山陵施用，务从俭约。'先是，帝不豫而无阙听览，是日，崩于晋阳宫，时年二十七。大宁元年闰十二月癸卯，梓宫还邺，上谥曰孝昭皇帝"。③ 北周同样有明、武二帝的遗诏。《周书》记载明帝遗诏："夏四月，帝因食遇毒。庚子，大渐。诏曰：……小敛讫，七日哭。文武百官各权辟衰麻，且以素服从事。葬日，选择不毛之地，因地势为坟，勿封勿树。且厚葬伤生，圣人所诫。朕既服膺圣人之教，安敢违之。凡百官司，勿异朕此意。四方州镇使到，各令三日哭，哭讫，悉权辟凶服，还以素服从事，待大例除。非有呼召，各按部自守，不得辄奔赴阙庭。礼有通塞随时之义，葬讫，内外悉除服从吉。三年之内，勿禁婚娶，饮食一令如平常也。"④ 同样《周书》记载武帝遗诏："……丧事资用，须使俭而合礼。墓而不坟，自古通典。随吉即葬，葬讫公除。四方士庶，各三日哭……谥曰武皇帝，庙称高祖。己未，葬于孝陵。"⑤ 从这两份遗诏中我们可以看出，北周、北齐之国丧大多"随吉即葬，葬讫公除"，并没有实行三年之丧。《周书》卷5《武帝纪上》记载："五月庚申，葬文宣皇后于永固陵，帝祖跣至陵所。辛酉，诏曰：'齐斩之情，经籍彝训，近代沿革，遂亡斯礼。'"⑥ 这里所说的"近代"，指的是东魏北齐、西魏北周，说明北齐与北周的国丧基本没有遵照三年之丧的习俗。

北魏以孝文帝改革为分水岭，改革之前国恤大多是"即葬公除"，改革之后采用三年之丧，基本上与南朝看齐。北齐、北周由于统治者接受的汉文化程度不一和社会特殊情况的需要并没有推行三年之丧，在国恤方面大多实行"即葬公除"，而非三年之丧。

---

① 梁满仓：《魏晋南北朝五礼制度考论》，社会科学文献出版社，2009，第638页。
② 《北史》卷7《齐本纪》，第166页。
③ 《北史》卷7《齐本纪》，第175页。
④ 《周书》卷4《帝纪第四》，第40页。
⑤ 《周书》卷6《帝纪第六》，第73页。
⑥ 《周书》卷5《帝级第五》，第58页。

二 官僚士大夫的居丧多样化

官僚士大夫能否给丧假，能否守三年之丧与不同的社会时期紧密联系在一起，分水岭是北魏孝文帝改革实行三年之丧。由于北魏是拓跋族建立的政权，它想行汉族早已实行的三年之丧，必须从源头上找到根据，于是在自己的族源上就编造并强调自己是黄帝二十五子之一的故事。《魏书》卷1序纪中说道："昔黄帝有子二十五人，或内列诸华，或外分荒服。昌意少子，受封北土，国有大鲜卑山，因以为号。其后世为君长，统幽都之北，广漠之野。畜牧迁徙，射猎为业，淳朴为俗，简易为化，不为文字，刻木纪契而已。世事远近，人相传授，如史官之纪录焉。黄帝以土德王，北俗谓土为托，谓后为跋，故以为氏。"① 源头上确实已经纳入黄帝正统一脉，但由于长期居住于北方，形成了自己独有的文化，包括相对比较独特的丧葬风俗习惯。《三国志》卷30《乌丸鲜卑东夷传》注引王沈《魏书》记载："贵兵死，敛尸有棺，始死则哭，葬则歌舞相送。肥养犬，以采绳婴牵，并取亡者所乘马、衣物、生时服饰，皆烧以送之。特属累犬，使护死者神灵归乎赤山。赤山在辽东西北数千里，如中国人以死之魂神归泰山也。至葬日，夜聚亲旧员坐，牵犬马历位，或歌哭者，掷肉与之。使二人口颂咒文，使死者魂神径至，历险阻，勿令横鬼遮护，达其赤山，然后杀犬马衣物烧之。"② 可见，当时的鲜卑拓跋族丧葬习俗与汉族的居丧忌宴客作乐是不相同的，同样居丧婚嫁在鲜卑拓跋族内也不被禁止。《魏书》卷1记载："二十三年夏六月，皇后慕容氏崩。秋七月，卫辰来会葬，因而求婚，许之。"③ 可见，当时北魏的居丧习俗跟汉族是不同的，当然也不存在官僚士大夫三年之丧的说法。

实际上，北魏的民间在大部分情况下是按照自己的习惯进行丧葬和居丧的。《魏书》记载魏文成帝时的高允曾经对于社会上不按礼制的丧俗和居丧提出过批评："允以高宗纂承平之业，而风俗仍旧，婚娶丧葬，不依古式，允乃谏曰：前朝之世，屡发明诏，禁诸婚娶不得作乐，及葬送之日歌谣、鼓舞、杀牲、烧葬，一切禁断。虽条旨久颁，而俗不革变。将由居上者未能悛改，为下者习以成俗，教化陵迟，一至于斯。"④ 说明"葬送之日歌谣、鼓舞、杀牲、烧葬"非常盛行，与汉族的差异非常巨大，也没有实行三年之丧。这种情况到了孝文帝太和十二年（488）一仍其旧，因此大臣李彪

---

① 《魏书》卷1《序纪第一》，第1页。
② 《三国志》卷30《乌丸鲜卑东夷传》，第618页。
③ 《魏书》卷1《序纪第一》，第9页。
④ 《魏书》卷48《高允传》，第725页。

上书说:"圣魏之初,拨乱反正,未遑建终丧之制。今四方无虞,百姓安逸,诚是孝慈道洽,礼教兴行之日也。然愚臣所怀,窃有未尽。伏见朝臣丁父忧者,假满赴职,衣锦乘轩,从郊庙之祀,鸣玉垂绶,同节庆之宴,伤人子之道,亏天地之经。愚谓如有遭大父母、父母丧者,皆听终服。"①这说明直到这个时候,北魏仍旧没有实行三年之丧。

直到太和十四年(490),孝文帝以太皇太后冯氏的丧事为契机开始实行三年之丧的变革,改变拓跋族过往的习俗,自此三年之丧在北魏士大夫中逐渐盛行,汉族的居丧制度和禁忌也被引入北魏。同时,北魏孝文帝以自身为榜样,亲自为文明太后居丧三年。史载:"十四年,崩于太和殿,时年四十九。其日,有雄雉集于太华殿。高祖酌饮不入口五日,毁慕过礼……高祖毁瘠,绝酒肉,不内御者三年。"②除了以身作则,孝文帝还下诏:"普下州镇,长至三元,绝告庆之礼。"③此前,大臣李彪在太和十二年(488)曾上表说:"臣有大丧,君三年不呼其门。此圣人缘情制礼,以终孝子之情者也。周季陵夷,丧礼稍亡,是以要绖即戎,素冠作刺,逮于虐秦,殆皆泯矣。汉初,军旅屡兴,未能遵古。至宣帝时,民当从军屯者,遭大父母、父母死,未满三月,皆弗徭役;其朝臣丧制,未有定闻。至后汉元初中,大臣有重忧,始得去官终服。暨魏武、孙、刘之世,日寻干戈,前世礼制复废而不行。晋时,鸿胪郑默丧亲,固请终服,武帝感其孝诚,遂著令以为常。圣魏之初,拨乱反正,未遑建终丧之制。今四方无虞,百姓安逸,诚是孝慈道洽,礼教兴行之日也。"④李彪在此表中追溯了三年之丧的历史,并对前朝一些时期的废礼不行提出自己的看法,认为那些都是权宜之计。同时指明现在是"拨乱返正"恢复三年之丧的大好时机,这是孝文帝改革并实行三年之丧的重要依据。同书载:"高祖览而善之,寻皆施行。"当然,李彪本人也在践行三年之丧的有关规定,据《魏书》卷62记载,太和十四年(490)李彪作为魏使出使南齐,因为文明太后居丧,推辞宴乐。文曰:"(李彪)使于萧赜。赜遣其主客郎刘绘接对,并设宴乐。彪辞乐。及坐,彪曰:'齐主既赐宴乐,以劳行人,向辞乐者,卿或未相体。自丧礼废替,于兹以久,我皇孝性自天,追慕罔极,故有今者丧除之议。去三月晦,朝臣始除衰裳,犹以素服从事,裴、谢在此,固应具此,我今辞乐,想卿无怪。'"⑤他不仅坚守居丧之礼,还为北魏的变革辩护,因此得到了萧赜的赞赏,并得

---

① 《魏书》卷62《李彪传》,第936页。
② 《魏书》卷13《皇后列传第一》,第220页。
③ 《魏书》卷7《高祖纪下》,第113页。
④ 《魏书》卷62《李彪传》,第936页。
⑤ 《魏书》卷62《李彪传》,第937页。

到了很高的礼遇。

自此三年之丧在官僚士大夫中推行开来，并且日益严格。如果居丧违礼，会受到弹劾和惩罚。如世宗宣武帝时，赵郡王乾字思直……谥在母丧，听声饮戏，为御史中尉李平所弹。① 这是歌舞宴乐被弹劾。同样，《魏书》卷68记载："侃弟楷，字德方……世宗崩未葬，楷与河南尹丞张普惠等饮戏，免官。"② 也是歌舞宴乐被弹劾，说明居丧宴乐是被禁止的。

居丧违例涉及的面比较广，上述歌舞宴乐是一方面，居丧求仕也是不允许的，最典型的例子就是乙龙虎。他因为居丧未满期而求仕，结果被判刑五年。《魏书·礼制》记载："延昌二年春，偏将军乙龙虎丧父，给假二十七月，而虎并数闰月，诣府求上。领军元珍上言：'案《违制律》，居三年之丧而冒哀求仕，五岁刑。龙虎未尽二十七月而请宿卫，依律结刑五岁。'"③ 从此处我们可以发现，第一，孝文帝改革之后，北魏已经禁止居丧求仕；第二，自孝文帝改革之后，北魏武将也要强制实行三年之丧。后来，魏孝明帝明确发出诏书，要求所有人员必须为死者居丧。《魏书》载："丁巳，诏曰：'顷年以来，戎车频动，服制未终，夺哀从役。罔极之痛弗申，鞠育之恩靡报，非所谓敦崇至道者也。自今虽金革之事，皆不得请起居丧。'"④ 可见，当时武将哪怕发生战争也不得请求夺服。另外可以看出当时居丧法律化之后，执行方面是非常严格和到位的，三年之丧计算精确到了扣除闰月的地步。偏将军乙龙虎就是因为三年之丧遭逢闰月本应加一个月服满28个月而非27个月，但乙龙虎只服满27个月，所以他是属于居丧期间求仕的行为，最终遭到奏劾而获刑。

北朝官僚士大夫的三年之丧不但跟北魏孝文帝的改革有着巨大的关系，同样跟时代的兴衰治乱有着明确的关系。北魏孝文帝改革之后，三年之丧能否得到遵循同样跟时代的兴衰治乱关系密切。从北魏三年之丧改革到宣武及孝明神龟，北魏政权稳定、发展良好的时期，这个时候的大臣大多能够实行三年之丧。如"贾思伯……寻除鸿胪少卿，以母忧免。服阕，征为荥阳太守，有政绩"；⑤ "房亮……寻遭忧解任。服终，除左将军、汲郡太守"；⑥ "祚弟忠……父忧去职……遭继母忧，不行。服阕，授安北

---

① 《北史》卷19《列传第七》，第455页。
② 《魏书》卷68《甄琛传》，第1024页。
③ 《魏书》卷184《礼志四》，第1869页。
④ 《魏书》卷9《肃宗纪第九》，第153页。
⑤ 《魏书》卷72《列传第六十》，第1091页。
⑥ 《魏书》卷72《列传第六十》，第1096页。

将军，相州刺史";①"固字敬安……丁母忧，号慕毁疾，杖而能起，练禫之后，酒肉不进。时固年逾五十，而丧过于哀，乡党亲族咸叹服焉。"②

六镇起义之后，时局动荡，一直到北周、北齐也没有重新大力实行三年之丧。这时候官僚士大夫的三年之丧大多不能始终，往往会被夺情。如"李业兴，上党长子人也……永安二年，以前造历之勋，赐爵长子伯。遭忧解任，寻起复本官"；③"高乾，字乾邕，渤海蓚人也……先是信都草创，军国权舆，乾遭丧不得终制。及武帝立，天下初定，乾乃表请解职，行三年之礼"；④"子绘，字仲藻……三年，父丧去职。四年，高祖西讨，起为大都督"；⑤"赵彦深，自云南阳宛人……武平二年拜司空，为祖珽所间，出为西兖州刺史。四年，征为司空，转司徒。丁母忧，寻起为本官。"⑥从上述例子可知，官僚士大夫的三年之丧能否终制，与孝文帝的改革有关，也与时代的兴衰乱治有关。在三年之丧官僚士大夫不能终制的情况下，多以卒哭为限。《魏书》卷111记载："时司州表：'河东郡民李怜生行毒药，案以死坐。其母诉称：'一身年老，更无期亲，例合上请。'检籍不谬，未及判申，怜母身丧。州断三年服终后乃行决。'……主簿李玚驳曰：'……且给假殡葬，足示仁宽，今已卒哭，不合更延。'"⑦当然，这个例子很特殊，母亲请求州官轻判以便由犯法的儿子送终，但主簿不同意，认为给假殡葬、卒哭就已经表达了送终和居丧的文化意义。《周书》卷18在说到西魏时的王述时，认为他"及居丧，深合礼度。于时东西交争，金革方始，群官遭丧者，卒哭之后，皆起令视事"。⑧可见，西魏时期由于战乱，官僚士大夫遭丧是以卒哭为限的。当然，由于王述是一个特别的孝子，皇帝还是让他完成了终丧的心愿。上述种种迹象表明，当官僚士大夫不能三年之丧终丧时，应该以卒哭为限，卒哭之后，则必须回到岗位继续工作。

三 北魏不同民族的居丧多样化

由于北朝的民族成分复杂，所以不同民族的居丧之礼也有所不同。在北魏孝文帝改革前，不同民族居丧的制度或礼仪呈现出不一样的面貌。前文谈到，居丧期间禁止

---

① 《魏书》卷31《于栗磾传》，第499页。
② 《北史》卷47《列传第三十五》，第1141页。
③ 《魏书》卷84《列传儒林第七十二》，第1259页。
④ 《北齐书》卷21《列传第十三》，第197~198页。
⑤ 《北齐书》卷21《列传第十三》，第207页。
⑥ 《北齐书》卷38《列传第三十》，第350页。
⑦ 《魏书》卷111《刑罚志七》，第1928页。
⑧ 《周书》卷18《列传第十》，第200页。

婚嫁、宴饮作乐、禁止守丧求仕，且在居丧期间要从衣、食、住、行等各个方面从简从陋都是汉族的习俗、礼仪与制度，与北朝的少数民族存在很大的差异。

北魏孝文帝改革前，鲜卑族的旧俗仍然非常盛行。《魏书》记载魏文成帝时的高允就非常明确地认为，当时婚丧嫁娶习俗一仍其旧，尤其是殡葬方面，歌谣、鼓舞、杀牲、烧葬是民众和上层社会流行的习俗，即使上层统治者"条旨久分布，而俗不革变"。①说明入主中原的鲜卑族保持着自己固有的习俗，与汉民族的文化有着巨大的差异。这种情况至少可以从这几个方面进行理解：第一，北魏鲜卑族没有因为入主中原而改变自己民族的殡葬习惯，包括居丧习俗；第二，北魏的政权建立者已经意识到汉族丧服制度对统治汉民族的重要性，同时意识到包含孝文化的居丧对于统治地位的巩固有着直接的作用，开始有意识地进行提倡；第三，尽管最高统治者有意识地倡导，但是由于上层中大部分人包括从皇族到官僚士大夫没有真正意识到变革的重要性，因此还是习惯性地实行鲜卑民俗，底层的鲜卑族人民也仍旧沿袭着旧俗，居丧期间可以婚嫁、宴乐，还可以在葬礼上鼓乐歌舞，跟汉族的居丧文化全然不同。

北魏孝文帝进行全面改革之后，自上而下推行三年之丧，这一点可以从皇族殡葬的史实中得到印证。《魏书》卷19记载："云长子澄，字道镇，少而好学。及康王薨，澄居丧以孝闻……母孟太妃薨，居丧毁瘠，当世称之。服阕，除太子太保。"②"彝兄顺，字子和……以父忧去职，哭泣呕血，身自负土。时年二十五，便有白发，免丧抽去，不复更生，世人以为孝思所致。"③如果皇族不按丧服之制进行，则会受到惩罚。《魏书》卷19记载："澄弟嵩，字道岳。高祖时，自中大夫迁员外常侍，转步兵校尉。大司马、安定王休薨，未及卒哭，嵩便游田。高祖闻而大怒，诏曰：'嵩不能克己复礼，企心典宪，大司马薨殂甫尔，便以鹰鹞自娱。有如父之痛，无犹子之情，捐心弃礼，何其太速！便可免官。'"④由于朝廷大力自上而下的推行，以儒家和孝道为核心的居丧和丧服制度开始自朝廷至民间流行起来。从东魏、北齐和西魏、北周之后，其殡葬习俗中的"葬送之日歌谣、鼓舞、杀牲、烧葬"已经不再有记载，这也说明了孝文帝改革的深远影响。因为北朝自十六国之后，匈奴、鲜卑、氐、羯、羌等少数民族进入中原地区，且北魏推行汉族居丧和丧服制度是在其建立统治政权半个世纪之后。由于民族、地域还有北齐及北周对居丧和丧服制度推行不力，各少数民族并没有彻底地

---

① 《魏书》卷48《列传第三十六》，第725页。
② 《魏书》卷19《列传第七中》，第319页。
③ 《魏书》卷19《列传第七中》，第325页。
④ 《魏书》卷19《列传第七中》，第327页。

统一居丧制度。《周书》卷与记载，周武帝曾于天和元年（566）"八月己未，诏：'诸有三年之丧，或负土成坟，或寝苫骨立，一志一行，可称扬者，仰本部官司，随事言上。当加吊勉，以厉薄俗。'"① 要让地方上的官员上报居丧有礼者，说明当时的许多人依然没有按照政府提倡的方式实行诸如三年之丧的规定，说明民族之间的一些独特文化依然保留在自己的民族生活之中，居丧三年和相关的五服丧服制度并不盛行。

　　北朝真正遵守并奉行汉族居丧和丧服制度的是汉族士族，特别是汉族的士族名家。首先是因为汉族的士族名家继承了经学和儒家思想，对于丧服和居丧制度比较热衷和重视。其次是由于北朝战乱频繁，在少数民族政权统治下的汉族士族为了保持自身的文化、彰显自身独特的社会地位和传统的价值观念。北方汉族士族一般比较重视以血缘为纽带的族际伦常关系，因此宗法血缘关系都比较紧密。而居丧和丧服制度恰恰是为宗法制度服务的，它通过服序伦常联结起同血缘宗族的关系，理所当然地受到了丧服制度的倚重。《宋书》之《列传第六》载："北土重同姓，谓之骨肉，有远来相投者，莫不竭力营赡，若不至者，以为不义，不为乡里所容。"② 北朝宗族聚居的情况也可以在《通典》卷3《食货典·乡党》引宋孝王《关东风俗传》中看到："一宗近将万室，烟火连接，比屋而居。"③ 可见当时汉家聚族而居的盛况。《颜氏家训·风操》说："凡宗亲世数，有从父，有从祖，有族祖。江南风俗，自兹已往，高秩者，通呼为尊，同昭穆者，虽百世犹称兄弟；若对他人称之，皆云族人。河北士人，虽三二十世，犹呼为从伯从叔。"④ 正是儒学和经学的传承，血缘宗族的存在使北朝的汉族，尤其是士族对居丧和丧服制度极其重视，并且恪守奉行。《魏书》卷35载："崔浩，字伯渊，清河人也……初，浩父疾笃，浩乃剪爪截发，夜在庭中仰祷斗极，为父请命，求以身代，叩头流血，岁余不息，家人罕有知者。及父终，居丧尽礼，时人称之。"⑤《北史》卷33也记载："（李）敷兄弟敦崇孝义，家门有礼，至于居丧法度，吉凶书记，皆合典则，为北州所称美。"⑥《魏书》卷57《列传第四十五》记载，崔孝芬兄弟特别孝义慈厚，"弟孝演、孝政先亡，孝芬等哭泣哀恸，绝内蔬食，容貌损瘠，见者伤之"。⑦ 这类事例非常丰富。《北史》卷41载："（杨）愔字遵彦，小名秦王……遭罹家难，常

---

① 《周书》卷5《帝纪第五》，第51页。
② 《宋书》卷46《列传第六》，第914页。
③ 杜佑：《通典》，第23页。
④ 颜之推：《颜氏家训集解》，第86页。
⑤ 《魏书》卷35《列传第二十三》，第548页。
⑥ 《北史》卷33《列传二十一》，第800页。
⑦ 《魏书》卷57《列传第四十五》，第857页。

以丧礼自居，所食唯盐米而已，哀毁骨立。……顷之，表请解职还葬……及丧柩进发，吉凶仪卫亘二十余里，会葬者将万人。是日，隆冬盛寒，风雪严厚，憎跣步号哭，见者无不哀之。"①应该说这种遵行礼仪的行为虽然本身是发自内心的，但却已经成了表演的代名词，博取名声是最重要的目的了。《北史》卷26载："辛绍先……有至性，丁父忧，三年口不甘味，头不栉沐，发遂落尽，故常著垂裙皂帽……祥弟少雍，字季和，少聪颖，有孝行，尤为祖父绍先所爱。绍先性嗜羊肝，常呼少雍共食。及绍先卒，少雍终身不食肝。……子粲兄弟十三人，并有孝行，居父丧，毁瘠过礼。既葬，庐于墓侧，负土成坟。弟荣亮最知名。"②一家在居丧上都声名显赫。《北史》卷30载："(卢)诞本名恭祖……父母既没，哀毁六年，躬营坟垅，遂有终焉之志。"③为父母居丧六年，确实非常难能可贵。《魏书》卷67载："(崔)光弟敬友，本州治中。颇有受纳，御史案之，乃与守者俱逃。后除梁郡太守，会遭所生母忧，不拜。敬友精心佛道，昼夜诵经。免丧之后，遂菜食终世……子鸿，字彦鸾……三年，鸿以父忧解任，甘露降其庐前树。"④父子都是居丧诚心守礼，居然还有"甘露降其庐前树"的祥瑞出现，也是一奇。《北史》卷39载："(房)景伯字良晖，法寿族子也……少丧父，以孝闻。家贫，佣书自给，养母甚谨……后为司空长史，以母疾去官……及弟亡，蔬食终丧，期不内御，忧毁之容，有如居重。其次弟景先亡，其幼弟景远期年哭临，亦不内寝。乡里为之语曰：'有义有礼，房家兄弟。'廷尉卿崔光韶好标榜人物，无所推尚，每云景伯有士大夫之行业。及母亡，景伯居丧，不食盐菜。因此遂为水病，积年不愈。"⑤由上述例子可知，北朝汉族士族对丧服和居丧制度的遵守和推行是十分重视的。这种行为和文化对当时的社会，包括其他居住于周边的民族来说不可能不产生影响。

北朝居丧制度和三年之丧的推行具有非常积极的意义。第一，孝文帝的三年之丧和丧服制度的推行是汉化改革的一个非常重要的组成部分，是五礼建设的基础和重要内容。三年之丧和丧服制度的推行使少数民族建立的政权汉化程度大大提升，封建统治秩序和体系更为成熟，社会血缘宗法制度得到了建立，从而使北朝社会的性质和秩序得到了巩固和保障，完成了从奴隶制到封建制的积极转换，促进了北朝的社会文化发展。在以三年之丧和丧服制度为重要内容的汉化改革中，北方各个少数民族

---

① 《北史》卷41《列传第二十九》，第993页。
② 《北史》卷26《列传第十四》，第629页。
③ 《北史》卷30《列传十八》，第730页。
④ 《魏书》卷67《崔光传》，第1013页。
⑤ 《北史》卷39《列传第二十七》，第941页。

受到了经学和儒学的影响，形成了以社会等级和宗族血缘为依托的社会关系认同和共同的心理认知，为将来国家的大统一和民族的大融合奠定了基础。第二，北魏的孝文帝改革承袭和巩固了晋武帝的三年之丧和丧服制度，从而基本确定了三年之丧和丧服制度在北朝居丧文化中的地位，基本结束了北朝居丧和丧服制度以民族文化为核心、各自为政的混乱局面。三年之丧和丧服制度依托血缘关系和强大的社会文化为生存基础，因此具有了很大的稳定性，为后世的居丧和丧服制度延续发展提供了不二的选择。第三，北魏孝文帝的三年之丧和居丧制度的改革确立了南北交流的基础，也使北魏鲜卑族的政权获得了汉族政权的认同。由于南朝承袭了两汉的经学和儒家传统，晋元帝南渡之后汉文化开始南移，使南朝的传统经学和儒家文化的根基更加深厚。而北朝直到政权建立半个世纪之后，孝文帝才实行汉化改革，推行三年之丧。在此之前，虽然北朝努力想要建立民族政权的合理性，向南朝派遣使者，却始终没有真正得到南朝政权的认可，唯有汉化和三年之丧推行之后，南北之间有了共同的文化基础和心理认同，南北的交流才真正开始。北朝实行三年之丧后，李彪出使南朝。

> 赜遣其主客郎刘绘接对，并设宴乐。彪辞乐。及坐，彪曰："齐主既赐谠乐，以劳行人，向辞乐者，卿或未相体。自丧礼废替，于兹以久，我皇孝性自天，追慕罔极，故有今者丧除之议。去三月晦，朝臣始除衰裳，犹以素服从事。裴、谢在此，固应具此，我今辞乐，想卿无怪。"绘答言："辞乐之事，向以不异。请问魏朝丧礼，竟何所依？"彪曰："高宗三年，孝文逾月，今圣上追鞠育之深恩，感慈训之厚德，执于殷汉之间，可谓得礼之变。"绘复问："若欲遵古，何为不终三年？"彪曰："万机不可久旷，故割至慕，俯从群议。服变不异三年，而限同一期，可谓亡礼之礼。"绘言："汰哉叔氏！专以礼许人？"彪曰："圣朝自为旷代之制，何关许人。"绘言："百官总已听于冢宰，万机何虑于旷？"彪曰："我闻载籍：五帝之臣，臣不若君，故君亲揽其事；三王君臣智等，故共理机务；五霸臣过于君，故事决于下。我朝官司皆五帝之臣，主上亲揽，盖远轨轩唐。"彪将还，赜亲谓曰："卿前使还日，赋阮诗云'但愿长闲暇，后岁复来游'，果如今日。卿此还也，复有来理否？"彪答言："使臣请重赋阮诗曰'宴衍清都中，一去永矣哉'。"赜悯然曰："清都可尔，一去何事？观卿此言，似成长阔，朕当以殊礼相送。"①

---

① 《魏书》卷62《李彪传》，第937页。

李彪作为北朝使者详细介绍了北朝三年之丧的制度和渊源,从而获得南朝统治者对于北朝的认同。"赜遂亲至琅邪城,登山临水,命群臣赋诗以送别,其见重如此。彪前后六度衔命,南人奇其謇谔。"① 实际上,北朝虽然在少数民族政权的治理下,但随着与汉民族文化交往和互动的不断加深,文化融合成为主流。而其中,汉族文化对其他民族文化的影响尤为明显。关于这一点,南朝萧梁使臣陈庆之出使北方看到洛阳的风土人情后说的一段话颇有代表性。"自晋、宋以来,号洛阳为荒土,此中谓长江以北,尽是夷狄。昨至洛阳,始知衣冠士族,并在中原。礼仪富盛,人物殷阜,耳目所不识,口不能传。所谓帝京翼翼,四方之则。"② 可见当时北朝的政权在孝文帝的改革之后已经得到了汉族文化的认同,从而也为南北文化的交流、国家的统一和南北民族的融合奠定了基础。

第四节 居丧习俗的变革

居丧习俗的变革也是此期非常具有时代特色的现象,从帝王到平民百姓都有着不同的实践,以符合当时的生活和社会现实。

一 西晋、北魏的三年之丧变革

在殡葬文化方面,魏晋南北朝最大的变革是西晋晋武帝和北魏孝文帝推行守丧三年的丧服制度改革。两人推行三年之丧既具有类似的社会背景也具有各自的独特性,改变了两汉以来居丧无定制的局面,推进了经学和儒家关于社会秩序和宗法血缘的理论实践,使居丧制度开始了从礼到法的进程,也使封建制度进一步完善和成熟。同时加速了不同民族之间的文化交流和共同心理认同的形成,是后世丧服制度的雏形,为后来民族融合、国家统一奠定了基础。

晋武帝改革是在两汉以来丧服和居丧制度无定制和三国以来"葬毕即除"为背景进行的。两汉国丧之期的制定是以汉文帝遗诏为开端的。汉文帝以日易月,改丧期三十六月为三十六日,这在《宋书》卷15中有记载。"汉文帝始革三年丧制。临终诏曰:'天下吏民临三日,皆释服。无禁取妇、嫁女、祠祀、饮酒、食肉。其当给丧事者,无跣。绖带无过三寸。当临者,皆旦夕各十五举音。服大红十五日,小红十四日,纤七日而释服。'文帝以己亥崩,乙巳葬,其间凡七日。自是之后,天下遵令,无复三年

---

① 《魏书》卷62《李彪传》,第937页。
② 杨衒之:《洛阳伽蓝记校注》,范祥雍校注,古典文学出版社,1958,第119页。

之礼。"①但实际上两汉的丧期一直处于摇摆不定的局面，三年之丧不时被重启又革除。《汉书》卷11记载："孝哀皇帝，元帝庶孙，定陶恭王子也……诏曰：'河间王良丧太后三年，为宗室仪表，益封万户。'"②刘良因居丧三年得到褒奖，还得到提拔升了官，真是忠孝两全了。《宋书》卷15也有记载："原涉行父丧三年，显名天下。河间惠王行母丧三年，诏书褒称，以为宗室仪表。薛修服母丧三年……至汉平帝崩，王莽欲眩惑天下，示忠孝，使六百石以上皆服丧三年。及莽母死，但服天子吊诸侯之服，一吊再会而已。而令子新都侯宇服丧三年。及元后崩，莽乃自服三年之礼。"③可见两汉以来居丧和丧服制度处于摇摆不定、居丧无定制的状态。虽然制度上没有明确居丧三年的规定，但民间依然盛行这一做法，因此有些人被称为孝子，获得朝廷或官员的褒奖。

晋武帝是在两汉居丧无定制和三国"葬毕即除"的背景下进行改革的。咸熙二年（265）八月，司马昭病逝，晋武帝司马炎开始恢复三年之丧制度。

> 文帝之崩，国内服三日。武帝亦遵汉魏之典，既葬除丧，然犹深衣素冠，降席撤膳。……诏曰："每感念幽冥，而不得终苴绖于草土，以存此痛，况当食稻衣锦，诚诡然激切其心，非所以相解也。吾本诸生家，传礼来久，何心一旦便易此情于所天！相从已多，可试省孔子答宰我之言，无事纷纭也。言及悲剥，奈何！奈何！"孚等重奏："伏读圣诏，感以悲怀，辄思仲尼所以抑宰我之问，圣思所以不能已已，甚深甚笃。然今者干戈未戢，武事未偃，万机至重，天下至众。陛下以万乘之尊，履布衣之礼，服粗席稿，水饮疏食，殷忧内盈，毁悴外表。而躬勤万机，坐而待旦，降心接下，仄不遑食，所以劳力者如斯之甚。是以臣等悚息不宁，诚惧神气用损，以疲大事。辄敕有司，改坐复常，率由旧典。惟陛下察纳愚款，以慰皇太后之心。"又诏曰："重览奏议，益以悲剥，不能自胜，奈何！奈何！三年之丧，自古达礼，诚圣人称情立衷，明恕而行也。神灵日远，无所诉告，虽薄于情，食旨服美，所不堪也。不宜反复，重伤其心，言用断绝，奈何！奈何！"帝遂以此礼终三年。后居太后之丧亦如之。④

晋武帝以儒学世家和个人感情为由开始了三年之丧的丧服制度改革，实际上是为

---

① 《宋书》卷15《志第五礼二》，第260页。
② 《汉书》卷11《哀帝纪第十一》，第235页。
③ 《宋书》卷15《志第五》，第260页。
④ 《晋书》卷20《志第十》，第395~396页。

了加强和巩固中央集权制度,强化社会制度和宗法血缘关系之间的联系,巩固自己政权统治的合法性和稳定性。同年,晋武帝下令:"诸将吏遭三年丧者,遣宁终丧。"① 然后泰始三年(467)"三月戊寅,初令二千石得终三年丧"②。最后,在太康七年(286)十二月"始制大臣听终丧三年"③。这样,关乎整个朝廷的三年之丧制度就确定了下来。自此,西晋结束了两汉以来居丧和丧服制度混乱的局面,三年之丧作为丧服制度极其重要的组成部分基本确定下来并且为后世所沿袭。

北魏孝文帝的三年之丧改革主要是在鲜卑族特有的丧葬习俗背景下进行的。由于北魏是拓跋氏建立的政权,他们的习俗非常独特。《三国志》卷30《乌丸鲜卑东夷传》注引王沈《魏书》记载:"贵兵死,敛尸有棺,始死则哭,葬则歌舞相送。肥养犬,以采绳婴牵,并取亡者所乘马、衣物、生时服饰,皆烧以送之。特属累犬,使护死者神灵归乎赤山。赤山在辽东西北数千里,如中国人以死之魂神归泰山也。至葬日,夜聚亲旧员坐,牵犬马历位,或歌哭者,掷肉与之。使二人口颂咒文,使死者魂神径至,历险阻,勿令横鬼遮护,达其赤山,然后杀犬马衣物烧之。"④《魏书》卷1也记载:"二十三年夏六月,皇后慕容氏崩。秋七月,卫辰来会葬,因而求婚,许之。"⑤ 由此可知,鲜卑族的居丧和丧服制度与汉族是迥然不同的,居丧不禁止婚嫁、宴乐,同样没有三年之丧的说法。

出于少数民族政权从奴隶制到封建制的转化,也出于中央集权制以及政权的正统性和南北交流的需要,北魏孝文帝在太和十四年(490)以太皇太后冯氏丧事为契机开始恢复三年之丧。"十四年,崩于太和殿,时年四十九。其日,有雄雉集于太华殿。高祖酌饮不入口五日,毁慕过礼……高祖毁瘠,绝酒肉,不内御者三年。"⑥ 同时,孝文帝还下诏:"普下州镇,长至三元,绝告庆之礼。"⑦ 孝文帝在改革过程中遇到了非常强大的阻力,拓跋贵族,包括生前权力巨大的文明太皇太后冯氏金册的巨大压力。文明太皇太后冯氏在终制金册中对自己的身后之事做出了明确的安排,《魏书》卷7记载:"诏曰:'公卿屡依金册遗旨,中代权式,请过葬即吉。'……癸未,诏曰:'朕远遵古式,欲终三年之礼。百辟群官,据金册顾命,将夺朕心,从先朝之制。'"⑧ 可见,

---

① 《晋书》卷3《世祖武帝炎》,第35页。
② 《晋书》卷3《世祖武帝炎》,第37页。
③ 《晋书》卷3《世祖武帝炎》,第50页。
④ 《三国志》卷30《乌丸鲜卑东夷传》,第618页。
⑤ 《魏书》卷1《序纪第一》,第9页。
⑥ 《魏书》卷13《皇后列传第一》,第220页。
⑦ 《魏书》卷7《高祖纪下》,第113页。
⑧ 《魏书》卷7《高祖纪下》,第112页。

文明太皇太后明确安排了自己后事为"过葬即吉"。

拓跋贵族以太皇太后金册为由，请求依照鲜卑丧葬旧俗，对孝文帝三年之丧的改革形成巨大的阻力，其中穆亮最具代表性。当时的情形是文明太皇太后死后一个月，孝文帝"毁瘠犹甚"。这时，穆亮上表了：

> 王者居极，至尊至重，父天母地，怀柔百灵。是以古先哲王，制礼成务。施政立治，必顺天而后动；宣宪垂范，必依典而后行。用能四时不忒，阴阳和畅。若有过举，咎征必集。故大舜至慕，事在纳麓之前；孔子至圣，丧无过瘠之纪。尧书稽古之美，不录在服之痛；礼备诸侯之丧，而无天子之式。虽有上达之言，未见居丧之典。然则位重者为世以屈己，居圣者达命以忘情。伏惟陛下至德参二仪，惠泽覃河海，宣礼明刑，动遵古式。以至孝之痛，服期年之丧，练事既阕，号慕如始。统重极之尊，同众庶之制，废越绋之大敬，阙宗祀之旧轨。诚由文明太皇太后圣略超古，惠训深至，欲报之德，昊天罔极，比之前代，咸为过甚。岂所谓顺帝之则，约躬随众者也。陛下既为天地所子，又为万民父母。子过哀，父则为之惨悴；父过戚，子则为之忧伤。近蒙接见，咫尺疏冕，圣容哀毁，骇感无止，况神祇至灵，而不久亏和气，微致风旱者哉？书称："一人有庆，兆民赖之"，今一人过哀，黎元焉系？群官所以颠殒震惧，率土所以危惶悚栗；百姓何仰而不忧，嘉禾何由而播殖。愿陛下上承金册遗训，下称亿兆之心，时袭轻服，数御常膳，修崇郊祠，垂惠咸秩；舆驾时动，以释忧烦，博采广谘，以导性气，息无益之恋，行利见之德；则休征可致，嘉应必臻，礼教并宣，孝慈兼备，普天蒙赖，含生幸甚。①

穆亮通过四点理由给孝文帝的三年之丧改革增加压力。第一，皇帝作为天子，父母天地，如果居丧毁瘠实行三年之丧，必违背天意，造成四时不合、阴阳不畅，从而引来天灾。第二，违背过往礼制。礼备诸侯之丧，而无天子之式。虽有上达之言，未见居丧之典。第三，三年之丧违背了文明太皇太后的金册懿旨。第四，违背民意。"陛下既为天地所子，又为万民父母。子过哀，父则为之惨悴；父过戚，子则为之忧伤。"在如此巨大的压力下，孝文帝仍旧坚定地推行三年之丧，究其目的，便是要在少数民

---

① 《魏书》卷27《列传第十五》，第450页。

族建立的政权中通过以三年之丧和丧服制度的建立完善社会等级和宗法等级制度，完成从奴隶制到中央集权的封建制过渡，从而确立自己政权的合法性，保证它的稳固性。

二 三年丧期之争

在魏晋南北朝大力推行三年之丧丧服制度的同时，关于丧期为几个月的问题也一直有争论，主要是郑玄的27个月和王肃的25个月之争。东汉末年，郑玄融合了古今各家的观点，对三礼进行注释，提出了丧期27个月的丧服制度。而在司马氏取代魏建立西晋之后，王肃提出了丧期25个月的丧服制度，取代了郑玄的说法。在两晋的时候，依照王肃的说法实行25个月的丧服制度。郑玄和王肃关于丧服制度的差异可以从西晋太康初年挚虞上表中看出来。① 挚虞认为，《丧服》一卷，卷不盈握，而争说纷然。三年之丧，郑云二十七月，王云二十五月。为了"制无二门，咸同所由"，挚虞特别指出应该"参采《礼记》，略取《传》说，补其未备，一其殊义。可依准王景侯所撰《丧服变除》，使类统明正，以断疑争，然后制无二门，咸同所由"。挚虞建议依照王肃的说法，以丧期25个月为准。

郑玄和王肃的丧期之争主要集中在禫制，即从大祥祭到禫祭的时间。禫祭是丧期结束的标志。王肃根据《礼记·三年问》"三年之丧，二十五月毕"②和《仪礼·士虞礼》"中月而禫"③认为，大祥祭和禫祭是在同一个月，所以三年之丧的丧期应该为25个月。而郑玄曰："中犹闲也。禫，祭名也。与大祥闲一月。自丧至此凡二十七月。禫之言澹，澹然，平安意也。禫而纤，无所不佩。旧说纤冠者，采缨也。无所不佩，纷帨之属如平常也。墨经白纬曰纤。是月也，吉祭犹未配。是禫月也，四时之祭月则祭，犹未以某妃配，哀未忘也。"④郑玄认为"中月而禫"应该是"间月而禫"，所以三年之丧的丧期应该是27个月。

两晋时期，丧期多以王肃的说法为准，实行25个月的丧期。到了刘宋永初二年（421），王准之重新提出改为27个月。王准之，字元曾，琅琊临沂人。"永初二年，奏曰：'郑玄注《礼》，三年之丧，二十七月而吉，古今学者多谓得礼之宜。晋初用王肃议，祥禫共月，故二十五月而除，遂以为制。江左以来，唯晋朝施用；缙绅之士，

---

① 《晋书》卷19《志第九》，第374~375页。
② 《礼记》，河南大学出版社，2010，第794页。
③ 郑玄注、贾公彦疏《仪礼注疏》，第512页。
④ 杜佑：《通典》，第475页。

多遵玄义。夫先王制礼，以大顺群心。丧也宁戚，着自前训。今大宋开泰，品物遂理。愚谓宜同即物情，以玄义为制，朝野一礼，则家无殊俗。'从之。"①所以刘宋政权实行的是郑玄提倡的27个月丧期制度。从此禫制延长，主丧者的地位突出，27个月的丧期开始世代沿袭。

三 "亲亲"与"尊尊"观念的变化

中国古代社会是中央集权制的封建社会，统治者以礼制通过社会等级地位和宗法血缘关系来划分社会关系，从而使得国家尊卑有序、秩序有别，达到社会和谐和巩固封建统治以促进中央集权制度发展的目的。

礼制中最主要的原则就是"尊尊"和"亲亲"。"尊尊"就是尊重应该尊重的人的原则，主要反映的是政治社会等级和宗法等级方面的关系。"尊尊"的关系由小到大分别有三个层次，即"家"到"族"到"国"，分别以父统、宗族和国君为尊，强调嫡庶和身份。"亲亲"是指亲近应该亲近的人的原则，主要反映的是宗法亲属的天然血缘关系。"尊尊"和"亲亲"在丧服和居丧制度中相互交杂着。比如父母是一个家庭中"亲亲"之首，但又由于父统的关系，要以"尊尊"为原则钳制"亲亲"的关系，在丧服制度中"尊尊"和"亲亲"就会出现有所侧重。在宗法血缘中，等级关系也存在变动。比如因为大宗绝嗣，小宗后人出继大宗，那么其地位就会发生变化，其跟大宗父母的关系和跟自己亲生父母的关系也会发生变化。社会等级也会发生变化，"亲亲"中关系远的，在"尊尊"中不一定地位低下，比如在宗族中宗子的地位崇高；而"亲亲"中关系近的，在"尊尊"中不一定地位高，比如皇帝与生母的关系。"尊尊"和"亲亲"的原则在礼志中杂糅在一起，如何处理这两者的关系会随着时代的变化而产生变化。同样，作为礼制中最重要的组成部分，居丧和丧服制度中的"尊尊"和"亲亲"原则在魏晋南北朝时期由于时局的关系发生着一定的变化。

两晋时期，居丧和丧服制度是以"尊尊"重于"亲亲"为原则的，这是有其历史背景的。因为晋朝建立者司马氏是窃取了曹魏政权，实际上违反了"忠"，所以晋朝不能在表面上大张旗鼓地推行"忠"的教育，只能以丧服制度中"尊尊"重于"亲亲"这样的方式来巩固宗法血缘和社会等级制度，从而达到建构政权的合法性和稳固性的目的。《晋书·礼中》卷20记载："咸宁四年，陈留国上，燕公是王之父，王出奉

---

① 《宋书》卷60《列传第二十》，第1073页。

明帝祀，今于王为从父，有司奏应服期，不以亲疏尊卑为降。诏曰：'王奉魏氏，所承者重，不得服其私亲。'"①这里就涉及宗法血缘和社会等级变动中"尊尊"和"亲亲"的关系。咸宁四年（278），曹奂生父燕公曹宇去世，但由于曹奂已经过继大宗成了曹魏的皇帝，又在司马氏窃取政权之后被封为陈留王，他该为生父服何种丧服成了争论的问题。于是不以亲疏尊卑为降。诏曰："王奉魏氏，所承者重，不得服其私亲。"即"亲亲"原则让位给"尊尊"原则，皇帝规定不得"服其私亲"，说白这儿是以社会身份为主。《晋书》卷32也载："章太妃周氏以选入成帝宫，有宠，生哀帝及海西公。始拜为贵人。哀帝即位，诏有司议贵人位号……诏崇为皇太妃，仪服与太后同。又诏'朝臣不为太妃敬，合礼典不。'太常江逌议'位号不极，不应尽敬'。兴宁元年薨。帝欲服重，江彪启应缌麻三月。诏欲降为期年，彪又启'厌屈私情，所以上严祖考'，帝从之。"②上面讲到哀帝生母章太妃在哀帝即位之后被封为皇太妃，仪服便与太后一样。章太妃在兴宁元年（363）死了之后，哀帝想要服重孝，尽管太妃是皇帝的生母但却不是嫡母，所以不能服三年之丧，只能服缌麻三月，这就是"尊尊"中嫡庶尊卑的原则对"亲亲"原则的压制。

同样的，《晋书》卷32载："康献褚皇后讳蒜子，河南阳翟人也……及穆帝即位，尊后曰皇太后。时帝幼冲，未亲国政……于是临朝称制。……及哀帝、海西公之世，太后复临朝称制。……简文帝即位，尊后为崇德太后。及帝崩，孝武帝幼冲，桓温又薨……于是太后复临朝。帝既冠，乃诏曰：'皇帝婚冠礼备，遐迩宅心，宜当阳亲览，缉熙惟始。今归政事，率由旧典。'于是复称崇德太后。……太元九年，崩于显阳殿，年六十一，在位凡四十年。太后于帝为从嫂，朝议疑其服。太学博士徐藻议曰：'资父事君而敬同。又《礼》云：'其夫属父道者，妻皆母道也'，则夫属君道，妻亦后道矣。服后以齐，母之义也。鲁讥逆祀，以明尊卑。今上躬奉康、穆、哀皇及靖后之祀，致敬同于所天，岂可敬之以君道，而服废于本亲。谓应齐衰期。'从之。"③康献褚皇后是孝武帝的从嫂，根据"亲亲"原则，不必服重孝，但由于她有太后的名号，几度临朝称制，所以最后孝武帝为褚太后服齐衰。从上文可以看到章太妃和褚太后，一个关系近而地位低，所以不能服三年之丧，一个关系远而地位高，所以服了三年之丧的齐衰，所以两晋在服制上基本是以"尊尊"为原则的。

---

① 《晋书》卷20《志第十》，第405页。
② 《晋书》卷32《列传第二》，第635~637页。
③ 《晋书》卷32《列传第二》，第635页。

到南朝的刘宋之后，"尊尊"和"亲亲"的格局有了变化，"亲亲"开始呈现上升的趋势。《宋书》卷15载："元嘉二十九年，南平王铄所生母吴淑仪薨。依礼无服，麻衣练冠，既葬而除。有司奏：'古者与尊者为体，不得服其私亲。而比世诸侯咸用士礼，五服之内悉皆成服，于其所生，反不得遂。'于是皇子皆申母服。"①由于吴淑仪虽然是南平王铄的生母却只是妃子，"依礼无服，麻衣练冠，既葬而除"，但由于"古者与尊者为体，不得服其私亲。而比世诸侯咸用士礼，五服之内悉皆成服，于其所生，反不得遂"，所以皇子皆申母服。这与前文中章太妃的例子截然相反，"亲亲"的原则开始高过"尊尊"的原则。

同样的事例也见于《宋书》卷15。

> 泰豫元年，后废帝即位，崇所生陈贵妃为皇太妃。有司奏："皇太妃位亚尊极，未详国亲举哀格当一同皇太后？为有降异？又于本亲期以下，当犹服与不？"前曹郎王燮之议："案《丧服传》，'妾服君之党，得与女君同'。如此，皇太妃服宗与太后无异。但太后既以尊降无服，太妃仪不应殊，故悉不服也。计本情举哀，其礼不异。又《礼》，'诸侯绝期'。皇太妃虽云不居尊极，不容轻于诸侯。谓本亲期以下，一无所服。有惨自宜举哀。亲疏二仪，准之太后。"兼太常丞司马燮之议："《礼》，'妾服君之庶子及女君之党'。皆谓士大夫耳。妾名虽总，而班有贵贱。三夫人九嫔，位视公卿。大夫犹有贵妾，而况天子。诸侯之妾为他妾之子无服，既不服他妾之子，岂容服君及女君余亲。况皇太后妃贵亚相极，礼绝群后，崇辉盛典，有逾东储，尚不服期，太妃岂应有异。若本亲有惨，举哀之仪，宜仰则太后。"②

参议以燮之议为允。太妃于国亲无服，故宜缘情为诸王公主于至尊是期服者反，其太妃王妃三夫人九嫔各举哀。这里面的陈皇太妃因为是后废帝的生母所以可以享受"皇太妃服宗与太后无异"的待遇，跟章太妃的待遇截然不同，就是由于"亲亲"原则开始受到重视的缘故。

北朝孝文帝丧服制度改革之后，丧服制度并没有出现重"尊尊"轻"亲亲"的现象，而是一开始就是"尊尊"和"亲亲"并重。《北史》卷17记载："（元）颐弟衍，

---

① 《宋书》卷15《志第五》，第269页。
② 《宋书》卷15《志第五》，第272页。

字安乐，赐爵广陵侯，位梁州刺史……后所生母雷氏卒，表请解州。诏曰：'先君余尊之所厌，礼之明文。季末陵迟，斯典或废。侯既亲王之子，宜从余尊之义，便可大功。'"①元衍的生母死了，向孝文帝解职为母服丧。由于元衍是"亲王之子"，而其生母雷氏不是嫡妻，所以元衍不能为其服三年之丧，"宜从余尊之义，便可大功"，只能服大功。这就是根据社会地位来判定服制的例子，是丧服中"尊尊"原则的体现。同样事例见《魏书》卷78所载："广陵王恭、北海王颢，疑为所生祖母服期与三年，博士执意不同，诏群僚会议。普惠议曰：'谨按二王祖母，皆受命先朝，为二国太妃，可谓受命于天子，为始封之母矣'。《丧服》'慈母如母'，在《三年章》。《传》曰：'贵父命也。'郑注云：'大夫之妾子，父在为母大功，则士之妾子为母期。父卒则皆得申。'此大夫命其妾子，以为母所慈，犹曰贵父命，为之三年，况天子命其子为列国王，命其所生母为国太妃，反自同公子为母练冠之与大功乎？轻重颠倒，不可之甚者也。"②文中可知，"广陵王恭、北海王颢"的祖母都是"国太妃"，在讨论丧服服期的时候，普惠认为"此大夫命其妾子，以为母所慈，犹曰贵父命，为之三年，况天子命其子为列国王，命其所生母为国太妃"，主张三年丧期，最后被采纳。这也是因为祖母地位高贵从而决定丧期"尊尊"原则的体现。《魏书》卷184载："世宗永平四年冬十二月，员外将军、兼尚书都令史陈终德有祖母之丧，欲服齐衰三年，以无世爵之重，不可陵诸父，若下同众孙，恐违后祖之义，请求详正。……诏曰：'嫡孙为祖母，礼令有据，士人通行，何劳方致疑请也。可如国子所议。'"③所谓"陈终德有祖母之丧，欲服齐衰三年"，但由于"以无世爵之重，不可陵诸父，若下同众孙，恐违后祖之义"，④不知道为祖母服齐衰三年是否恰当，最后朝廷经过商议，根据"亲亲"的原则，认为陈终德应该服丧三年。因此，我们可以看到北朝中的"尊尊"和"亲亲"原则是并重的。

综上所述，魏晋南北朝是我国居丧和丧服制度一个重要的过渡时期，这个时期在理论和实践上都为后世的丧服制度形成了雏形。同时，由于魏晋南北朝本身所具有的时代特点，其丧服制度又有着自己显明的特色。魏晋南北朝的居丧和丧服制度从总体上来说，是朝着严格化、细密化、制度化的趋势发展，融合了民间习俗、民族习俗以及纳礼入法，将居丧和丧服制度通过法律等强制手段自上而下进行推广，成为封建社会统治和中央集权制度的重要组成部分，对社会的稳定和发展起到了非常重要的推动作用。

---

① 《北史》卷17《列传第五》，第412页。
② 《魏书》卷78《列传第六十六》，第1170页。
③ 《魏书》卷184《礼志四》，第1868页。
④ 《魏书》卷184《礼志四》，第1868页。

结　语

　　魏晋南北朝是一个特殊时代，它在中国封建社会历史中的过渡性是其他时期所不可替代的。它不仅承上，对秦汉等的政权结构、治理模式、政治制度、文化形态等有着全方位的吸纳；而且启下，根据自己的时代发展、政权治理需要和社会动乱导致的变革产生并形成了对后来的历史有着巨大影响的文化，其中就有非常独特的殡葬文化。

　　魏晋南北朝的殡葬文化是对传统殡葬文化或不同地区殡葬文化的一种继承，同时是一种发展、改造、变革或淘选，尤其是民族文化的融合，是多样文化的典型，也是多样文化融合发展的典型，具有特殊的意义和价值。

　　第一，殡葬文化的时代差异。殡葬文化的时代差异在魏晋南北朝时期表现得相当明显，原因是三百多年的历史，造就了数十代政权，形成了不同时期、不同政权在殡葬文化上的极大差异。曹魏时，为了避免汉代时大规模盗墓而使死者暴尸中野悲剧的发生，于是实行简葬和薄葬，从帝王到平民，墓式变小了，随葬品减少了。一时之间，薄葬成为自上而下的一种运动，士大夫也身体力行，形成了与汉代时高坟大墓、随葬丰厚鲜明的差异。这种从人性出发，从社会实际出发的殡葬文化，在魏晋南北朝很长一段时间有着大量的追随者，并对后代的殡葬文化产生影响。随着时代的发展，政权相对稳定，厚葬的形式随即抬头。从魏晋南北朝整个历史来看，早期的薄葬与后期的厚葬形成了鲜明的对比。所以，此期的殡葬文化差异不仅表现在不同时代之间，也表现在本时代的不同时期。有些文化形态只有魏晋南北朝时期才存在，如凶门柏历，由于花费巨大而且与礼典不符，在南北朝后期被禁止，从此退出历史舞台。

　　第二，殡葬文化的民族差异。魏晋南北朝对于不同民族来说，中原地区都是一个特殊的舞台，你方唱罢我登场是常态，大大小小十多个民族政权不仅带来了不同的政权结构、文化形态，也带来了大量不同的殡葬习俗。《周书·异域下》记载突厥人的殡葬习俗时说："死者，停尸于帐，子孙及诸亲属男女，各杀羊马，陈于帐前，祭之。绕帐走马七匝，一诣帐门，以刀劙面，且哭，血泪俱流，如此者七度，乃止。择日，取亡者所乘马及经服用之物，并尸俱焚之，收其余灰，待时而葬。春夏死者，候草木黄落，秋冬死者，候华叶荣茂，然始坎而瘗之。葬之日，亲属设祭，及走马劙面，如初死之仪。葬讫，于墓所立石建标。其石多少，依平生所杀人数。又以祭之羊马头，尽悬挂于标上。是日也，男女咸盛服饰，会于葬所。男有悦爱于女者，归即遣人娉问，其父母多不违也。父兄伯叔死者，子弟及侄等妻其后母、世叔母及嫂，唯尊者不得下淫。"①在脸上留下疤痕、火葬、烧送葬者的用物，还在葬时举行盛会，男女可以相爱等。至于春夏死秋冬葬，秋冬死春天葬等，与汉族的殡葬文化差异极大。南方的少数民族同样存在不同的习俗，《隋书》载："其死丧之纪，虽无被发袒踊，亦知号叫哭泣。始死，即出尸于中庭，不留室内。敛毕，送至山中，以十三年为限。先择吉日，改入小棺，谓之拾骨。拾骨必须女婿，蛮重女婿，故以委之。拾骨者，除肉取骨，弃小取大。当葬之夕，女婿或三数十人，集会于宗长之宅，著芒心接篱，名曰茅绥。各执竹竿，长一丈许，上三四尺许，犹带枝叶。其行伍前却，皆有节奏，歌吟叫呼，亦有章曲。传云盘瓠初死，置之于树，乃以竹木刺而下之，故相承至今，以为风俗。隐讳其事，谓之刺北斗。既葬设祭，则亲疏咸哭，哭毕，家人既至，但欢饮而归，无复祭哭也。其左人则又不同，无衰服，不复魄。始死，置尸馆舍，邻里少年，各持弓箭，绕尸而歌，以箭扣弓为节。其歌词说平生乐事，以到终卒，大抵亦犹今之挽歌。歌数十阕，乃衣衾棺敛，送往山林，别为庐舍，安置棺柩。亦有于村侧瘗之，待二三十丧，总葬石窟。"②拾骨、竹竿展演取尸、葬后饮宴、哭丧、石窟葬等，都与汉民族有着巨大的差异。

在葬法上，除了土葬外，火葬在西北民族或信仰佛教的民族中盛行。同时，还有根据信仰或传统形成的树葬、水葬、鸟葬、天葬、石窟葬等多种葬法，与汉民族的以土葬为主、入土为安的观念有着天壤之别。

第三，殡葬文化的地区差异。魏晋南北朝时期，不仅存在民族之间殡葬习俗的巨大差异，而且不同地区的殡葬习俗差异也非常明显地存在。《颜氏家训》载："江南凡

---

① 《周书》卷50《异域下》，第617页。
② 《隋书》卷31《地理志下》，第610页。

遭重丧，若相知者，同在城邑，三日不吊则绝之；除丧，虽相遇则避之，怨其不己悯也。有故及道遥者，致书可也；无书亦如之。北俗则不尔。江南凡吊者，主人之外，不识者不执手；识轻服而不识主人，则不于会所而吊，他日修名诣其家。"①这是一个北方人到南方之后发现南方殡葬文化与北方人的差异。虽然这种差异主要是在吊丧习俗的细节方面，但正是这种细节差异决定了地方殡葬文化自身个性。如南方与北方人在丧哭时的差异也非常明显，所谓"江南丧哭，时有哀诉之言耳；山东重丧，则唯呼苍天，期功以下，则唯呼痛深，便是号而不哭"。②不仅丧哭不同，不同丧服者的丧哭也不同。远近亲疏，感情不同，所以殡葬中的表达也就不同。

第四，殡葬文化的等级差异。等级差异是封建社会最突出的特点，魏晋南北朝虽然处于不时打破等级制，形成王侯将相宁有种乎的独特局面，改朝换代是这一时期的家常便饭，不过这种朝代更替有很大一部分与士族制度紧密联系在一起，是士家大族的一种游戏。等级差异不仅造就了魏晋南北朝的时代特点，也造就了魏晋南北朝的殡葬文化特点。从曹魏时代开始，为了统治需要，时常提出"汉代故事"，就是指延用汉代曾经实行的有关规制，如对于一些身份特殊的权贵、大臣实行赗赠制度。赗赠是与个人的身份地位相结合的，身份地位越高赗赠越丰厚，形成明显的等级差异。另外，出殡的仪仗、墓式的大小、石像生的大小和多寡等都有着明显的差异。社会的贫富差异也同样明显地存在。一些地方豪强死后建高坟大墓，而平民百姓甚至死无葬身之地。

第五，殡葬文化的性别差异。实际上文化的性别差异在历史的发展过程中一直存在，只不过魏晋南北朝有着一些自己的特点，殡葬文化也是如此。张承宗对此进行过研究，他从招魂复魄、沐浴饭含及小敛大敛，奔丧吊哭；凶门柏历；送终奏挽歌；丧礼及丧葬规格等五个方面对魏晋南北朝妇女的丧葬礼仪进行了考察与研究。③他认为妇女的丧葬礼仪式虽然与男子相差不大，但地位明显低下。一方面，丈夫的地位决定女性的殡葬；另一方面，一些地位低下的女性，如妾等无法享受与正妻一样的祔葬待遇。因此，性别差异是在等级差异基础上的一种延伸和发展，是男权社会对于女性的一种桎梏和歧视。

魏晋南北朝时期的殡葬文化不仅有着自己鲜明的特色，还对隋唐及后来的时代产

---

① 颜之推：《颜氏家训》，第 73 页。
② 颜之推：《颜氏家训》，第 71 页。
③ 参见张承宗《魏晋南北朝妇女丧葬礼仪考》，《苏州大学学报》2010 年第 2 期。

生了巨大的影响。像墓葬绘画、墓葬结构形制、墓葬中特别讲究风水、殡葬过程和祭祀时使用纸钱纸扎物品、随葬基本上采用特殊制造的明器、三年之丧的居丧制度、丧服中规定的"尊尊"、"亲亲"差异的服序制度、殡葬中的赙赠制度、宗教与丧葬相融合的习俗规范以及大量的简葬与薄葬观念和实践，都对后代的殡葬文化产生了巨大的影响。如果说魏晋南北朝是一个动乱时代对特殊文化的实践与验证过程，那么魏晋南北朝的殡葬文化就是这种实践与验证的最好方式。它一方面是时势逼使人们不得不改变传统的方式；另一方面是人们为顺应时代和社会现实，不得不对传统和习惯做出让步与妥协。因此，可以说是社会现实造就了魏晋南北朝的殡葬文化，而殡葬文化的变革不过是顺应社会发展的一种实践。

参考文献

一 著作类

北京市文物研究所编著《大兴北程庄墓地：北魏、唐、辽、金、清代墓葬发掘报告》，科学出版社，2010。

常璩：《华阳国志校补图注》，任乃强校注，上海古籍出版社，1987。

陈华文、陈淑君：《吴越丧葬文化》，华文出版社，2008。

陈华文、陈淑君：《浙江民间丧俗信仰研究》，上海文艺出版社，2011。

陈华文：《丧葬史》，上海文艺出版社，1999。

陈华文：《文化学概论》，上海文艺出版社，2001。

陈华文：《丧葬史》（插图版），上海文艺出版社，2007。

陈华文等：《浙江民俗史》，杭州出版社，2008。

陈茂同：《中国历代职官沿革史》，百花文艺出版社，2004。

陈明芳：《中国悬棺葬》，重庆出版社，1992。

陈戍国：《中国礼制史·魏晋南北朝卷》，湖南教育出版社，2002。

陈寅恪：《魏晋南北朝史讲演录》，万绳楠整理，贵州人民出版社，2012。

陈振鹏、章培恒：《古文鉴赏辞典》（上），上海辞书出版社，1997。

戴春阳、张珑：《敦煌祁家湾——西晋十六国墓葬发掘报告》，文物出版社，1994。

戴春阳主编《敦煌佛爷庙湾西晋画像砖》，文物出版社，1998。

《道藏》，上海书店出版社、文物出版社、天津古籍出版社，1988。

邓子琴:《中国风俗史》,巴蜀书社,1988。

丁宝书:《月河精舍丛钞》,光绪戊寅苕溪丁氏刊本。

丁凌华:《中国丧服制度史》,上海人民出版社,2000。

董新林:《幽冥色彩——中国古代墓葬壁饰》,四川人民出版社,2004。

杜佑:《通典》,王文锦、王永兴等点校,中华书局,1988。

方立天:《魏晋南北朝佛教》,《方立天文集》第1卷,中国人民大学出版社,2006。

方诗铭编著《中国历史纪年表》(修订本),上海辞书出版社,1980。

封演:《封氏闻见录校注》,赵贞信校注,中华书局,2005。

甘肃省文物队、甘肃省博物馆、嘉峪关市文物管理所:《嘉峪关壁画墓发掘报告》,文物出版社,1985。

甘肃省文物管理委员会:《酒泉十六国壁画》,文物出版社,1989。

甘肃省文物考古研究所戴春阳、张珑:《敦煌祁家湾——西晋十六国墓葬发掘报告》,文物出版社,1994。

干宝:《搜神记》,上海古籍出版社,1998。

龚书铎主编《中国社会通史·魏晋南北朝卷》,山西教育出版社,1996。

管辂:《管氏地理指蒙》,中国广播电视出版社,2010。

郭必恒等:《中国民俗史》(汉魏卷),人民出版社,2008。

郭玉堂:《洛阳出土石刻时地记》,洛阳大华书报供应社,1941。

郭玉堂:《洛阳出土石刻时地记》,大象出版社,2005。

韩国河:《秦汉魏晋丧葬制度研究》,陕西人民出版社,1999。

何兹全主编《中国通史》第五卷(上),上海人民出版社,2004。

黄忏华:《中国佛教史》,东方出版社,2008。

黄金明:《汉魏晋南北朝诔碑文研究》,人民文学出版社,2005。

黄明兰:《北魏孝子棺线刻画》,人民美术出版社,1985。

黄明兰:《洛阳北魏世俗石刻线画集》,人民美术出版社,1987。

黄展岳:《中国古代的人牲人殉》,文物出版社,1990。

嵇康:《嵇康集校注》,戴明扬校注,人民文学出版社,1962。

吉林省集安市文物局:《高句丽王城王陵及贵族墓葬》,世界图书出版公司,2008。

江苏省文物管理委员会:《南京六朝墓出土文物选集》,上海人民美术出版社,1959。

《景定建康志》,《宋元方志丛刊》本,中华书局,1990。

郦道元:《水经注》,陈桥驿注释,浙江古籍出版社,2001。

李德喜、郭德维:《中国墓葬建筑文化》,湖南教育出版社,2004。

李昉等:《太平御览》,中华书局,1960。

李吉甫:《元和郡县图志》,中华书局,1983。

李梅田:《魏晋北朝墓葬的考古学研究》,商务印书馆,2009。

李如森:《汉代丧葬制度》,吉林大学出版社,1995。

李蔚然:《南京六朝墓葬的发现与研究》,四川大学出版社,1998。

《礼记》,河南大学出版社,2010。

梁方仲:《中国历代户口、田地、田赋统计》,上海人民出版社,1993。

梁满仓:《中国魏晋南北朝习俗史》,人民出版社,1994。

梁满仓:《魏晋南北朝五礼制度考论》,社会科学文献出版社,2009。

林少雄:《古冢丹青——河西走廊魏晋墓葬画》,甘肃教育出版社,1999。

林树中编《南朝陵墓雕刻》,人民美术出版社,1984。

刘晓明:《风水与中国社会》,江西高校出版社,1994。

刘义庆:《世说新语校译》,刘孝标注、龚斌校释,上海古籍出版社,2011。

鲁迅校录《古小说钩沉》,人民文学出版社,1954。

陆建松:《魂归何处——中国古代丧葬文化》,四川人民出版社,1999。

罗开玉:《中国丧葬与文化》,海南人民出版社,1988。

罗新、叶炜:《新出魏晋南北朝墓志疏证》,中华书局,2005。

罗宗真:《六朝考古》,南京大学出版社,1994。

罗宗真:《魏晋南北朝考古》,文物出版社,2001。

吕思勉:《吕思勉读史札记》,上海古籍出版社,1982。

吕思勉:《两晋南北朝史》,上海古籍出版社,2005。

马昌仪:《中国灵魂信仰》,上海文艺出版社,1998。

马克思、恩格斯:《马克思恩格斯选集》第四卷,人民出版社,1974。

南京大学历史系考古专业、湖北省文物考古研究所、鄂州市博物馆编著《鄂城六朝墓》,科学出版社,2007。

宁夏固原博物馆:《固原北魏墓漆棺画》,宁夏人民出版社,1988。

欧阳询:《艺文类聚》,汪绍楹校,上海古籍出版社,1982。

潘伟斌:《魏晋南北朝隋陵》,中国青年出版社,2004。

卿希泰、詹石窗主编《道教文化新典》,上海文艺出版社,1999。

任继愈主编《中国道教史》,上海人民出版社,1991。

任自斌、和近健主编《诗经鉴赏辞典》,河海大学出版社,1989。

尚秉和:《历代社会风俗事物考》,上海书店据商务印书馆1941年版影印,1991。

尚荣译注《洛阳伽蓝记》,中华书局,2012。

司马光编纂、胡三省音注《资治通鉴》,中州古籍出版社,1991。

汤球:《十六国春秋辑补》,商务印书馆,1958。

许嵩:《建康实录》,张忱石点校,中华书局,1986。

陶弘景:《真诰》,赵益点校,中华书局,2011。

万国鼎编,万斯年、陈梦家补订《中国历史纪年表》,中华书局,1982。

万建中:《中国历代葬礼》,北京图书馆出版社,1998。

汪受宽:《谥法研究》,上海古籍出版社,1995。

王俊主编《马鞍山六朝墓葬发掘与研究》,科学出版社,2008。

王明编《太平经合校》,中华书局,1960。

王其亨:《风水理论研究》,天津大学出版社,1992。

王玉德:《神秘的风水》,广西人民出版社,2004。

王志敏等编《南京六朝陶俑》,古典艺术出版社,1958。

王洙:《重校正地理新书》,上海古籍出版社,1985。

韦正:《六朝墓葬的考古学研究》,北京大学出版社,2011。

韦正:《魏晋南北朝考古》,北京大学出版社,2013。

卫聚贤编《中国考古小史》,商务印书馆,1934。

巫鸿:《黄泉下的美术——宏观中国古代墓》,施杰译,三联书店,2010。

夏之乾:《中国少数民族的丧葬》,中国华侨出版公司,1991。

谢宝富:《北朝婚丧礼俗研究》,首都师范大学出版社,1998。

徐吉军、贺云翱:《中国丧葬礼俗》,浙江人民出版社,1991。

徐吉军:《中国丧葬史》,江西高校出版社,1998。

徐吉军:《中国丧葬史》,武汉大学出版社,2012。

徐坚:《初学记》,中华书局,1962。

徐乾学:《读礼通考》,上海古籍出版社,1987。

许慎撰、段玉裁注《说文解字注》,上海古籍出版社,1981。

严可均:《全上古三代秦汉三国六朝文》,中华书局,1958。

颜之推:《颜氏家训集解》,王利器集解,上海古籍出版社,1980。

杨泓:《汉唐美术考古和佛教艺术》,科学出版社,2000。

杨天宇:《周礼译注》,上海古籍出版社,2004。

杨天宇:《仪礼译注》,上海古籍出版社,2004。

姚迁、古兵编著《南朝陵墓石刻》,文物出版社,1981。

姚义斌:《六朝画像砖研究》,江苏大学出版社,2010。

永容等撰《四库全书总目》,中华书局,1965。

余嘉锡笺疏《世说新语笺疏》,中华书局,2007。

俞剑华:《中国壁画》,中国古典艺术出版社,1958。

郭斌主编《博物志:文白对照全文全译》,伊犁人民出版社,1999。

张璜:《梁代陵墓考》,南京出版社,2010。

张亮采编《中国风俗史》,台湾商务印书馆,1984。

章孔畅:《六朝陵墓石刻渊源与传流研究》,东南大学出版社,2011。

赵超:《汉魏南北朝墓志汇编》,天津古籍出版社,2008。

赵万里:《汉魏南北朝墓志集释》,广西师范大学出版社,2008。

赵翼:《陔余丛考》,曹光甫校点,上海古籍出版社,2011。

郑德坤、沈维钧:《中国明器》,上海文艺出版社,1992。

曹文柱主编《中国文化通史·魏晋南北朝卷》,北京师范大学出版社,2009。

郑土有:《晓望洞天福地:中国的神仙与神仙信仰》,陕西人民教育出版社,1991。

郑玄注、贾公彦疏《仪礼注疏》,上海古籍出版社,1990。

郑岩:《魏晋南北朝壁画墓研究》,文物出版社,2002。

中央古物保管委员会编辑委员会编《六朝陵墓调查报告》,南京出版社,2010。

周到主编《中国画像石全集·石刻线画》,河南美术出版社,2000。

周苏平:《中国古代丧葬习俗》,陕西人民出版社,1991。

周耀明、万建中、陈华文:《汉族风俗史》第二卷(秦汉·魏晋南北朝汉族风俗),

学林出版社,2004。

朱大渭等:《魏晋南北朝社会生活史》,中国社会科学出版社,2005。

朱偰:《建康兰陵六朝陵墓图考》,中华书局,2005。

庄华峰:《魏晋南北朝社会》,安徽人民出版社,2009。

庄明辉、章义和撰《颜氏家训译注》,上海古籍出版社,1999。

二 论文类

310国道孟津考古队:《洛阳孟津邙山西晋北魏墓发掘报告》,《华夏考古》1993年第1期。

安徽省文物考古研究所、马鞍山市文化局:《安徽马鞍山东吴朱然墓发掘简报》,《文物》1986年第3期。

安阳县文教局:《河南安阳县清理一座北齐墓》,《考古》1973年第2期。

北京市文物工作队:《北京西郊发现两座西晋墓》,《考古》1964年第4期。

曹鹏:《北朝出土石质葬具研究》,硕士学位论文,内蒙古大学,2013。

曹永年:《说"浅埋虚葬"》,《文史》1988年第3辑。

陈华文:《关注人类的最终归处——以20年来丧葬文化研究著作为例》,《民俗研究》2004年第1期。

陈启新:《冥纸史考》,《中国造纸》1996年第2期。

程欣人:《武汉出土的两块东吴铅券释文》,《考古》1965第10期。

程应麟:《江西的汉墓与六朝墓葬》,《考古学报》1957年第1期。

储晓军:《敦煌魏晋镇墓文研究》,《敦煌研究》2009年第1期。

磁县文化馆:《河北磁县北齐高润墓》,《考古》1979年第3期。

磁县文化馆:《河北磁县东魏茹茹公主墓发掘简报》,《文物》1984年第4期。

崔汉林、夏振英:《陕西华阴北魏杨舒墓发掘简报》,《文博》1985年第2期。

大同博物馆、山西省文物工作委员会:《大同方山北魏永固陵》,《文物》1978年第7期。

大同市考古研究所:《山西大同南郊区田村北魏墓发掘简报》,《文物》2010年第5期。

大同市考古研究所:《山西大同文瀛路北魏壁画墓发掘简报》,《文物》2011年第12期。

大同市考古研究所:《山西大同云波里路北魏壁画墓发掘简报》,《文物》2011年第12期。

大同市考古研究所:《山西大同阳高北魏尉迟定州墓发掘简报》,《文物》2011年第12期。

邓宏里、蔡全法:《沁阳县西白发现北朝墓及画像石棺床》,《中原文物》1983年第1期。

东阿县文化馆:《山东东阿县鱼山曹植墓发现一铭文砖》,《文物》1979年第5期。

董晔:《论魏晋南北朝时代的"胡服"风尚》,《兰台世界》2013年第7期。

段鹏琦、杜玉生、肖淮雁:《西晋帝陵勘察记》,《考古》1984年第12期。

段渝:《先秦川西高原的氐与羌》,《阿坝师范高等专科学校学报》2007年第1期。

范兆飞:《北魏鲜卑丧葬习俗考论》,《学术月刊》2013年第9期。

方亚光:《论东晋初年"招魂葬"俗》,《学海》1992年第2期。

冯普仁:《南朝墓葬的类型与分期》,《考古》1985年第3期。

甘肃省文物考古研究所:《甘肃玉门金鸡梁十六国墓葬发掘简报》,《文物》2011年第2期。

赣州市博物馆:《江西赣县南齐墓》,《考古》1984年第4期。

高崇文:《试论先秦两汉丧葬礼俗的演变》,《考古学报》2006年第4期。

高二旺:《两晋南北朝官吏居丧违礼与清议处罚》,《华北水利水电学院学报》2009年第6期。

葛臻明:《中原地区魏晋南北朝时期的墓葬制度》,《和田师范专科学校学报》2010年第3期。

宫大中:《邙洛北魏孝子画像石棺考释》,《中原文物》1984年第2期。

郭建邦:《北魏宁懋石室的建筑艺术》,《古建园林技术》1992年第1期。

郭建邦:《北魏宁懋石室和墓志》,《中原文物》1980年第2期。

何直刚:《河北景县北魏高氏墓发掘简报》,《文物》1979年第3期。

河南省博物馆:《河南安阳北齐范粹墓发掘简报》,《文物》1972年第1期。

河南省文物工作第二队:《洛阳涧西16工区发掘简报》,《考古通讯》1957年第3期。

河南省文物考古研究所、安阳县文化局:《河南安阳市西高穴曹操高陵》,《考古》2010年第8期。

河南省文物考古研究所:《河南安阳固安墓地考古发掘收获》,《华夏考古》2009

年第 3 期。

宏岐:《两晋时期之风水术及其传播》,《中国历史地理论丛》1994 年第 1 期。

洪卫中:《汉魏晋南北朝"望气"浅论》,《甘肃社会科学》2011 年第 2 期。

胡传耸:《北京地区魏晋北朝墓葬述论》,《文物春秋》2010 年第 3 期。

黄河舟:《浅析北朝墓葬形制》,《文博》1985 年第 3 期。

黄吉军:《洛阳春都路西晋墓发掘简报》,《文物》2000 年第 10 期。

黄潇:《南京市区六朝墓葬分布研究》,硕士学位论文,南京大学,2012。

黄筱雯:《广东地区六朝墓葬研究》,硕士学位论文,南京大学,2011。

济南市博物馆:《济南市东郊发现东魏墓》,《文物》1996 年第 4 期。

贾小军:《事死如生:魏晋十六国河西镇墓文解读》,载《简牍学研究》第 5 辑,甘肃人民出版社,2014。

江西省历史博物馆:《江西南昌市东吴高荣墓的发掘》,《考古》1980 年第 3 期。

蒋缵初:《南京幕府山六朝墓清理简报》,《文物参考资料》1956 年第 6 期。

李梅田:《论南北朝交接地区的墓葬——以陕南、豫南鄂北、山东地区为中心》,《东南文化》2004 年第 1 期。

李梅田:《关中地区魏晋北朝墓葬文化因素分析》,《考古与文物》2004 年第 2 期。

李梅田:《北齐墓葬文化因素分析——以邺城-晋阳为中心》,《中原文物》2004 年第 4 期。

李梅田:《中原魏晋北朝墓葬文化的阶段性》,《华夏考古》2004 年第 1 期。

李梅田:《中原魏晋北朝墓葬文化的阶段性》,《文物世界》2004 年第 3 期。

李梅田:《"曹操墓"是否"薄葬"》,《中国社会科学报》2010 年 1 月 19 日,第 4 版。

李随森、焦建辉:《石窟寺佛教瘗葬形式与传统丧葬礼俗之关系》,《中原文物》2002 年第 4 期。

李蔚然:《论南京地区六朝墓的葬地选择和排葬方法》,《考古》1983 年第 4 期。

李文信:《辽阳北园壁画古墓志略》,《国立沈阳博物院筹备委员会汇刊》第 1 期,1947。

李晓蕾:《北魏平城时代墓葬研究》,硕士学位论文,吉林大学,2012。

临淄市博物馆、临淄区文管所:《临淄北朝崔氏墓地第二次清理简报》,《考古》1985 年第 3 期。

刘瑞：《历代帝陵风水考》，《章回小说》2009年第8期。

刘卫鹏：《咸阳西魏谢婆仁墓清理简报》，《考古与文物》2003年第1期。

刘长旭：《两晋南朝赠官研究》，博士学位论文，北京师范大学，2002。

柳涵：《邓县画像砖墓的时代和研究》，《考古》1959年第5期。

鲁西奇：《六朝买地券丛考》，《文史》2006年第2辑。

陆九皋、刘兴：《镇江东晋画像砖墓》，《文物》1973年第4期。

陆锡兴：《吐鲁番古墓纸明器研究》，《西域研究》2006年第3期。

路艳超：《大同地区北魏墓葬的初步研究》，硕士学位论文，郑州大学，2012。

罗宗真：《江苏宜兴晋墓发掘报告》，《考古学报》1957年第4期。

罗宗真：《六朝陵墓埋葬制度综述》，载《中国考古学年会第一次年会论文集》，文物出版社，1980。

罗宗真：《南京西善桥油坊村南朝大墓的发掘》，《考古》1963年第6期。

罗宗真等：《南京西善桥南朝墓及其砖刻壁画》，《文物》1960年第9期。

洛阳博物馆：《河南洛阳北魏元乂墓调查》，《文物》1974年第12期。

洛阳博物馆：《洛阳北魏元邵墓》，《考古》1973年第4期。

洛阳市第二文物工作队：《洛阳谷水晋墓》，《文物》1996年第8期。

洛阳市第二文物工作队：《洛阳孟津大汉冢曹魏贵族墓》，《文物》2011年第9期。

洛阳市第二文物工作队：《偃师前杜楼北魏石棺墓发掘简报》，《文物》2006年第12期。

洛阳市文物工作队：《洛阳曹魏正始八年墓发掘报告》，《考古》1989年第4期。

洛阳市文物工作队：《洛阳孟津北陈村北魏壁画墓》，《文物》1995年第8期。

骆振华、陈晶：《常州南郊戚家村画像砖墓》，《文物》1979年第3期。

马希桂：《北京王府仓北齐墓》，《文物》1977年第11期。

马忠理：《磁县北朝墓群——东魏北齐陵墓兆域考》，《文物》1994年第11期。

孟县人民文化馆：《孟县出土北魏司马悦墓志》，《文物》1981年第12期。

孟昭林：《无极甄氏诸墓的发现及其有关问题》，《文物》1959年第1期。

南京博物院：《梁朝桂阳王萧象墓》，《文物》1990年第8期。

南京博物院、南京文物保管委员会：《南京西善桥南朝墓及其砖刻壁画》，《文物》1960年第8、9期合刊。

南京博物院：《南京富贵山东晋墓发掘报告》，《考古》1966年第4期。

南京博物院:《江苏丹阳胡桥南朝大墓及砖刻壁画》,《文物》1974年第2期。

南京博物院:《江苏宜兴晋墓的第二次发掘》,《考古》1977年第2期。

南京博物院:《南京富贵山东晋墓发掘报告》,《考古》1966年第4期。

南京博物院:《江苏丹阳县胡桥、建山两座南朝墓葬》,《文物》1980年第2期。

南京市博物馆:《南京幕府山东晋墓》,《文物》1990年第8期。

南京市博物馆:《南京南郊六朝谢琎墓》,《文物》1998年第5期。

南京文物保管委员会:《南京老虎山晋墓》,《考古》1959年第6期。

南京文物保管委员会:《南京人台山东晋兴之夫妇发掘简报》,《文物》1965年第6期。

倪润安:《北魏洛阳时代墓葬文化分析》,《故宫博物院院刊》2010年第4期。

董延寿:《论洛阳古代墓葬的价值和作用》,《洛阳大学学报》2004年第3期。

倪润安:《试论北朝圆形石质墓的渊源与形成》,《北京大学学报》2010年第3期。

倪润安:《北魏平城地区墓葬文化来源略论》,载《西部考古》第五辑,三秦出版社,2011。

倪润安:《北魏平城时代平城地区墓葬文化的来源》,《首都师范大学学报》2011年第6期。

宁夏回族自治区博物馆、宁夏固原博物馆:《宁夏固原北周李贤夫妇墓发掘简报》,《文物》1985年第11期。

潘表惠:《浙江新昌南朝宋墓》,《文物》1983年第10期。

群萍:《曹植墓》,《中国文物报》1993年12月19日,第4版。

山东省博物馆:《重庆晒网坝一座蜀汉墓发掘简报》,《江汉考古》2007年第4期。

山东省文物考古研究所、临朐县博物馆:《文物》2002年第4期。

山东文物考古研究所:《临淄北朝崔氏墓》,《考古学报》1984年第2期。

山人:《道教的兴起与葬俗之理性化变迁》,《中山大学学报》1997年第6期。

山西省大同市博物馆、山西省文物工作委员会:《山西大同石家寨北魏司马金龙墓》,《文物》1972年第3期。

山西省考古研究所、太原市文物管理委员会:《太原市北齐娄叡墓发掘简报》,《文物》1983年第10期。

山西省考古研究所、大同市博物馆:《大同南郊北魏墓群发掘简报》,《文物》1992年第8期。

山西省考古研究所、大同市考古研究所:《大同市北魏宋绍祖墓发掘简报》,《文物》2001年第7期。

山西省考古研究所、太原市文物管理委员会:《太原市北齐娄叡墓发掘简报》,《文物》1983年第10期。

陕西省考古研究所:《西安北郊北周安伽墓》,《文物》1965年第9期。

陕西省考古研究所:《北周武帝孝陵发掘简报》,《考古与文物》1997年第2期。

陕西省考古研究所:《西安北郊北周安伽墓发掘简报》,《考古与文物》2000年第6期。

陕西省考古研究所:《北周宇文俭墓清理发掘简报》,《考古与文物》2001年第3期。

邵磊:《南京灵山梁代萧子恪墓的发现与研究》,《南京晓庄学院学报》2012年第5期。

邵磊:《南京市灵山南朝墓发掘简报》,《考古》2012年第11期。

沈仲常:《四川昭化宝轮镇南北朝时期的崖墓》,《考古学报》1959年第2期。

施行功:《〈世说新语〉与蔑视礼教》,《齐齐哈尔师范高等专科学校学报》2007年第6期。

石家庄地区革委会文化局文化发掘组:《河北赞皇东魏李希宗墓》,《考古》1977年第6期。

石景山区文物管理所:《北京市石景山区八角村魏晋墓》,《文物》2001年第4期。

石衍丰:《〈枕中书〉及其作者》,《宗教学研究》1986年第2期。

四川省文物管理委员会、崇庆县文化馆:《四川崇庆县五道渠蜀汉墓》,《文物》1984年第8期。

孙进己、干志耿:《我国古代北方各族葬俗试析》,《东北师范大学学报》1982年第3期。

孙苗苗:《三峡地区三国两晋南北朝时期墓葬的初步研究》,硕士学位论文,南京大学,2012。

滕州文化局:《山东滕州市西晋元康九年墓》,《考古》1999年第12期。

王大方:《内蒙古首次发现北魏大型砖室壁画墓》,《中国文物报》1993年11月28日,第1版。

王太明、贾文亮:《山西榆社县发现北魏画像石棺》,《考古》1993年第8期。

王雁卿:《山西大同出土的北魏石棺床》,《文物世界》2008年第2期。

王银田、韩生存:《大同市齐家坡北魏墓发掘简报》,《文物季刊》1995年第1期。

王银田、刘俊喜:《大同智家堡北魏石椁壁画像》,《文物》2001年第7期。

王宇:《辽西地区慕容鲜卑及三燕时期墓葬研究》,硕士学位论文,吉林大学,2008。

韦正:《简论西晋时期的南北士族墓葬》,《东南文化》1994年第4期。

韦正:《东晋墓葬制度的考古学分析》,《华夏考古》2006年第3期。

韦正:《试谈南朝墓葬中的佛教因素》,《东南文化》2010年第3期。

韦正:《大同南郊北魏墓群研究》,《考古》2011年第6期。

吴承学:《汉魏六朝挽歌考论》,《文学评论》2002年第3期。

吴桂兵:《晋代墓葬制度与两晋变迁》,《东南文化》2009年第3期。

吴松岩:《早期鲜卑墓葬研究》,博士学位论文,吉林大学,2010。

西安市文物保护考古研究所:《西安市北周史君石椁墓》,《考古》2004年第7期。

西安市文物保护考古所:《西安北周康业墓发掘简报》,《文物》2008年第6期。

咸阳市文管会,咸阳博物馆:《咸阳市胡家沟西魏侯义墓清理简报》,《文物》1987年第12期。

咸阳市文物考古研究所:《咸阳平陵十六国墓清理简报》,《文物》2004年第8期。

谢宝富:《北朝墓葬的地下形制研究》,《湖北大学学报》1997年第6期。

新昌县文管会:《浙江新昌十九号南齐墓》,《文物》1983年第10期。

宿白:《北魏洛阳城和北邙陵墓——鲜卑遗迹辑录之三》,《文物》1978年第7期。

徐婵菲:《洛阳北魏元怿墓壁画》,《文物》2002年第2期。

徐苹芳:《中国秦汉魏晋南北朝时代的陵园和茔域》,《考古》1981年第6期。

杨帆:《氐与羌的差别》,载《大理民族文化研究论丛》第五辑,民族出版社,2012。

杨清平:《三国两晋南北朝时期岭南合葬墓形制及相关问题的探讨》,《广西民族研究》2003年第2期。

姚蔚玲:《宁夏固原北朝墓葬初探》,《华夏考古》2002年第4期。

尤振克:《江苏丹阳县胡桥、建山两座南朝墓葬》,《文物》1980年2期。

余维炯:《三国时期的丧葬礼》,《正风》第3卷第4期,1936年10月。

张承宗:《魏晋南北朝夫妇合葬习俗考》,《扬州大学学报》2010年第1期。

张承宗:《魏晋南北朝妇女丧葬礼仪考》,《苏州大学学报》2010年第2期。

张承宗:《魏晋南北朝时期的妇女单身葬》,《南京理工大学学报》2010年第3期。

张从军:《从华府到洞天——东晋南朝墓葬形制解读》,《民俗研究》2010年第1期。

张焕君:《魏晋南北朝丧服制度研究》,博士学位论文,清华大学,2005。

张焕君:《从居丧之礼的变化看魏晋时期孝道观的调适》,《史学集刊》2011年第6期。

张焕君:《从中古时期招魂葬的废兴看儒家经典与社会的互动》,《清华大学学报》2012年第3期。

张丽敏:《北朝四神浮雕石棺》,《文物春秋》2009年第4期。

张齐明:《〈改葬崇宪太后诏〉与六朝皇室风水信仰》,《历史研究》2008年第2期。

张庆捷、刘俊喜:《大同新发现两座北魏壁画墓年代初探》,《文物》2006年第12期。

张庆民:《魏晋南北朝幽婚故事研究》,《首都师范大学学报》2004年第1期。

张献:《帝王庙号谥号年号》,《中学历史教学参考》1999年第7期。

张小丹:《北方地区魏晋十六国墓葬的分区和分期》,《考古学报》1987年第1期。

张兴成,《两晋宗室赠官略论》,《浙江学刊》2002年第3期。

张旭华:《南朝九品中正制的发展演变及作用》,《中国史研究》1998年第2期。

张亚南:《〈搜神记〉中的魏晋婚姻丧葬礼俗》,《兰州学刊》2010年第5期。

张永珍:《辽沈地区汉魏晋墓葬的类型与分期研究》,硕士学位论文,吉林大学,2007。

张元元:《魏晋时期礼与情的变迁——以丧服为基础的研究》,《沧桑》2009年第5期。

张卓远:《南阳魏晋墓葬》,《华夏考古》1998年第1期。

赵殿诰:《三国时代的几种社会风俗之研究》,《新文化》第7、8期合刊,1934年8月。

郑仁:《北京西郊西晋王浚妻华芳墓清理简报》,《文物》1965年第12期。

郑隆:《包头固阳县发现北魏墓群》,《考古》1987年第1期。

郑勇:《从〈冥祥记〉看丧葬习俗》,《内江师范学院学报》2007年第3期。

郑州市文物考古研究所:《郑州上街水厂晋墓发掘简报》,《华夏考古》2000年第4期。

中国社会科学院考古所、河北省文物研究所邺城考古工作队:《河北磁县湾漳北朝墓》,《考古》1990年第7期。

中国社会科学院考古研究所、洛阳汉魏故城工作队:《西晋帝陵勘察记》,《考古》1984年12期。

中国社会科学院考古研究所安阳工作队:《安阳孝民屯晋墓发掘报告》,《考古》1983年第6期。

中国社会科学院考古研究所河南第二工作队:《河南偃师杏园村的两座魏晋墓》,《考古》1985年第8期。

中国社会科学院考古研究所洛阳汉魏城队:《北魏宣武帝景陵发掘报告》,《考古》1994年第6期。

周润山:《河西地区魏晋十六国墓葬研究》,硕士学位论文,郑州大学,2013。

朱松林:《试述中古时期的招魂葬俗》,《上海师范大学学报》2002年第2期。

邹清泉:《北魏孝子画像研究》,硕士学位论文,中央美术学院,2006。

邹远志:《两晋改葬服议题所见礼家对郑王之学的超越》,《衡阳师范学院学报》2011年第2期。

索　引

A

安平献王　23，102，103，105，136～138，240，242，258

B

八王之乱　3，4，10，25
白虎　100，134，195～197，205，206，208，287，288，304，308，309
碑铭　22，75
北邙　153，158，159，163，164，167，177，182，215
奔丧　41，51，58，126，127，133，135，140，147，148，335，336，339，365
壁画　24，44，45，54，55，157，169，173～175，179，180，184～186，188～209，215，218，233
薄葬　21～23，25，35～42，45～48，56～67，74，93，95，96，99，100，104～106，117，121，122，124～141，143，147，150，168，176，177，185，186，191，211，222，226～228，238，240，310，314～316，363，366
卜兆宅葬日　131，138，144，150

C

曹操　1，10，11，21，24，35，56，57，66，87，93～95，99，124，128～131，154，176，211，222，224，238，254，255，270，310，311，314，315，323，324，334，336
曹丕　1，4，21，22，35，57，58，66，68，95，96，99，124，127，128，132，176，211，223，254，255，297，311，315，335，336
成服　114，123，128，130，131，149，150，361

D

大敛　31，41，113，114，126，149，365
大祥　74，132，327，358
单室墓　38，55，161，168～174，181，185，187～190，194，196，205，207，208
吊丧　25，26，35，39，127～129，135，136，149，153，365
杜预　22，61，67，68，259，272，304，325，

· 381 ·

329,333,334,339

多室墓 55,168~173,183,187~191,193

E

二次葬 27,28,33,35,40

F

反哭 131~133,139,152

饭含 37,41,57,61,95,96,104,121,122,126~128,133,140,141,148,223,227,311,365

淝水之战 4,261

冯跋 5,8,117,267

讣告 126,127,133,140,141,147

赗物 24,41,123,149,153,238~254

赗赠 23,24,26,37,43,91,102,107,113,121,123,125,136,143,149,240,243,244,246~249,365,366

服叙 42,323~326,328,329

G

高坟大墓 22~24,56,65,75,117,124,161,223,363,365

高洋 5,119,184,265

高允 31,75,149,346,350

顾宪之 62,63,114,146

棺床 160,169~171,178,183,185,194,207,213~218,220~222,235,236

管辂 287,303,304,309,310

毌丘俭 287,304

国恤 333,334,337,344,345

郭璞 29,88,138,280,284,285,287,289,303~305,307,312,316

H

厚葬 21~24,31,34~39,41,47,57~61,65,66,72,74~76,92,95,96,99,104~106,116,117,120,122,124,127,132,134,136~138,147~149,166,170,176,210,225~229,238,239,249,283,294,311,314,315,345,363

皇甫谧 22,61,62,74,90,105~107,133,137,138,227,228

J

家族葬 35,153,158,160

居丧 33~35,37~42,50,51,58,60,91,92,101,110,121,132,153,266,322~324,326,327~334,336~357,359,362,366

居丧禁忌 333,340,343

K

孔琳之 32,33,75,142

L

诔文 43,44,108,133,134,139

李彪 16,153,346,347,353,354

灵魂不灭 38,67,72,76,152

刘曜 4,12,18,24,116,117,177

刘义庆 68,135,262,274

吕岱 60

M

买地券 42,300~302

明器 24,37,38,41,42,46,47,58,59,

61，64～66，74，93，95，96，99，100，104，120，121，124，129，131，143，150，151，222～225，227，228，231，232，234，235，366

墓葬风水　29，30，287，296，312，313，317～319，320

墓葬镇物　294

墓志　38，43，44，52，123，149，151，160，161，163～165，169，219，221，231，234，235，237，286，297，298

P

排葬　52，54，161，162，166，315

Q

七七斋荐　37，83

潜埋虚葬　58，118，125，178

青龙　30，195，196，197，205，206，208，287，288，298，304，306，308，317，318，320

穹隆顶墓　168

券顶墓　38，162，168，190

R

入殓　72，128，130，133，135，137，143，150

阮籍　91，92，135，206

S

丧服　25，37，39，42，43，51，130，133，152，257，322～329，331～340，342～344，350～356，358～362，365，366

沈麟士　37，114，141，143，144，146，284，325

尸床　62，106，137，211，212，227

尸罩　211～213

石苞　61，104，133～135，137，227，241，259

石勒　4，6，8，11，12，17，18，36，58，118，266

石棺　122，153，169，183，194，195，210，213～222，235

石椁　61，62，105，106，117，153，193，214，215，217，218，220～222，227，234

石室　22，38，75，95，121，160，173～175，182，189，194～197，200，215，220，221，223

石兽　22，75，179，180，186，187

司马孚　23，102，136，137，240，258，259

司马师　22，58，154，257～259

司马懿　22，35，36，58，68，99，100，135，137，154，227，257，258

双室墓　161，168～173，187～189，205

随葬　21～26，35，40，42，45，47，49，50，52，53，55～62，64～66，72，74，93～96，98，99，106，108，110，111，143，150，153，172，174，184，190，210，222～232，234～238，298，299，314，316，320，344，363，366

孙权　1，4，60，98，99，239，256，257，301，312，335，336

T

陶弘景　141，288，292，293，317，318，320

陶俑　24，40，52，160，224，228，229，232～237

梯形墓　168

凸字形墓　162，168，170

图墓者　303，305

土葬　26，27，33，35，39，364

W

王导　16，34，104，105，136，137，240，242，259，261，264，271，285

望气　29，49，288，290～294，310，312

伪葬　118

温峤　51，105，242，259，272

文明皇后　102，103，121，150，152，228，232，258，268

吴明彻　283，284，306

五音图墓法　292，293

X

相墓者　29，30，284，285，296，303，305，312，313

萧道成　5，29，30，108，179，243，263，275，285，298，299，305，313

萧道赜　109，110

孝文帝　15，16，18，80，81，121，123，124，149～155，158，182，183，233，249，254，322～325，344～350，352～354，356，357，361，362

小敛　41，120～122，126，345，365

小祥　60，74，103，132，139，146，147，152

孝道　23，38，45～47，51，62，64，84，90，106，145，227，283，285，323，331，332，335，339，350

谢灵运　107，140

心丧　43，51，58，110，323，329，330，331

凶礼　43，252

凶门柏历　25，31～33，37，39，42，74，110，122，123，125，133，135，136，141，142，149，150，363，365

玄武　205，208，287，288，304，308，318，320

悬棺葬　26，40

Y

颜之推　18，19，26，37，64，73，83，84，122，147，294，320，351，365

厌胜　30，73，83，294～299，303，306，313，320

谥法　40，41，43，253～265

谥号　43，98，112，113，239，253～271，274

宇文毓　5，36，120，150，155，185，234

虞祭　102，132，139，146，152

Z

挚虞　325，326，337，338，358

赠官　24，41，113，143，234，238，246，253，262，263，269～279

占墓者　29，30，298，306

镇墓文　281，298，300～302，320

纸钱　38，73，74，366

纸扎　73，74，366

中元节　39，83

周访　259，272，282，283，289，290

周弘直　65

诸葛亮　22，60，66，97，98，124，130～132，224，225，239，256，288，289

朱雀　195～197，205，207，209，287，288，304，308，332

追谥　253～257，259～261，263～266

后　记

　　《中国殡葬史》课题组与我联系应该是在 2011 年,答应参与这项工作是因为自认为有一定的研究基础和对中国丧葬文化历史的大视野认知,以前也做过丧葬史和地方丧葬文化的研究。《中国殡葬史》是一套通史,分朝代或主要以朝代为主进行撰写。魏晋南北朝时期的朝代更替和文化碰撞、融合在中国历史上非常独特,也非常复杂,还有许多资料缺口。这给研究和撰写工作造成了许多不便和困难,但既然认领了,就得坚持,而且做事认真和负责本来就是我的性格。所以在 2012 年签订了研究协议后,就把主要时间投入到这一工作之中了。

　　不过人算不如天算,我以为自己能静下心来,投入较多的时间去做这一事情,不料,身体并不配合。2008 年,我担任了浙江师范大学文化创意与传播学院院长一职,而且是创院院长,有四个系科,事情太多,我又太投入,弄得睡觉也在想着工作,结果身体就开始出状况了。从 2010 年开始免疫力下降,时常感冒和发烧,尤其是咽喉发炎引起的高烧不断侵扰着我。2011 年后,这种发烧几乎达到每个月一次的地步,每次高烧都在 40 度以上,对一个年过半百的人来说,这对身体的伤害很大。虽然多次住院检查,却毫无结果,不知病因。一个月总有九天左右的时间处于高烧之中,其他时间则担忧随时又会有高烧袭扰我,心情之差,可想而知。住院检查,有几次医生都怀疑我得了不治之症,但结果证明是虚惊一场时,医生与我开玩笑说,你的高烧至少证明那些癌细胞都被烧死了。据说癌细胞最怕身体高烧,当然我是听医生说的。我的妻子也是本项目的合作者,这些年来最受累,也最担惊受怕。每次高烧住院或打点滴都是她全程陪同。如果没有她,我真不知道会有什么后果,我对她无比的感激。如果我一个月没有去,学校医院的医生见到我时都会在慰问之后表现出很意外的样子,因为我是医院的常客。这种持续的状况,不仅影响我的心态,也影响工作和研究。然而,必须接受现实。本项目的研究工作就是在这种断断续续的过程中逐渐完成的。这种状况在一定程度上影响了书稿的质量,我心里是明白的。

但我是一个热爱工作的人,尤其热爱讨论死亡文化。人生就是一个由生到死的过程,所以,向死而生是一种常态,我们必须重视当下的生命存续过程和质量。我这些年的反复高烧造成的身体毁伤,让我深刻地感受到生命,尤其是高质量的生命的重要性,这也是古代先哲特别重视生的原因。孔子曾说:"未知生,焉知死。"确实,浑浑噩噩,不知生之重要和意义,不重视生命过程中的每一个细节,那么死亡对他来说也没有意义。因为死的意义,就体现在你生的过程。当然,我也相信生生不息。我曾经在微信的个性签名中写下这样一段话:"生命在直线前行的结束后会进入另一个直行,永远没有结束。"这就是生命的哲学和密码:生死不息。许多人曾经不解,问我何意,我说,自己去理解吧。因为,每一个人对生命的价值和意义的理解是不同的,你不能强求,如果你没有这种天赋或积累,说白了也没有意义。就是在这样一种信念支撑下,我完成了这一项有着太多遗憾的工作。但我相信,这是生命直行过程的一个站点。

我要特别感谢我的研究生唐月霞、谢芳、姜启梅、王文辉和郑旭,他们分别承担了第三章、第四章、第五章、第六章和第七章的初稿写作工作,为我减轻了一些压力。虽然后来我花了更大的力气进行修订,但至少让他们感受了研究的艰辛。我还要感谢本书的审稿人,尤其是第一稿和第二稿都参与审稿的专家,虽然我不知道他们的姓名,但我深切地感受到他们的认真、负责和学术上的博大精深,不仅指出我常识上的错误(我不是历史学出身,细节方面常有疏漏,力有不逮),而且对于写作过程中的每一处错漏、行文中的语词搭配和逻辑问题都给予了最明确的指示,使书稿的修订变得直接而简单。两位审稿专家的专业精神、治学精神,令人感佩和景仰,在此我与合作者表达对他们及他们的工作最崇高的敬意!另外,我还要感谢一零一研究所的马金生博士,他的嘘寒问暖,对课题工作的热情服务和专心致志的投入数年来一直不减,这是课题得以完成的重要保证。同时,要特别感谢一零一研究所的李伯森所长,他为人坦诚、热情,对工作执着和投入,是我学习的榜样,正是他提供了宽裕的经费和宽松的环境,使我在一个较长的时间里自由地完成研究工作。当然,还要感谢一零一研究所的其他人员,数次在北京相聚时的热情接待和真心付出,真诚地感谢你们。最后,要特别感谢我的合作者,也是我的妻子在此项研究工作中的投入和付出,引文的每一个字都由她认真校对,文献、插图和综述等工作都由她直接参与并完成,同时她还是我在研究过程中的问题讨论者,生活上的负责人,没有她的参与和照顾,我的身体会更糟,而课题的进展会更缓慢,甚至烂尾。

完成于猴年马月的《中国殡葬史》魏晋南北朝卷应该是我研究丧葬文化的一个逗号,我还会继续一些相关的研究,愿学术之树长青,但更愿生命之树在学术研究的成果里长青。

陈华文

2016年6月25日于金华浙江师范大学